# 国外教育科学基本文献讲读丛书

**丛书主编** 石中英

**丛书副主编** 蒋 凯

**丛书编委会**（以姓氏笔画为序）

邓 猛　石中英　朱志勇　伍新春
刘云杉　刘复兴　杜育红　陈洪捷
陈晓端　张 华　项贤明　胡劲松
施晓光　姜 勇　高益民　蒋 凯
褚宏启

国外教育科学基本文献讲读丛书

丛书主编　石中英
丛书副主编　蒋　凯

# 国外高等教育学
# 基本文献讲读

主　编　陈洪捷　施晓光　蒋　凯

北京大学出版社
PEKING UNIVERSITY PRESS

图书在版编目(CIP)数据

国外高等教育学基本文献讲读/陈洪捷,施晓光,蒋凯主编. —北京:北京大学出版社,2014.2
(国外教育科学基本文献讲读丛书)
ISBN 978-7-301-23789-2

Ⅰ.①国… Ⅱ.①刘… Ⅲ.①教育政策-国外-高等学校-教学参考资料 Ⅳ.①G510

中国版本图书馆 CIP 数据核字(2014)第 015757 号

书　　　名：国外高等教育学基本文献讲读
著作责任者：陈洪捷　施晓光　蒋　凯　主编
丛 书 策 划：周雁翎
丛 书 主 持：刘　军　于　娜
责 任 编 辑：于　娜
标 准 书 号：ISBN 978-7-301-23789-2/G · 3777
出 版 发 行：北京大学出版社
地　　　址：北京市海淀区成府路 205 号　100871
网　　　址：http://www.pup.cn　新浪官方微博:@北京大学出版社
电 子 信 箱：zyl@pup.pku.edu.cn
电　　　话：邮购部 62752015　发行部 62750672　编辑部 62767857　出版部 62754962
印 　刷 　者：北京宏伟双华印刷有限公司
经 　销 　者：新华书店
　　　　　　720 毫米×1020 毫米　16 开本　25 印张　450 千字
　　　　　　2014 年 2 月第 1 版　2022 年 1 月第 4 次印刷
定　　　价：49.00 元

未经许可,不得以任何方式复制或抄袭本书之部分或全部内容。
版权所有,侵权必究
举报电话：010-62752024　电子信箱：fd@pup.pku.edu.cn

# 总 序

　　为了进一步整理国外教育科学的知识传统,丰富教育科研人员、教育决策者和教育实践者的阅读,提高教育学科人才培养质量,服务于我国不断深化的教育改革事业,北京大学出版社决定编辑出版"国外教育科学基本文献讲读丛书"。

　　遴选和出版一个学科的基本文献,为学习者和研究者提供快速进入一个学科领域的文献指引,对于该学科的学习、研究和知识传播都具有重要意义。国内外众多知识领域都编写过这样的基本文献。就教育学科而言,1986年北京师范大学出版社出版的《教育哲学教学参考资料》、1989年华东师范大学出版社出版的《国外教育社会学基本文选》、20世纪90年代初期人民教育出版社出版的《教育学文集》丛书以及1998年伦敦和纽约Routledge出版社出版的《教育哲学:分析传统中的重要主题》(Philosophy of Education: Major Themes in the Analytic Tradition)一书,均属于这类读物。数年前,北京大学出版社决定编辑出版"国外教育科学基本文献讲读丛书"也有同样的考虑。此外,选编者编辑这套丛书还有一些新的考虑。第一,目前国内还没有一个比较全面地反映国外教育学科基本文献的丛书,仅有教育社会学、教育经济学等少数几个学科编辑了这样的基本文献。第二,目前国内已经编撰的少数教育学科基本文献选文时间大都截止到20世纪80年代左右,对于最近30年国外教育学科研究的新进展反映不够。第三,特别重要的是,在我国目前教育学科本科生、研究生的培养中,学生对于基本文献的学习和研读比较薄弱,一些教师由于种种原因也比较忽视基本文献的遴选和指导阅读,这极大地影响了教育学科人才培养的质量。

　　遴选和出版教育学科的基本文献,就像编辑和出版任何一个学科的基本文献一样,是一件极其重要但也有相当难度的学术工作。教育学科作为一个专门的知识领域出现,是一个近代的事件。若从夸美纽斯时代算起,有380年左右的历史;若从康德和赫尔巴特时代算起,有200多年的历史。两三百年间,世界各国学者们积累的有关教育问题论述的文献可谓汗牛充栋、数不胜数。在众多的文献当中,究竟哪些文献算是教育学科的基本文献,是一个需要费力思索的问题。这套丛书在各卷选篇内容和范围的问题上,主要基于以下四项原则。第一,主编负责制。出版社根据编委会的意见,先聘请各卷的主编,然后由各卷主编确定本卷的基本文献目录。第二,学科共识。各卷主编在确定基本文献目录过程中,广泛征求相关学科领域国内外有影响力专家的意见,力求对基本文献的遴选反映该学科权威学者的共识。当然,从国外一些教育科学基本文献的选编情况来看,完全重叠的认识是没有的。第三,内容标准。所谓内容标准是指,那些堪称学科基本文献的文献,理应是提出了学科的基本问题或概念,建构了有影响力的理论主张,或奠定了学科研究的基本范式的一些文献。第四,影响力标准。各卷选择的文献,理应是相关学科领域内反复阅读、讨论、引述或评论的文献,是学习和研究一个学科领域问题不能忽视或绕过的文献。

这套丛书涵盖目前我国教育学科的主要分支学科。在各卷的结构安排上,有两种体例:一是按照有关学科的主要问题领域分专题或流派来选编;二是按照学科的历史发展脉络分主要阶段来选编。各卷具体选择何种体例由各卷主编来确定。各卷主编为所负责的一卷撰写前言,并对本卷选编工作进行概要说明。每一卷大概分为3~6个专题,每个专题之前主编撰写"专题导论"来介绍本专题的情况,结合该专题选取的文献,对该专题理论、知识和方法的概况进行评析,体现导读的作用。每一专题文献之后附10~20篇专题拓展阅读文献,供学习者和研究者进一步阅读时参考。

选编国外教育科学基本文献是一项高难度的学术工程,也不可能毕其功于一役。由于丛书组织者和选编者的水平有限,在丛书选编过程中难免会出现疏漏,恳请诸位读者提出宝贵的意见和建议,以便我们在后续工作中及时改进或提高。

石中英

2012年12月10日

# 前　言

　　高等教育研究作为一个学术研究领域可以追溯至19世纪末。到20世纪20年代末，美国的明尼苏达大学、芝加哥大学、斯坦福大学等均有学者专门从事高等教育研究，并开始在这一领域培养研究生。1930年，俄亥俄州立大学学者创办《高等教育研究杂志》(*The Journal of Higher Education*)，这是高等教育研究领域历史最悠久的期刊。但是，高等教育研究在全世界范围内兴起并进入繁荣阶段，却是在20世纪50年代之后。

　　20世纪50年代以来，世界范围内的高等教育进入一个史无前例的规模扩展时期，导致高等教育大众化，有的国家和地区还实现了高等教育普及化。高等教育大众化成为现代社会的一个重要标志。高等教育系统的扩展不仅为适龄青年和相关人群提供了更多的接受高等教育的机会，同时也给各国的教育系统、政府管理能力以及社会经济发展、劳动力市场等各个方面带来了一系列新的挑战。

　　高等教育在实践中产生并提出了大量问题，需要有相应的理论研究、政策研究和对策研究予以回答。于是，来自社会学、经济学、政治学、教育学、心理学乃至哲学、历史学等众多学科的学者纷纷进入高等教育研究领域，促使高等教育研究得到了空前的发展，专门性高等教育研究机构纷纷设立。半个多世纪以来，无论用研究问题的数量还是研究的深度，或是用研究文献的数量或研究队伍的规模来衡量，高等教育研究均已成为一个新兴的、颇具规模的研究领域。在我国，高等教育研究更是被作为一个独立的学科即高等教育学学科来建设。

　　无论作为一个学科还是作为一个研究领域，高等教育研究在一百多年的发展历程中，已具有非常丰富的知识积淀，形成了自己的核心问题领域以及相应的研究范式。但是，由于高等教育研究与众多学科具有密切的联系，具有突出的跨学科特征，高等教育研究边界较为模糊，知识的逻辑线索也不够清晰，初学者往往难以窥其全貌。我国目前大约有800所高校在培养高等教育学硕士研究生，有16所高校设有高等教育学博士点，这些高校的相关机构还开展高等教育研究，另外还有大量相关学科领域的研究生、学者以及高校管理者也都参与高等教育研究。无论从促进高等教育研究人才培养的角度看，还是从推动高等教育研究水平的提高看，对现有的高等教育研究文献特别是对一些经典文献进行梳理，同时对高等教育研究的问题线索进行梳理，显得十分必要。

　　本书编者从丛书的总要求出发，系统搜集了国外高等教育研究的重要文献。所选文献均为高等教育研究的重要知识成果，其中部分文献还是高等教育作为一个学科或领域的奠基性作品,堪称经典。熟悉这些经典作品,对于理解高等教育发展、认识高等教育研究的知识传统,具有重要意义。本书共分六编,涉及六个专题:高等教育研究:领域概览;高等教育的历史进程;大学的理念;知识、知识生产与学术职业;高等教育组织与管理;大学、政府与市场。每个专题的前面都有一个专题导读,简要介绍专题选文的原则和内容,之后在每个专题中对每位作者及其选文的背景进行了必要的介绍,希望读者通过阅读这些背景介绍能够对文献的产生、思想内涵及其学术影响形成一个较深刻的认识。另外,编者尝试着对这些文献进行专题归类,以反映我们对高等教育研究问题线索和高等教育研究领域基本框架的理解。

本书从编选到出版历时五年,在此过程中,得到了众多专家学者和研究生的热心支持。阎凤桥教授、鲍威博士、李梅博士、沈文钦博士、刘子瑜博士、王东芳博士等校内外同仁对本书文献筛选及分类提出了重要建议或参加了编选工作,特别是阎凤桥教授组织了本书第五编三篇文献的翻译,校订了译文,并撰写了专题导论,沈文钦博士承担了大量的编选工作。博士生游蠡和硕士生刘广宇、许锐、马鉴也参加了有关工作。陈学飞教授审阅了书稿,高度肯定了本书编选工作的意义与价值,并提出了建设性的意见。北京大学出版社教育出版中心周雁翎主任、责任编辑于娜女士对本书的完成也给予了有力的支持。对于上述同仁的支持和帮助,编者在此一并致谢。

需要说明的是,本书只是国外高等教育研究基本文献的选编。无论是由于我们眼界局限还是由于篇幅限制,都会导致遗漏不少重要的、有价值的高等教育研究作品。另外,由于种种原因,本书选文并未涉及高等教育研究的所有重要领域,比如有关课程与教学、学生发展等方面的研究文献未能纳入,文献相对集中于研究传统高等教育,对现当代高等教育的多样性特征观照不够。这是一大缺失,希望将来有机会再版时进行弥补。由于编者水平和能力有限,本书还存在一些问题和不足,恳请广大读者批评指正。

陈洪捷　施晓光　蒋　凯
2014 年 1 月

# 目 录

**第一编 高等教育研究：领域概览** …… (1)
    高等教育：研究领域 …… (5)
    高等教育研究：一个多学科研究的案例 …… (12)
    高等教育研究与训练的发展状况 …… (23)
    高等教育研究进展与方法 …… (38)

**第二编 高等教育的历史进程** …… (47)
    历史的观点 …… (51)
    最早的大学 …… (67)
    现代德国大学的发展 …… (76)
    美国高等教育的十个时代 …… (86)
    从精英向大众高等教育转变中的问题 …… (104)

**第三编 大学的理念** …… (127)
    论柏林高等学术机构的内部和外部组织 …… (131)
    知识本身即为目的 …… (135)
    现代大学的理念 …… (142)
    多元化巨型大学观 …… (153)
    通识教育 …… (165)
    学习自由和教学自由 …… (173)

**第四编 知识、知识生产与学术职业** …… (187)
    高深学问 …… (191)
    学科 …… (201)
    知识生产的新模式 …… (213)
    以学术为业 …… (225)
    转变中的讲座制：德国大学教师的聘任、晋升与水准保持 …… (238)

## 第五编　高等教育组织与管理 ……………………………………（253）
　　有组织无政府状态下的领导 ……………………………………（257）
　　大学和学院组织模型：历史演化的视角 ………………………（272）
　　高等教育权力的整合 ……………………………………………（288）
　　高等教育管理行为的性质 ………………………………………（305）
　　高等教育制度论：日本模式的摸索 ……………………………（323）

## 第六编　大学、政府与市场 ………………………………………（343）
　　政府与大学 ………………………………………………………（347）
　　质量、效率与企业化的形成：
　　　　1986—1988年西欧高等教育新趋势概述 …………………（358）
　　高等教育国内与全球竞争的动力学 ……………………………（367）
　　高等教育市场 ……………………………………………………（379）

# 第一编

## 高等教育研究：领域概览

> 人们十分需要掌握和了解高等教育各个方面的专业知识和信息，深刻理解大学的本质。
> ——《高等教育研究与训练的发展状况》

## 专题导论

国外学者对高等教育的系统研究可以追溯至19世纪末。1893年,美国克拉克大学校长斯坦利·霍尔(Stanley Hall)开设了一门高等教育学课程,并一直讲授到1910年。该课程的名称是"本国与欧洲高等教育的现状与问题"(Present Status and Problems in Higher Education in this Country and Europe)。这是西方高等教育研究的一个开端。20世纪20至40年代,美国等西方国家逐渐开设更多的高等教育方面的课程,并开始培养从事高等教育研究的专门人才。俄亥俄州立大学在1918年、哥伦比亚大学师范学院在1920年、芝加哥大学在1921年以及斯坦福大学在1928年都开设了高等教育方面的课程。到1945年,美国至少已经有27个正式的高等教育学的学位点。1948年,李·杰克斯(Lee L. Jacks)女士向斯坦福大学教育学院捐赠大卫·杰克斯教授职位,这是美国第一个也是世界上第一个专门的高等教育学教授讲席。

不过,高等教育研究的真正繁荣是在20世纪50年代之后,高等教育的大众化及其所导致的各种问题直接促进了对高等教育研究的需求。这一时期越来越多的学者从事高等教育研究,同时高等教育研究也获得了稳固的制度化支持,很多大学都成立了高等教育研究所。

美国第一代制度化的高等教育研究主要发源于加州伯克利大学高等教育研究所(1956年成立)、哥伦比亚大学高等教育研究所(1956年成立)、密歇根大学高等教育研究所(1957年成立)和宾州州立大学高等教育研究所(1969年成立)这四个机构,后来在高等教育研究界享有大名的伯顿·克拉克、马丁·特罗、约翰·布鲁贝克都来自这几个研究所。

目前,高等教育研究在美国已经成为一个建制化的学位项目。根据美国教育统计中心的数据,2007—2008学年高等教育与高等教育管理(Higher Education/Higher Education Administration)授予硕士学位1888个、博士学位376个。授予博士学位数位列教育领导与管理(3148)、一般教育学(1267)、课程与教学(913)之后,高居第四。

英国的高等教育研究同样兴起于20世纪60年代。1964年,高等教育研究学会(Society for Research into Higher Education)在英国成立。1967年,任教于伦敦大学教育学院的威廉·尼布列特(William Roy Niblett,1906—2005)成为英国第一个高等教育学教授。

与英美相比,欧洲大陆与日本等其他国家在高等教育研究方面的人才培养相对缓慢,制度化的高等教育研究到20世纪70年代才开始出现。1972年成立的广岛大学大学问题研究中心和1978年成立的卡塞尔大学高等教育与工作研究中心分别是日本和德国最早的高等教育研究机构。在法国,高等教育研究并没有像中国、美国、英国那样,发展为一个拥有专门教席并可以颁发学位的领域,只有一些社会学、经济学和历史学的学者涉足高等教育研究。

今天,高等教育研究作为一个研究领域仍在不断发展之中。不管人们将高等教育研究视为一个学科,还是视为一个研究领域,一个无可否认的事实是,与经济学、历史学等发展成熟的学科相比,高等教育研究有哪些主题、独特理论和方法,学界的共识相对较少。而要推动高等教育研究的进步,就需要对这些基本的问题进行反复的讨论,在此基础上凝聚共识。同时,对于高等教育研究这个领域的发展历史和现状概况,相关研究也仍然不够丰富。该书设立"高等教育研究:领域概览"这一专题的目的,就是为了使读者对高等教育研究概貌有一个较全面的认识。

在西方学界,美国、英国、德国的高等教育研究都非常发达,因此本专题分别选取了这三个国家的高等教育研究者对这一领域的综述和展望。丘奇是高等教育研究的资深学者,泰希勒、阿特巴赫和泰特都是所在国家乃至世界上很有声望的高等教育研究者,因此他们对高等教育学这一研究领域的分析能够很好地引导我们了解这个领域的研究主题和相关进展。

# 高等教育：研究领域[①]

克里夫·H. 丘奇

**作者简介**

克里夫·H. 丘奇(Clive H. Church)，英国肯特大学欧洲研究中心的荣休教授，曾任兰卡斯特大学欧洲研究院教授。早期从事高等教育研究，发表有 Disciplinary Dynamics(1976)、Constraints on the Historian(1978)等论文，是最早对"学科"问题进行探讨，并使用学科—学系—院校的分析框架研究高等教育问题的学者之一。他的研究对托尼·比彻(Tony Becher)的《学术部落及其领地：知识探索与学科文化》一书有所启发。丘奇后期主要研究欧洲政治，出版有《欧盟与欧洲共同体》(European Union and European Community,1994)、《瑞士的政治与政府》(The Politics and Government of Switzerland,2004)等著作。

**选文简介、点评**

克里夫·H. 丘奇是英国较早从事高等教育研究的学者之一。在这篇文章中，作者概述了高等教育研究的历史发展，分析了高等教育研究所面临的一些问题，如研究较多地由社会需求推动，较少出于内驱力。这些判断放在今天仍然贴切，不过，丘奇所说的"有关高等教育的最出色的工作，往往不是出自该专业的专家，而是出自其他学科的学者"这一问题已经很大程度上得到了改观，很多专门从事高等教育的学者都贡献了自己的杰作，使得这一研究领域越来越成熟和丰富。

关于高等教育研究是一门单一学科，还是一个以多学科为基础的研究领域，学界一直有争论。丘奇持后一种立场，他认为，对高等教育的研究必须以多学科的知识为基础。

关于高等教育研究的主题，丘奇将其分为学生、教学、管理、政策和社会角色五个部分。应该说，这一分类很有启发，它基本对应了目前所流行的大学生发展、高等教育教学、高等教育管理、高等教育政策与高等教育社会学这五大研究领域，除了高等教育社会学之外，前面四个领域都已经有专门的学术期刊，如美国的《大学生发展杂志》(Journal of College Student Development)、英国的

---

[①] ［英］C. H. 丘奇. 高等教育：研究领域[J]. 毛祖桓，译. 外国高等教育资料，1994(1).

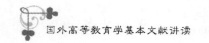

《高等教育中的教学》(Teaching in Higher Education)、经济合作与发展组织主办的《高等教育管理与政策》(Higher Education Management and Policy)以及国际大学协会主办的《高等教育政策》(Higher Education Policy)。

该文篇幅不长,写作时间也较早,但作为一篇概述性文章,丘奇分析了高等教育研究的基本特点及研究主题。通过阅读这篇文章,读者能够对高等教育研究这一研究领域有初步的认识和了解。

**选文正文**

高等教育是值得人们对其进行认真、系统研究的,这种看法的形成是由于近年来高等教育在世界范围内在规模、经费以及成为文化中心等方面都有了很大的发展。初看上去,进行这方面的研究是显而易见、轻而易举的事。实际上,这种研究尚避免不了如何下定义的问题,实事求是地讲,高等教育确实需要的那种研究尚未达到很高的水准。高等教育研究的动力较多地来自外部环境的刺激,而出于自身的内驱力较少。高等教育研究尽管就其范围来说是广阔的,就其结构来说是多样化的,但它仍是缺乏系统的,容易产生误解并被人滥用。高等教育研究的潜在价值极大,但尚未被人们所了解。

**一、定义**

从国际上的观点来看,下定义的主要困难在于,研究领域这一概念属于文化的范畴。在美国,高等教育研究所反映的是存在于各种学术专业间的自由市场,市场的力量伸进了高等教育,学者们便围绕高等教育这样的学科领域组织成团体。这一观点与世界其他地区的实际情况是否符合尚不清楚,在那些地区,高等教育研究更多地是为国家发展服务的,更为经常地是在政府机构和官方机构中进行的,而不是作为各种独立的学术研究进行的。另一方面,即使在世界上那些更为发达的地区,这一观点与作为一个整体的高等教育的种种需求是否符合也不清楚。

人们即使作出了种种努力,企图在这种狭义的和专业的意义上去发展概念,这些努力仍不尽如人意。因此,尽管大学中有关的系、研究生的课程以及高等教育的研究中心,其数量一直在增长,有人便认为这些进步就标志着一门新的学术专业建立起来了,但是最近的一项调查(Dresse & Mayhew,1974)已经断定:这些活动往往没有超越单纯的描述,也常常没有吸收第一手的研究或实际经验材料。有关高等教育的最出色的工作,往往不是出自该专业的专家,而是出自其他学科的学者,他们把高等教育看做一个与自己专业知识有关的课题,换言之,是出自研究高等教育的专家,而不是出自高等教育的专业人员。从专业的角度去研究高等教育,很难在以下两个方面取得平衡:一方面是训练北美学院里中层管理职位上所需要的人员;一方面是学者和社会从更宽广的角度去关注高等教育。尽管这种专业研究工作对高等教育领域更广阔的方面也有一部分兴趣，但即使是在条件相当特殊的美国，要使上述两方面取得平衡，也还是不够的。

还有一点也使这一研究领域的概念意义不明确，即：这一研究领域究竟研究的是哪一个层次的问题，人们并不清楚。有些专家的确喜欢强调研究对于高等教育的重要性，坚持必须追随在物理科学中采用的研究方法论的范式以及有效性。另一些专家则似乎把对高等教育各个方面所作的任何认真思考，都扩展为研究，比如对本科生教育的思考或对使用教育媒体的思考，他们似乎并不坚持认为任何一种具体的方法论都是不可或缺的。他们可能不太愿意把高等教育研究看做是一种不带偏见的学究式的观察，而更愿意看做是一种改进与评价高等教育实际情况的手段。因此，一些研究高等教育的组织，用自己有关的名词或术语：以一种容易被人理解的方式，把研究的概念和发展的概念联系起来了。由于把高等教育的实际进化与从中发展而来的利益紧密联系起来了，情况看来是这样的：只对高等教育进行纯学术研究，却不打算采取下一步的行动，这种情况必定是极为罕见的。

最后，高等教育自身的概念也可以说是含义不清的。在某些国家，像奥地利和意大利，高等教育可以和大学教育等量齐观。然而，在英国和澳大利亚，大学教育这一术语只能包括高等教育中某些特别的部分。此外，有些国家拥有广大的实施第三级教育的学院系统，这些学院在高等教育中的地位是有争议的。把这些学院排除在外，不看做高等教育，这种做法未免过于死板。不过，在这些学院中也包括成人教育或技术教育。

**二、研究领域的发展**

由于对高等教育有系统的兴趣是晚近才发展起来的，这一领域的进程不长。高等教育的许多研究，其性质是很抽象的，所反映的内容有教育规划，政府的人力需求以及在专业上有关系的那些人的利益，这些人或是管理者，或是改革的推动者。这些研究由于只涉及高等教育的组织方面和社会方面，或者只是笼统地涉及教学方法，而对高等院校实际教学的那些科目却毫不涉及，因而对全体教学人员始终不曾有过什么真正的影响。除了种种利害冲突难以调适之外，自身势单力薄、不够成熟，也导致高等教育研究备受冷落。与中等教育相比，第三级教育所受的关注少得可怜。在人们的心目中，第三级教育正如早期教育一样不值一提。此外，学者们宁肯花费更多的时间去撰写《大学的教育思想》一类的著作，而对大学的现实作实际调查所花费的时间则要少得多。例如，据最近的测算，就对高等教育具有积极进行分析研究传统的英国的情形而论，在全部高等教育的经费预算中，用于研究和评价的经费尚不足百分之一。

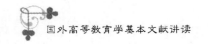

如果判断一门学术性学科地位的标准是有学者队伍,有资料来源,有研究组织,那么高等教育尚不具备成为一门学科的资格。然而,如果所有感兴趣的有关人员要对高等教育作系统研究的话,这一领域就需要指明它的根源、范围、方法以及资料来源,这样做的重要性已被进一步揭示出来了。不断增加对高等教育的认识,这是未来发展的前提,而且,这样做不仅对学者和实际工作者有用,也对政府和整个社会有用。

在某种程度上,这一领域的种种弱点不仅在于其本身相对而言是一个新生事物,也在于其诞生的历程。虽然人们一直对大学中发生的事情抱有兴趣,但是人们很少采取有系统的做法。有些著作现在已被看做胚芽,如休伯(Huber)1843年发表的《英国的大学》(*The English University*),还有纽曼主教(Cardinal Newman)1852年发表的《论大学教育的范围和性质》(*Discourses on the Scope and Nature of University Education*),这两该书均是英国大学发生危机时期的产物,也可以看做是大学改革运动的产物。大学改革运动后来席卷了欧洲,并因此而产生了一些研究团体,如1862年成立的学术研究组织会(Society for the Organization of Academic Study),还成立了各种专门调查牛津大学和剑桥大学的皇家委员会。然而,只要危机一过,人们的研究兴趣也就随之消失了,代之而起的又是对母校的赞歌。这一领域如果说有什么发展的话,也只是积累了一些资料而已。

尽管最早开设有关高等教育的课程的,可追溯到1893年美国马萨诸塞州的克拉克大学(Clark University),然而直到20世纪,在大学里有兴趣开设这一类课程,一直是个别的、偶然的现象。此后由于第一次世界大战,激发了人们对高等教育性质的新思考,弗莱克斯纳(Flexner)1930年发表的《美国、英国与德国的大学》(*Universities:American,English and German*),部分地代表了这股新思潮。两次大战的经历导致莫伯利(Moberly)和雅斯贝尔斯(Jaspers)撰写了关于大学一般问题的著述,随后桑福德(N. Sanford)①和特拉斯科特(Truscot)对战后处于扩张期的高等教育的变革历程,作出了以经验为根据的重要研究。

然而,仅仅到了最近三十年,高等教育研究才具有了现在这种广泛而不系统的特征。因而1974年苏联感到有必要在高等和中等专业教育部内设立科学研究所,以处理不断扩大的高等教育系统。同样,西方也成立了许多学术团体,一些国际机构还作了一些调查,主要调查第三世界国家和其他地区的高等教育,这些均可追溯到这一时期。这些事件与20世纪60年代和70年代高等教育自身的变革与大规模扩展也有明显的联系。学生的人数,教育机构的数量

---

① Nevitt Sanford(1909—1996),美国心理学家,最早对大学生发展问题进行研究的学者之一。他1962年主编的《美国学院:对高等教育的心理学和社会学解释》(*The American College:A Psychological and Social Interpretation of the Higher Learning*)一书开创性地研究了大学对学生的影响,从此,大学对学生的影响成为美国高等教育研究的一个主要领域。——编者注

及类型,世界范围内课程及研究活动的领域,均有了引人注目的增长,所有这些都促使行政人员、教育工作者、政治家、学者和全体民众对高等教育的关注不断增长。高等教育系统在许多方面都变得复杂了,比如在所需费用方面,还有在成为文化中心方面,在美国自然科学有一半以上的基础研究是在大学中进行的,人文科学创造性的研究也越来越多地集中于大学。这些研究,不管是正式的还是非正式的,有时多少都带有一种不落陈套、不循规蹈矩的性质,正是这样的研究使高等教育对于国计民生产生了切合实际、极为重要的意义。结果所有与高等教育有关的人,都越来越感到有必要了解新的体系,甚而要求加强对新体系的管理。

### 三、范围与兴趣

尽管从理论上来说,这种扩展的态势预期会形成对高等教育各个方面的研究,然而事实并非如此。研究领域与高等教育自身并不一致。大量研究工作集中于高等教育有限的一些方面,这一领域与其说是一个完整的整体,还不如说是一系列次级专门学科。研究人员在选择研究课题时,更多地是出于要反映那些已被卷进高等教育研究之中的当前最为突出的问题和热点,而不是出于要作什么系统性的评价。在少数学科领域内,突出的例子是医学教育,已出现了小型研究团体和刊物。但是,与中等教育领域不同,大多数高等教育研究明显地忽视具体学科问题,这一特点与大多数高等教育机构高度部门化的结构形成了强烈的反差。这一领域可适合于用五个相互重叠的子领域进行分析,这五个子领域是:学生、教学、管理、政策和社会角色。它们很少单独存在,一个可以引出另一个来,这是因为高等教育的运行是在种种相互关联的工作面上进行的。高等教育是一个整体,哪怕人们对它的整体性还不具备鉴别力。

研究课题的实际领域是极为广阔的。拿学生来说,研究课题可以从入学、需求到咨询,从学生的成分、辍学到严重伤亡事故,从高等教育对学生的影响、资助金、个性特征、学生住宿、学生会一直到政治骚乱的成因,等等。拿教学来说,热点话题有测验与考试、课程、教育技术、个别教学、讲演课、设计课,还有小组教学等。管理方面的课题有:行政、环境建设、就业、系以及微观结构、管理、财务管理、领导以及教职工的配备等。至于政策方面,则有义务、委任、财政、规划、政策、高等教育哲学以及结构等。最后,属于高等教育社会角色方面的问题有:咨询、为经济成长作贡献、扩展教育事业、人力研究、政治影响、专业教育、科研所起的作用以及高等教育与社会相互作用的其他方式。这些方面的问题很明显又会反过来影响入学与需求这些问题,而像关于学术自由、高等教育经济学以及科研成果等方面的看法,几乎能影响到高等教育研究的所有子领域。

并非所有这些课题都能享有同等的地位。对那些最近出席了欧洲高等教育研究与发展联合会会议的学者们的个人兴趣所作的分析表明:与关心课程评估与改革的人数相比,关心教学更一般性问题的人数完全不成比例。关心师资培训的降至可怜的第三位。而认为自己在经济规划、高等教育心理学、研究方法、政策之争以及历史发展这些问题上有兴趣的人,全成了少数派的成员。当回答者被问到他们喜欢大会所讨论的哪些题目时,前两类题目的优势扩大了,尽管他们对经济规划、高等教育社会学以及研究方法论感兴趣的程度要超过对研究课题感兴趣的程度。因而至少在西欧,在人们对高等教育的关注中,似乎既忽视了教学的实际内容,也忽视了人力计划、协调以及国家发展这些关于政府和其他人的更为广泛的问题。在这一领域的中间地带,特别是在与机构这一层次有关的中间地带,常会出现明显的空白。国家政策会以何种方式实施于各所属部门,或者方法论上的革新会以何种方式引入各所属部门,对于这些问题常常是无人过问的。

公平而论,兴趣的天平已经改变了倾斜方向。来自会议和研究小组的调查指出,至少在欧洲,人们对规划和管理的收益方面的兴趣一直在下降,而对教学方法的特别关注则有所增长。在20世纪70年代的研究中,24%是关于研究高等教育的社会角色的,关于规划和管理的仅占19%,与之相比,57%是关于教学机制的。另一方面,从每三年在兰卡斯特召开一次的学术会议的情况中可以看出,近年来高等教育在走下坡路,这就导致国际高等教育界在讨论中不敢触及大众化高等教育的问题,也不愿承担起自身在教学改革的许多细节方面对社会应承担的责任。这些忧虑多少起源于20世纪60年代期间大学生掀起的极端主义浪潮。那些教学质量低下的教师,当时成了矛头所向。在高等教育大众化的浪潮中曾经发生过这样一些事情:高等院校对学生的要求所作的答复是,采取一些新措施来激发教师的革新精神并对师资队伍进行培训,由于受培训教师脱离了大学中的教师集体,他们变得越来越疏远集体,越来越只顾自己的利益而不顾后果如何。

### 四、研究领域的结构

尽管国家在统计方面与政策方面态度很积极,但是这并不经常地导致行动。正如专家们的研究工作可以让人感到阳春白雪的味道过浓一样,政府的兴趣也不能经常产生有目的的变革。在经费上和政治上持一种短视的眼光,会导致忽视那些在研究基础上作出的调查结果。搞自治的大学只顾自我保护,比如说拉美情况就是如此,事实却是:研究工作仍然常常处于刚刚起步的阶段,既缺乏深度,也不容易被应用,所有这些都在阻碍着发展。政府的兴趣往往表现在计划和立法中,政府的兴趣与其说有效果还不如说在发热病。

研究并理解高等教育并非易事。这样做需要许多学科的知识,即使我们假定一个人无须对高等教育中教授的所有东西都略知一二。仅仅要懂得高等院校是组织机构和社会机构这一点,就要熟悉政治学、社会学、经济学、组织理论甚至历史学和哲学等方面的知识。单一的研究方法难有建树,也不能使人相信理论模式的整体性,这一点已经取得了人们的共识。此外,还有一个资料来源的问题。尽管按照惯例大学和政府被看做是文件的主要制定者,但是他们在决定文件的取舍时,有时态度暧昧,有时又相持不下。无论如何,像相距甚远、分别处于尼日利亚和阿根廷的那些学者,他们常常发现找不到用于了解高等教育所需的资料。虽然出现了一些电子信息系统,如教育资源信息中心(ERIC),在英国和法国也都有摘要索引,这些都可指导人们找到资料的所在地,但是这些系统仍然过于分散、差异过大。

由于尚未出现真正的综合,所以关于研究方法或研究焦点的看法同样尚未达成一致。如果把所有研究方法和研究结果都考虑在内的话,不管它们来自专业人员方面.还是来自政府方面或来自独立的研究人员,就会清楚地看到:在全世界搜集信息的方式是多种多样的。而利用信息的人也几乎同样是多种多样的。很明显,人们需要的是一种更为全面同时也更具洞察力的方法,信息系统、资料来源以及资源享用者的多样化还意味着:即使就未来的情形而言,高等教育也未必能直截了当地单独成为一门新学科或新专业。情况的确如此,由于高等教育研究在某种程度上是一种应用性的研究,因此,假如高等教育真的成了一门新学科或新专业,那倒是危险的。如果要使高等教育的研究及其发展有价值,就必须使社会上所有与之有关的人从中受益,从教授、政治家一直到全体民众。创造颇具新意的超级科学(superscience)的想法,失之过于简单化,这种想法已经妨碍了这一领域的发展。意识到高等教育事业的种种困难,反倒比任何"灵丹妙药"都更能把这一事业推向前进。

(毛祖桓 译)

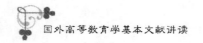

# 高等教育研究：一个多学科研究的案例[1]

乌尔里希·泰希勒

**作者简介**

乌尔里希·泰希勒(Ulrich Teichler,1942—    ),德国卡塞尔国际高等教育研究中心教授,德国不莱梅大学博士,博士论文为《日本的高等教育与社会选择》(1975),1986—1992年曾被聘为美国西北大学教育学兼职教授。长期从事高等教育与工作、学术职业、高等教育国际化等方面的研究。泰希勒是欧洲最有影响的高等教育研究者之一,主要著作包括:《大学毕业生的职业生涯》(Careers of University Graduates: Views and Experiences in Comparative Perspectives,2007)、《高等教育系统的模式变革:三十年的经验》(Changing Patterns of the Higher Education System: The Experience of Three Decades,1988)、《高等教育与联邦德国的劳动力市场》(Higher Education and the Labour Market in the Federal Republic of Germany,1982)等。

**选文简介、点评**

乌尔里希·泰希勒是欧洲高等教育研究最资深、影响最大的学者之一。该文根据高等教育研究有关研究现状、高等教育与政策和实践的关系、制度基础及其在高等学校教学中的作用的最新成果,综述了高等教育研究的知识状况和制度基础,特别对高等教育研究及其他多学科研究的共同特性作了重点分析。

泰希勒在这篇文章中对世界高等教育研究的状况做出了几个重要的判断。首先,泰希勒认为,高等教育研究和青年研究、城市研究、女性研究等跨学科研究领域一样,是以主题为基础的;其次,高等教育研究的制度基础比较脆弱,也就是说,很多高等教育研究者(尤其是在欧洲)并不是在专门的教育院系中工作,而是寄生于其他学科之下,在拉丁美洲,高等教育研究的制度基础最为薄弱,很多学者的高等教育研究都是个体行为,得不到稳定的制度支持;第三,高等教育研究者与实践者之间的界限通常是模糊的,两者的关系非常紧密。这三个判断对于我们认识作为一个学术领域的高等教育研究非常有帮助。

凭借其几十年的高等教育研究经验和对世界各国高等教育研究机构的熟

---

[1] [德]乌尔里希·泰希勒.高等教育研究：一个多学科研究的案例[J].叶赋桂,译.清华大学教育研究,2003(1).

悉,泰希勒描绘了一幅非常清晰的图景。此外,泰希勒将高等教育研究者分为六个类型,对于我们认识高等教育学术领域也很有帮助。

在这篇文章中,泰希勒还观察到一个有趣的现象,即大多数高等教育研究更多地集中在高等教育的教学功能上,而对高等教育本质部分的研究功能的研究则被认为属于另一个领域,即科学哲学、科学史、科学社会学等。这一观察敏锐地意识到了在高等教育研究中结合科学社会学、知识社会学方法的重要性,两者的结合是产生原创性高等教育研究的一个重要条件。同时,该文也提示高等教育研究者应更多地关注高等教育中的知识生产问题。

**选文正文**

## 一、导言

高等教育研究是相对较小的一个研究领域。在目前已有的与高等教育相关的各学科体系中,它并不是一个明确的研究领域,而且,大多数高等教育行动者(即实践者)并不是以系统的知识为基础进行决策和行为的。尽管如此,高等教育研究仍可以在以下三个方面被理解为一个典型的跨学科研究领域。

首先,正如其他跨学科研究领域一样,高等教育研究是以主题为基础的。就像青年研究、劳动研究或城市研究,现实世界的现象和抽象是研究的中心。在经过深思熟虑后,某些学科或方法能够用来分析该主题时,它们就开始起作用。

其次,高等教育研究经常是"战略性的",就是说它不得不既为基础研究贡献力量,即加强该主题的理论、方法和基础认识,而不考虑这类知识应用的可能性,又为应用研究出力,即提供可能为解决实际问题有用的系统知识。正如下文将要指出的,研究者或研究机构会在基础研究和应用研究这两个极端之间选择一个特定的位置,但高等教育研究作为一个研究领域有望在一再割裂的基础研究方法和应用研究方法之间架起一座桥梁。

再次,高等教育研究和大多数跨学科研究都具有相同的命运,与学科研究相比,它们的制度基础更为脆弱。世界上的大多数大学,其核心和最稳定的成分是学科结构,传统上常称之为系(faculties)。相反,跨学科研究往往要么采取研究者非正式合作的模式,要么暂聚在不稳定和没有长期前景的特定研究单位。

这些情况对高等教育研究来说也许是令人悲哀的,但也可看做是激动人心的挑战。本文的目的是综述高等教育研究的知识状况和制度基础,重点则论述高等教育研究及其他众多跨学科领域的共同特征。本文的分析来自最新的高等教育研究现状概述(Teichler, 1996b;Altbach, 1997;Sadlak & Altbach, 1997;Schwarz & Teichler, 1999;Rhoades, 2001),它与政策和实践的关系

(Teichler & Sadlak，2000)、它的制度基础(Schwarz & Teichler，2000)以及在高等学校教学中它所起的作用(Altbach & Engberg，2000)。

## 二、主题领域与相关学科的范围

文化和社会科学为高等教育研究提供了理论和方法基础。高等教育的一些研究来自其他领域,如工程、自然科学或美术。通常,这些学科领域在知识上而不是在理论和方法上为高等教育提供助益。

很明显,教育学、心理学、社会学、政治科学、法律和管理科学、经济学和工商研究可以说是对高等教育研究有贡献的学科。但还有一些其他学科也经常提及。在以上这些例子中,"学科"这个术语不仅专门用来描述知识的主要领域(传统上是由某些共同的理论和方法主体来界定的),而且也指称新出现的研究领域(最初被理解为跨学科领域,但经过一段时间后达到某种程度的稳定性)。这种类型有两个显著的例子值得一提。

——1984年,美国高等教育研究者和社会学家伯顿·克拉克编了一本名为《高等教育透视:八个学科的比较的观点》的书,该书汇集了8篇论述高等教育研究的论文。这些论文最初提交给1982年在洛杉矶加州大学举行的学术会议。其中所指定的8个学科不仅有传统的经济学、历史学等学科,而且包括"政治的观点"(Maurice Kogan)、"组织的观点"(Burton Clark)、"政策的观点"(Ladislav Cerych)等多学科领域。

——在伯顿·克拉克和盖·尼夫(Guy Neave)主编的《高等教育百科全书》(1992)中,英国高等教育研究者托尼·比彻(Tony Becher)所编写的"高等教育的多学科研究"部分共有19篇文章,有来自不同学科的,如"政治科学"或"公共管理",也有运用特殊研究方法的,如"政策分析",甚至还有一般意义上的"高等教育"(Fulton，1992)。

显然,为某一确定的多学科领域建构相关学科的分类并没有被看做是必要的。当多学科研究是建立在不同背景的研究者之间富有成效的合作时,这些背景的"地图"至多只会引起次要的关注。

相反,任何关于某一跨学科研究状况的综述都被期待着提供揭示该研究领域特性的分类。当许多跨学科领域按某一确定的主题汇集在一起时,高等教育的主题结构本身毫无疑问就是该领域研究分类的最明显的起点。我们可以从得出高等教育观点的现象中列出一个名单,如入学、研究计划、学生、教师、咨询、毕业就业、研究、管理等。

考察过去高等教育领域分类的成果(如为了参考书目的目的),我们注意到所使用术语、基础概念以及不同层次上的具体和抽象的倾向性都存在着巨大的多样性。在一篇综述高等教育研究的文章中,德国高等教育研究者乌尔里希·泰希勒提出了用于参考书目、趋势报告、百科全书和培养计划的六组主题名单(见表1)。

表1 高等教育研究的学科和主题结构

| |
|---|
| 尼克(Nitsch)等(1970—1973):高等教育与知识分子职业;高等教育与研究的经济学;社会结构;高等教育背景下的个人发展与政治冲突。<br>克拉克(Clark)(1984):历史的观点;政治的观点:经济学的方法;组织的观点:地位分析;文化的观点;关注科学活动;政策的观点。<br>戈德施米特(Goldschmidt)、泰希勒(Teichler)和韦伯勒(Webler)(1984):历史;科学与研究;组织;学术职业;学生与社会化;教学与学习;登记与入学;高等教育与就业;机构与结构;政策与计划;经济学;统计学;留学生。<br>阿特巴赫(Altbach)(1991):学术自由;学术职业;责任;成本;高等教育扩展与劳动力市场;历史;新大学;私立高等教育;学生政治激进主义;大学改革;发展中国家的高等教育;女性与高等教育。<br>克拉克(Clark)和尼夫(Neave)(1992)《高等教育学百科全书》的结构:高等教育的国家制度;高等教育与社会;高等教育体系的制度结构;管理;行政与财政;教师与学生;教学、学习与研究;高等教育的学科的观点;学术规训。<br>克拉克(Clark)和尼夫(Neave)(1992)论述研究高等教育的章节:人类学;比较教育;经济学;高等教育研究;历史学;法律;语言学与修辞学研究;文学;宏观社会学;组织理论;哲学;政策分析;政治经济学;政治科学;公共管理;科学研究;社会心理学;女性研究。<br>高等教育研究者协会(CHER)培训课程(1992—1993;参见:Kehm,2000):高等教育的过程与结构;高等教育体系的宏观管理;经济方面;高等教育与工作;知识领域;教与学;决策与研究体制;高等教育机构的管理;欧洲的高等教育与发展。|

资料来源:泰希勒(Teichler)1996a

有趣的是,明显被认为是按主题所作的分类却并不必然就保持主题的一致性。在有些例子中,他们插入学科名称,最明显的就是经济学。这也许表明经济学倾向于有明显的研究主题,如管理、财政以及教育与就业之间的联系,而且这些主题领域的研究在很大程度上受经济学这个独特的学科影响。事实上,许多从事高等教育研究的经济学家在某种程度上还没有准备好加入跨学科的研究,而宁愿把他们对该主题领域的涉及限制在自身的学科观点、主题和方法上。

任何按主题所作的研究领域的分类也许都是短暂的,因为对重要主题研究的关注总在快速变化着。事实上,高等教育研究也强烈地受到高等教育政策辩论中重要主题的快速变化的影响,下文将就此讨论。

上文所提到的关于高等教育研究综述的论文中,乌尔里希·泰希勒(1996a)论述到,通过考察该领域研究者所选择的该主题的一系列分专业,一个有用的分类是能够实现的。明显地,大多数高等教育研究者在四个主题领域之一是活跃的,他称之为"知识面"(参见图1),也许可表述为:

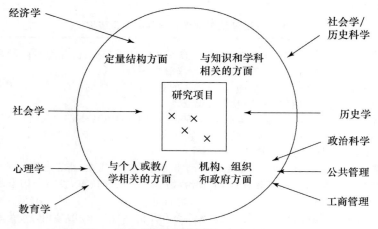

**图 1 高等教育与高等教育研究的知识面**
资料来源：泰希勒(Teichler)1996a

——定量结构方面，如入学、精英与大众化教育、多样化以及高等教育与就业的关系；
——与知识和学科相关的方面，如学科对跨学科、主修专业课程、学术重点对职业重点、知识的习得与应用、教学与研究的关系、课程；
——与个人或教学和学习相关的方面，如交往、指导与咨询、教与学的模式、学生与教务；
——机构、组织和政府方面，如计划、行政、管理、决策、资金与资源分配。

在这个跨学科领域中，各个学科不仅仅与各个知识领域联系在一起，而且任何一个知识领域都是在很多学科的滋养下才发展繁荣起来的。例如，社会学和历史学对全部四个领域都能有所贡献，心理学对第二和第三个领域有特别的作用，而经济学的作用显著表现在第一和第四个领域。换句话说，与个人或教学相关的方面可以通过教育学、心理学和社会学有关的理论和实际知识得到最好的理解。

单个的研究项目，即使超越了某个学科的边界，经常也是在上述指定的某个知识领域中。但有人可能会争辩说，最有趣的和最繁荣的研究项目同样也超越了单个知识领域的边界。例如，如果一方面不限于教育职业路径和雇用模式的定量结构方面，另一方面不限于与知识习得、工作、分配和知识使用问题相关的知识和学科，高等教育与劳动界的关系研究就会是很丰富的。而且，如果它同时致力于学习与劳动界的定量结构和本质这两方面，该主题领域的研究是最有价值的。

最后，人们不得不牢记，以主题为基础的研究领域多少有些模糊，因为不存在清晰的主题边界线，高等教育研究有时被理解为教育研究的一个分主题，但其他人反对这一观点。在教育扩展的过程中，高等教育研究与职业教育研究之间的分界因为"第三级(tertiary)教育"概念的兴起而变得模糊不清。而且,有趣的是,大多数"高等教育研究"更多地集中在高等教育的教学功能上,而对高等教育本质部分的研究功能的研究则被认为属于另一个领域,即科学哲学、科学史、科学社会学等,这是明显不同的一个研究领域。

高等教育研究与科学哲学之间的区别使我们知道,当某种确定的问题意识流行时,多学科研究就经常出现。正如我们指出的,当该问题意识发生变化时,在那些条件下产生的研究并不会将某一主题领域全都包括在内。在20世纪60和70年代,当公共注意力放在如学生的机会、入学人数的增长、课程变革等高等教育的确定问题上时,高等教育研究就很流行。即使像高等教育研究这样的跨学科研究不断成长和成熟时,它看起来仍受其产生时的环境影响。

但这并不意味着,高等教育研究所关注的主题没有变化。相反,高等教育研究的主题总在快速翻新,而公共政治所讨论问题的变化看来是高等教育研究主题变化的重要驱动力。在有些国家,当有关高等教育与经济增长之间的联系以及教育对个人社会机会所起的作用的希望和关心激起公共讨论时,高等教育研究就开始发挥作用。20世纪60年代后期,当出现学生抗议时,高等教育有关教与学、学生咨询等的研究兴趣就日益增长。20世纪70年代,当人们日益关注不断增长的大量毕业生将要面临的就业问题时,大学生就业研究因此迅速扩展。20世纪80年代,当政治范式倾向于在公共领域中推行管理主义和加强市场指导时,高等教育管理和市场激励的研究又急剧发展。而一旦高等教育国际化提上政治议事日程,高等教育国际化的研究就比以前更多、更充分。在有些情况下,研究起到了促进改变政策讨论问题的作用,但只有当它成为一项重要的政策问题后,该研究才会发展起来。

### 三、制度环境

高等教育研究虽然是一个较小的研究领域,起主要作用的研究者在全世界可能只有上千人(我们仅是推测),但因其制度环境不同却有着本质上的区别。我们可以把制度环境至少分成五方面。

第一,高等教育研究因其主题不同而不同。高等教育研究或许是各个单位独立承担的,或许是负责普通教育研究、公共政策、经济研究、劳动力市场研究等机构的一部分。

第二,高等教育研究会因其功能不同而不同。有些是一个单位专门负责研究;另外一些则是研究与教学结合在一起的。通常,在单位中,研究主要承担服务功能,如中心负责课程开发或教务人员培训。

第三,与第二方面相关,高等教育研究因其应用情境不同而不同。它或许是基础研究、应用研究,或许包括在评估、咨询中或某个行政部门的一个主要部分。

第四,高等教育研究控制模式的变化。高等教育研究也许是学术自我调节的一部分,也许是由行动者委托的合同研究,也许高等教育研究单位必须向确定的行动者报告。

第五,高等教育研究的利益相关者是多变的。例如,研究也许主要被指望告知政府、其他社会团体或大学行政部门。

这里可以举一些负责高等教育机构的具体例子:

——在有些国家,很多大学都建立了教师发展、教与学、高等教育教学法等中心,这些中心的教师被期待去做研究,培训教师和帮助课程革新。在澳大利亚、中国和有些欧洲国家,这种中心广泛分布在高等教育机构中(Sadlak & Altbach,1997)。

——院校研究(institutional research)这个术语产生于美国大学行政部门中的研究单位。它收集机构信息以便对院校的政策作出反思。与此同时,世界其他国家也出现了院校研究协会,不过大多数成员的组织基础却是不同的。

——美国有好几十所教育学院提供高等教育硕士或博士课程,既培养高等教育研究者,也培养职业管理者(Schwarz,2000)。最近,其他国家也制定了类似的课程类型(Altbach & Engberg,2000)。

——在许多国家,国家支持专门的研究机构负责高等教育研究或负责高等教育研究与发展,有些研究领域更宽的机构(教育研究、劳动力市场研究、公共政策研究等)也把高等教育作为其主要研究领域之一。挪威科研与高等教育研究所(Norwegian Institute for Studies in Research and Higher Education)就是这样一个著名机构。

——考虑到本研究的背景,值得一提的是,有些高等教育研究中心是在大学内作为专门的研究中心而建立的。大多数声誉高的研究中心在研究方法上都是跨学科的,如日本广岛大学高等教育研究所、德国卡塞尔大学高等教育与工作研究中心和荷兰特温特大学高等教育政策研究中心。

在分析高等教育研究的制度基础时,我们不能仅仅看到专门从事高等教育研究的机构或有分支单位从事高等教育研究的机构。在许多国家,如拉丁美洲国家高等教育研究主要是个人进行的,他们大多是大学中人文社会科学类学院的教师。另外,我们也注意到,很多政府也有负责研究和收集信息的单位或与研究和政策密切相关的机构。

在大多数机构环境中,不同学科背景的交叉是受欢迎的。以主题为基础的方法结合个人研究者超越学科界线的巨大努力是清晰可见的。例如,在高等教育研究者协会(CHER)成员目录中,高等教育研究者组织的国际会员来自欧洲的占了很大的比例,他们中很多人对国际比较研究感兴趣。在1999/2000年的目录中,大约150名学者中仅约三分之一提供了所属机构的信息,这些信息可以让读者推测一下学科背景,不到五分之一的人在描述其研究兴趣时提到了一个学科。

两个更深层次的特征是最显著的。第一,高等教育是一个专门领域,其研究者与实践者之间的边界线比其他研究领域要模糊得多。例如,我们注意到,实践者反思性的述评与典型的学术论文同时出现在大多数声誉很高的高等教育期刊中,这些期刊明显地既针对学术界,也面向政策和实践团体。

第二,似乎相反,我们注意到,确切的研究领域各与特定类型的行动者相关。例如,德国高等教育研究专家埃德加·弗莱克曼(Edgar Frackmann,1997)观察到西欧有三种高等教育研究的"功能类型":"国家和全系统的支持,机构研究和机构管理的支持,作为自我反思对高等教育的支持"。

美国高等教育研究者伊莱恩·埃尔-卡瓦斯(Elaine El-Kahawas)把"研究、政策和实践"看做美国高等教育研究三个独立的基础:

——研究:以学术为基础的高等教育研究在美国大学的教学和研究单位中经常是制度化的。在这种环境下的大学教师为理论性的和方法论的基础而努力,并尽可能地为知识而追求知识。

——政策:高等教育政策研究或信息单位都是由政府特别建立的,或者多少与上述机构中介是有联系的。其目的是通过信息、政策导向的解释、政策说明书等丰富政策程序。

——实践:有些高等教育研究与发展单位与高等教育机构的管理联系在一起。这种"机构研究"被期待为高等教育机构中的行动者提供信息和行动导向的解释,就像政策研究为宏观的社会行动者提供信息一样。

的确,这三种类型在某种程度上是重叠的,但每个团体中的大多数研究者和专家并不考虑研究和其他团体收集的其他系统的信息。

## 四、走向高等教育专家的类型学

上文讨论的不同的分类说明高等教育专家明显地依据以下三个尺度而变化:

——在某一范围内其职业任务——不是清晰地划分——一端是独立研究,另一端是独立的实践活动;

——其研究和解释所涉及的主要团体:(教学人员)大学教师,宏观的社会行动者或机构行动者;

——一端是为知识而追求知识,另一端是成功地指导实践决策,研究活动的独立性及其动机就在此范围中。

同样,乌尔里希·泰希勒(2000)提出,根据其理论和方法论、知识领域及强调应用和发展的专业基础,把高等教育专家划分为六类(参见表2)。

表 2　高等教育专家类型

| 类　　型 | 专业基础 | | |
| --- | --- | --- | --- |
| | 理论/方法论 | 知识领域 | 应用/发展 |
| (1) 以学科为基础的<br>　　临时的高等教育研究者 | ++ | — — | — — |
| (2) 以学科为基础的<br>　　长期的高等教育研究者 | ++ | + | — — |
| (3) 以主题为基础的<br>　　学术性的高等教育研究者 | + | + | ~ |
| (4) 应用高等教育研究者<br>　　(政策研究者、机构研究者) | ~ | + | + |
| (5) 高等教育咨询者 | — | + | ++ |
| (6) 高等教育实践反思者 | — — | ++ | ++ |

资料来源：泰希勒(Teichler)2000

　　(1) 以学科—系为基础的临时的高等教育研究者常把他们自己界定为经济学家、心理学家、历史学家等。他们认为其他学术同行也是以学科为基础的,并把学术生活的一部分投入到不同的主题。例如,在社会学中,许多著名的学者都把其学术生活的一部分投入到高等教育研究中,但他们的研究经常缺乏高等教育领域的知识。以学科为基础的学者大多数都不很关心其研究与实践的相关性。

　　(2) 以学科为基础的长期的高等教育研究者与临时的研究者相似,因为他们在管理上和知识上都是以系和学科为基础的。他们通过其他同等学科为学术认知而奋斗。但不像第一类研究者,高等教育是他们毕生或主要职业生涯中重要的或唯一的研究主题。

　　(3) 以高等教育研究机构为基础的学者与以学科为基础的研究者相通,但他们不得不证明其研究成果与应用研究者相比更正确,对实践者是有用的。而在二者之间维持平衡的方法既受到与其他高等教育研究者合作强弱的影响,也受到获得有稳定资金的大项目的影响。毫不奇怪,属于这一团体的人将有助于促进不同类型高等教育研究者的合作。

　　(4) 应用高等教育研究者追求在研究的决策效用和所收集数据的有用性方面树立声誉,尽管他们对高等教育研究的学术发展也有贡献。他们常常在高等教育政策研究或制度研究的某个机构工作,或在负责研究与服务的单位工作,如教师职业发展中心、教学中心或大学管理部门。

　　(5) 高等教育咨询者(也包括教育者)可以被看做应用研究者与实践者之间的联系。他们运用各种系统的知识和实践经验来指导实践者。他们可以成为从事咨询活动的研究者、全职咨询者、前实践者或指导同行的实践者。

（6）最后，高等教育实践反思者，如大学校长、管理者、学者和政治家，他们把自己看做是专家。他们可以是兼职研究者，或兼职咨询者，但即使这不是事实，他们也仍把自己看做是高等教育的专家和高等教育知识的占有者。专家角色与实践反思者的细微差别是人所共知的。

很明显，高等教育专家与机构环境并不必然就是同一种类型。长期的以学科为基础或以主题为基础的研究者有时与应用研究者和咨询者起着同样的作用。由于应用和解决实际问题的压力，高等教育研究脆弱的制度和财政基础导致了高等教育领域最重要的研究者去担当应用研究和咨询的角色。具有反讽意味的是，当以理论为基础的高等教育研究有了确定的机构和资源时，其压力却是最大的。而个人研究者在面对多种选择时则相对较为自由，研究单位却正好在追求严谨的理论和方法与确保所有人都满意的资金基础上求得平衡，前者是为了提供应用研究者和咨询者所无法提供的某些东西，后者则为评估和解决问题活动的即时效用提供了根据。

实践者知识渊博并与高等教育专家和研究者非常相似这一事实既使高等教育研究获益匪浅，也使高等教育研究痛苦不堪：获益匪浅是因为比起其他部门来高等教育的行动者可以为增进高等教育的系统知识提供更多的助益；痛苦不堪是因为许多行动者漠视高等教育的潜能。因而，高等教育研究始终是一个相对较小的研究领域。

**五、学科性与跨学科性**

学科导向为主的可能符合前两种类型学者的特性，主题导向为主的和以多学科为基础可能合乎第三种类型学者的特性。相对跨学科的来说，后三种类型在大多数情况下也许都可以称作单科性的，因为他们不必把他们的知识放在某种理论"地图"上，既不必放入特定学术知识的主要理论和方法领域之中，也不必跨越不同的领域。

高等教育的多学科研究不同于本领域单学科的研究，根据在于：第一，没有按照学科的观点限制研究的主题、理论、方法和政策含意，相反，它把对政治家和实践者提出来的公众讨论的问题，以及具有最高解释力的不同主题、理论和方法都结合了起来。第二，正如前文所述，以多学科为基础的高等教育研究往往是战略研究，即努力在理论方法上的价值与实践的实用性上都达到同等的高度。

高等教育的多学科研究显然可以摆脱强大的学科压力。我们看到，在大多数情况下，以学科为基础的同行们很是看不上做主题研究的专家，但在学术同行中，与新近大多数知识贫乏却进行理论方法开拓的人相比，"主题"研究者虽然本领域的知识肤浅，但受到的否定性评价却似乎更少些。

与收集信息的实用性研究相比,多学科研究要加强和维护自身的地位似乎有着越来越大的压力,因为"评估"和"咨询"经常宣称,它们成功地用比多学科研究更有效的方式提供了系统的信息。

　　与行动者所期望的收集信息的应用研究恰成对照,大学的多学科研究中心在为高等教育的多学科研究提供基础和确保研究质量上可以起到重要作用。大学可以把各种学科的学者荟萃于一堂,而多学科研究中心就可以激励他们加入到多学科研究中来。他们可以使研究相对独立,以免完全成为社会的和学校的行动者所要求的那种直接的信息收集。他们可以从事行动者真诚需要的研究,但绝不屈服于行动者所要求的收集信息的应用研究。也许,这种多学科的研究凭借其复杂性、出人意料的信息和长远的观点让行动者惊奇不已。

(叶赋桂　译)

# 高等教育研究与训练的发展状况[①]

菲利普·G. 阿特巴赫

## 作者简介

菲利普·G. 阿特巴赫(Philip G. Altbach,1941—    ),国际著名高等教育学家、比较教育学家,美国波士顿学院荣休教授,曾任该校莫南全校级教授(Monan university professor)。芝加哥大学社会学博士(1966),师从著名社会学家爱德华·希尔斯,先后任教于威斯康星大学、纽约州立大学布法罗分校,1994年创立波士顿学院国际高等教育研究中心,担任主任至今。1985—2004年任 Educational Policy 杂志主编,1978—1988年任 Comparative Education Review 主编。2009年获得美国高等教育研究学会杰出成就奖,2010年获比较与国际高等教育学会高等教育组终身成就奖。主要研究领域为比较高等教育、高等教育全球化与国际化、学生政治、学术职业等。主要代表性著作包括:《知识背景:比较视角的知识分布》(The Knowledge Context: Comparative Perspectives on the Distribution of Knowledge,1987)、《比较高等教育:知识、大学与发展》(Comparative Higher Education: Knowledge, the University, and Development,1998)。其主编的《21世纪的美国高等教育:社会、政治、经济的挑战》(American Higher Education in the Twenty-First Century: Social, Political, and Economic Challenges)一书多次再版,是关于美国高等教育的主要教材之一。

## 选文简介、点评

与欧洲不同,高等教育研究在美国是一个相对成熟的领域,有很多大学授予高等教育学方向的硕士和博士学位,而且这些毕业生中很多在高校担任管理职位。不少高等教育专业的毕业生担任高校校长以及其他一些较高的管理岗位,尤其是在社区学院和低层次的四年制学院。美国教育理事会(American Council of Education)2008年的调查数据显示,40%以上的美国大学校长获得教育学或高等教育学方面的博士学位。

与泰希勒所在的德国以及泰特所在的英国不同,高等教育研究在美国的发

---

[①] [美]菲利普·G. 阿特巴赫.高等教育变革的国际趋势[M].蒋凯,主译.北京:北京大学出版社,2009:210-227.

展更加成熟，因此相对而言，阿特巴赫对高等教育研究领域的发展更为乐观，他认为，尽管高等教育学是一个崭新和有待进一步发展的领域，但"这个领域已经发展和成熟起来了"。

作为一位卓越的高等教育研究者，阿特巴赫对整个高等教育研究的历史和现状进行了总揽式的高度概括，其中有四点值得注意。第一，从知识社会学的视角出发，他注重探讨高等教育研究成果的传播渠道，分析了期刊、百科全书、出版社丛书在推动高等教育研究当中的作用。第二，分析了大学之外的机构，如国际性组织（联合国教科文组织、OECD、世界银行）、各个国家的大学协会、非营利性组织等在高等教育研究当中的作用。第三，与泰希勒一样，阿特巴赫注意到了科学社会学、科技政策领域对推动高等教育研究的可能贡献。第四，沿袭一贯使用的中心—边缘理论，他分析了高等教育研究当中不同国家影响力的分布及其不对称性。他指出，主要的研究成果大多产生于英语国家，其他国家和地区在很大程度上是处于边缘状态。在国际范围内交流的约75%的高等教育研究成果来自美国、英国和澳大利亚。因此，对于中国的高等教育研究者来说，提升研究成果的国际影响力将是不可避免的抉择和使命。

阿特巴赫认为，高等教育是一个交叉学科领域。它不会以一个独立学科的形式出现。但是，和泰希勒相比，阿特巴赫更加强调跨学科性对高等教育研究的学科自主性的挑战，注意到了跨学科性既是优势，也是不足。他指出，从事高等教育研究的人员数量不足，妨碍了高等教育研究成为一个独特的领域。学科交叉既使得创新性研究成果的产生成为可能，但是也阻止了一个长久研究领域的创建。因此，阿特巴赫给我们的启示是：一方面要从跨学科的视角来研究高等教育，另一方面也要持之以恒地将高等教育作为一个稳定的研究领域来加以构建，并不断夯实高等教育研究的知识基础和理论基础。

## 选文正文

在大多数国家，高等教育已经发展成为一项巨大和复杂的产业。随着大学和其他中学后教育机构的不断发展，它们越来越需要复杂的管理结构，以筹集主要的公共和非公共资金。可能最为重要的是，中学后教育被认为是现代社会的一个中心要素。大学也被认为是后工业时代和知识经济时代的发动机。并且，高等教育已成为一项巨大的产业。高等院校雇佣几千人，培养几万人，在一些情况下甚至要培养几十万人，授予的学位从古代历史到生物技术，多种多样，十分广泛。1971年阿什比在描述美国教育制度的多样性和范围时，称美国教育制度的特征是向"所有的人"提供"所有的教育"（Ashby, 1971）。马丁·特罗分析了高等教育从精英到大众化直至发展为普及化的过程（Trow, 2006）。在工业化国家，大众化目标至少已经实现。一些国家，最初是美国和加拿大，后来是韩国、芬兰和日本等国家都已经达到了普及化阶段，招生人数达到了适龄年龄人口的一半。其他许多国家，主要是欧洲和太平洋周边国家有40％以上的适龄青年接受高等教育。发展中国家要落后一些，但是在未来几十年中，这些国家将是发展的重点(World Bank,2000)。例如，中国的高等教育规模超过了美国，成为世界上高等教育规模最大的国家，2007年毛入学率达到了23％。

在这种情况下，人们十分需要掌握和了解高等教育各个方面的专业知识和信息，深刻理解大学的本质。高等院校需要一个有思想远见和能力的领导集体。高等教育研究与院校管理和领导者的培训对大学未来的发展至关重要。政府部门和私人部门的决策者对院校的未来日益施加更大的影响，为了有效地协调这一复杂的机构和系统，他们也需要掌握一些知识和分析的方法。

**一个新兴的研究领域**

高等教育研究是一个相对崭新和欠发展的研究领域。过去研究人员一直不情愿研究自己所在的院校。直到20世纪中叶，多数国家的高校规模依然较小，拥有很大的自治权。在多数国家，政府控制的高等教育系统并不存在，大学不是主要的社会机构。尽管19世纪初德国洪堡的改革使高等院校成为国家发展的重要机构，但大学在某种程度上依然处在社会的边缘。社会科学家喜欢把学术领域集中在别的方面，尤其是在那些能产生普遍理论的领域。对教育学和教育感兴趣的科学家也都是集中在初等和中等教育，而不是高等教育领域。结果是，不论是教育研究人员还是社会科学家都忽视了对中学后教育的研究。

大学和有关部门缺乏对高等教育研究给予拨款的兴趣，意味着高等教育研究获得的经费和支持甚少。从缺乏高等教育数据、分析和研究的原因，我们就可以对这个领域的来源有所了解。很少有人认为高等教育研究是一个很成熟的学科。因此，与一个学科相关的基础设施，例如，院系、教授职位等，很大程度上是不存在的(Dressel & Mayhew,1974)。部分原因是因为高等教育研究缺乏学科基础，而且从来没有一个清晰的学术范围。在美国、英国、加拿大和澳大利亚这些带有盎格鲁-撒克逊传统的国家和其他国家，高等教育研究与大学，主要是教育学院的教学和科研活动结合在一起，但通常被人们认为偏离了这些学院的主要目标。近年来，在一些国家，高等教育被列入学位课程计划，主要在教育学院进行这方面的教学。中国是很突出的一个例子，高等教育作为一个教学或研究领域至少在400所大学均有设置，其中有20多所机构影响较大。荷兰、挪威和芬兰也把高等教育研究列入大学的学位课程计划之中。

认识到对中学后教育机构的专业管理人员和其他工作人员的需求只是最近的事情。在高等教育领域受过特殊训练的中层管理人员队伍不断发展壮大，但这主要限于美国、加拿大和澳大利亚。高层管理人员依然从大学教授中产生，但他们逐渐地把管理作为一个职业。相比而言，在德国由来自行政机关的人员负责大学管理，尤其在财政和非学术方面，由政府直接任命的管理人员组成大学高层管理队伍的核心。这些高层管理人员几乎没有高等教育研究方面的背景。尽管专业的中层管理人员的数量有所增加，而且也促进了高等教育研究的发展。但是，制度基础的缺乏限制了高等教育研究作为一个学术领域发展和规范化。

高等教育的研究需要借助学科交叉，这既是优势，也是不足。其优势在于许多社会科学的学科——包括但不局限于社会学、政治学、心理学、经济学和历史学——研究人员对高等教育研究的发展作出了巨大的贡献。这包括社会学家伯顿·克拉克、马丁·特罗、大卫·里斯曼（David Reisman）和塔尔科特·帕森斯，政治学家西摩·马丁·利普塞特（Seymour Martin Lipset），经济学家霍华德·鲍恩（Howard Bowen）等。教育领域的研究人员也逐渐对高等教育产生了兴趣，课程设计专家、教育规划人员和其他人员都在研究中学后教育的问题。从事高等教育研究人员的数量不足，妨碍了高等教育研究成为一个独特的领域。部分原因在于高等教育研究是一门交叉学科，还没有建立起自己的研究方法，它是从其他领域借鉴过来的。学科交叉既使得创新性研究成果的产生成为可能，但是也阻止了一个长久研究领域的创建。

相对而言，直到最近才有高等教育实践工作者对高等教育的数据和分析产生了一点需求。"二战"前，高等院校依照传统的标准和规范来管理自己。尽管国家给中学后教育投入了大笔的资金，但是政府往往允许大学拥有较大的自治权。在决策时，研究数据和分析与决策并不相干。

增加对高等教育研究的拨款有助于促进高等教育研究的发展，虽然目前的投入依然甚少。譬如，英国罗宾斯委员会（the Robbins Commission）和瑞典 U-68 号报告（the U-68 Report）采取的一些主要改革措施就促进了研究工作的进展。而近来一些国家的政府采取的行动，例如 20 世纪 80 年代英国撒切尔政府取消二元制的行动以及最近的迪尔英委员会（Dearing Commission）的行动并没有促进主要研究工作的进展。为了解 20 世纪 60 年代高等教育大发展之后高等教育系统所经历的变化和面临的众多挑战，美国卡内基教学促进基金会和英国的莱维休尔美信托公司（Leverhulme Trust）对高等教育的重要研究项目给予了资助。①

在高等教育研究领域中，有几个学科的确具有比较强的研究基础。例如，在资源分配引起人们极大关注的时候，高等教育经济学就成为一个中心课题。从 20 世纪 80 年代开始当教育投资成为一个实际问题时，法国第戎（Dijon）大

---

① 在 20 世纪 70 年代初，在克拉克·克尔的领导下，卡内基高等教育委员会资助出版了五十多部出版物，为美国高等教育提供了强有力的研究基础。委员会还发行了许多政策报告。在 20 世纪 70 年代末，同样在克拉克·克尔的领导下，卡内基高等教育政策研究理事会资助了其他一些研究和报告。这些动议都是由卡内基教学促进基金会资助的。该基金会还在继续积极支持研究，其中对政策研究给予了特别的关注。同时，在《罗宾斯报告》之后，英国莱维休尔美信托公司也资助出版了十多部与英国高等教育有关的出版物。

学的教育经济研究所就开始集中研究高等教育中的经济问题,到现在仍然是一个很活跃的领域。高等教育的投资问题和其他诸如入学等问题在一些国家引起了关注。

获取有关高等教育的国际统计信息一直被联合国教科文组织认为是一项优先工作,并且这方面工作已经进行了几十年(UNESCO,1993)。经济合作和发展组织及世界银行也在从事编辑统计信息方面的工作。许多国家在收集本国的统计数据,但是把这些信息联系起来或使这些信息具有可比性的工作却做得很少(OECD,2003),有关高等教育的连续的、可靠的和可比较的统计信息目前还难以获得。随着世界高等教育系统越来越面临着类似的问题以及学生和教师国际流动性的加大,人们越来越需要更多的有关高等教育的更具连续性的统计数据。

比较高等教育研究也呈明显的发展态势,在某种程度上为政府决策提供了一个可比较的基础。人们对经费支出的国际比较和基准研究的兴趣日益浓厚。最近出版的几部有关国际高等教育发展趋势分析的著作对当前比较高等教育的讨论贡献很大。世界银行对1994年高等教育政策的评述引起了广泛的讨论和争论,包括一些批评性意见(World Bank,1994;Buchert & King,1995)。联合国教科文组织也完成了一项对世界高等教育发展趋势的综述(UNESCO,1993)。作为联合国教科文组织研究的一部分,这方面已经完成了几部研究报告。2000年,高等教育与社会特别工作组发布了一个很有意义的关于发展中国家高等教育的报告(World Bank,2000)。精确的比较研究既困难也昂贵,难怪只有很少的比较研究,更多的是围绕一个特定的题目进行一些案例研究(Altbach,1996)。

多数有关高等教育的研究和数据没有在标准、正规的书籍和期刊上正式发表,这些被称作"灰色文献"的信息很难获得,在图书馆或其他地方也难以找到。这些信息通常只涉及一所院校,而且仅在这所院校内部交流。政府和其他组织的报告通常也只在小范围内发行,没有人或组织更广泛地传播这些信息。同样,世界银行进行的许多研究也是保密的,研究人员难以涉及。国际互联网在国际范围内传播了可用数据,在某种程度上也传播了对高等教育的分析。但这样也涉及其中许多信息的质量或有效性的一些原则问题。

然而,经过近一个世纪的发展,高等教育作为一个研究领域已经建立了一个巨大的文献库、交流网络和研究群体。负责规划和管理高等教育机构的人们开始认识到数据和解释的需要。但是,这个领域还没有广泛认同的理论,决策者和管理者通常认为研究人员的研究成果对高等教育管理的现实问题不具有直接应用的价值。尽管如此,这个领域已经发展和成熟起来了。

**高等教育研究的基础设施**

为高等教育研究创造研究的条件和方法,是这个领域得以发展的主要原因(Sadlak,1981;Altbach,1985)。高等教育面临的客观形势发生了变化:招生规模和职员队伍扩大,财政预算扩张;大学日益重视研究职能,高等教育在后工业社会的价值引起了大多数国家日益增长的关注。以下是促使高等教育研究发展和本领域基础设施日益复杂化的一些因素。

随着大学的发展,它们需要了解自身的更多信息,例如,招生的趋势、有关学生成绩和教职员工的数据。这种数据收集工作即所谓"院校研究"。它通常是针对一所院校,但是与更大范围的群体也有关系。[①] 世界各国的许多高等院校设有院校研究办公室,在美国、英国、澳大利亚和加拿大规模较大的大学里是很普遍的,在欧洲和日本也引起了广泛的重视。在中国有400多个附属于大学的高等教育研究所,多数是院校研究类的机构。在北美和欧洲,这类研究人员之间交流与联系的组织比较规范。其他国家的院校研究组织比较松散,通常作为学校管理工作的一部分。院校研究机构的成果可能占据了整个高等教育研究领域的大部分。然而,多数此类研究只是局部性的,更大范围的机构和人员很少能获得这些信息。

少数国家已经建立了院校级的高等教育研究中心或院系,培养高等教育的专业人员和研究人员。这些院系和专业主要分布在盎格鲁-撒克逊国家的大学中,它们也是众多研究成果的来源。全世界大约有500多个大学级高等教育研究机构。仅在美国就有约100所大学在其教育学院设置高等教育专业,提供本科后学位。虽然多数的专业规模不大,研究也不是其发展的重点,但有些院校在高等教育研究领域作出了突出的贡献。高等教育专业学位项目规模较大、侧重研究的大学有洛杉矶加州大学、南加州大学、宾夕法尼亚州立大学、密歇根大学、密歇根州立大学和宾夕法尼亚大学等。在欧洲,比较著名的有德国卡塞尔大学高等教育与工作研究中心、荷兰特文特大学教育政策研究中心和伦敦大学高等教育研究所。……

最近建立的欧盟赞助的高等教育硕士专业的总部设在挪威奥斯陆大学,芬兰和葡萄牙的两所大学也参与这一项目。在日本,广岛大学设有高等教育研究开发中心,筑波大学有类似研究中心,名古屋大学和京都大学在这方面取得了新的进展。早稻田大学和樱美林大学等私立大学也设有高等教育的研究机构。所有这些机构既从事高等教育研究工作,也提供学位课程。中国可能拥有世界上最多的高等教育研究机构,大约有400多个,但最著名的是北京大学高等教育研究所、厦门大学高等教育研究所和华中科技大学高等教育研究所。一些大

---

[①] 院校研究人员在几个国家和地区成立了专门的机构。美国院校研究协会(Association for Institutional Research)是世界上规模最大的院校研究组织。在欧洲,欧洲院校研究协会的研究范围从单纯的院校研究扩展到更广泛的高等教育研究课题。

学的高等教育研究所主要从事研究工作,其他大学的高等教育研究所还开展教学工作。

政府需要全国性数据和对全国的高等教育进行研究,以规划高等教育、分配资金和其他相关事宜。一些国家建立了国家级研究机构,其研究基金用于高等教育研究和数据收集。① 在一些地方,政府资助的机构是为了帮助高等教育的改革和革新。这些机构负责收集高等教育的统计信息,其中一些机构也从事科研活动。研究所在规模、目标和方向上差异很大。有的研究所是学校的内部机构,而其他的则附属于教育部。在日本,广岛大学的高等教育研究开发中心就是由政府出资的,旨在对日本的高等教育和国外的趋势进行数据收集和分析。

许多国家已经建立了国家规划和协调机构,这些组织有时对高等教育进行资助并从事数据收集的工作。一些机构是在高等教育大扩展的20世纪60年代建立的,但是大多数是最近建立的,目的是为了满足有关信息和分析的需要。很显然,实行高度计划经济的苏联、中欧和东欧的社会主义国家,建立了规模较大的高等教育研究机构,以提供中央计划和发展以及与其他经济和政治实体进行协调所需的数据。现在这些机构要么缩减了规模,要么已经不复存在。英国高等教育资助委员会(HEFC)是一个政府组织,负责向高等院校拨款,并开展少量的研究工作。在苏格兰也有一个同样的机构。在美国,多数州政府设有支持高等教育的协调机构,有时这些机构也收集和出版一些研究成果。美国联邦政府通过诸如国家教育统计中心之类的机构收集数据,出版高等教育发展的分析报告,并承担一些研究工作。

……

许多国家的大学协会均从事本国的研究工作,在某种程度上还进行国际范围的研究。美国教育理事会、国家州立大学和赠地学院协会、研究生院理事会和其他许多组织均把科研和信息的传播作为其工作的一部分。② 德国高校董事会资助出版工作和支持一些研究项目。印度大学协会出版书籍和期刊,同时也支持一些研究项目。这些只是大学资助研究机构的一些例子,它们进行科研和分析,代表大学面对政府和公众保护大学的利益。从地区角度看,非洲大学协会和欧洲大学校长协会也从事一些研究和信息传播工作。从全球看,国际大学协会(International Association of Universities)在国际范围内促进科研和学术成果传播。《高等教育政策》(*Higher Education Policy*)是一份很有参考价值

---

① 从事高等教育研究与信息分析的国家组织还有德国的高校信息系统(HIS),俄国的高等教育研究所和美国的国家教育统计中心(NCES)等。

② 位于华盛顿特区的国家高等教育中心(National Center for Higher Education)是一个有影响的机构,它是许多驻华盛顿特区的高等教育协会的总部,其中许多协会都资助高等教育研究。代表许多美国大学校长的美国教育理事会是其中最重要的一个组织。

的学术刊物。

在聚集高等教育研究专家和举办高等教育论坛方面,国际和地区性机构所起的作用更大。创立于1964年的联合国教科文组织,从一开始就参与到中学后教育中来——资助了许多会议,促进了研究工作,并出版了书籍和期刊。联合国教科文组织还成立了区域性的高等教育办事机构,包括设在罗马尼亚首都布加勒斯特的联合国教科文组织欧洲高等教育中心(CEPES),主要研究中欧和东欧的高等教育,还有拉丁美洲和加勒比海高等教育中心。① 近年来,世界银行对高等教育的研究工作给予了资助并出版了高等教育出版物。……

近年来产生了大量的私立的非政府组织从事高等教育研究与政策分析。尽管这些多数组织是为了满足本国的需要,但是有一些组织也从事国际性的研究。美国纽约州立大学分校设立的私立高等教育研究项目(PROPHE)就是主要进行国际私立高等教育的研究,这是中学后教育中发展最快的一个领域之一。荷兰的高等教育政策研究中心(CHEPS)特别关注高等教育的政策,但是其研究范围和出版物涉及的面更宽泛一些。设立在华盛顿的高等教育政策研究所(Institute for Higher Education Policy)主要从事美国高等教育政策研究,但是它也有咨询的功能。南非的高等教育改革研究中心(CHET)为政府和大学提供改革建议,同时也积极从事研究和出版工作。以上只是许多国家、地区和国际从事高等教育研究的组织的一些例子。

随着人们日益意识到数据和分析的重要,产生了越来越多提供信息的组织和机构。许多是新建的机构,反映了这个领域正在崛起的特点。这些机构既有学校、国家级的,也有地区和国际级的,但它们之间的联系和合作极少。高等教育研究的基础设施基本上是在"二战"后形成的,是20世纪60年代高等教育大扩展和由于20世纪八九十年代中学后教育面临财政问题从而加强中学后教育问责和评估的结果。

**高等教育研究的信息设施**

随着高等教育管理、协调和政策方面的研究中心和机构的发展,高等教育的出版网络和其他交流知识的途径也在不断发展。许多国家为高等教育领域的研究人员和其他专业人员出版了与高等教育有关的期刊。尽管这些期刊的发行范围有限,但是的确提供了本领域的相关研究、当前的数据和分析。还有许多出版商一直在出版高等教育领域的书籍和专集。互联网也促进了高等教育网站的发展,成为当今数据和分析的重要来源。尽管到目前为止还没有纯粹的电子期刊,但是许多期刊可以在网上提供订阅服务。

……

---

① 联合国教科文组织欧洲高等教育研究中心(CEPES)在促进研究方面给予了特别的积极支持。该组织主办的《欧洲高等教育》杂志主要关注高等教育领域的关键问题,其出版计划资助对欧洲高等教育的研究。

第一编 高等教育研究：领域概览

从国际范围来看，有关高等教育的两部百科全书对教育研究起了很大的作用(Clark & Neave,1992；Forest & Altbach,2006)。这两部百科全书的有关卷册不仅提供世界各国高等教育的信息，而且提供重要课题的最新研究动态。它们是这个领域发展的基准点，表明高等教育研究已经达到了成熟的阶段，产生了大量连续和相当综合的研究成果。其他国家也出版了一些百科全书或手册。其中重要的一部就是由约翰·斯马特(John C. Smart)编辑、施普林格公司(Springer)出版的年度性的《高等教育：理论与研究手册》(*Higher Education*: *Handbook of Theory and Research*)，到现在已经出版22年，它主要刊登聚焦于美国高等教育的篇幅较长的论文。

在过去几十年里，集中刊登高等教育研究成果的期刊数量有了很大的扩展。大多数高等教育研究领域的国际期刊是在20世纪60年代后创立的。在过去十年里，有关高等教育评估、质量问题、技术和教学的专业国际期刊也相继创立，反映了本领域最新的发展趋势。还有一些刊登内容更广、在国际范围内发行的有关高等教育的期刊和报纸报道本领域的最新消息、评论以及研究和政策方面的信息。这些出版物中最为重要的是美国的《高等教育纪事》、英国的《泰晤士高等教育副刊》和法国的《高等教育》。所有这些出版物在国际上都有很大的发行量，既报道国际发展动态，也涉及国内信息。还有许多类似的国家级报刊，例如印度的《大学新闻》、中国的《中国教育报》、德国的《高等教育》、意大利的《大学》和墨西哥的《大学 2000》和《大学校园》等。

少数在国际范围内发行的高等教育研究期刊代表了高等教育研究的国际标准，传播了本领域的主要学问。这些刊物均用英语出版，而且大多数在美国和西欧或澳大利亚编辑出版。《高等教育》、《高等教育管理》、《密涅瓦》(*Minerva*)和《高等教育政策》是最有代表性的国际期刊。其他期刊包括英国的《高等教育研究》(*Studies in Higher Education*)、《高等教育评论》(*Higher Education Review*)，美国的《高等教育》、《高等教育评论》(*Review of Higher Education*)和《高等教育研究》(*Research in Higher Education*)。《欧洲高等教育》和《欧洲教育》则侧重于欧洲地区的高等教育。

国家级的期刊有成百上千种。通常这些期刊只在本国范围内发行。在这些期刊中最为重要的是日本的《发展中国家经济研究院杂志》(*IDE Journal*)、墨西哥的《未来大学》、《加拿大高等教育》和美国的《变革》(*Change*)。其他期刊，如《南非高等教育》，虽在国际上影响不大，但是出版了很有价值的材料。仅在中国就约有数百种高等教育的期刊，但一半是由大学自己印行的，很少在校外发行。

高等教育专著出版的数量也有显著的增长。有几家出版社专门出版高等教育方面的著作，如施普林格等跨国出版商也出版许多高等教育方面的著作和刊物，其他包括：英国的开放大学出版社，美国的鲁特莱杰弗尔莫（Routledge

31

Falmer)、乔塞巴斯(Jossey-Bass)、格林伍德(Greenwood)、普拉埃杰(Praeger)和约翰霍普斯金大学出版社,日本的玉川大学出版社,德国的大学出版社,荷兰的利玛(Lemmons)出版社。研究机构和其他组织也出版本领域的著作和专题报告,包括日本广岛大学的高等教育研究开发中心、莫斯科的俄罗斯高等教育研究所和美国的教育理事会等。英国的高等教育研究会(Society for Research in Higher Education)出版的高等教育研究书籍可能最多,这些书籍是与开放大学合作出版的。

**本领域概览**

尽管高等教育研究领域直到第二次世界大战之后才得以确立,但在此之前就已经有少量极有见地的高等教育文献,并且一直在影响着对高等教育性质的思考。例如,哈斯丁斯·拉希多尔(Hastings Rashdall)的中世纪大学历史就保留了学术的古典传统(Rashdall,1895)。在开罗建立艾资哈尔大学的阿拉伯学者对高等教育的看法与负责建立中世纪欧洲大学的学者的观点是一致的(Makdisi,1981)。诸如哲学家约翰·纽曼(Newman,1899)和社会学家马克斯·韦伯(Shils,1974)均对高等教育进行了分析。据说,1893年心理学家斯坦利·霍尔(G. Stanley Hall)在克拉克大学首次讲授高等教育理论课程(Goodchild,1996)。从亚历山大·洪堡到罗伯特·赫钦斯,一些有远见的学术领导人对大学的发展均发表了十分精辟的见解。柏拉图和亚里士多德在他们的著作中探讨了高等教育,孔子对中国和东亚高等教育产生了深远的影响。

高等教育研究领域的第一个正式的政策性研究是弗莱克斯纳完成的。该报告是一份有关美国医学教育的很有影响的研究报告,极大地促进了内科医生训练的政策改革(Flexner,1910)。后来弗莱克斯纳运用比较的方法写成了最早一部研究高等教育和提供政策建议的著作——《美国、英国和德国的大学》,目的是促进美国高等教育的改革(Flexner,1930)。第一个由政府资助的有关高等教育的报告是1911年在印度的卡尔卡塔大学(University of Calcutta)完成的。这个报告和其他一些用来影响殖民地区高等教育政策的文件后来影响了印度对官方高等教育研究报告的使用。有关高等教育历史的文献非常丰富,尤其是单个大学的历史文献(Rüegg,2004)。

以上的简要回顾表明,尽管高等教育研究的内容比较分散,但是有影响的高质量研究成果在20世纪中叶高等教育作为一个研究领域出现的一个世纪或更长的时间之前就产生了。学者和研究人员尽管很少从事交叉研究,但是他们一直都在各自的领域从事研究。因此,高等教育研究在过去不能算是一个被忽视的领域,尽管它到过去半个世纪才作为一个学术和研究分析的领域出现。

几乎同时,高等教育研究发展为一个跨学科领域,其他专业方向的研究人员开始研究与高等教育有关的问题。例如,随着研究人员开始分析网络在各个学科领域内如何运转,研究工作如何开展,科学家和研究人员如何测量科学的生产率和影响的时候,科学社会学就有了快速的发展。这个子领域建立了自己的刊物和其他的基础设施。科学社会学和科学史与高等教育的研究只存在间接的联系(Ben-David,1991)。两个领域的研究人员很少接触。高等教育研究人员很少使用其他科学领域的文献。同样地,高等教育领域的研究人员通常也很少查阅测量研究影响力和学术成果传播力的文献计量学这个子领域。

高等教育研究与科学政策研究的联系更加密切了。《密涅瓦》杂志,尤其是在爱德华·希尔斯担任主编的时期,就同时关注这两个领域,而且试图解决两个领域研究人员共同关心的问题。其他期刊,如《技术与社会》(Technology and Society)也报道这些领域的共同点。然而,很少有交叉成果产生,而且只有一小部分研究人员同时关注这两个领域。当今,科学政策对高等教育十分重要,因为科学政策探究大学之外的研究网络,如大学与工业的关系。

与高等教育研究关系更为密切的是参与高等教育规划的研究人员。这个领域有自己的专业组织和一个小的研究群体。美国学院和大学规划协会就是一个主要的组织。高等教育管理最近作为一个独立的专业方向也已经出现,但它与高等教育研究的关系更为密切。经济合作与发展组织的《高等教育管理》杂志为这一领域提供了国际视野。由于大学复杂性的不断增强,大学管理的日益专业化,人们对管理问题的研究也产生了更大的兴趣。迄今为止,高等教育研究与更宽泛的管理研究联系还很少。实际上,管理研究和商业管理与高等教育研究还有着特殊的联系。

另外一个研究领域是高等教育的全球化和国际化。随着国际学生的增加——大约有2500万学生在境外求学——以及对学术领域如何国际化的关注,高等教育国际化越来越成为共同关注的话题。1996年创刊的《国际教育研究》(Journal of Studies in International Education)就反映了这个变化。汉斯·德威特分析了美国和欧洲的国际化趋势(de Wit,2002;de Wit,Jaramillo,Gacel-Avila & Knight,2005)。更多地在国际范围内使用英语进行交流与教学,一国的大学在其他国家建立了分校,世界贸易组织和《服务贸易总协定》在高等教育领域的作用以及其他因素等构成高等教育国际化的内涵,对世界高等教育产生了影响(Altbach,2004)。欧盟博洛尼亚进程是欧洲国际化过程中最重要的一项行动,而且将促进欧洲院校系统的一体化,增进欧洲国家内部留学生的交流(Reinalda & Kulesza,2005)。国际学生流动仍然是高等教育国际化的主要内容(Davis,2003;Altbach,Kelly & Lulat,1985)。美国国际教育协会、欧洲国际教育协会和加拿大国家教育局等机构在资助有关研究,大多数研究是为了改进国际教育项目与交流。①国际教育研究协会(Institute of International Education)的《开放国门》(Open Doors)刊物提供美国国际学习的年度数据。

具有国际影响的高等教育研究项目和中心掌握了大部分的出版物。主要的研究成果大多产生于英语国家,在确定本领域的发展方向方面起到了重要作用。其他国家和地区在很大程度上是处于边缘状态。在国际范围内交流的约75%的高等教育研究成果来自美国、英国和澳大利亚。但在20世纪90年代,日本、荷兰、中国和德国的高等教育研究界在规模和范围上都有所发展。太平洋周边国家,至少在拉丁美洲,高等教育研究和分析在不断地发展,研究中心和机构也在相继建立。虽然英语国家继续主导着高等教育研究领域,但随着其他国家在高等教育领域不断加强自己的研究能力,这种情况已经有所改变。与其他大多数学科一样,高等教育研究在地域分布上同样不够均衡,尽管这可能比其他学科的程度要低。

**院校研究**

随着高等院校的发展以及问责成为世界范围内政府议程的一项重要工作,作为对一所具体院校的各个方面进行数据收集的院校研究变得更为重要。院校和系统规划也突出了院校研究的特点。数据收集作为院校研究的一部分很少向外界报道,通常局限于本校范围内,但是院校研究数据变得日益重要。对招生、学生成绩和财政安排等院校研究的信息对院校的规划、问责和基准设置等十分重要,在高等教育研究中也得到了更多的运用。

只在少数国家有规范的院校研究组织。在欧洲和北美之外,很少有国内或国际的联系。尽管院校研究在某种程度上还没有成为高等教育研究的主流,但是近年来院校研究的出版物和资料数据分析在数量上也有所发展。在美国,虽然缺少院校研究人员之间和更大的高等教育研究群体的协调,但是院校研究协会(Association for Institutional Research)的确为研究群体提供了专业研讨的机会。欧洲院校研究协会最近扩大了其职能,把高等教育研究包括在内。院校研究方面还没有国际性的刊物,除在美国和欧洲召开会议之外,很少有此领域的国际研讨会。院校研究正逐渐成为高等教育研究的一个分支领域,而且将日益成为其主流的一部分。

**管理人员的培养**

学术管理变得日益复杂。随着高等院校规模的不断扩大,以及它们提供更多的服务和专业,需要对院校进行更有效的管理。没有接受过管理培训或对管理工作没有浓厚兴趣的业余人员不再有可能去管理一所现代大学。

---

① 在日本和其他一些国家,也有类似的组织。

高级学术领导,包括各国大学校长和教务长依然来自具有高级专业职称的群体。他们基本上没有接受过他们所承担的管理职责方面的专门培训,担任这些职务的多数领导在一两个任期之后又回到了原来的教学和科研岗位。在美国,情况有些特别,许多高层学术管理人员进入了专门的管理职业,通常在不同的院校从一个领导岗位转换到另外一个领导岗位,而不再回到原来的专业岗位。

多数的中层管理人员并不是教师队伍出身。拥有世界上最大的、种类最为多样和复杂的美国高等教育系统最早发展了这一新的专业管理队伍。这些新的管理人员特别需要接受岗位培训。"二战"之后,高等教育管理得到了发展,到 2000 年有一百多所大学授予高等教育领域的研究生学位。高等教育管理中一个最大的分支领域是学生事务管理,这个专业负责训练咨询和指导、学生课外活动、管理宿舍以及其他学生设施的管理人员。训练通用的学术管理人员以及设立大学财务管理和大学法律事务的专业方向也有所发展。领导研究、院校研究、社区学院管理、筹资等特殊领域也是许多高校管理训练专业的内容。

……

在一些国家,高等教育管理已经是一个成熟的研究领域,特别是在美国,中国在某种程度上也已经如此。这些学位点典型地设置在许多一流大学的教育学院。这些学位点的教师发表了高等教育研究的大部分的成果,而且通常被邀请作为中学后教育的顾问和咨询专家。

虽然世界范围内院校管理人员数量增长的速度十分缓慢,但是在一些国家已经设立了类似的专业。在英国、加拿大和澳大利亚这些英语国家的大学均有训练院校管理人员的课程计划。在其他一些国家,如中国和日本也开始为院校管理人员提供训练,有些国家则开始思考这个问题。为使院校管理人员掌握高等教育方面的知识,接受在管理理论应用、法律、学生心理发展和其他社会学科等方面的培训,高等教育管理领域将会继续得到发展。

高等教育管理人员的任职和岗前培训也是一个发展很迅速的领域。由专业组织、高等教育研究生课程计划、特定大学和其他组织提供的短期培训项目开展一些基本的培训。尤其是在美国,专门有培训高校校长、系主任、教务长、学生事务副校长、法律人员、筹资人员和其他人员的项目。这些项目的时间从几天到两周不等。随着对高等教育学术管理与领导复杂性的广泛认识,对管理职位的培训力度将会加大。

**未来趋势**

高等教育研究在分析高等院校面临的挑战方面被认为是有益的。但是,在政府部门和学术管理部门工作的许多人认为,高等教育研究并不能解决中学后教育管理人员所面临的日常问题。这可能是本领域一个不可避免和难以解决的张力。高等教育研究领域学者的一些成果涉及诸如院校与政府的关系。或者建立方法论或本领域的知识基础等问题,但这类研究与寻求解决院校机构或系统所面临问题的即期答案在很大程度上是无关的。实践工作者和公众通常对研究结果的等待不耐烦。虽然,一些宽泛的基础研究至少对应用性更强的研究是一个必要的支撑。事实上,这两极之间的张力在许多方面是非常强烈的。掌握研究拨款的人们对构建本领域扎实的知识基础、严谨的方法论和理论视野缺乏足够的支持。与此同时,大学的研究人员与在学术管理或政府部门使用这些研究成果的用户之间也经常存在不必要的距离。

以下一些趋势或许可以描述未来高等教育研究领域的特征。

(1) 高等教育研究领域将会扩展到研究基础薄弱或根本不存在这类研究的国家和地区。认识到中学后教育信息和分析的价值将促进本领域的继续发展。在这些新的研究领域,期刊、书籍、互联网站和通讯等信息源将会有相应的发展。

(2) 与其他领域的知识相同,互联网已经成为有关高等教育的研究、数据信息分析与评论的主要来源。国家的、区域的和国际的机构正日益关注这一点。

(3) 高等教育教学、学习和评估将会引起人们的不断关注。为了改进学生的学习和创建更好的方法来评价高等教育的结果,人们对教学的评价和对教师教学效果的结果会表现出更大的兴趣。

(4) 院校研究与高等教育其他领域的研究之间依然存在较大的鸿沟。加强院校研究与本领域更广泛研究群体的联系将会使本领域受益。高等教育基础研究与应用研究之间的紧张状态将会继续,本研究领域的读者仍会存在一些迷惑。

(5) 高等教育是一个可探究的交叉学科领域。它不会以一个独立学科的形式出现。

(6) 大学需要更多的训练有素的管理人员,将意味着各国大学的高等教育学位点会有所发展。一些学位点授予学术学位,需要严格的学业课程计划。其他的学位点可能包括短期课程、研讨班或其他学术经历。这将会对这个大的研究群体作出贡献,因为这些专业的多数教师既承担教学工作,也从事科研工作。

(7) 不论是国家项目还是国际项目,由于资金的缺乏,大型研究项目的数量仍将有限。

(8) 高等教育研究人员的研究计划与这些研究成果的使用者之间进行更好的协调和平衡,将有助于研究领域的发展。有趋势表明,一些投资机构倾向于为寻求具体答案的应用型研究课题提供支持。从长远看,这种方式会削弱基础研究。当然,基础研究与应用研究之间的冲突也决不局限于高等教育领域。

(9) 加强报道数据与研究信息的地区和国际网络,将促进信息的交流和研究领域的扩展。把研究人员从不同国家集聚起来的组织、数据库和出版物也会有所发展。总之,需要建立更好的高等教育研究网络。区域性的出版物,包括期刊和书籍需要得到额外的支持。

（10）有关高等教育全面的、可比较的和准确的国际数据对研究和政策的发展都十分重要。强有力的国际组织对改进数据收集工作能起到基础性作用。

（11）把目前属于边缘研究的一些小国家或没有任何研究历史的地区纳入国际的主流，应当成为一项优先工作。

（12）院校研究之间的更好结合以及院校研究与高等教育研究系统的更好结合，将有助于这个几乎被忽视的研究领域成为高等教育研究主流的一部分。在欧洲，欧洲院校研究协会把本领域的两个方向联系起来了。

（13）加强高等教育研究机构与社会科学研究人员的联系，可以增加更多的交叉研究，促进高等教育领域的发展。

**结论**

在过去 40 年间，高等教育研究与训练取得了显著的进展。在政府、学术界和研究组织建立了高等教育研究领域有组织的基础设施，形成了研究群体，他们有明显的地域特征，研究能力在不断地提高。这一研究领域对更广泛地理解和认识大学的重要性，尤其是在大发展阶段大学的复杂性作出了重要贡献。同时，这个领域为学术管理人员和政府当局的决策提供了见解。在教育研究领域，高等教育已经成为一个具有合法性的研究领域，得到了高等教育领导者的认可。一些社会科学家开始把高等教育作为一个研究领域，虽然目前人数尚少，但在不断增加。这些社会科学家丰富了高等教育研究文献，并且对提供高等教育的分析基础也有帮助。

许多国家依托大学建立了训练院校管理人员的专业。这些专业促进了高等教育研究的发展和合法化，一些毕业生成了该领域的研究人员，但是大多数进入了使用研究成果的学术管理部门或决策部门。这种趋势可能会扩展到其他国家，因为这些国家规模较大的中学后教育机构和系统需要训练有素的专业管理人员。

高等教育研究领域成果涉及的范围，包括从社会科学家称作的"中层理论"到一所大学为解决具体问题而进行的数据收集之类的应用研究。一些学科的社会科学家从理论上阐述大学的性质、高等教育领导的动力、教与学等问题。但是，很少有能普遍应用到中学后教育机构的理论，研究质量也参差不齐。这或许是一个研究领域在早期发展阶段所不可避免的。

高等教育研究领域正在不断发展，在过去高等教育研究水平较低的国家或地区逐渐获得了合法地位。尽管高等教育研究仍然是需要的，但是它所需的资源将变得短缺，传统的研究中心的发展将会是缓慢的。这个研究领域在学术界已获得了合法性，国家、区域和国际组织的决策者都认为高等教育研究重要。

（李勇　译）

# 高等教育研究进展与方法

马尔科姆·泰特

## 作者简介

马尔科姆·泰特(Malcolm Tight),英国兰卡斯特大学教育系高等教育学教授。主要研究领域为学术工作、高等教育研究的学术史、高等教育史和比较高等教育。主要著作有:《1945年以来的英国高等教育》(*The Development of Higher Education in the United Kingdom Since 1945*,2009)、《成人教育的关键概念》(*Key Concepts in Adult Education and Training*,2002)、《学术工作与生活》(*Academic Work and Life*,2000)、《跨学科高等教育:视角与实践》(*Interdisciplinary Higher Education:Perspectives and Practicalities*,2010)。

## 选文简介、点评

自20世纪60年代末70年代初起,随着高等教育研究的学科意识的觉醒,高等教育研究的学科建设工作也开始蓬勃发展,表现为相关学会的建立和学术期刊的创办。高等教育研究领域最重要的一些期刊如《高等教育评论》(*Higher Education Review*,美国,1968)、《高等教育》(*Higher Education*,荷兰,1971)、《高等教育研究》(*Research in Higher Education*,美国,1973)、《高等教育研究》(*Studies in Higher Education*,英国,1976)都是在这个时期创办的。与此同时,美国学者C. W. Burnett、Walter C. Hobbs、James L. Miller、Robert J. Silverman、John H. Milam、Sheila Slaughter、Lester F. Goodchild、George Keller、Adrianna J. Kezar、Clifton F. Conrad、菲利普·阿特巴赫等就开始对高等教育研究本身进行分析和反思,试图厘清高等教育研究的主题,并寻找提升高等教育研究理论水平和实践应用性的路径。在最近几年中,对上述问题进行持续思考并引起广泛关注的学者当中,马尔科姆·泰特是引人瞩目的一位。

这篇引言选自他的著作《高等教育研究:进展与方法》。在引言中,泰特从主题、方法和层次三个方面分析了高等教育研究的进展。泰特在泰希勒(Teichler)和福瑞克曼(Frackmann)等人的基础上,提出了高等教育研究的更为复杂的主题分类,在对17种英文高等教育期刊进行分析的基础上,他认为,

---

① [英]马尔科姆·泰特.高等教育研究:进展与方法[M].侯定凯,译.北京:北京大学出版社,2007:5-14.

高等教育研究主要包括八个主题：教与学、课程设计、学生经验、高等教育质量、高等教育系统政策、院校管理、学术工作和知识。值得注意的是，在对高等教育研究方法进行分类时，泰特将现象学方法和女权主义方法作为独立的分类。

随着高等教育系统的扩张、知识经济的兴起，大学在社会中的地位也日益重要，从边缘走向中心，相应地，高等教育研究正在变得越来越重要。和前一篇文章的作者丘奇相比，泰特对高等教育研究的前景持更加乐观的态度，他指出，在不远的未来，高等教育研究的数量和规模都将进一步扩大，有关出版物的数量也将进一步增长。

**选文正文**

## 引　言

**变化中的高等教育研究背景**

直到近来，才有少量的关于高等教育的研究和分析，这种情况着实让人惊讶（Altbach,1997）。

说它是一门学科也好，说它是一个研究领域也好，或者说它仅仅是那些任何学科的学者都可借以博得名誉、赚取收入的一个机会也好，我们认为，在西欧，关于高等教育的研究一直处于探寻自身角色和地位的过程。正因如此，我们可以说，高等教育研究是一项受外力驱动、由偶然性事件触发的工作（Frackmann,1997）。

如今，每年有关高等教育研究的著作和文章层出不穷。尽管如此，正如开篇两则北美和西欧顶级研究人员所言，高等教育还是一个"研究不充分"的领域。因为，一方面这里所谓的关于高等教育的研究、描述以及评论层出不穷的现象是最近才出现的；另一方面，不断涌现的研究成果，使此领域显得非常杂乱无序、不易理解。基于这种状况，此书确立了这样的目标：对高等教育现状进行系统梳理，对如何进行高等教育研究提供指导，以此为高等教育研究领域创立一种秩序。

当前，有很多理由可以说明为什么高等教育研究变得越来越重要（从某种程度上也说明了此书应当及时出版）。其中一个基本的原因就是，高等教育活动本身变得更加重要了。最近几十年里，许多发达国家经历了从精英高等教育向大众高等教育的转变过程（Scott,1995）。在精英教育时代，只有少数人有机会读大学，而在大众化时代，人们认为大多数人都可以读大学，入学方式也更加多样化。在这一趋势背后我们看到的是：知识经济兴起、技术的不断进步、全球化的进一步发展以及国际竞争的持续升级。所有这些，各国政府都看得清楚，也迫使各国重视教育、培训和终身学习，进一步增加教育投资。

于是，高等教育正在变成一项"大事业"，所有的公共和私有部门都变得与之有瓜葛,整个社会也因为高等教育的发展连接成一个整体(Barnett,2000)。我们发现,不论是高等教育的投资者(尤其是国家政府及其代理机构),还是高等教育机构的管理者,无一例外地在不断增加对高等教育的投入,关注所投资源利用的有效性。而这正是高等教育研究者的职责所在。伴随高等教育大众化和对高等教育投资的不断增加,人们亦日益关注高等教育的质量和标准问题,特别是关注教学和科研的产出方面。所有这些都需要加以研究。

另一个相关的趋势就是,学术人员需要接受适当的培训。在科研和教学上,无论是对未来或新入职的教师,还是在职教师的继续发展,都需要提供一定的培训。但如何提供这种培训,这本身就需要进行研究。这种培训对各部门的研究者,尤其是刚接受学术任命的人员提出了一定的要求,他们需要自行进行小规模、具有时效性的高等教育研究(Ashcroft,1996)。

因而,在不远的未来,我们可以预料高等教育研究的数量和规模都将进一步扩大,有关出版物的数量也将进一步增长。对于那些已经置身于高等教育事业的人们,或时刻关注高等教育发展的人们来说,了解高等教育研究领域正在发生的事件,并参与高等教育的研究,正变得越来越重要和迫切。我也希望,对类似我撰写的这本专著的市场需求也能持续增长。

在本章的剩下各小节,我将讨论和分析高等教育研究的三种方法,这些方法并不相互排斥,而是互为补充的。其实我在这里提供了一个高等教育研究的框架,此框架也将引导我完成该书余下内容的写作。

第一,系统回顾目前高等教育研究关注的主题或问题;

第二,对那些目前在高等教育研究中被采用的研究方法作一个系统总结;

第三,从不同层次(从个体到国际性的问题)对高等教育研究进行讨论。

在本章最后两个小节,我将勾勒出该书的基本结构,并就如何使用该书做出说明。

**高等教育研究的主题和问题**

近些年来,有不少人士试图以研究的主题和问题的角度,对高等教育研究进行分类。在这里,我将回顾和分析其中三种分类方法。在此基础上,我将提出自己的分类思路。

首先,我们来看泰希勒的观点。在欧洲,泰希勒是高等教育研究领域出色(也许是最为出色)的权威。他对高等教育的研究做出了最为完备的分类。鉴于高等教育的研究领域还缺乏一套公认的分类"图式",他提出了高等教育研究的四个知识范畴(Teichler,1996):

- 高等教育的定量—结构方面;
- 高等教育的知识和课程方面;
- 高等教育的教学和研究以及与个体相关方面;
- 高等教育的组织和管理方面。

泰希勒进一步指出了这四个知识范畴各自涉及的典型问题,他还指出了从事各范畴研究的学者可能从事的学科。

关于"定量—结构"方面的研究,涉及的典型问题有:入学、招生、精英和大众化高等教育、多元化、高等院校的类型、学制、毕业、教育和就业机会、就业前景、收入和地位、教育投资的回报、就业与高等教育的适切性,以及社会流动。经济学家和社会学家会对这些领域展开研究。

关于"知识与课程"的研究,涉及的主要问题有:学科和跨学科、通识教育、学术性和职业性、教育质量、技能和能力、能力的使用,以及"过度教育"等。教育专家和一些研究科学问题的"下位学科"(像历史学和社会学)的专家经常从事此方面的研究。

与个人和过程相关的研究问题有着自己的特点,其所涉及的领域主要有:激励、沟通、咨询和指导、教学、学习风格、评估和考试。此领域涉及的学科主要是教育和心理学,但是也涉及社会学的内容。

与组织和管理相关的问题不胜枚举,如:计划、行政、管理、权力和协商一致、决策、效益和效率、投资、资源分配等都可纳入此领域。此领域主要涉及的学科有:法学、政治学、经济学和公共及商业管理(Teichler,1996)。

其次,是福瑞克曼的观点。福瑞克曼主要致力于西欧高等教育的研究,他就高等教育的研究提出了五个"问题集":

- 高等教育的角色和功能;
- 知识和学习的性质;
- 社会与高等教育间的协调机制;
- 学与教;
- 高等教育与欧洲一体化。

除了最后一项有其欧洲背景外,上述所提的其余各项与泰希勒的分类都颇为吻合。

我要介绍的第三个分类系统是由海德(Hayden)和帕里(Parry)(1997)提出的。他们站在澳洲人的立场上,指出开展高等教育研究的两条主要路径:一是关注高等教育政策,一是关注学术活动。毫无疑问,这种分类是这里介绍的三种分类中最为简单的一种(正因如此,可能对我写作此书的目的帮助不大),但也获得了不少人的认同。只要对高等教育研究领域做简单的回顾,我们就可以了解到,在此研究领域中,以下两个研究策略占了主导地位:政策评论和小规模的、评价性的个案研究。

相比以上各种分类,我对高等教育研究的分类就要复杂得多了。我的分类,一方面是为该书写作而展开的,同时也结合了我一项相关的研究成果(Tight,2003a)。此书的组织,正是以这种分类为基础的。为此,我分析了2000年出版的17种英文专业期刊上发表的文章(分析的具体结果见第二章),这些出版物都在北美之外的地区出版。

为了分析这些文章,我整理了每篇文章所涉及的主题或问题,并概括出四个关键词。然后,我将所有的关键词按字母顺序排列起来。整理出来的关键词总数多达一百余条。其后,我将相似或相关的关键词分别合为一组。当然,这种分组方法只是我个人的做法,假如换一个人,结果会有些不同。但是,我认为我的这种分组方法是符合逻辑和有效的。借助对已出版著作的分析,我还在第三章中重新检视了这种分类的合理性。

最终,我整理出如下八个主题或问题:

- 教与学:包括学习、高等教育中的各类学生、教学活动,以及教学方法;
- 课程设计:包括高等教育的课程、学习技术、学生写作、评估,以及研究生课程设计;
- 学生经验:包括入学、学习经验、完成和未完成学业情况、研究生经历、不同类型学生的经验,以及从高等教育向工作的过渡;
- 高等教育质量:包括课程评估、评分和成绩、国家质量监控,以及高等教育系统的标准问题;
- 高等教育系统政策:包括政策环境、国家政策、比较政策研究、政策历史研究,以及拨款关系;
- 院校管理:包括高等教育管理实践、院校领导和管理、院校发展和历史、院校结构、院校合并和规模经济,以及高等教育与工业界、社区间的关系;
- 学术工作:包括学术角色、学术发展、学术生涯、女性学者、学术工作性质的变迁,以及不同国家的学术工作;
- 知识:包括研究的性质、学科、知识的形式以及大学的本质。

当然,我要声明:这并不是一份不容变更的清单——它也不可能是一劳永逸的。可以肯定,在我区分的各类研究领域中,至少有部分内容是重叠的。假如换一个人来做,他的分类可能完全不同,或者有可能在同一类别中包含与我所列完全不同的议题。但是不论怎样,我仍然相信,我的分类是明晰和有用的——我也希望该书能够成功证明这点。

我的分类同泰希勒和福瑞克曼的分类颇具可比性。但与他们的分类相比,我的分类更为细致。像泰希勒的"定量/结构"领域和福瑞克曼的"协调机制",在我这里成了"系统政策"和"院校管理"两块。泰希勒所提的"知识/课程"相关的领域,在我这里就独立成为"高等教育质量",近些年来,在此领域涌现了众多的研究成果。还有福瑞克曼的"教与学",泰希勒所称的"个体/过程"相关的领域,在我这里就被划归到三个相关的主题之下:"教与学"、"课程设计"和"学生经验"。

这里,我所研究和使用的分类体系有其特点——它来自我的实践经验。正因为如此,我不能完全确信它是否能达到我的预期。从我多年来从事高等教育研究和高等教育期刊编辑工作的经验来看,开展此项研究是一次崭新的尝试。

**高等教育研究的方法和方法论**

除了前面的分析方法外,我还从方法和方法论的角度,对每一篇文章和每一部著作进行了分析,在此基础上再对它们进行分类。当然,要找出不同出版物的研究方法或方法论,在难度上是有差异的:有些出版物对所采用的研究方法或方法论做了专门说明,要找出它们的研究方法,自然轻而易举;但是有些出版物则不然,要找出它们的研究方法或方法论,需要仔细阅读和推敲;还有些出版物,所用的方法或方法论可能不止一种。然而,即便如此,我们还是可以分辨出其中主要的研究方法和方法论。

在对所有的文章和著作进行了分析之后,我得到八类研究方法/方法论(要做特别说明的是,之所以使用"八"这个数字,并不是因为其有任何神秘之处,或者其对我来说有什么特别意义;这仅仅是因为:"八"这个数字不大不小,很方便)。这八类方法/方法论如下:

● 文献分析(documentary analysis):包括历史研究、文献综述,以及对实践活动和政策的分析;

● 比较分析(comparative analysis):在两个或更多国家间开展的国际比较研究;

● 访谈(interviews):包括面对面的访谈、利用互联网的访谈,以及小组访谈;

● 调查和多变量分析(surveys and multivariate analysis):包括问卷、对大量数据资料的分析,以及实验研究;

● 概念分析(conceptual analysis):包括大量的理论和哲学研究;

● 现象学法(phenomenography)以及相关的研究路径,如现象学;

● 批判/女权主义的视角(critical/feminist perspectives):包括对那些人们习以为常的观点的批判性分析;

● 自传/传记研究和观察研究(auto/biographical and observational studies):包括那些基于个人或个体经验的研究。

要再次说明:这种分类是值得商榷和可以变更的。但是,在我看来,这种分类与某些对社会和教育研究方法的综述(像 Blaxter,et al.,2001;Cohen,et al.,2000;Punch,1998)倒有几分相似之处。如果要对此种分类加以改进的话,一个比较简单的做法就是对我的分类进一步加以细化。我在该书的后面部分对这个问题做了较为仔细的讨论。

在这里还有两点要说明。首先,虽然在前面我对海德和帕里的分析做出了评价,但是我仍然没有将"个案研究"作为一种独立的研究方法或方法论——尽管我一度试图这样做,毕竟"个案研究"在研究方法或方法论中占有重要的地位(如 Stake,1995;Yin,2003a,2003b)。我之所以没有将其作为一种独立的研究方法或方法论,原因是:大部分的研究从某种意义上来说都是个案研究(在该书的第二部分中,我在这种宽泛的意义上使用了此条术语,并在此基础上,对所举例子的研究方法进行了分类)。因而,无论对高等教育研究还是对其他社会研究而言,个案研究都不是一种有效的分类。

其次,有人可能会问:你为什么要对那些比较专业化或"较少人感兴趣"的方法论(像现象学法、批判和女权主义的视角)作独立的分类。我的回答是:"现象学法"看起来应当是唯一一个在高等教育研究领域独立发展起来的方法论(Ashworth & Lucas,2000);而常常被忽视的"批判和女权主义"视角,却应当是最具挑战性和最令人感兴趣的(方法论上最完备)。

这点也说明,区分方法和方法论是非常重要的——在我的分类中,尚未对两者做出明确的划分。

> "方法"一词可以理解为那些主要与资料收集有关的工具,诸如问卷和访谈之类的技术。而"方法论"一词则更具哲学意味,它常指那些在研究中被采用的路径或研究者秉承的信条。从这个意义上说,虽然在量的研究和在质的研究中都可能用到"访谈"技术,但可以肯定:它们的应用目的是不一样的,所获取的数据也会有很大不同。(Blaxter,et al.,2001)

现象学方法、批判和女权主义的视角都可以被称为"方法论";而其他的大部分术语,像文献、访谈、调查等都是"方法"——尽管如上述引文中所分析的那样,一些"方法"是在一定"方法论"指导下开展的。假如你对这种分类还不是很熟悉的话,在第二部分中我将通过一些具体的研究实例加以讨论。在第三部分中,这样的讨论还将具体到每项研究所采取的步骤中,希望这些探讨都有助于您获得对这种分类实质的了解。

采用这两种分类体系——以研究主题和问题为基础和以研究方法和方法论为基础——可以直接得到一个 $8\times 8$ 的矩阵,哪类文章和著作出版的相对较多,或者哪项具体的研究所处的位置都可在其中一一显示。当然,任何一项研究涉及的主题可能不止一个,所采用的研究方法或方法论也可能不止一种。然而,事情也并非想象中那么困难,因为大多数研究都有一个确定的主要议题和占主导的研究方法,当然也有少部分研究,可能要在我们的矩阵图上涵盖两个或更多的位置。

### 高等教育研究的层次

在主题和问题、方法和方法论之后,我将引入第三个分析维度:层次。很明显,不论是高等教育研究,还是其他社会领域的研究都会涉及特定的层次。像该书所涉及的研究,从对学生或学者个体的研究,一直到对世界范围的高等教育的研究,也有一定的层次。弄清高等教育研究所在的层次具有重要的意义,因为只有这样我们才能了解研究开展的可能性、采用哪种研究方法、研究结果有多大的适用范围、正在开展的研究与其他事物有何联系。正因如此,我将在该书中引进"层次"这一维度。但是,与前两个最基本的维度相比,我对层次的分析要简略得多。

读到这里,你可能会感到奇怪,因为我只划分了七个层次,而不是如前面所做的那样,对主题和方法都各划分为八种。实际上,我本可以很简单地将层次划分为八个——因为在院校和国家这两层中间,还有地区这一层次。但是,我并没有这样做,因为关于此层次的研究确实不多。正是基于此,我认为这种划分就没有必要了。所以,最终我只划分了七个层次:

- 个体:学生或学者;
- 课程:学生群体或他们的教师;
- 系或研究中心,或学者和学生群体;
- 院校:大学或学院;
- 民族或国家;
- 系统,或设想中的高等教育制度安排;
- 国际:包含有两个或两个以上国家构成的高等教育系统。

这七个层次的划分是显而易见、不言自明的,应当不存在什么争议。与前面我对主题和问题、方法和方法论的划分比较,对这里的分类我自信得多了。

还有一点需要澄清:国家和系统,这两个层次是有区别的。当一篇论文、一本著作、一项研究只涉及一个国家时——如澳大利亚、荷兰、英国或者任何别的国家——我们可以很明确地说:此项研究是在国家这一层次上展开的。但是,也存在这种状况:有些作者或研究人员由于自身工作经历的缘故(他们在不止一个国家的高等教育系统中工作过),他们在作品中所提到的国家可能并不特指任何一个。这种现象很普遍,像在那些较具思辨性、概念化或评论性的作品中,还有那些对学术实践有指导意义的作品中,都存在这种情况。这些作品的作者,实际上是在探讨理想中的高等教育系统。因此我使用了"系统"这一词来描述这个处在国家和国际两者间的层次——尽管这种划分可能引起歧义和争论。

……

(侯定凯 译)

# 专题拓展阅读文献

1. [英]马尔科姆·泰特. 高等教育研究：进展与方法[M]. 侯定凯,译. 北京：北京大学出版社,2007.
2. [美]伯顿·克拉克. 我的学术生涯(上,下)[J]. 赵炬明,译. 现代大学教育,2002(6),2003(1),(2).
3. 侯定凯. 象牙塔是平的：国际高等教育研究新进展[M]. 上海：华东师范大学出版社,2010.
4. Malcolm Tight. Bridging the Divide：A Comparative Analysis of Articles in Higher Education Journals Published inside and outside North America[J]. Higher Education,2007,53(2)：235-253.
5. Sheila Slaughter & E. T. Silva. Service and the Dynamics of Developing Fields：Some Parallels between the Social Sciences and Higher Education[J]. Journal of Higher Education,1983(54)：481-499.
6. John Brennan. Higher Education Looking Forward：Relations between Higher Education and Society[M]. Strasbourg：European Science Foundation,2007.
7. Välimaa, J. & Westerheijden, D. F. Two Discourses：Researchers and Policy-making in Higher Education[J]. Higher Education,1995(29)：385-403.
8. Burnett, C. W. Higher Education as a Specialized Field of Study[J]. Journal of Research and Development in Education,1973(6)：4-15.
9. Sadlak, Jan & Altbach, Philip G. Higher Education Research at the Turn of the New Century[M]. Paris：UNESCO；NewYork and London：Garland,1997.
10. Xin Wang. Higher Education as a Field of Study in China：Defining Knowledge and Curriculum Structure[M]. Lanham, Md.：Lexington Books, 2010.
11. Goodchild, Lester F. 1991. Higher Education as a Field of Study：Its Origins, Programs, and Purposes, 1893—1960. In Administration as a Profession, New Directions for Higher Education, no. 76, ed. Jonathan D. Fife and Lester F. Goodchild, 15-32. San Francisco：Jossey-Bass.
12. John C. Smart. Higher Education：Handbook of Theory and Research[M]. Springer,1985—2011.
13. James J. F. Forest & Philip G. Altbach. International Handbook of Higher Education [M]. Dordrecht：Springer, 2006.
14. Altbach, Philip G. Phoenix, Ariz. Higher Education：A Worldwide Inventory of Centers and Programs[M]. Oryx Press, 2001.
15. Budd, J. M. & L. Magnuson. Higher Education Literature Revisited：Citation Patterns Examined[J]. Research in Higher Education,2010,51(3)：294-304.

# 第二编
## 高等教育的历史进程

一个人如果不理解过去不同时代和地点存在过的不同的大学概念，他就不能真正理解现代大学。

——《历史的观点》

## 专题导论

历史是什么？英国历史学家爱德华·卡尔（Edward H. Carr）在《历史是什么》一书中将历史看做"历史学家与事实之间相互作用的持续过程，现实与过去永无止境的对话"，"历史是时间经验的意义形成和构建"。在欧美国家，历史研究是一种社会科学范式，或者说是一种社会科学研究的路径。作为一种研究范式或者研究路径，历史研究方法具有自身的结构和特性。德国学者德罗伊森（Droysen）认为，"历史研究……是学着作历史性的思考"[①]。英国历史学家汤因比（A. Toynbee）在《历史研究》一书中概括性地提出了历史研究的三种范式：一是考核和记录"事实"；二是通过对已经确立的事实进行比较研究来阐明一些一般的"法则"；三是通过"虚构"的形式对事实进行艺术的再创造。与许多其他科学研究范式一样，历史研究是一种具有普适性的方法，可以运用到各个社会科学和人文学科领域，包括教育科学。因为任何教育制度、教育观念以及教育运动都必然经历一个发生、发展到消失的过程。历史探究方法运用到教育研究中的重要意义就在于，利用历史研究法的基本原理和手段，针对教育领域中的现象和问题加以全面地解释；通过对某些教育现象发生、发展和演变的历史事实资料的收集、综合和分析，揭示其发展规律。

本专题选文的主题是"历史进程"，确切地说，是西方高等教育（大学）发展的历史进程。围绕着这个主题，本编共选入五篇文章。本专题主要目的是通过所选文章或篇目让读者较为全面地了解国外（主要是欧美国家）学者关于高等教育和大学发展的基本轨迹、历史特征，以及发展趋势等方面的观点；帮助读者初步建立起关于高等教育形成、发展及其基本走向的基本认识。在文章中，几位著名的西方高等教育历史专家自觉地运用了历史研究的基本范式和方法，对西方高等教育发展的几个重要历史时期进行了真实而生动的描述和分析。其中，第一篇《历史的观点》是英国历史学家、英国社会历史学会创始人哈罗德·珀金的代表作，他以一个历史学家独特的视角，对大学千年历史发展轨迹做了梳理和考察。他对现代大学的历史嬗变的四个阶段的划分，以及对不同历史时期大学产生的原因及其所起作用的论述，认识深刻，有较强的说服力。第二篇《最早的大学》是美国学者查尔斯·霍默·哈斯金斯1923年在布朗大学所作的讲演稿，后和另外两篇文章一起结

---

① 潘慧玲. 教育研究的取径概念与应用[M]. 台北：高等教育文化事业有限公司，2003.

集出版,起名为《大学的兴起》。众所周知,严格意义上的现代大学发轫于中世纪的意大利和巴黎,因此中世纪大学成为许多历史学家所关注的重要研究领域。哈斯金斯是19世纪末20世纪初美国最著名的中世纪史专家,自然非常重视对中世纪大学进行探索性研究,尤其不放过对一些重要历史问题,如大学的起源,中世纪大学与现代大学之关系,以及应该采用怎样的方法去研究中世纪大学等,并都根据自己的敏锐洞察,提出了个人的真知灼见。文章中,他一方面像其他历史学家一样,对中世纪大学产生的社会和历史原因进行了分析和论述,另一方面,却颇具独创性地从组织内部知识生产的角度考察大学的兴起和嬗变。第三篇文献《现代德国大学的发展》选自德国学者弗里德里希·包尔生所著《德国大学与大学学习》一书。该文较好地描述了19世纪德国大学如何开展科学研究工作,目的在于帮助读者理解为何科学研究成为19世纪德国大学中的主要活动,科学研究工作本身又是如何为德国大学赢得世界地位的。第四篇《美国高等教育的十个时代》是美国学者罗杰·盖格的代表作之一。该文在有限的篇幅里对美国高等教育发展的十个不同历史时期的特征做了全面的分析和描述,体现了作者对整个美国高等教育超强的宏观把握能力和敏锐而深邃的洞察力。本专题所选的最后一篇文章《从精英向大众高等教育转变中的问题》的作者是著名高等教育社会学家马丁·特罗。从严格意义上讲,这篇文章并非是高等教育历史方面的研究,但却比较客观地呈现了当代高等教育所面临的机遇和挑战,真实地反映了"二战"后几十年西方高等教育的扩充、反思与变革的发展趋势。

# 历史的观点[①]

哈罗德·珀金

## 作者简介

哈罗德·珀金(Harold Perkin,1926—2004),英国著名历史学家、英国社会历史学会发起人。毕业于剑桥大学约色斯学院,先后就职于英国的曼彻斯特大学、兰卡斯特大学和美国的西北大学。20世纪六七十年代,他成为"社会历史革命"运动的领导者之一,担任英国大学教师协会主席职位,主编著名的"社会历史研究"系列丛书。其主要著作有:《近代英国社会的起源:1780—1880》(*The Origins of Modern English Society 1780—1880*,1969)、《英国的新大学:高等教育创新的案例研究》(*New Universities in the United Kingdom,Case Studies on Innovation in Higher Education*,1969)、《关键的职业:大学教师协会史》(*Key Profession:History of the Association of University Teachers*,1969)、《1880年后英格兰职业社会的兴起》(*The Rise of Professional Society,England Since 1880*,1989)、《第三次革命:国际性的专业精英》(*The Third Revolution:Professional Elites in the Modern World*,1996)等。

## 选文简介、点评

20世纪60年代和70年代早期是世界高等教育急剧扩展的时期,也是西方高等教育史上的"黄金时代"。与此同时,高等教育研究工作也蓬勃展开。20世纪70年代后期和80年代早期,由于经济危机和出生率下降等因素的影响,高等教育发展速度开始放缓,追求高等教育数量上的急剧增长的主张逐渐为追求高等教育质量提升的观点所取代。对高等教育问题的反思和批判也成为这个时期高等教育研究的主调。正是在这样的背景之下,1982年夏,在美国洛杉矶加州大学举行了一次国际研讨会,专门讨论有关高等教育未来发展的问题。会后,伯顿·克拉克教授邀请了来自不同学科领域的8位国际专家学者,分别从历史学、政治学、经济学、组织学、文化学、社会学、科学社会学和政策学的角度,探讨高等教育相关的理论和实践问题。伯顿·克拉克之所以邀请一名历史学家来透视西方高等教育的发展,主要基于他对历史研究的认识和重视。他认

---

[①] [美]伯顿·克拉克.高等教育新论——多学科的研究[M].王承绪,等译.杭州:浙江教育出版社,2001:23-49.

为,历史学家们在时间维度上进行探索,由此可以发现事物发展的历史延续性和阶段性。他指出:"历史的研究也就是要提供种种比较,帮助理解当前:用过去大学的概念来阐释今天大学的概念。"①

《历史的观点》是珀金为《高等教育新论:多学科的研究》一书所贡献的第一章。首先,他十分认同伯顿·克拉克的历史方法论,也反对将历史研究局限在"一味地按照年代顺序挖掘整理史实材料"的学科,相反,愿意将之视为"一门解决问题"的学科。从这个意义上说,珀金是将历史学视为一门题材广泛、方法多样的学科加以运用,从宏观上考察人类社会各种组织,尤其是高等教育机构的兴衰,试图总结出不同历史时期的基本走向和不同特征。其次,珀金带着这样的一种历史学认识论和方法论,以一个历史学家独特的视角,从时间的维度,对大学千年历史发展轨迹做了梳理和阐述。他将现代大学的历史嬗变分成四个阶段,并分别论述了不同历史时期大学产生的原因和所起的作用。珀金认为,人类高等教育的第一个阶段是中世纪大学的诞生时期。中世纪兴起的大学这种独特的教育机构,对中世纪的社会秩序既起到过推动作用,又起过摧毁作用:"大学是一个独特的既分裂又分权的社会的偶然产物。"因为"中世纪的欧洲本身就是一个四分五裂、高度分权的文明之地","大学就是在这种分权的、有社团思想的时代精神影响下发展起来"的行会组织——学术行会。这种学术行会存在的意义与价值在于使大学获得力量、持久性和一定的自主权。第二个阶段是欧洲大学的近代化。珀金主要是通过描述英国确切地说是英格兰和苏格兰大学的兴衰来说明:到了近代时期,大学不仅是为教会所掌握,同时也开始变成世俗政府极力想控制的对象。他引用克尼的话:"1500至1600年期间,大学经历了一次社会职能的变化。它们从从事特定专业的训练机构转变成为起社会统治的工具作用的机构。"在这部分,珀金批判了中世纪保留下的英国传统大学,尤其是牛津和剑桥大学的种种弊端、腐朽和与时代不符的落后性,提出改革这种传统大学成为时代的必然和新旧势力斗争的焦点。与此同时,珀金也指出,伴随科学的发展,一种符合近代社会发展的世俗性新大学也必将应运而生,他列举的伦敦大学、爱丁堡大学等都是当时的典型代表。第三个阶段是19世纪德国大学的改革时期,他主要描述了德国在洪堡等人倡导下如何创建现代大学的过程,及其在世界范围内所产生的影响。他认为,德国大学在19世纪中经历了一场类似苏格兰大学的变革,但其对世界所产生的影响却比后者大得多。德国大学变革的内在逻辑在于是一场以学术研究为导向、以专业化为特征的制度性变革,代表的是先进国家进步的高等教育体制的理想和模式。正因为如此,德国大学的模式为后来的美国、日本乃至全世界各国的大学所效仿。第四个阶

---

① [美]伯顿·克拉克.高等教育新论——多学科的研究[M].王承绪,等译.杭州:浙江教育出版社,2001:8.

段是现代社会大学的发展,珀金解释了为什么大学成为了"近代社会的轴心机构"。他指出:"后工业社会之需要大学也如大学之需要后工业社会。以知识为基础的社会既依赖于知识的不断进步,也依赖于知识分子的再生产。"在这部分中,他预言:在未来社会中,大学成为社会的轴心机构,是社会生存和繁荣所依靠的重要力量。

在文章的最后一部分,珀金在论述四个不同发展阶段的大学及其作用的基础上,总结了历史研究在帮助人们认识高等教育发展问题上的特殊作用。他认为,历史学家的独特贡献就在于告诉人们任何事物都有其发生发展的过程,而这个过程与其所处的社会环境有着十分紧密的关系。对这个过程的不断认识可以帮助人们理解事物的本质、形式和结构。在书中,珀金的一句名言至今为后人所津津乐道,即"一个人如果不理解过去不同时代和地点存在过的不同的大学概念,他就不能真正理解现代大学"[①]。

**选文正文**

与各门学科相比,历史学是一门题材广泛、方法多样的学科。因为任何事物都有历史,而历史学研究的对象又包括了人类社会中发生过的一切事情(至少从潜在的角度说是如此),因此历史学家常常必须闯进其他学科领域中去,利用它们的研究成果和方法为自己的研究服务。从某种真实的意义上说,真正的历史学并不是一味按照年代顺序挖掘整理史实材料的一门学科,而是一门解决问题的学科,它向现实(或一度是现实的)世界提出种种问题,并努力探寻问题的答案。因此,历史学家不可能像物理学家、经济学家或神学家那样说"这不属我的课题领域"。不管什么,只要有助于阐明他的特殊问题,都属他的研究范围,他都必须加以注意。

……

这种研究过去的整体论方法当然仅仅是一种理想、一种方法或一种观点,而不是现实中历史学家可以引以为自豪的成就。它当然不能代替现代各种分析学科或这些学科中研究人类活动的那些更为专门的理论和方法,虽然它可以为它们提供一种背景和一种观点。然而,如果一定要我们把历史方法的特殊性加以明确的话,我们不妨说历史方法研讨的是变革与稳定。说得更具体些,它既研究未被人们承认的和人们尚未预见的变革,同时也研究人们计划的或有意进行的变革;既研究影响全部人类组织机构兴衰的潜在过程,也研究对待变革的顽固抵抗行为。当历史学家走上战场与难以驾驭的过去开始较量时,写在他的战旗上的警语是"事物虽在变化,其名仍然无异"。

---

① [美]伯顿·克拉克.高等教育新论——多学科的研究[M].王承绪,等译.杭州:浙江教育出版社,2001:49.

人类各种活动中最能体现上述思想的要数高等教育发展史了。自12世纪产生于意大利和法国以来到被移植到整个现代非欧洲世界为止，大学的含义和目的可以说是因时而异、因地而异，它依靠改变自己的形式和职能以适应当时当地的社会政治环境，同时通过保持自身的连贯性及使自己名实相符来保持自己的活力。谁都在谈大学，但是大学作为学者进行教学、科研和从事社会服务的场所，我们只有在不同时代、不同地点的具体环境里才能弄懂大学的这些任务究竟是什么。

知识是力量。但是它是用于什么目的的力量？如果我们可以用一个比喻来说明大学千百年来的荣辱兴衰，说明它是怎样从中世纪的宗教和世俗的知识团体，演变成今日在以知识为基础、以科学为方向的技术型后工业社会中起关键作用的机构的话，那就是大学是人类社会的动力站。但是一个动力站对一个主要兴趣旨在协调启示和理智、上帝的作品与上帝的更现实的世界的中世纪社会来说是一回事，对一个上帝就是社会进步、就是为了子孙造福的社会来说是另一回事；对一个努力以科学发现去掌握世界，不仅要解开自然的奥秘，还要解脱自然给人类带来的负担的社会来说是一回事，对一个担心因滥用科学发明或人类制造的各种产品而毁灭世界的社会来说又是另一回事。有时，动力是自我毁灭性的，如在文艺复兴和宗教改革运动时期。这时期，统一基督教学问和古典学术的人文主义，团结了学术界，对准教会与国家之间岌岌可危的平衡局面。把它打得粉碎；有时，动力有所减弱，因此不得不在大学以外重新点燃，如在科学革命和早期工业革命时期。这时绝大多数新科技都不得不从各种特定的学院和学会中产生，并在新设的技术学院中传授这些新知识。有时，对动力的要求又超出了大学能力所及，如在工业革命后期和现在的后工业社会时期，这时不得不建立各种不同类型和规模的新的动力站去满足时代对更多的专门知识和群众性高等教育的需要。但大学这一动力站是——或至少经过一段时间滞差后——能够使自己适应社会对更多、更合适的知识和运用这些知识的人员的需要。

要充分证明这种思想，需要写一部历史巨著来全面详尽地阐述大学的发展及其在社会中所起的作用。这一工作至今尚是一块未开垦过的处女地。在这一章，我只是尝试通过集中阐述高等教育发展中的下列四个重要阶段或转折点来说明上述思想。

（1）对中世纪社会秩序既起过推动作用、又起过摧毁作用的一种欧洲独特的机构的产生。

（2）通过英格兰和苏格兰大学的案例研究，说明近代欧洲初期这一机构的兴衰。

（3）19世纪德国大学基本上是无意识地转变成为发现新知识的工具；德国大学对英、美、日的同样并非有意的影响。

(4) 作为"后工业社会"的"轴心机构"(axial institution)的高等教育，在 20 世纪中叶发展到了顶峰。"后工业社会"以发展服务业为方向，依靠以科学为基础的工业和新的受过大学教育的英才，因此存在着产生于"尖子高等教育"与"群众性高等教育"内在矛盾的困境。

把上述四个方面贯串在一起的中心主题是：自由和控制的矛盾关系。就大学为了追求和传播知识需要自由而言，当种种控制力量软弱分散时，大学知识之花就开得绚丽多姿；就大学需要资源维持办学，并因此依赖富裕、强大的教会、国家或市场支持而言，当种种控制力量强大时，大学在物质上就显得繁荣昌盛，但是这种力量可能——也的确常常——以各种有害于教学和研究自由的方式实行控制。因此便出现了这种奇怪现象：当大学最自由时却最缺乏资源，当它拥有最多资源时则最不自由（这并不是说自由可以自动地结出丰硕的学术之果，而控制一定会阻碍学术水平。18 世纪英格兰大学的自由导致大学变得死气沉沉和享乐主义泛滥；而 19 世纪受国家控制的德国大学教授不管洪堡教学自由的理论，却写出了杰出的学术著作）。大学诞生在一种无论在政治、精神方面还是在知识学问方面都处于分裂状态的独特文明之中。大学的规模发展到最大时，正是社会越来越依靠政府全面控制之日。为大学独立追求知识所需的自由是否能够继续保持下去，人们将拭目以待。

**一种独特机构的诞生**

大学是一个独特的既分裂又分权的社会的偶然产物。我们知道，一切文明社会都需要有研究高深学问的机构来满足它们探求知识奥秘的需要，同时它们也为知识的拥有者和探求者提供各种所需条件。但是，绝大多数文明，或至少是这些文明中的主要社会——古希腊则是一个显著的例外——都由一个统一的世俗统治阶级或僧侣统治阶级集中领导，它们控制了文官和科技专家的培养权。例如，中国封建社会的官员在儒家学校中接受良好举止和行政管理的训练，伊斯兰的僧侣在可兰学院、印加历法家在寺院数学学校接受训练——所有这些专门学校都依赖于统治阶级，并为统治阶级所控制。

古希腊则是一个例外。它由许多小城邦组成，多神论宗教更是五花八门。这样一种国家很少需要专职的行政管理人员或强大的僧侣集团；相反，它发展起了一种为自由的贵族公民开办的非正规哲学学校，学校的教师可以四处游学，到任何能够最自由地探讨学问的地方去，因此，他们可以躲避城邦的控制（苏格拉底发现，不能及时躲避的人要受到惩罚）。当时古希腊虽也设有为教士和医生开办的专业学院或学校，如为希波克拉底及他的医术开办的伊斯奇勒斯（Aeschlus）医学寺院，但正是雅典的哲学学校——柏拉图的阿卡的米学园、亚里士多德的学园及它们的模仿者，后来对中世纪的大学产生了巨大的影响，因为由于缺少政治和宗教的控制而得到鼓励的自由的沉思，对后来的学者团体有着巨大的吸引力。

但是，古希腊的哲学学校并不像中世纪的大学。这种不同不在于享受自由程度的不同，而在于结构上的差异。大学是一个学者团体，具有严密的组织、法人的性质、自己的章程和共同的印记。Universitas 一词在12至14世纪是一个用得很普遍的词，它可以用来指任何具有共同利益和享有独立合法地位的团体组织，即既可以是一个手工业行会也可以是一个市政团体。Universitas 的含义最接近的译法是"行为"，因此，它的确是一个中世纪的概念，并为我们了解为什么它只能出现在中世纪的欧洲提供了线索。

中世纪欧洲是一个四分五裂、高度分权的文明之地。与大多数以前的文明社会不同，甚至与罗马帝国的另一个继承者拜占庭不同（在拜占庭，君士坦丁堡的基督教的主教无疑要服从皇帝的控制），中世纪西方没有一个中心具有至高无上的权威和权力。在它的政治意识和理智意识的中心，是基于教皇杰拉西乌斯二世的二元论，即世俗的与宗教的、帝国的与教皇的，神圣罗马帝国与罗马主教管区，两者都声称是古代罗马皇帝的合法继承者。这种二元论把中世纪社会从头到脚一分为二，从皇帝与教皇开始，通过国王与大主教，直至贵族与住持以至于庄园主与教区牧师。它产生了两种形式的法律，世俗法和教规法；两类法院，一类审理冒犯国王、邻居和侵犯财产的罪行，另一类审理冒犯上帝和教会的不规行为（包括从信奉异端邪说或亵渎神明到通奸或在主日洗衣服等各种行为）。它导致了为权力而进行的物质上的和军事上的斗争，这不仅表现在帝权和教权之间，而且表现在它们的各级社会政治阶层中的追随者和同盟者之间，它们之间两雄对峙，并诉诸远方的力量抵抗当地的暴君，如英国贝克特（Becket）主教诉诸教皇反对亨利二世，或贵族们争得褫夺教权的禁令反对约翰王。后来，当中世纪末市镇重新兴起时，它们也要求自主权，这种自主权是它们从国王、贵族、主教或修道院院长那里买来的，以一种特许状的形式存在，确保它们免受种种封建制度的束缚。在市镇内部，商人和手工业工人的各种组织，反过来也要求拥有自己的法人独立地位，后来出现的这类独立自主的组织，就是商人行会或手工业行会。

大学就是在这种分权的、有社团思想的时代精神影响下发展起来的。这时的大学主要是培养专业人才的职业学校，只是在有限的意义上可以说它是为学习本身的概念而存在的。大学在满足专业、教会和政府对各种人才的需要的过程中不断发展。最初时，大学是从11世纪的教会学校和城市学校自发地发展起来的，虽然这些学校的师生都是牧师，但它们的目的却都是世俗的，都是为了满足人口日益增长并且日益城市化的社会需要。这些学校中有许多是神学、法律、修辞、文理方面的专门学校，专门培养牧师、律师、神职或世俗的行政官员。中世纪最初的学校也和古希腊哲学学校一样时间短暂，校址也不确定，但在中世纪欧洲的社团环境中它们很快形成了行会的组织形式，正是这种组织形式使中世纪大学获得了力量、持久性和一定的自主权。

中世纪时主要有两种学术行会：一种是以博洛尼亚大学模式为基础的意大利大学，它是世俗的，以学生为中心并以满足市场需要为目标。在这种模式中，学生行会给讲课者付费并享有很大权力；另一种是巴黎的比较正统的教会大学模式。在这种模式中，教师控制学生，学徒（本科生）、学徒期满后的工匠（学士）和师傅的行会组织代代相传。后来，博洛尼亚和帕多瓦那种最极端的学生控制模式，甚至在意大利也由于市政当局的压力和付薪教授制的确立而很快衰弱下去。中世纪大学由于所享独立性程度的高低而有所不同，但绝大多数最终都趋向于行会组织的正统模式，这是大学具有适应能力和长久不衰的关键所在。

这种机构形式是如此成功，以至于12世纪的四所大学——帕尔马、博洛尼亚、巴黎和牛津——到1300年已经在意大利、法国、西班牙和英格兰发展到了16所。到1400年，在远至奥地利、波兰、波希米亚的整个中欧又增添了14所。到1500年，在远至苏格兰、匈牙利、斯堪的纳维亚等地方再增添28所。它们是真正的世界性机构，师生们来自世界各地，教授"七艺"，其中绝大多数用中世纪欧洲的通用语——拉丁语教授三门研究生水平的学科。因此，近代大学的另一个特征是，存在着极其密切的跨校和跨国的学科联系。

与市镇行为、寺院和宗教兄弟会或骑士兄弟会一样，大学需要从皇帝、教皇、国王、主教或至少是市镇那里获得一张特许状。最好和最高的特许状是教皇或皇帝授予的"a studium generale"和"ius ubique docendi"，前者使大学赢得了国际性地位，后者指的是在各地教学的权利，它意味着大学的学位得到国际性的承认（但并非都是成功的）。但大学最重要的特权是独立自主发表自己意见的权利、自由迁徙的权利，这对市镇、主教、国王或教皇这些统治者来说是很有效的威胁。在中世纪大学创建初期，维琴察大学（1204）和帕多瓦大学（1220）就是从博洛尼亚迁徙出来后创建起来的；牛津大学（1167年以前）和剑桥大学（1209）分别是一批人从巴黎、牛津迁徙出来后创办起来的。这种威胁的力量从市政当局，有时甚至是大学本身，经常诉诸国王和教皇竭力阻止师生迁徙这一点可以看得出来。

从教学角度说，导致大学与其他专业训练学校显著不同的是它的两个多学科性：第一，神学部、法学部和医学部这些研究生水平的专业学部在同一机构中并列教授（单一性的机构，如意大利的萨莱诺医学校，就没有取得完全的大学地位）；第二，这些高级的专业课程是设在"七艺"共同课程之上的。"七艺"分成：本科生或学徒学的"三艺"（文法、逻辑、修辞），它们是从事以后学习所需的基本工具；学士或工匠学的"四科"（算术、几何、天文、音乐），它们是自然科学的基础。如果有人认为，文学部与专业学部相比，较少具有功利性和职业性，那就大错特错了。因为绝大多数学生可能不再继续就学，文学部为他们在读写、辩论、思维、计算、测量和自然科学基础知识方面提供的有用训练，使他们适于承担教会和世俗政府中的种种职业。以辩论为主的教学方法使学生个个变得能言善

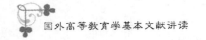

辩。学生们正是依靠这种本事在布道、法庭听证和政府讨论中崭露头角的。

中世纪欧洲和其他许多文明社会之间一个最令人惊讶的区别是：尽管中世纪欧洲具有自己的宗教信仰并对其他信仰采取不宽容态度，它却对自己的理智能力缺乏自信心。当面临《圣经》内部的种种矛盾和《圣经》与现实世界之间的许多矛盾时，它只能诉诸古代异教徒的理智力的帮助。但后来，教会，有时还有世俗政府，都对逐渐兴起的异教徒运动持怀疑态度，有时还对这种运动加以镇压。不过教会也好，国家也好，都不能不依靠大学的服务和它培养出来的人才生存发展。

**大学的衰落与复兴：英格兰和苏格兰**

……

对大学来说可惜的是，随着都铎王朝和斯图亚特早期政权的衰落，学生人数的增长没有持续下去。在内战之后，或更确切地说从17世纪60年代起，学生人数日益减少。到1685年时，牛津因"缺少学生而濒于死亡"，这种状况一直保持到19世纪。每所大学每年招生人数从17世纪60年代的400名逐渐降到18世纪中叶的250名（牛津）和不到200名（剑桥），这个数字一直持续到19世纪，而同时英格兰和威尔士的人口比17世纪60年代的人口增长了一倍。穷人子弟几乎从大学完全消失，因为由于富绅和牧师子弟的竞争，他们被排除了获取奖学金和在教会任职的可能性，同时由于学院寄宿费用的上涨——从17世纪的三四十英镑上升到18世纪中期的100英镑和19世纪的200英镑——他们更是被排斥在大学门外。费用的上涨不是由于基本生活费用的提高，而是由于大学生中纨绔子弟在吃喝玩乐、养马打猎方面讲排场比阔气而引起的。

……

比学生堕落更糟的是大学有叛逆、造反和激进主义的嫌疑。托马斯·霍布斯指责它们发动内战："叛乱的心脏是大学。"在汉诺威王朝，牛津大学对1715年的激进分子叛乱公开表示同情。在许多忠诚的圣公会贵族和绅士眼中，该校一直是"懒散、无知、粗鲁、堕落和信奉罗马天主教的牛津大学"。

大学的声誉和学生人数直到19世纪初才开始恢复上升。这种恢复进行得很慢，学生人数直到19世纪60年代才赶上17世纪60年代。当时英格兰和威尔士的人口激增，比17世纪中叶增长三倍。英国议会于19世纪50年代对牛津和剑桥大学进行激烈的改革，促使这两所大学向不信奉国教者和新兴资产阶级开放。当然，学生人数的恢复还有其他社会历史背景。在19世纪中叶，英格兰自中世纪以来第一次出现了新兴大学和学院。但要理解社会对这些新大学的需求，我们必须回到18世纪，回到当时情况颇不相同的英格兰和苏格兰。

英格兰高等教育的真正复苏是与大学几乎无关的新兴教学和研究机构的兴起。这说明了这样一条真理：如果社会不能从原有机构中获得它所需要的东西，必将导致其他机构的产生。例如，科学革命除了少数偶然情况外（如剑桥大学三一学院为艾萨克·牛顿提供宿舍,罗伯特·波义耳在牛津拥有个人实验室),可以说与大学无关。由威尔金斯等人于1662年创办的皇家学会,其目的是要弥补亚里士多德经院哲学占统治地位的大学的缺陷;而18世纪英国科学的发展则在很大程度上是依靠下列机构、团体推动的:1754年成立的皇家技术学会,它的创建是"为了推动大不列颠发展技术、制造业和商业";伯明翰的"月社",它作为一个科学讨论小组最早可追溯到1765年;1781年在曼彻斯特首先创办的地区文学哲学协会;1799年创建的鲁姆福德伯爵皇家研究所。被牛津大学、剑桥大学排斥在外的异教,18世纪中叶开始在伦敦哈克斯顿、北安普顿、考文垂、沃灵顿和其他地方创办自己的非国教学校,这些学校培养了理查德·普赖斯之类的哲学家和经济学家,以及约瑟夫·普利斯特莱这样的化学家。从19世纪20年代起英国开办了工人讲习所,第一所是由格拉斯哥大学的一位教授乔治·伯克贝克于1824年在伦敦创办的。许多后来创办的工人讲习所,像在伦敦、曼彻斯特、格拉斯哥创办的工人讲习所,逐渐发展成技术学院,并最终发展成大学机构。最后是英格兰新大学本身的创立,即1828年和1829年创办的伦敦大学学院和英王学院(1836年这两所学院并成伦敦大学),1832年创办的圣公会的达勒姆大学。至1851年,全国(包括英属领地)附属伦敦大学的普通学院有29所、医学院近60所,这是自中世纪以来学院创办最旺盛的时期,这就是产业革命和一些兴旺发达的城市社会对迫切需要接受高等教育的中产阶级的影响。

　　创办伦敦大学和其他学院的动力来自苏格兰。亨利·布朗汉姆、托马斯·坎贝尔和伦敦大学学院的其他创办者都是格拉斯哥大学和爱丁堡大学(因而也就是苏格兰大学)的毕业生。苏格兰的四所大学——圣安德鲁斯大学、格拉斯哥大学、阿伯丁大学和爱丁堡大学与英格兰大学相比衰落得更加厉害,从某种程度上说,直到19世纪它们也只不过是一个相对较穷的社会中的中等学校。但这证明是件好事,它鼓动苏格兰高等教育在18世纪开拓新型的把教学与研究结合起来的大学,开近代大学之先河。18世纪的苏格兰在开设学科方面也走在前面,以至于在某种程度上可以说它是近代自然科学和社会科学的诞生地。

　　新制度的最初尝试是由安德鲁·麦尔维利在16世纪末的格拉斯哥和圣安德鲁斯作出的。它的目的是想节省开支。新制度要用少数教授负责单门学科的做法取代传统的每个人都负责全部学科的全科导师制。数学、医学、天文、自然哲学(自然科学)、道德哲学(社会科学)、法律、人文学科(古典科目)等单独讲座的设立,对知识的发展具有极大的影响。像牛顿的学生、19岁当数学教授的科林·麦克劳林,医学界的约瑟夫·布莱克(他还是瓦特蒸汽机的赞助人),哲学界的弗兰西斯·哈钦逊、大卫·休谟和杜高尔德·斯图尔特,历史学界的威廉·罗伯逊,道德哲学领域的亚当·斯密,斯密的学生、法律界的约翰·米勒等各科教授，都把自己的学科发展到使苏格兰成为欧洲思想启蒙先锋这样的高度。苏格兰的医学教育和生物学、化学领域的发展遐迩闻名，苏格兰的哲学历史学派——它发现人类发展是从狩猎采食部族演进到定居的、从事农业生产并能使用金属的文明社会——实际上是近代社会科学的鼻祖。虽然最初的动力未能持续多久，苏格兰的教授制——它强调系科知识的发展——却对其他地方（尤其是英格兰和美国）的新兴大学产生了深远的影响。

**德国大学的转变及其仿效者**

德国大学在19世纪中叶经历了一场类似苏格兰大学的变革，但它对世界范围内研究的理想的传授，其影响要比苏格兰大学大得多。德国大学的新思想与苏格兰大学的创新无任何关系，对它起影响的是法国大革命和1806年拿破仑打败普鲁士这一事件。

有件事经常被人们提起。当哈雷（Halle）大学被拿破仑镇压，因而呼吁腓特烈·威廉三世在其他地方重建该大学时，威廉三世答道："对！好！国家必须用精神力量去补偿物质上的损失。"他任命威廉·冯·洪堡任内务部长，改革普鲁士教育制度，创办柏林大学。洪堡对大学极为重视，他把大学看成是社会的道德灵魂，是为了确保获得最纯粹和最高形式的知识（Wissenschaft，它常常被译作科学），正如后来认识到的，并不时适应一个当时尚未存在的工业德国需要的以研究为方向的，尤其是有关自然的科学。它不是一件事物，而是一个过程，不是一种专门化的知识，而是一种学习方法、一种心理态度、一种思维能力和技巧。它不是要确保掌握这种或那种知识，而是要在学习的过程中，确保记忆力受到锻炼，理解力得以提高，判断力得以纠正，道德感情得以升华，只有这样，才能获得为从事任何专业——它是出于自由的意愿和为了专业本身的理由，而不是为了糊口谋生所必需的技能、自由和能力。

Wissenschaft（其含义远远超出了自然科学）更接近于从中世纪继承下来的传统的人文主义，它以柏拉图唯心主义形式——柏林大学第一任哲学教授黑格尔即为其代表——再度重现。的确，Wissenschaft是如此"纯粹"，如此不同于实际知识或应用科学，以至于——例如，德国医学教授不允许去看病人，工程学之类的技术科目在19世纪末以前不能被列入大学课程，因而只得在专科学校中教授。

然而，德国大学的灵活性及其发展的内在逻辑，使德国大学体现出一种专业化的、以研究为方向的理想，从而成为其他先进国家进步的高等教育体制模式。但这并不是由于洪堡理想的缘故。这种情况与18世纪的苏格兰很相似：专门化的单科教授职席纷纷设立，而教授的声望和晋升完全取决于他对自己这门学科的贡献。像化学界的李比希、实验心理学领域的冯特、历史学界的兰克这样的著名教授对确立德国大学世界研究中心的地位贡献很大。

从结构来看,德国大学以讲座占有者为中心,由他领导研究所及下属助手(编外讲师和研究生),因此在德国大学中增设新的教授职位和新学科要比通过设第二个或第三个讲座来发展老学科容易得多。在19世纪后半期,随着新学科的创建越来越难,越来越慢,德国这种大学体制本来会变得不适合需要,由一名教授领导的严格分设的、孤立的研究所本来也会阻止输入新鲜血液,妨碍革新和竞争,但是这种情况并没有发生。德国高等教育在19世纪中取得了巨大的成功,无论从学科发展,新大学、技术学院和师范学院的创建来看,还是从学生人数的迅速增加(从1850年的13000人左右增加到1914年的64657人)来看都是如此。大学原先是为政府机关、教会和各专业培养人才,学生也主要来源于上层政府官员、牧师和专业人员家庭。然而随着时间的推移,越来越多的出身于商人阶级、中层政府官员、其他白领职员和学校教师家庭的学生进入大学学习,攻读科技、医学和其他职业学科的学生也越来越多,即使他们打算做公务员(的确有三分之二弱的学生成了公务员)时也是如此。

国家在德国大学的发展中起很大作用。它是大学的创办者、经费提供者、教授和绝大多数毕业生的雇主。矛盾的是,国家一方面保证大学教学自由和学习自由,同时却又寄希望于教授和学生报效国家——在这后一个方面,国家直到1918年(在某种程度上可以说直到1933年甚至更后来)都没有失望过。

近代德国进步的、以研究为方向的大学后来广为世界各地所羡慕和仿效。那些仿效它的人(英国人、美国人和日本人)都很有选择地借鉴德国的做法,且他们并不总是理解他们所取的东西;如果大学是一个职能可以改变但名称可能不变的机构的话,再没有比欧洲——或更确切地说德国——的大学模式移迁洲(国)外更能说明这一点了。

虽然维多利亚时期的英国人对德国文化的许多方面都十分羡慕,甚至妒忌,但英国人对德国大学的哲学和历史甚至化学和工程的借鉴都是很有限的。虽然英格兰在19世纪新办的大学和大学学院都采用了教授制,但它们这样做更多是受苏格兰的影响而不是受德国的影响,而且英国教授从来没有获得德国同行那样的独立性并像后者那样拥有个人研究所;此外,英国教授也不是由国家任命并由国家付薪的文职官员。在英国大学体制中,教授是同事中的带头人,他手下的讲师是他的同事,而不是像德国大学中的编外讲师那样是无薪水的助手。学生也固定在一个地方,不像德国人那样可以从一所大学到另一所大学自由来往。在19世纪50年代,牛津和剑桥皇家委员会曾仿效德国大学的榜样,主张加强教授制,但它们的目的主要是想加强大学在各学院面前的地位,牛津的教授与具有集体组织的各学院研究员相比仍然是无权的;更多的是由于本土的原因——包括学科发展的内在逻辑和新兴产业社会的各种要求——而不是由于德国的榜样。19世纪后期英国新老大学重新兴起了研究之热,虽然改革倡导者也充分利用了德国的榜样。

德国的模式在美国得到了最有意识的模仿，但其后果却很少具有德国性。19世纪自由市场式的美国高等教育体制与德国的国家控制和国家提供经费的大学体制有天壤之别。在美国，任何教育上的创业者都可以在任何地方开办学院，教授任何内容——如果学生交付学费并想学习这些内容的话。即使像耶鲁、哈佛、普林斯顿这样的以向教派牧师和"基督徒绅士"提供普通教育为初衷的老学府也深刻意识到市场的作用，而根据1862年《莫雷尔赠地学院法》创办的州立学院则更有意识地去适应地方对农业技术教学的需要。其中规模最大的大学——坐落在伊萨卡的康奈尔大学完全表达了美国高等教育的理想：大学和学院是"任何人都可以获得任何方面教学的机构"。但在19世纪中期，绝大多数美国学院提供的仍然是文理学科方面的普通教育，这种传统实际上是中世纪"三艺四科"的现代翻版。这种传统在美国高等教育中一直维持至今——它与英国和欧洲其他国家的"荣誉学位"不同，提供的是普通性的生活训练课程和专业。

然而，事实上从那个年代开始一直到20世纪二三十年代，美国人对他们的高等教育，与欧洲（尤其是德国）教育相比，有一种自卑感，在高级专业训练和科学研究方面尤其如此。在这两个方面，美国人派遣他们最有前途的学生去欧洲留学，但是，正如有人指出的，这些美国留学生在许多方面误解了德国人的思想：

"留德归国后嘴边经常谈论着'科学研究'的那些雄心勃勃的美国人，把这一术语与德国的理论和实践的内容凑合起来，而它在德国具有十分不同的背景。德国人的'纯学术'理想——它在很大程度上不受功利性要求的影响，对许多美国人来说变成了'纯科学'的观念，它具有这一概念在德国所常常没有的方法论含义。Wissenschaft一词所具有的更广泛的、几乎是'沉思'的含义被美国人忽略了，美国人似乎总是假定'调查'即意味着某种有特殊科学意义的事物。"

美国人认为，一所学院除非有相当一部分人力、物力专门用于研究，否则它就不可能成为一所大学。美国人的这一信念对美国高等教育具有重大影响。这不仅表现在它的非德国式组织方面，而且表现在它对人类知识的贡献方面。弗莱克斯纳曾经指出："大学本质上是做学问的场所，它致力于知识的保存、系统化知识的增加和大学生的培养。"弗氏认为，在实现这一理想方面几乎所有的美国大学都落后于有名的欧洲大学，但美国的研究生院办得相当出色，它是美国大学的精髓所在。这种思想导致1876年创办了弗氏所认为的美国第一所真正大学——约翰·霍普金斯大学，这所大学设有开拓性的研究生课程和杰出的医学院。竞争迫使哈佛大学、耶鲁大学、哥伦比亚大学和密歇根大学、威斯康星大学、加利福尼亚大学等许多州立大学纷纷设立或改进它们的研究生院，以获得完全大学的地位。幸运的是，这些大学并没有放弃它们的本科生教学。这样，美国的尖子大学最终形成一种双层体制，一层是"学院"或本科生阶层，另一层是"大学"或研究生阶层。这种体制从它的系统的组织和规模来看，尤其是从研究生阶层来看,是现代欧洲所没有的。总的来说,德国对美国高等教育的影响是有益的,但这种影响只存在于德国大学模式的羡慕者的思想中。

日本受德国的影响虽说更有意识,但也同样是仁者见仁,智者见智。1868年明治维新后,日本政府有意识有选择地向西方学习。日本政府官员认为为实现国家现代化需要学习:"兰学"(意指一般西学)、英美的技术、德国和奥地利的宪法、法国的初等教育和德国的高等教育。德国高等教育十分适合于日本。因为德国的政府体制和社会状况与日本有些相似,在这种社会中,高等教育体制由国家控制,并适合于为国家制定的政治、军事和经济发展规划培养政府官员、专业人员和工程师。日本新兴大学有意识地模仿德国模式,设法律、医学、自然科学、哲学各学部和讲座制。每个讲座由一名教授担任,并由讲师、助教和研究生协助他工作。这样,讲座成了日本大学学术组织的基本单位(至少在早期阶段是如此),既重视科学研究,也重视道德教育和品格形成。

但是,实际上,日本的体制与德国相去甚远。日本人不能想象"教学自由"和"学习自由",他们对国立大学的教学严加控制。对日本人而言。Wissenschaft 纯学术或纯科学的概念是他们没有条件贯穿于实际活动中的,他们的重点完全放在实际科目和应用科学方面。工程科学,德国是放在工业大学中的,而在日本自一开始就是大学的一个不可分割的组成部分。德国的医学教授,正如我们提到的,不允许看病人,大学外的一般开业医生则不能去大学医院和使用它的医疗设备。而在日本,这两种做法都受鼓励。日本大学的学部不是自主的单位,它受政府大学管理部门领导。日本的讲座制也很不相同:教授没有个人研究所;每门学科常设一个以上的讲座;日本大学没有德国那种不付薪的编外讲师;付薪的讲师、助教与其说是下属不如说是同事;学生不能像德国人那样在各大学间自由来往,与最好的教师待一段时间,相反,他们得通过异常激烈的竞争进入最好的大学,在那儿一直待到毕业,然后入政府部门或企业公司任职。日本大学比德国大学更关心培养公务员、工程师和开业医生而不是从事专业研究的科学家,但他们从事的研究适合于满足企业和国家的直接需要。日本人现在仍在批评他们自己缺少纯研究的兴趣,这一点以其诺贝尔奖金获得者少于瑞典、英国、美国和德国就可以看出。但是我们不能认为日本人由于缺少科学领域的创新精神就阻碍了他们的技术进步和经济发展,这一点只要看20世纪末日本的发展就一目了然。因此,和英国人、美国人一样,日本人对德国大学的模仿是有高度选择性的。他们改造大学,为的是适应自己民族的需要,这一事实再次说明了大学发展具有极大的灵活性和适应能力。

### 现代社会的轴心机构

自1960年以来,世界上许多发达国家和发展中国家都经历了一个高等教育大发展时期。当时,除了少数学者之外,大多数人都对此感到十分高兴。但到20世纪80年代时,这一发展已趋于停滞和收缩,大发展时期已成为历史。

同样，为大发展年代所贴的标签——"发展的年代"、"罗宾斯时代"、"投资性高等教育"、"大众时代"、"后工业社会"也都成为过去了。

这些标签中最有启发意义的是丹尼尔·贝尔所说的后工业社会。在与高等教育有关的方面，它包含了四点极为重要的思想。

(1) 理论知识的编码是现代社会的"轴心原则"(axial principle)。

(2) "知识工人阶级"，受过教育的专业人才，是越来越关键的或越来越起引导作用的社会集团。

(3) 促使社会进步的关键是扩大高等教育机会，使尽可能多的能从中受益的人都能受到高等教育。

(4) 高等教育体制是"轴心结构"(axial structure)，大学（包括与大学分而设之的研究所）是现代社会的"轴心机构"。

当然，我们不必拘泥于贝尔的分析。信息爆炸、通信革命、电子全球村、自动化生产、电脑化管理、高技术战和全球性毁灭的威胁的存在，都是在过去一百年中发源于大学和研究所之中的。大学和研究所没有因为石油危机、世界性通货膨胀和经济萧条而消失，相反，它们得到了更大的发展。

这些轴心组织对社会的生存和繁荣是如此重要，以至于它们越来越多地受中央政府的直接或间接的控制。由于办这些机构所需的经费越来越多（在学生人数日益增多，从精英高等教育转向大众高等教育时更是如此），因此对这些机构的控制很容易通过政府拨款来实现。在20世纪80年代的世界经济危机中，各国高等教育都在对政府越来越紧的控制进行抵制，以维护自己的自主权。

但是，高等学校显然在向一种由国家控制的法人官僚机构发展。"官僚组合主义"(bureaucratic corporatism)不仅开始成为大学的办学环境，而且渗透高等教育本身，并往往形成学者和专职行政人员之间对立的局面。大学内部的官僚主义化在意大利、联邦德国、英国这些具有学者管理传统的国家发展较缓慢，但在美国却发展很快。在那里，一些大学的学术管理成了专职职业，其人员也有自己的一套晋升阶梯。但即使在上述其他西欧国家，官僚主义仍然到处可见，由于国家掌握着对大学的经费控制，因此官僚化在国家一级发展得尤其迅速。

作为教学机构，大学面临另一种困境：精英高等教育与大众高等教育要求之间的不相容性。后工业社会，不管是有益的英才主义的还是有害的官僚主义的，向大学要求的是两种矛盾的目标。一方面，社会需要受过高级训练的科技专家、政府官员等；另一方面，它又面临大众高等教育的需要，这部分是因为日益发展的政府部门不能全由传统的特权阶级子弟满足其需要，部分是因为新兴社会精英广泛分散于社会之中，但更主要的是因为以知识为基础的社会和以科学为基础的工业与服务业需要比以前更广泛地传播教育和技能。这种情况反映了整个社会的更广泛的分化。

20世纪60年代的高等教育大发展,虽然是想使大学成为实现社会平等的工具,但最终还是失败了。学生人数的扩张使得各阶级都从中获益,但获益最多的还是原来的特权阶级。来自"社会低层"的学生人数虽有增加,但按比例来说却仍然很少。以中等阶级来说,更多地进入社会精英行列的要求也远远没有得到满足。高等教育扩张完全颠倒了人们的期望,同时增加了学生的不满。虽然学生骚乱已渐趋平静,但20世纪60年代和70年代初的风波最终帮助政府和纳税人消除了对高等教育前景的幻觉。

然而,后工业社会之需要大学一如大学之需要后工业社会。以知识为基础的社会既依赖于知识的不断进步,也依赖于知识分子的再生产,正如工业社会依赖于资本的不断投资和有技术的管理人员、工人的再生产。这不仅仅意味着纯研究的生产和受过高等教育的精英的再生产。以知识为基础的社会在整个社会范围内都需要受过教育的人,这不仅仅是因为社会上各种工作都需要知识,而且还因为知识既是目的也是途径,本身值得去掌握。

在后工业社会里,大学成了轴心机构,这不仅是从培养知识界精英这一意义上说,而且是从为整个社会提供知识的意义上说。这种独特的、极其灵活的机构善于发挥一种决定性的作用,用阿米泰奇的话来说,起"社区服务站"(community service station)的作用。

……

**高等教育的历史观点**

前面论及的高等教育四阶段或四个转折点,意在说明历史观点所能提供的见解。不同的学科,毕竟只是认识同一实体的不同方式。高等教育也像其他社会机构一样,从不同的角度——政治的、经济的、组织的、社会结构的、文化的、科学的或政策的角度去看很不相同。但它仍然是同一个机构,所有上述观点针对的是一个共同的实体。

对这种综合性的、多学科的探讨,历史学家能贡献些什么呢?可以说,是从时间角度出发的观点。历史的变化与稳定是历史学家主要关心的对象。然而,时间的角度与其他角度不同,它所涉及的内容不同于其他观点所涉及的内容。

举一个具体的例子。伦敦从政治的、经济的、社会学的、组织的、文化的、科学的或政策的观点去看会很不相同,但它至少仍然是我们所知道的那个伦敦。对一个历史学家来说,伦敦是座当代城市,是出过丘吉尔、狄更斯、博斯威尔、奈尔·格温、莎士比亚、乔叟、征服者威廉、哈德良皇帝、鲍狄西娅的城市,它一直可追溯到前罗马时期。从后往前看,在每一个历史阶段虽然伦敦市的人口规模、自然形态,甚至职能都很不相同,但它毕竟是一个全面的整体,是各门现代学科的研究对象。那么,什么是历史学家的独特贡献呢?他可以表明现代伦敦是怎样从历史上一步步发展演变而来的,表明一个人如果对伦敦的历史演变一无所知的话，他就不可能真正懂得现代伦敦的形式和结构。

同样，一个人如果不理解过去不同时代和地点存在过的不同的大学概念，他就不能真正理解现代大学。历史表明，过去的一些偶然事件的决定与选择比有意识的计划和决策带来的影响更大。过去的希望、抱负和价值观与现代大学概念紧紧结合在一起。甚至过去的缺陷与不满也体现在现代高等教育的结构中：英国的新大学、多科技术学院，德国的工业大学，丹麦的民众高等学校，美国的文理学院以及有些国家的研究所和研究院的产生就是证明。它们都是过去社会对传统大学表示不满的产物。

历史不是一件约束物，它不能束缚目前的一代。虽然研究高等教育的历史学家手中没有水晶球可作预言，没有魔镜可供占卜，但他在这一领域也能为他人提供有益的东西：如果你想要知道你要去哪儿，它帮助你了解你曾去过哪儿。

（徐辉 译 王承绪 校）

# 最早的大学[①]

查尔斯·霍默·哈斯金斯

## 作者简介

查尔斯·霍默·哈斯金斯(Charles Homer Haskins,1870—1937),美国著名历史学家,享有"美国复兴中世纪研究的灵魂人物"的美誉。出生在美国宾州的麦卡德维尔(Mecadville),16 岁就从约翰·霍普金斯大学毕业,后求学于巴黎和柏林,不到 20 岁就获得了博士学位,并开始在约翰·霍普金斯大学任教。之后不久又被威斯康星大学聘为全职教授。1902 年开始担任哈佛大学教授,直到 1931 年因身体状况不佳退休。曾任威尔逊总统顾问、国家委员会西欧部主任(1919)、美国历史学会主席(1922)、美国学术社团理事会第一任主席(1920—1926)。代表著作有:《大学的兴起》(*The Rise of Universities*,1923)、《12 世纪的文艺复兴与革新》(*Renaissance and Renewal in the Twelfth Century*)、《13 世纪布道中的巴黎大学》(*The University of Paris in the Sermons of the Thirteenth Century*,1904)、《欧洲历史上的诺曼人》(*The Normans in European History*,1925)、《中世纪文化研究》(*Studies in Mediaeval Culture*,1927)等。

## 选文简介、点评

中世纪大学长期以来受到中外历史学家的普遍关注,始终被作为一定历史环境中的机构和群体加以研究。一方面,中世纪大学被认为是"当时西方文明最具原初性的创造"[②],"是中世纪教育制度绽放的最绚丽的花朵……是中世纪对人类文化的一大贡献"[③]。另一方面,学术界几乎普遍的观点是:20 世纪的大学是中世纪巴黎大学和博洛尼亚大学的直系后代是不争的事实。因为两者的基本组织非常相似,而且历史的连续性从未间断,即使两者之间出现了明显的差别,也是传统意义遗传变异的结果。

公元 5 世纪到 14 世纪的一千年是欧洲的封建社会,史称"中世纪"(Medium Aevum)。在一定意义上,"中世纪"这一概念,带有某种贬义,暗指欧洲文

---

① [美]查尔斯·霍默·哈斯金斯.大学的兴起[M].梅义征,译.上海:上海三联书店,2007:1-16.
② [法]雅克·韦尔热.中世纪大学[M].王晓辉,译.上海:世纪出版集团,2007:序言.
③ 赵敦华.基督教哲学 1500 年[M].北京:人民出版社,1994:311.

化历史的毁灭和空白,这个含义一直保留到现在,成为用来描写一切黑暗和反动的同义词。然而,严格意义上说,只有中世纪的早期,即5—11世纪才可以被定义为"黑暗时代"(Dark Age),因为从11到13世纪,在欧洲,尤其是在12世纪的法国和意大利,出现了欧洲第一批古典大学,史称"中世纪大学"。在中世纪黑暗时代教会控制下的欧洲,中世纪大学作为一种新型的文化和知识生产型社会组织的悄然兴起,可以说具有十分重要的特殊意义,是中世纪复兴的不可避免的结果。如美国学者佛罗斯特指出,中世纪大学的出现,使欧洲的11—13世纪成为了"中世纪的精华",是多个世纪以来发展的顶点,是促进以后年代发展的最好时期。①

哈斯金斯是美国历史研究会的中世纪问题专家,长期从事中世纪历史研究,尤其是关注中世纪中间阶段,即11—13世纪的历史现象和历史问题。尽管他早期最感兴趣的研究之一是法兰西北部的社会制度,但他很快将自己的注意力转移到对广阔的思想和学术的发展历史,尤其是中世纪科学史和文化史的研究方面。而大学作为一种特殊的社会组织和文化现象,自然成为哈斯金斯所关注的对象。1923年,哈斯金斯受美国布朗大学之邀,发表了有关大学早期形成和发展问题的演讲。之后,他将主要观点编辑成书,公开出版,取名为《大学的兴起》。

选文《最早的大学》选自1923年出版的《大学的兴起》一书的第一章,全书共有三章,由"最早的大学"、"中世纪的教师"和"中世纪的学生"三个相对独立的部分组成。在这一章中,哈斯金斯比较全面地阐述了"什么是中世纪大学""它们是如何产生的"这两个有关大学起源的基本问题。

首先,在大学的起源问题上,哈斯金斯的观点十分明确,他开宗明义地指出,大学与大教堂和议会一样,都是中世纪的产物。这样的态度表明,哈斯金斯基本认同学术界有关大学起源的主流观点,即中世纪大学是现代大学的源头和赖以发展的基础。如他在书中写到,尽管古希腊人和古罗马人有了高等教育,但其与大学是两个并不相同的概念。他坦言:"我们所继承的不是来自雅典和亚历山大,而是巴黎和博洛尼亚。"

其次,哈斯金斯指出,尽管中世纪大学是今日现代大学的源头,在组织结构上基本相同,保持某种共同的学术传统,但中世纪大学并不能等同于现代大学。因为在大学的早期,学校规模、在校生人数、教师身份、组织特性以及管理模式等都无法与今天的大学相提并论。他试图告诫人们,必须用动态的、历史发展的眼光看待,并重视中世纪大学的历史地位和历史价值。因为没有中世纪大学在教育制度、教育理念、学术组织和教学方式方法等方面的各种创举,也就不会有现代大学制度的雏形,以及今日之成熟和完善的制度性建构。

---

① [美]S. E. 佛罗斯特. 西方教育的历史和哲学基础[M]. 吴元训,等译. 北京:华夏出版社,1987:154.

再次，与其他历史学家采取的分析方法一样，哈斯金斯对中世纪大学产生的社会和历史原因进行了分析和论述。所不同的是，他没有像其他人那样单纯从分权政治、商品经济和城市地理等方面出发，对中世纪大学产生的原因进行解释。他主要是从组织内部知识生产的角度加以考察。他认为，大学的兴起是与学术复兴分不开的。在他看来，哲学、医学以及后来文艺复兴时期各种新型学科的问世，是促进学者流动、知识传播以及学术复兴的直接原因。他认为，如果只是仅限于中世纪之前的文科七艺作为教学内容的话，大学也不会产生。

从现代人的角度看，哈斯金斯对大学起源和形成原因等问题的分析和结论并不新颖独特，但从历史的角度来看，其历史地位和影响不可小视。因为在20世纪之初，作为美国历史学会主席的哈斯金斯，他所坚持和赞同的观点，在美国历史学界可以产生极大的学术影响和知识扩散力。这有利于美国历史学界加深对欧洲中世纪大学与现代大学之间关系的认识，有利于保持美国历史学界对大学起源和产生问题主流观点的一致性。

### 选文正文

大学与大教堂和议会一样，都是中世纪的产物。按照过去七八个世纪以来对大学这个概念的理解，在希腊和罗马时期并没有大学——这一点尽管听起来似乎比较奇怪。希腊人和罗马人有高等教育，但其与大学是两个并不相同的概念。他们在法律、修辞和哲学等方面的教学成就迄今都很难超越，但这些教育都未组织成长期性的教育机构。像苏格拉底这样伟大的导师，他是不发毕业证书的。而在现代，一个学生假如在他那里学习了三个月，他肯定会要一个证书，也就是可以证明这段学习经历的某种有形的、外在的东西——顺便说一句，这也是适合苏格拉底对话的一个绝好的题目。只是到12和13世纪，在世界上才出现了那些我们非常熟悉的有组织的教育的特征，包括由全体教员、学院、课程、考试、毕业典礼和学位组成的教育体系。所有这些，我们所继承的遗产不是来自雅典和亚历山大，而是巴黎和博洛尼亚。

这些最早的大学和今天的大学相比，两者之间当然有诸多不同，且差距很大。在整个启蒙时期，中世纪的大学都没有图书馆、实验室或博物馆，没有捐赠，没有自己的建筑物。按现在的标准，它很有可能不符合卡内基金会的要求！正如美国一所最年轻的大学的历史教科书中所说的那样——虽然带有某种地域的狭隘性，这种大学"没有任何我们认为是显而易见的物质存在的属性"。用帕斯奎的一句耳熟能详的老话说，中世纪的大学是"由人建成的"——bâtie en hommes。这种大学没有董事会，不出版任何学校情况介绍；它也没有任何学生的社团组织——除非说大学自身本质上就是一个学生的社团，没有校园新闻，没有戏剧表演，没有体育。没有任何在现今美国大学中一切作为校内无活动的替代品的那些"校外活动"。

然而，它们之间的差距虽然非常之大，20世纪的大学是中世纪巴黎和博洛尼亚大学的直系后代却是不争的事实。它们是我们现今大学的源头和赖以发展的基础。二者基本组织结构相同，且历史的连贯性从未间断。它们创造了现代世界的大学传统。无论是最年轻的还是历史最悠久的高等教育机构都是这个共同传统的继承者，所有在高等院校学习、生活的人都应当了解这个传统，珍视这个传统。以下三次讲座的主题就是这些最早的大学的起源和性质。第一讲探讨这些大学的组织构成，第二讲探讨这些大学的教学，第三讲探讨在这些大学就读的大学生的生活。

近年来，有关大学的历史已开始引起历史学者的密切关注，有关中世纪教育机构的情况也最终摆脱了神话与传说的影响，逐渐为人们所了解。我们现在知道，牛津大学的创立，不是千年盛世大典时阿尔弗烈德王（King Alfred）所做的诸多善事之一，博洛尼亚的历史不需要追溯到狄奥多西大帝（Emperor Theodosius）时期，巴黎大学在查理曼（Charlemagne）大帝时期，或在其以后的将近四个世纪中都根本不存在。即使对于现代世界的人们来说，都很难认识到这样一个事实：很多事物并没有创始者，也没有确定的开始的日期，只是"就那么成长"，缓慢地、不为人所知地成长着，没有确切的成长记录。这也可以用来解释这样一个问题：虽然德国的丹尼弗教父（Father Denifle）、英国的哈斯廷斯·拉西达尔（Hastings Rashdall）和一些地方研究古典时期的人做了大量的研究，最早大学开始的时间仍是模糊不清，难以确定。因此，我们只能常常满足于非常粗略的阐述。

大学兴起之时，正处于一场伟大的学术复兴期。这个复兴期不是我们通常所指的14和15世纪，而是更早一些时期。尽管它在一定程度上与前者具有同样重要的意义，但相比而言所知的人不是很多。现今，历史学者称之为12世纪的文艺复兴。只要知识仅仅局限于中世纪早期的博雅七艺，大学就不可能产生。因为除了语法、修辞、逻辑的一些空洞的原理和算术、天文学、几何学和音乐的一些更为空洞的概念外，没有其他任何东西可教，它们就是所有课堂教学的内容。然而，在1100年和1200年之间，新的知识开始大量传入欧洲，这些知识部分是由意大利和西西里传入，但主要是通过西班牙的阿拉伯学者。这些知识包括亚里士多德、欧几里得、托勒密以及希腊医生的著作，新算术，以及在黑暗时代（Dark Ages）一直处于湮没无闻状态的罗马法文本。除了有关三角形和圆周的基本命题以外，平面和立体几何方面的书籍，开始成为欧洲学校和高等院校的教学内容。从那时开始，人们也不需要痛苦地纠缠于罗马数字——只要试用这些罗马数字做一道简单的乘除法就很容易发现这该是多么痛苦的事，可以用阿拉伯数字便捷地工作。波伊提乌（Boethius）风光不再，"所有名人的导师"取代他的位置成为欧洲逻辑学、形而上学和伦理学的导师。在法律和医学方面，人们那时已完全掌握了古代的学问。这些新的知识冲破了教会学校的束缚,创造了专门的学术职业。它吸引着那些求知欲旺盛的青年,他们像后来乔叟(Chaucer)在牛津时的文书那样,"好学不倦,好为人师",他们不怕重山和狭窄海洋的阻隔,来到巴黎和博洛尼亚,组成了那些学术行会组织。这些行会为我们提供了对大学最早的也是最好的诠释,即师生协会。

……

如果说,萨勒诺大学在时间上要久远一些,那么,博洛尼亚在高等教育发展史上占有更为重要的地位。萨勒诺大学只是以医学而闻名,而博洛尼亚大学是一个多学科的教育机构,尽管其主要是作为罗马法复兴的中心而闻名遐迩,声名卓著。与一般的印象相反,在中世纪早期,罗马法并未从西方消失,但其影响力由于日耳曼人的入侵而大为减弱。随着日耳曼法典的逐步实施,罗马法也作为罗马帝国遗民的习惯法而生存下来。人们无法通过查士丁尼一世编辑的大法典来了解罗马法,而只能通过一些简易的小册子和记录本。随着时间的推移,它们也变得越来越薄,越来越空洞。在603年到1076年之间,人们完全看不到《学说汇纂》(the Digest)一书,仅有两部手稿留存下来。用梅特兰的话说,它"勉强逃生"。假如说还有法律研究的话,它仅仅作为人们练习文书起草的工具、一种应用性的修辞学而存在下来。后来到11世纪中期,与贸易和城市生活的复兴相应,法律开始复兴,并成为其后一个世纪的文艺复兴的序幕。在意大利出现这种复兴迹象的可能不止一处,或许博洛尼亚也不是最早的地方。但这里由于地理的原因很快成为这场复兴运动的中心。当时,博洛尼亚和现今一样,正好处于意大利北部几条重要交通要道的交汇处。我们听说过早在1100年以前的某个时候就有一个名叫培珀(Pepo)的教授是"博洛尼亚熠熠闪耀的明星"。到1119年,博洛尼亚就有"有教养的博洛尼亚人"(Bononia docta)这样的片语出观。博洛尼亚和巴黎一样,大学创立之初都有一位伟大的教师。为博洛尼亚大学带来声誉的那位教师是一位名叫爱尔纳留斯(Irnerius)的人,他或许是整个中世纪诸多法学教授中最为有名的一个。尽管他所写所教的内容至今仍是学者们争论的话题,但他似乎确立了基于完整的《民法大全》(Corpus Juris)对法律文本进行"注释"的办法,而在前一个世纪,《民法大全》还只有不完整的摘录。这样,他最终将罗马法从修辞学中完全分离出来,使之牢固地确立为一个专业研究的课题。后来,大致在1140年,一位名叫格拉底安(Gratian)的圣·菲利斯会(San Felice)修士撰写的《教令》(Decretum)一书,成为理解教会法律的规范文本,从而明确地将之作为一项更高级的研究课题与神学区别开来。到这个时候,博洛尼亚作为法律学院的突出地位得以完全确定下来。

一种学生阶层那时也已经出现,这从当时的通信和诗歌中都反映出来。到1158年,在意大利,无论是城镇或是大学,都很有必要从弗雷德里克·巴巴罗沙皇帝那里取得一份正式的权利或特权许可状,尽管资料上没有提到某个特定的镇或大学。那时,博洛尼亚已经成为好几百个学生的寄居地,他们中间不仅有来自意大利的，还有来自阿尔卑斯山那边的。在远离家园、无人保护他们的情况下，为了相互保护、相互帮助，他们组织起来。这种由外国学生，或者说是跨越阿尔卑斯山的学生形成的组织就是大学的开始。在这个联盟里面，他们似乎是按照当时在意大利各个城市已经十分普遍的行会形式组织的。确实，"大学"这个词最初的一般含义就是这样的组织或社团，只是到后来它才被限定为教师和学生的联合会（universitas societas magistrorum discipulorumque）。历史上，"大学"一词从来没有与学生的范围或学习的多样性发生过联系。它仅仅意味着一个组织的完整性，其是一个理发师的组织、木匠的组织抑或是一个学生的组织无关宏旨。博洛尼亚的学生建立这样的一个组织，一开始是为了对抗那里的城镇居民。因为随着新的承租者和消费者的大量涌入，那里的住房和生活必需品价格飞涨。对这种牟取暴利的行为，单个的学生显然无力应对。联合起来以后，学生可以以集体出走、离开相威胁迫使当地居民让步。因为当时的大学没有建筑物，可以自由搬迁，历史上也确实有好多这样迁移的例子。房子租价少一点总比租不出去好，这样，学生组织通过他们的代表获得了确定房屋租金和书本价格的权利。

在取得对当地城镇居民的胜利后，学生们转而将矛头对准他们的"另外的敌人：教授们"。在这里，学生们所使用的武器是以联合抵制相威胁。在早期，学生的学费是教师们全部的生活来源，这种威胁自然也很见效。教授不得不接受约束，按照一整套明细的规则行事，以保障每一个学生所支付的学费都有所得。在一些最早的条例中，我们都可以发现这样的规定：教授没有请假不得擅自离开，即使是一天也不行；假如他想离开镇的话，他必须交付押金，以作为回来的保证；假如在一个常规的讲座中，听讲的学生少于五个，他会像不上课那样被开除——确实，听讲者达不到五个人的讲座绝对是很差的讲座！上课铃声响了他就必须开始，在下一次铃响后的一分钟内他就必须离开；他在阐释课文时不能遗漏任何一个章节，也不能将任何一个难点延迟到课时结束时才讲。他还有义务在一个学年的每个特定学期有系统地讲述一个课题。当然，没有人会愿意在课题介绍和参考书目上花去整年时间的。这类强制性要求是以存在一个有效的学生团体组织为前提的。我们也听说过有那么两个甚或四个学生的联合组织，它们每一个按"民族"组成，由一位院长领导。很明显，博洛尼亚大学是一个学生的联合，而意大利的学生到现在仍然倾向于要求在学校事务中有发言权。当我第一次访问巴勒莫大学时，我发现学校刚刚从一场骚乱中恢复过来。在那场骚乱中，学生砸烂了校园前面的窗子，仅仅是要求考试频繁一点，范围小一点。在1922年5月帕多瓦大学七百周年庆典时，学生实际上接管了这个学校。他们草拟了自己的游行和庆典计划，所制造的噪音和骚乱几乎将这么一个庄严的场合全部破坏，他们还砸了这个城市最大的礼堂的窗户。

排除在学生"联合会"之外的教授们也组织了一个行业协会或称"教师会"

(college),进入这个组织必须具备某些资格条件,并且要通过考试来评定。这样,除非得到教师协会的同意,任何学生都不得进入这个组织。而且,由于能够教授一门课程是通晓该门课程的最好的佐证,不论学生未来选择什么职业,他都要从教授那里寻求证明已经习得某种知识的结业证书。于是,这种结业证书,或准许教书的证明(licentia docendi),就成了最早种类的学位证书。我们现今的高等学位在硕士(magister)和博士两个词中还保留着这个传统,这两个词原本是同义词,而法语里甚至还有学士学位(licence)一词。一个文学硕士就是一个具备教授人文学科资格的人;而一个法学博士就是获得合格证书的法律教师。雄心万丈的学生即使公开表明不愿继续从事教书的职业,都要申请这个学位,并举办首次讲座。我们看到,在博洛尼亚大学已经有了大学的组织,有正规的学位,以及像院长那样的地位很高的官员。

随着时间的推移,其他学习的课程不断出现,比如文科、医学和神学,但博洛尼亚大学的主要特色是民法。正因为如此,它成为意大利、西班牙和法兰西南部大学组织的楷模,在那些国家和地区,法律的研究总是既具有学术的意义,同时也带有政治和社会的意义,这些大学中,有些成为博洛尼亚的竞争者,比如蒙彼利埃和奥尔良以及博洛尼亚附近的一些意大利的学校。……

在欧洲北部,大学的根源要在巴黎圣母院中的大教堂学校中找寻。到12世纪初,在法国和低地国家,学校教育已不再局限于寺院,但活跃的学习中心都是那些依附于大教堂的学校,其中最有名的包括列日、兰斯、里昂、巴黎、奥尔良和夏尔特尔。这些人文学校中,最有名的当属夏尔特尔。其因拥有像圣·艾夫斯(St. Ives)这样的教会法学家以及像贝尔纳和梯利这样著名的古典语言和哲学教师而声名卓著。……

巴黎的优势部分得益于地理条件,部分是政治因素,因为当时它是法兰西王朝的首都。然而阿伯拉尔这位伟大教师的个人影响也有重要的作用。这位才华横溢的年轻的激进派,以其怀疑一切的精神和对有头衔的权威轻慢的态度,无论在什么地方教书,在巴黎也好,在乡下也好,都吸引了大批的学生。在巴黎,他与蒙特-圣-日内维厄(Mont-Sainte-Genevieve)教堂联系时间要比教堂学校长,但常去巴黎在他那个时候已经成为一种习惯。正因如此,他对大学的兴起产生了深远的影响。从体制性意义上,可以说大学是巴黎圣母院学校的直接产物,它的校长一个人就有权颁发在本教区内教学的许可证书,并从而控制了大学学位的授予。而早先这里也和博洛尼亚一样,学位的授予只是教师的证明而已。早期的学校在西岱岛,处于教堂的地界范围之内,这块维克多·雨果笔下的巴黎圣母院附近的混乱街区早就不复存在了。后来,教师和学者居住在连接这个小岛和塞纳河左岸的小桥上——一个哲学流派就以这座小桥为名,叫作Parvipontani(小桥学派)——但到13世纪,他们就占据了整个塞纳河左岸,后来形成了巴黎的拉丁区。

没有人能准确地说出,在什么时候巴黎不再是一所教会学校而已变为一所大学,但可以肯定,这种转变在12世纪末以前就已经完成。然而,所有大学都喜欢选一个准确的时间作为成立纪念日,巴黎大学将这个日期选在1200年,也就是其获得首个王室特许状的年头。……

尽管大学一词在这些文件中还没有出现,它已经被视为理所当然的事物了。如果从出现有组织的教师团体这个意义上来理解大学的话,大学早在12世纪就已经存在了。到1231年,这个团体已经发展为一个社团,因为巴黎大学与博洛尼亚大学不同,是一个教师的联合体。那时,巴黎大学有四个学院,每个学院都有一个院长,它们分别是:艺学院、教会法学院(1219年后巴黎大学禁止教授民法)、医学院和神学院。人文学院的教师人数要远远多于其他学院,他们组成了四个"民族":法兰西人——包括拉丁各民族的人;诺曼人;辟卡迪人——包括低地国家的人;英格兰人——包括英格兰人、德意志人以及欧洲北部和东部地区的人。这四个民族的教师选举学校的首领——校长(rector)。在欧洲大陆到现在一般还是称呼校长为rector。只是校长的任期很短,后来只有三个月。
……

在中世纪,巴黎大学以作为一个神学高等学府而闻名遐迩,并且由于神学在中世纪是最为重要的研究课题,神学院在大学中的地位也是最高的,法语中说"Madame la haute science"就是这个意思。有一句老话"意大利人有教皇,德意志人有帝国,法兰西人有学问"。而上帝选中的做学问之地就是巴黎。自然,巴黎也就成了欧洲北部大学的源泉和楷模。牛津大学是12世纪后期从巴黎大学分出去的,同样也没有确切的创立时间。剑桥大学成立要稍微晚一些。德国所有大学的成立时间没有一个早于14世纪,公认都是仿照巴黎建立的。因此,帕拉丁选帝侯鲁普莱西特(Ruprecht)于1386年创办海德堡大学——这些后来的大学都是在某个特定的日期创立的——时规定,它"将依据在巴黎大学惯常遵循的做法和事理来规范、管理和制约,作为巴黎大学的侍仆——我们希望作一个有价值的侍仆——它将在一切方面尽可能仿效巴黎的做法。因此,将成立四个学院",有四个"民族"的教师和一个院长,学生及其仆人免受世俗的司法审判,几个学院甚至"像巴黎大学一直遵循的一样"准备了方帽和礼服。

到中世纪末期,在欧洲各个地区至少建立了80所大学。这些学校,有的很快就关闭了,很多只是一些地方性的学校,其余像萨勒诺这样的学校繁荣过,但最后还是衰落了。然而,也有一些学校,比如巴黎、蒙彼利埃、博洛尼亚、帕多瓦、牛津、剑桥、维也纳、布拉格、莱比锡、歌印布拉、撒拉门卡、克拉科失、卢维等大学在许多世纪内都一直声名卓著。晚近成立的一些欧洲知名学府,如柏林、斯特拉斯堡、爱丁堡、曼彻斯特和伦敦等大学在其组织结构上都是以它们的前辈为榜样的。在美国,最早的高等教育机构是同时期英国学院模式的复制品。这个时期,在英国,大学内设学院的重要性已超越了大学本身。但到19世纪后期创立大学时,美国转而以欧洲大陆的大学为榜样,从而再一次回到了古代的传统。即使在殖民地时期,一般大学传统的观念也存在。比如,1764年罗德岛学院的特许状中授予"美国学院享受和欧洲大学同等的特权、地位和豁免权"。

那么,我们到底从那些最古老的大学中汲取了哪些遗产呢?首先,它不是建筑物或者某种建筑模式。……

这种传承也不体现在教学的形式和仪式,这方面当然也有一些偶然间留存下来的东西,比如在授予学位时佩戴指环或行接吻礼,或用沙漏计算考试的时间,就像我在葡萄牙的歌印布拉大学所看到的那样。在那些将校服作为日常装束的学校,比如牛津、剑桥和歌印布拉,在校服上还体现了一些传统的色彩;但在美国,这个传统就为我们的祖先所打破,现今美国大学流行的标准帽子和制服是现代的奥尔巴尼的产品而非中世纪的巴黎和博洛尼亚的遗传。即使在其发源地,服装的样式也在改变,拉希达尔(Rashdall)就说过:"牛津大学现今所穿的校服很有可能与其中世纪的前辈所穿的没有任何相同之处。"……

那么,只有在制度方面,大学的传统才是最直接的。首先是作为一种教师和过着共同求学生活的学生的联系组织的大学这个名称。这个联合组织带有明显的中世纪的特点,个人主义盛行的现代世界没有任何东西可以取代它的位置。其次是一种学习课程的观念。学习的时间和主题都予以明确规定:学习结果通过某种考试进行检查,通过考试可获得学位,并由此学位再达到其他多种学位——学士,是作为获得人文、法律、医学和神学等学科教师资格,也就是硕士、博士的一个阶段,还有就是系,四个或者更多,有系主任,还有像大学名誉校长和校长这样更高级别的官员。学院就更不用提了,只要哪里有寄宿制的大学,哪里就有学院。大学的基本要素最明确无误,且毫无间断地流传下来。它们已经存续了700多年——有哪种政府形式能持续这么长的时间?很有可能所有这些都不是最终的——在这个不断变化的世界,没有什么定型的东西——但它却是特别坚固和持久的。……大学时常因其或对政治的漠不关心或专注于职业教育,或门槛太低或过分严格而受到批评,改革大学体制的努力也从未放弃过,比如,废除入学条件或消除那些不能直接通向生计之道的学科。但大学的主业从来就没有改变过,即:培训学生和保持学习和探究的传统。拉希达尔是这样说的,中世纪大学值得荣耀之处在于"学问的神圣化",且这种荣耀和幻想还没有从这个星球上消失。有人这样说:"中世纪的大学是现代精神的摇篮。"早期的大学如何履行这职责,将是下一讲的主题。

(梅义征 译)

# 现代德国大学的发展

弗里德里希·包尔生

## 作者简介

弗里德里希·包尔生(Friedrich Paulsen, 1846—1908),德国著名哲学家、伦理学家、教育家,柏林大学哲学教授。分别在埃尔兰根大学、波恩大学和柏林大学三所大学完成自己的教育,是德国著名心理学家古斯塔夫·费希纳最得意的学生,并深受康德、叔本华等德国哲学家思想的影响。1878年至1896年相继成为柏林大学哲学、教育学和道德哲学教授。他在教育领域的影响力远超出其在纯哲学领域的贡献。其中最有价值的教育著作是《德国教育:过去与现在》(1879)、《德国中世纪时期大学的建立、组织和生活秩序》(1881)、《德国学校和大学中研究型课程的历史》(1885)、《实用中学与人文主义教育》(1889)等。

## 选文简介、点评

19世纪德国大学的改革与发展,是继中世纪大学之后西方高等教育发展一次里程碑式的转折。正是这次19世纪初期的大学改革,催生了德国古典新人文主义大学观,使19世纪德国大学的思想和模式成为世界高等教育的楷模和各国大学争相仿效的对象。

德国古典新人文主义大学观,又称"洪堡精神",是在继承和发扬欧洲大学传统的基础上,加上现代变革的元素发展起来的现代大学思想。这种思想积极倡导"大学自治"、"学术自由"和"教学与科研相结合"三原则,其对现代大学发展的最大贡献在于,将科学研究作为现代大学的基本职能,从而极大激发了广大教师的创造热情,纷纷投身于科学研究这种有别于教学的活动之中。有人这样描述当时的情景:到了19世纪中期,实际上"对所有的德国科学家,不是大学的教师就是大学里的研究者来说,研究工作已经成为大学学历所必须具备的资格,并且也是教授功能的一部分(虽然还不是正式确定的部分)。研究技能不再私下传授,通常在大学的实验室和讨论班里进行"②。

---

① [德]弗里德里希·包尔生.德国大学与大学学习[M].张弛,郗海霞,耿益群,译.北京:人民教育出版社,2009:51-68.
② 苏扬.洪堡的高等教育思想新探[J].华东师范大学学报:教育科学版,1994(4).

科学研究成为19世纪德国大学的基本活动之一。这种活动在当时的大学之中是如何发生？又是如何进行的？全面复现19世纪德国大学科学活动的图景成为历史学家们不可推卸的责任和使命。德国历史学家弗里德里希·包尔生的《德国大学与大学学习》一书向人们全景式地呈现了历史的原貌。全书共分成五卷十九章。全书从分析中世纪德国大学起源及其当时的组织架构和基本状况入手，分析了德国近代大学发展历史渊源和组织基础；在第二章"现代德国大学的发展"中，作者主要分析了文艺复兴和宗教改革对现代德国大学发展的影响，从思想和文化的角度解释了德国新大学在急速变革的时代得以产生的真正原因。作者在书中较为系统地总结了德国大学发展的成功经验，阐述了德国大学在国家及社会发展中的地位与作用，探讨了大学教师与教学、大学生与学习之间的相互关系等问题。最后，该书通过介绍几个具体的学院的案例，说明19世纪大学具体的教学组织模式和科研活动。

选文选取的是《德国大学与大学学习》一书第一卷第二章中的第四节，涉及的内容包括：新建大学、思想势力与流派、外部组织和教学。从这些小标题来看，作者较为翔实地描述了新型现代大学与传统大学之区别所在，以及新旧两种势力围绕建立新型大学之间的分歧和矛盾。与此同时，作者围绕着从大学的组织环境解读，介绍了新型大学的科研和教学的基本情况，试图说明两种活动作为现代大学基本职能的合理性和合法性。英国剑桥大学前校长阿什比曾经给予了这样精辟的解读："德国人相信参加研究工作本身就是通才教育，当学生注视着教授探索新知识时，就可以领悟一些新颖的思维方法。"①

作为历史教科书，《德国大学与大学学习》成为人们了解19世纪德国大学及其基本状况的最好读本，有助于后人学习和了解德国大学成功的秘诀，为本国大学改革与发展提供有益的借鉴。

## 选文正文

### 一、新建大学

在这个时期开始时，我们同样要提及两所重要的新建大学，第一所是柏林大学，它是在1809年最让人难忘的境遇当中在普鲁士首都创建的。它的建立是为了弥补由于签订《梯塞特条约》（*Treaty of Tilsit*）而失去哈雷大学的损失，以证明"普鲁士不会放弃长期以来履行的职能，而是会不顾一切地努力建设一种高尚的思想文化，将之作为自己的力量源泉，为此，它打算重新开始；无疑还有一点也同样重要，那就是普鲁士也不会容许自己被孤立起来，而是渴望在思想文化建设方面与整个德意志民族一起，结成一个充满生机的联盟"。因而施

---

① 杨春梅.英国大学专业教育和通识教育融合的实践及其启示[J].教育探索,2011(2).

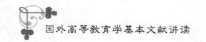

莱尔马赫在载有起草的这所新大学思想宪章的《关于大学的随想》(*Gelegentliche Gedanken über Universitaten*,第145页)一书中,阐释了这种观念以及这所柏林新建大学的历史使命和国家使命。……

无论从哪个方面看,柏林大学的创立都是普鲁士邦(这是一个曾经遭受极其残酷的征服,而后又非常勇敢地使自己恢复了生机的邦国)取得的一项最为突出的成就。之所以说这一事件意义非凡,原因是其表明了普鲁士邦牢牢抓住大学传统形式、建设一个独立教育机构的决心。当时正逢拿破仑一世对法国大学系统进行重组,新建的柏林大学在组织上明显与法国的重组改革计划相对立。由于正是在这期间德国大学理念的命运得到了确立,因而下面进一步就这个问题进行深入探讨可能会是有益的。

为了填补革命所留下的空白,拿破仑一世于1808年建立了帝国大学(université imperiale),这是一个将所有学校(包括从大学到小学不同类型和层次的学校及其理事会)都整合延揽其麾下的独立的行政管理实体。为取代那些被革命吞噬了的旧大学,一些独立的、组织完备的专业学校,特别是进行法律和医学教育的专业学校纷纷建立。神学院消失了,哲学院被改组成为理学院(faculté des sciences)和文学院(faculté des lettres),地位仍然非常低微,常常沦为仅授予学士学位的考试机构。法学院和医学院则参照培养军事人员的范式来进行组织,其目的是培养帝国所需要的数量充足的可信赖的官员,而并不以原创性科学研究为目的(这种研究在巴黎的大型实验室里可以找到自己的位置)。严明的学习规章、缜密的课程计划和严格的考试,控制了整个系统,教授们不过是官方的国家教员,其任务就是帮助那些已经被录取的学生为参加由学院作为官方考试机构举办的各种考试做准备。

在这个时期,普鲁士任命威廉·冯·洪堡为其学校系统的负责人。这一任命本身就证明了这样一个事实:普鲁士并不想在这类事务上仿效其征服者。洪堡,这位集伟大的学者与理想崇高的政治家于一身的非凡人物,他的名字就代表着一种宏伟计划:崇尚科学及其必不可少的自由原则,但不推崇军事化的组织方式和纪律。可以有把握地断言,新建的柏林大学的组织方式,与由军事独裁者掌控的高等专科学校是正好相反的,它的准则不是一致与服从,而是自由与独立。教授并不是从事教学、组织考试的国家官员,而是独立的学者。教学工作并不需要遵循既定的程序,而是将教与学的自由作为行动的出发点。教育的宗旨不是向学生灌输百科全书式的知识,而是让他们了解真正的科学文化。不再认为学生仅仅是为将来成为国家公务员做准备,而是把他们看做是需要通过无所禁忌的科学学习,在思考独立、思想自由和道德自由的环境中得到培养的年轻人。正是由于这个缘故,公务员考试最终与大学分离而成为一种特殊的国家考试,不再与大学的学位考试相关联。

……

这一切也多少解释了这样一个事实：19世纪的德国大学又重新具有了早期大学传统特征的一部分，然而这些特征的基础，却不再是中世纪教会的统一性，而是人类文明和科学工作的统一性，这种统一性是建立在关于人性的现代理念基础之上的。旧式领地大学的宗教特征被彻底抛弃，地域的特征也被抹去，大学成为一种不受教会或邦国各种条规束缚、旨在自由追寻真理的机构。同时，事实上，传统的国际性特征也重新回归了，就如同中世纪来自不同国家的学生们到法国和意大利的大学求学一样，如今来自遥远的西方和最远的东方的各色人等，也来到德国的大学接受科学训练。其实，洪堡在1810年5月23日向国王递交的关于柏林大学的一般性报告中所作的断言，就已经非常充分地证明了这一点。他写道："国家，就像一位公民一样，其行为总应是明智和慎重的。当处于逆境时，他就应当尽一切努力构建面向美好未来的东西，并且把自己的名声同这样一种工作紧紧地联系在一起。"

**二、思想势力与流派**

由于哲学院不仅影响到整个思想生活，同时也影响到对知识的追求和教学的形式，因此，在19世纪时其地位最为突出。在哲学院的花名册里，名人的名字也许比其他三个学院加起来还要多，其教师的人数也超过了其他学院。

我们认为，在这个时期之初，哲学作为位居首位的科学，其地位非常突出。这主要是康德的功劳，他的思想体系甚至在18世纪末以前，就已经取代沃尔夫哲学赢得了在大学中的主导地位。事实上，康德思想的核心与沃尔弗哲学的中心思想并无区别，二者都坚决主张理性的独立和自主。康德和沃尔弗也同样相信现实的合理性，虽然康德把它建立在了不同的基础之上：在理性的范畴里，我们也同样拥有关于现象世界的根本原则；在理性的观念中，我们对现实本身的建构设有不可或缺的前提条件。康德之后的思辨哲学，也受到了理性信仰的绝对控制。它声言，现实的东西就是具体化的理性，因而是能够为理性所认识的。邻近魏玛的耶拿大学是这一新哲学的第一个中心，费希特、谢林和黑格尔等人就是在这所大学任教期间，开始他们重要的学术工作的。尔后，由于费希特创建该校并担任首位校长，之后十多年的时间黑格尔又是其杰出的教师，因此新建的柏林大学取代了耶拿的领导地位。黑格尔对于整个普鲁士教育制度产生了非常重要的影响。实际上，他的哲学可以被看做是19世纪20和30年代普鲁士的官方哲学。之所以这样讲，是具有双重含义的：一方面，它是由政府正式承认的哲学，至少得到了由阿尔滕施泰因（Altenstein）任部长的普鲁士文化部的认可；另一方面，黑格尔又是作为客体理性的政府的哲学释义者。这种状况由于腓特烈·威廉四世的继位而结束，此人仇视黑格尔的理性主义，于是将上了年纪的谢林从慕尼黑召唤到柏林来对其加以抵抗。然而成效甚微。在费希特和黑格尔之后，施莱尔马赫也通过他的神学和哲学讲座，产生过非常重要的影响。而作为哲学的另一个不同流派代表人物的赫尔巴特(Herbart),在哥廷根大学和柯尼斯堡大学颇为活跃,他的实证倾向在黑格尔学派衰落之后的一段时期里获得了相当高的声望,尤其在奥地利大学的范围内更是如此。

在这一时期的思想势力当中,新人文主义古典研究的重要性位居其次。在哥廷根大学的海涅年事已高之后很快成为这一流派最权威代表的 F. A. 沃尔夫,最初在哈雷大学任教,后来到了柏林大学。柏林大学一开始便有成为古典研究学派最大中心的宏愿,且时至今日仍然怀有此志。勃克、拉赫曼(Lachmann)、豪普特(Haupt)、库丘斯(Curtius)、摩姆森(Mommsen)和其他学者先后在这里执教。让亚里士多德哲学重现光彩的特伦德伦堡(Trendelenburg),曾是一位在许多年里颇具影响力的教师,他倡导哲学与语言学研究的结合。继柏林之后,波恩也成为繁育哲学思想的摇篮,尼布尔、韦尔克(Welcker)、布兰德斯(Brandis)和里奇尔(Ritschl)都曾在这里执教。莱比锡通过戈特弗里·赫尔曼保持了其古老的良好声誉。奥特弗里德·米勒(Otfried Müller)和弗兰克·蒂尔赫(Frank Thiersch)则分别在哥廷根大学、慕尼黑大学工作。

语言学研究的新分支的兴起,也是非常重要的。特别值得一提的事件是,雅各布·格林(Jacob Grimm)和威廉·格林(Wilhelm Grimm)兄弟俩创立了德意志语言学。他们二人居住在哥廷根,早期也在那里工作,后来去了波恩。随后很快便出现了拉丁系语言学(Romance philology)的研究,这是由波恩的迪茨(Diez)创立的。对东方语言和文化的研究,也取得了巨大的进展,回想一下以下这些人名,对此便能了然于胸:比较语言学创始人波普(Bopp)和埃及学家莱普修斯(Lepsius),他们二人都在柏林大学执教;以及可以让埃朗根大学为之自豪的伟大的语言学家和诗人吕克特。

此外,具有重大意义的还有历史学研究取得了令人惊叹的进展。这里首先必须提到的是开始了对鸿篇巨制《德国历史文献》(Monumenta Germaniae)的创作。对于这部著作,弗雷赫尔·冯·施泰因(Freiherr von Stein)有着非常重要的贡献。这是一部既符合爱国主义情感又极大地拓展了历史知识疆域的巨作,直至今日,它的创作工作仍在继续且成果卓著,并已经成为德国历史研究中精雕细刻的范本。在较早时期的大学教师当中,波恩大学的尼布尔和柏林大学的兰克是必须要提到的。他们开辟了对原始资料进行批判和研究的路径,并带出了一批非常杰出的学生。其后不久,魏茨组织了他的历史研究班,在这个研究班上培养了为数不少的年轻的历史学家。也许还应该补充一点,就是大学里的历史教学和整个这一时期的历史文献——它们在很大程度上受到国家领导人政治观念的影响,同时又在新德意志帝国政治生活重建当中发挥了重要作用。……最后这里也许应该提到柏林大学的里特(C. Ritter),此人将地理学发展成为一门科学,并且将其增添到大学的课程当中,如今它已经成为联结自然科学与历史科学的重要纽带。

从19世纪20年代末开始,在语言学—历史学研究兴起的同时,数学—自然科学也开始日渐繁荣。数学家高斯和物理学家韦伯(Weber)都在哥廷根大学任教。在吉森大学,利比希利用非常简陋的设备,创建了自己的化学实验室,它是德国所有这个领域伟大实验室的母体。这些实验室确保了德国在化学研究和技术领域的领先地位。在柏林大学任教的约翰·米勒(Johann Müller),是生理学新学派的创始人,他培养了许多杰出人物。通过米勒及其学派所进行的工作,对生命现象进行纯科学解释的原则(作为自然哲学思辨解释的对立面)取得了胜利,从而将医学建立在科学的基础之上。

因而19世纪前半期最为引人瞩目的是:一批前仆后继开辟道路的人,和他们所进行的创造新纪元的工作。而后半期的特色则更多地体现为横向的扩展,不管是语言学—历史学研究,还是数学—物理学的研究,其领域都大为扩展。在此,人们迸发出了令人惊叹的巨大力量,进行了大量卓有成效的专门研究。与此相伴随的现象是,研究领域的专门化程度日益提高,大学里系科和讲座的迅速多元化就充分说明了这一点。所有哲学院的教授数量都增加了一倍甚至两倍,柏林大学的哲学院一开始只有12个全职教授席,而现在却已经超过了50个。

19世纪30年代,由于自然科学研究的强势兴起,人们对于哲学的兴趣受到了抑制。由康德创始的思辨哲学,突破了这位奠基人为之设定的限制,竟然雄心勃勃甚至傲慢无礼地打算在一种逻辑必然体系的形式当中,构建自然与历史的"先验",因而受到了人们的冷落。事实上,在长达几十年的时间里,哲学一直处在受人猜疑、被人轻蔑的阴影之下,这是它异想天开的冒险事业失败所造成的后果。只有在最近的几十年里,这种轻蔑才渐渐消除,哲学又重新与科学建立了和谐而富有成效的关系;科学自身已经开始对其种种普遍性的、哲学的假设进行仔细的思考,而哲学则认识到,自己有责任将自己的思想观点加以系统阐述,以使科学能够接受它们——不管科学是将其作为前提原则,还是作为最终结果。

假如我们在这里也要试图勾勒出其他三个学院的内部进展的话,那么也许可以对神学院作如下描述:在19世纪初,神学与哲学有着最为紧密的关系。理性主义神学起初以沃尔弗体系或者康德体系为思想基础,后来则完全受思辨哲学影响的左右。施莱尔马赫占据了独一无二的地位。一方面,他自己就是一位哲学思想家;另一方面,他一直在寻求使宗教摆脱理智主义和哲学混合物的影响(他在正统、理性主义的哲学当中发现了这二者的存在),而将其视为人类精神的一种特殊功能。……

也许,法学的发展脉络也大致与此相似。在19世纪初的法学领域,沃尔弗和康德的影响也同样占据绝对优势,之后便是思辨哲学的取而代之。后者起初是以关于自然权利的旧理论形式出现的,后来则包裹在了有关法律和国家的全新概念之中。在19世纪30至60年代,人们是凭借对于历史研究的兴趣来审视有关法律的哲学论述的,并且,以柏林大学的萨维尼(Savigny)和哥廷根大学的艾希霍恩(Eichhorn)为代表的历史学派,赢得了法学领域的领导地位。在历史学派发展的同时,具有一种神学——教会实证主义倾向的"实证主义"也随之兴起,其大学界的代表人物是柏林大学的施塔尔(J. Stahl)。最近,似乎能察觉到一种回归哲学视角的趋向。对于社会的社会主义批判以及进化生物学的发展,使新的社会科学随之勃兴。在新兴社会科学的影响之下,在法学领域人们重新恢复了对有关国家和法律的起源和目的的一些普遍性和根本性问题的兴趣,那些大家认为已经死亡并被埋葬了的有关自然权利的古老理论,正在开始重新自我复苏(尽管它们还包裹在一些新的形式之中)。并且,也随着目的论概念的发展,法学领域出现了进行实践性改革的尝试。在这里我提到的仅仅是其中的两个人的名字,即洛伦茨·施泰因(Lorenz Stein)和耶林(R. Jhering)。

在19世纪初,医学院也同样受到了自然哲学各种思潮的强大影响。然而到了30年代末时,人们却抛弃这些路径,由J. 米勒倡导的严格的自然科学研究方法成为医学领域的主流。由这一长串闪亮名字作为其代表——我提到的是舍恩莱因(Schonlein)、迪布瓦-雷蒙(Dubois-Reymond)、赫尔姆霍尔茨(Helmholtz)、兰根贝克(Langenbeck)以及菲尔霍(Virchow)——的新兴运动,导致了惊人的进步,使医学院在科学界重新恢复了原有的地位。在18世纪还与饮食、理发这些行业并列的医学职业,由于外科医生的影响作用,在社会中取得了较高的地位并保持至今。与此同时,同样由于人们财富的迅速增长,因而医学系科出现了超常的发展。到18世纪结束时,数据显示医学系科的重要性已经仅次于神学院和法学院,而到如今,人们开始认为,无论是从教学队伍的规模还是从学生数量看,医学院已经取得了完全等同于后两者的地位,甚至已经超过了它们;并且在各大学的预算当中,医学院的研究所(实验室)和临床诊所,成为了仅次于科学实验室的主要支出项目。……

### 三、外部组织

19世纪初期,新大学的地位得到了很好的确立,自此之后就没有再发生太大的变化。只有少量遗留下来的旧习俗消亡了。18世纪以来一直保留下来的大学司法权,尽管只是作为中世纪遗产的残存部分,最终还是寿终正寝了。无疑,作为维持秩序的一种手段来说,其价值并不大,并且在中世纪的"门徒"转变为现代学生之后,大学裁判所在面对年轻人旺盛的精力时往往手足无措,而且人们认为纪律过于严格会使入学人数减少的担心,也给予它们最终一击。如今,学生就是与其他人无异的普通公民,大学当局只依然拥有一定的纪律约束权力。中世纪的另一个残余也已经消亡了。除少量例外情况外,寄宿部已不复存在,在教授家里不再有为学生开设的宿舍。现在的学生被当做一个自由的个体,完全被置于自力更生的地位之上。显然,由于文科中学的稳步发展和扩张,学生的平均年龄不断增长,这样一个事实与上述状况多少是相关联的。如今大学新生的平均年龄是20岁,烦琐的规章和严格的教学形式,在这些20—25岁的成人身上是不可能施行的。

关于学院的划分,一般的框架基本上没有什么改变,一直保留至今。人们偶尔产生的对这种"中世纪"制度安排的怀疑,所幸被柏林大学的创立化解了。尽管如此,在少数几所大学中学院的数量却有所增加,这是由于或者另建一所神学院作为另一信条的代表,或者是将自然科学学院单独分出来,或者是将政治科学从哲学院分出来,成立政治科学学院。

在学院彼此之间的关系方面,发生了一个重要的变化。其任务是为学生进入到其他三个"高级"学院之一进行专业学习做通识知识准备的哲学院,在19世纪时已经在学生的学习过程当中取得了一个新地位,尽管并没有完全丢掉它以前的任务。一方面,正如已经指出的,哲学院已经成为所有系科纯科学研究的真正支撑;另一方面,它又被赋予了为一种特殊职业进行专业培训的任务,也就是培养高层次的教师。迟至18世纪时,高等学校中的教学工作还仅仅是一种牧师职业的附属物;那些申请到教会任职的人,在他们正式承担精神职务之前,往往都要从事教学工作,除非确实碰巧有一个家庭私人教师的职位更具有吸引力。如今,教学工作已经变成一种独立而永恒的职业。自19世纪中期开始,由教师转到牧师职业的人已相当稀少,反过来却很常见,那些申请教会职务的人,往往会出于个人或其他原因,转而从事教师职业。1810年普鲁士引入的教师专门考试,标志着两种当时还相互交织的职业彻底分开的开始。这种考虑是希望借以形成一支经过职业培训并且富有专业自豪感的文科中学教师队伍。而要实现这一目标,其必要条件是从神学以及神学概念当中释放出来的时代精神,以及对人文主义理想的忠诚。对此加以倡导的最伟大的人物,是普遍文化世界里的歌德和古典哲学的代表沃尔夫。

### 四、教学

这方面的发展趋向,也许可以用以下寥寥数语来加以概括:从实用—教条到理论—学术。首先,从18世纪开始形成的有关大学教师职能的概念,被一以贯之地承袭了下来:教师职能不只是传授一定数量的已知真理,更重要的是独立地获取知识和发展知识。甚至他们要把学生培养成为独立的思考者,而且如若可能,还要把他们培养成为与教师并肩合作的学者。在德国大学的讲座课程的讲授中,还保留着一种古老的表达形式,即口传心授(tradere),但即便是最年轻的私人讲师,如果有人一字不漏地把他的话记下来的话,他大多会认为这是对他本人的侮辱。

这种变化的必然后果,就是教学科目的愈加专门化。讲座的数量不断增加,既是研究者又是教师的单个人所能涉足的领域,变得越来越狭窄。18世纪,甚至到了19世纪上半叶，到处都还有一些涉及广泛而且内容或多或少存在差异的科目组合（尤其是在医学和自然科学领域，也有的是在历史学领域），现在对于我们来讲这样做似乎是不可能的，不可思议的。同样似乎是不可能的事情，还有经常发生的教授转聘的情况。这种情况甚至在18世纪就有了，一般是从薪酬较低的职位转到薪酬较高的职位，但也有特殊的情况，就是从哲学院的教授席升入"高级"学院更显赫的教授席。

与上述所有这些情况相联系，另一个变化出现了：大学教授们对于实践性职业的态度发生了变化。神学教授到教会任职曾经是个惯例，语言学家常常会当教师或者做学校的校长，法学家往往会成为某个司法委员会的成员（常常是整个法学院都乐于参与仲裁法庭的宝贵实践），还有医学院的教授，则都是临床的内科医生，这也是他们课程的一项内容。所有这些惯例中，有一部分被保留了下来，在医学院尤其如此，但是作为一种普遍趋势，大学教师已经逐渐放弃了积极的实践，转而追求纯粹的科学。

其结果是大学教学变得越来越具有纯理论性。哲学院尤其如此，而在科学研究方法的培养已变成最重要内容的医学院，情况也是如此。另外还必须指出的是，法学院和神学院的情况也差不多，这两个学院在早期具有更多的专业学院的特色，而现在，重视历史和批判的研究却成了它们非常突出的特色。在整个18世纪，教学的基本内容是直接瞄准牧师或法官职业的教条主义实践课程，但时至今日，在历史研究如果可能的话还有科学研究（包含了调查研究和原始资料批判）等方面的训练，却被认为才是教学中最为重要的内容。

大学理论或学术特色的发展，同样体现在了学生和教师的身上。人们不再认为学生的任务仅是从几个讲座、几本教科书中获取必要的专业知识就行了，而是要学会如何开展独立的科学工作。研究班和实验室的不断发展，反映了这种变化。……

在行将结束回顾时，我应当提醒大家注意这样一个事实：近年来出现了与这种发展反向的逆流，即一股敌视德国大学科学活动的暗流，人们已经在许多方面感觉到了它的存在。失望的情绪开始出现，因为科学研究似乎并没有履行自己的诺言，即为人们提供完整且肯定的宇宙理论，以及根植于确切思想土壤中的有关世界的真正智慧。在过去的年代里，是由宗教或神学来提供有关宇宙和世界的观念的，而到了18世纪，哲学承袭了这一地位，伏尔泰（Voltaire）和弗里德里希（Frederich）时代的人们对于哲学寄予了多少充满希冀的欣喜啊！黑格尔是纯粹理性的最后一位继承人。新的一代人，正如过去人们对信仰产生怀疑一样，他们对理性产生了不信任，转而寄希望于科学，希望精确的研究能够让我们立足于踏实的基础之上，并为我们提供关于世界的真实理论。但是，科学却没能做到。越来越明显的是，科学并没有获得既能满足人们情感需求又能满足人们想象需求的对世界全面综合的认识。科学只是发现了成千上万个零散的事实而已,其中,一些事实尤其是自然科学方面的事实还算是确凿的,它们至少为实践提供了一个基础;另一些则永远是可疑的,永远都是有修正余地的,如像历史科学方面的事实。结果使人感到失望。科学不能满足人们对于知识的渴求,也不能满足个人文化的需求。科学需要一个人投入全部精力,但吝于回馈。这样一种失望正在扩散开来。将尼采(Nietzsche)的信徒们集合起来的主要纽带,就是对科学的怀疑,而在人们都疑神疑鬼的时候,也往往是骗子最容易得逞之时。然而,一种听之任之的情绪却时而全冒出来,甚至充塞科学界,这在哈纳克(Harnack)的《柏林研究院史》(*Geschichte der Berliner Akademie*)的结论部分也许可窥见一斑。

而很少会有人思考:这是不是就是科学行将破灭、重新让位于信仰的前兆?或者,这种情况更像是一种对于观念的自然需求,是一种长期受到压抑、对于那种正在重新贴近生活的哲学的渴求,只是它的路径和目标尚不明确而已?

(张　弛　等译　张斌贤　校)

# 美国高等教育的十个时代①

罗杰·L. 盖格

## 作者简介

罗杰·L. 盖格(Roger L. Geiger,1943— ),著名高等教育学家,美国宾州州立大学教育学院教授。密歇根大学英语硕士和历史学硕士、博士,曾任宾州州立大学高等教育系主任,1993年以来担任《高等教育史年鉴》(Perspectives on the History of Higher Education)主编。主要研究领域为高等教育史、研究型大学、比较高等教育,对私立高等教育和高等教育财政也素有研究。代表性论著有:《19世纪美国大学史》(The American College in the Nineteenth Century,2000)、《增进知识——美国研究型大学的发展》(To Advance Knowledge: The Growth of American Research Universities 1900—1940,1986)、《研究与相关知识——第二次世界大战以来的美国研究型大学》(Research and Relevant Knowledge,1993)、《大学与市场的悖论》(Knowledge and Money: Research Universities and the Paradox of the Marketplace,2004)、《科学财富的撞击:大学与经济增长》(Tapping the Riches of Science: Universities and the Promise of Economic Growth,2008)、《八国私立高等教育的结构、功能与变革》(Private Sectors in Higher Education: Structure, Function, and Change in Eight Countries,1986)等。

## 选文简介、点评

这是一篇关于美国高等教育发展史的文献,最初的题目为《美国高等历史矩阵》(The Historical Matrix of American Higher Education),1992年刊载于《高等教育史年鉴》。该文发表后即受到学术界的高度重视,多位著名学者相继在杂志上发表评论。这些评论给罗杰·L. 盖格以极大的启发,促使他进一步思考美国高等教育历史发展分期问题。1999年起,阿特巴赫等学者主编的专著性教材《21世纪的美国高等教育:社会、政治、经济的挑战》的前后三版均将选文修改稿收入其中。选文曾被翻译成中文,刊载于《北京大学教育评论》2006年第2期。

---

① [美]罗杰·L. 盖格. 美国高等教育的十个时代[M]//[美]菲利普·G. 阿特巴赫,等. 21世纪的美国高等教育:社会、政治、经济的挑战. 施晓光,蒋凯,主译. 青岛:中国海洋大学出版社,2007:29-53.

关于美国高等教育历史研究的文献,可谓汗牛充栋。然而,在众多高等教育史学者中,像盖格这样在一篇文章中全面梳理美国高等教育三百多年历史的学者尚属少见。选取这篇文献并对之进行介绍的目的在于,帮助读者在最短的时间内了解美国高等教育发展的整个历史轨迹,并了解一种研究某个国家高等教育发展史的方法。

选文将1636年哈佛学院建立至20世纪末的美国高等教育分成十个时代,大约每30年为一个时代。这十个时代基本贯穿了美国高等教育从第一所高校建立起的整个历史发展过程。作者重点围绕课程、学生生活、院校结构三个方面,描述和分析了不同时代美国高等教育的主要内容和基本特征。

**选文正文**

我们之所以研究美国高等教育史,是因为有些事情在变化,而有些事情却没有变化。美国高等院校都明显具有连续性,创办时的状况或特征以及其后的发展都是影响大学现状的因素。大学的基本结构,特别是大学的核心部分——课程、办学宗旨及学生的发展等维持不变,但变化也是不可避免的事实。变化的性质也应该用当时的事实来解释。因此,按照美国大学的发展特征,将高等教育发展史划分成几个时期进行分析,是非常必要的。通过分析大学发展的特点,人们可以了解美国高等教育发展的过程,寻找引起高等教育系统功能变化的主要因素。本文将对美国高等教育各时代的特征或大约每三十年的变化进行简要分析,以探求美国高等教育发展的历史动态及其基本过程。

美国高等教育的十个时代是指从哈佛学院建立至今这段历史,其特征围绕以下三个方面展开:大学教什么,学生经历和院校的结构。……本研究力求有启发意义,阐明和分析美国高等教育各个时代的主要特征和影响美国高等教育的主要因素。

### 第一代 宗教改革初期(1636~1740年)

北美英属殖民地初建的三所学院具有共同特征,这些学院被称为"宗教改革时代的学校"。哈佛学院、威廉·玛丽学院、耶鲁学院是由三个不同教会兴建的,而三个教会各自与世俗政府有联系。哈佛学院长期处于领先地位,这使其具有某些特殊的、固定的特征。它是宗教战争的产物,于1636年批准建校。到18世纪时,它已经变成一所兼容并蓄的学府。哈佛学院脱离了加尔文主义(英国),得到当地世俗社会和商界的支持,就是这种演变的反映。威廉·玛丽学院与英格兰教会关系密切。它的创建者詹姆斯·布莱尔(James Blair)及其继承者都是弗杰尼亚州教堂的负责人。在18世纪40年代之前,威廉·玛丽学院并没有提供正规的学院教育课程。它后来容忍官方的安立甘教派(英国),开始投其殖民地拓荒者家庭之所好。当然,他们也用同样的态度对待那些管理殖民地和从事种植业的人。只有耶鲁学院到18世纪仍然始终保持着宗教改革时代的教派热忱。

宗教改革之后，早期学院的特征没有显著的变化。学院被当做政治力量的延伸，外部的掌控权力自然生成。哈佛学院和威廉·玛丽学院设有校内董事会（管理委员会）和校外董事会（校监委员会）双层管理机构。耶鲁学院只有单一的董事会，原先由十位公理教的牧师组成，但却靠康涅狄格州国民议会来寻求财政和法律支持。作为学院外部管理者的州政府与内部宗教管理机构之间经常发生冲突，老派的清教徒与开明的公理教教徒争夺控制管理哈佛学院的权力。耶鲁学院的教士董事不同意建校的地址。威廉·玛丽学院的校外董事会无权控制和管理校内教师，这也是该校的棘手问题。不管怎样，这三所学院都得到了当地政府的财政支持。

相对强有力的学院校长职位作为对世俗权威的补充最终产生。学院教师仍然扮演着比较受限制的角色。他们当中大部分人刚毕业，准备谋求教会职务。这个时代学院课程保持了中世纪大学的课程内容，变化很少。此时的教育目的要求学院为学生提供博雅教育（liberal education）。其课程内容以古典语言为基础，由亚里士多德的伦理观、形而上学及自然哲学等具有普适性的基础哲学理论组成。学生必须具备拉丁语、希腊语和一定的数学基础才可获准入学。在学院前两年，他们主要学习古典语言课程，特别要学好拉丁语。在学院后两年，主要学习哲学、通识课程及神学。虽然这个时代的美国学院教育落后于欧洲，但17~18世纪的教育具有很强的实用性，所用的大多数书籍是用拉丁语编写的。毫无疑问，教育过程与教育内容有相同的价值。学校及辅导教师为学生创造了良好的学习环境。进行演说和辩论使他们具备了在公共文化场所发言所必需的语言能力。

在早期殖民地三所学院的建校文件中都提到了牧师培养。除了威廉·玛丽学院的学生之外，可以说，接受牧师教育是学生注册入学的主要目的。大学培养牧师要参照博雅教育的方法。17世纪哈佛学院近2/3的毕业生都服务于教会。但是，没进教会的学生也颇受社会的欢迎和期待。威廉·玛丽学院的教育目标是把学生培养成为言辞优雅、风度翩翩的绅士。耶鲁学院的建校者认为教育目的是培养教会所需要的教士和本州所需要的政府官员。

学院与教会关系在18世纪开始逐渐疏远。在约翰·莱文瑞特（John Leverett）领导哈佛学院时期（1708—1724），有一群入学的年轻人对学术研究或信仰虔诚变得不太感兴趣。威廉·玛丽学院要求有志进入牧师行业的学生首先要到英格兰接受神职委任。但大部分弗吉尼亚州的中上阶层的子弟在学院里寻求博雅教育的氛围。因而，大部分中上阶层的学生不能毕业。

18世纪30年代，哈佛学院以另一种方式冲破基督教改革学院的狭隘角色。智慧的托马斯·霍利斯（Thomas Hollis）捐了一笔巨款，设立了两个教授职位，讲授神学(1721年)以及数学和自然哲学(1727年),礼聘学有专精的学者任教。在下一个时代开始前,殖民地学院除了聘用年轻导师外,还开始聘用许多学识渊博的教授。

**第二代　殖民地时代的学院(1745~1775年)**

1746年,新泽西学院的建立改变了宗教改革时代学院的模式。英国长老会教徒与新泽西殖民地达成协议,成立了一个由12名教会人士、10名世俗人士以及殖民地总督组成的校外董事会。其宗旨是,学院在殖民地主要为本地区的长老会教徒服务,它要接受新教徒教派的控制。而后建立的四所学院虽然出于不同的理由,但基本采用相同的"优先权信仰自由"的模式。英国圣公会教徒创建了国王学院(1754年),目的是打消确立国教的疑虑。1755年建立的费城学院前身是由本杰明·富兰克林创办的,它继承了宗教派别林立的传统。罗得岛学院(1765年)由浸信会所建,也由其掌管,但它坚持信仰宽容;新罕布什尔州也迫切希望建立自己的州立学院。因此,埃利泽·威勒克(Eleazer Wheelock)筹建了达特茅斯学院(1769年);荷兰归正教派为本教区兴建了女王学院(1771年),该校试图排斥其他教派成员入校,但没有成功。

哈佛学院和威廉·玛丽学院纷纷效仿州立学院的办学新模式。而耶鲁学院在托马斯·克拉普(Thomas Clap)的领导下,以追求教义纯洁为名抵制州立学院的办学模式,并且声称变革神学的思想是站不住脚的。克拉普使耶鲁学院抵制大复苏运动(the Greating Awakening)的影响,反对圣公会教徒在康涅狄格州出现,并且与康涅狄格州议会对抗,结局则极具讽刺性,因为耶鲁学生发生暴动,他却压制不了。

美国独立革命前夕,殖民地学院招收了750名学生,其中3/4的学生就读于早期兴建的四所殖民地学院。后建的一些院校的教育目的和课程内容更趋世俗化。普林斯顿学院不到一半的毕业生热衷于从事教会工作。殖民地一些重要的城市中心仍有一定规模的绅士阶层存在。这些绅士中既有专业人员,也有成功的商人。国王学院40%的学生出身于绅士阶层。哈佛学院出身于绅士家庭背景的学生人数比例更高。当然,也有许多学生来自贫寒的农民家庭。出身贫寒之家的学生比较愿意进入教会工作,而绅士家庭的儿子更偏爱从事法律和公共工作。

在这个时代的初期,学院所开设的课程体现出新旧思想的融合性。课程中不但包含了古典宗教神学的内容,还融入了约翰·洛克及牛顿的启蒙运动的新思想和新观点。此时温和的启蒙运动的教义占了上风。启蒙主义精神也包含传授和欣赏古典作家的作品。因此,拉丁语和希腊语是课程的核心内容。约翰·威斯普(John Witherspoon)在普林斯顿讲授苏格兰"普通哲学"课程时,曾尽力调和基督教义与新知识的关系,学习这门课程使学生受益匪浅。自那时起,学院教师成为一种固定职业,吸引了才华横溢的学者。

总之，殖民地时期的学院调和了教会与地方的关系，变成了一个更为知识化、世俗化的智力场所。学院的宗旨是为全体公民服务，特别是为那些有抱负的绅士服务。这种教育的新理念促使学院为社会作出了更大的贡献。

**第三代 共和教育（1776～1800年）**

抗击英国殖民统治的美国独立战争点燃了学院内的政治热情。然而，学院生活也因此变得动荡不安。直到1788年美国制定宪法，国家统一之后，情况才稍见缓和。尽管联邦主义获胜，但19世纪末，学生的政治热情还是异常高涨。

这一时期学院教育的理想是寻求差异间的协调发展。首先要进行共和教育，对本国的公民及领导人进行无私、爱国及美德的教育。共和教育的特征体现在这一时期学院的教材内容、学生的演讲专题及法律条款中。此外，这个时期启蒙主义的新知识也广受欢迎。不过，学院财政的捉襟见肘限制了新知识的传授。事实上，这些年里，美国学院对启蒙运动的热衷已达巅峰。神学也设法融入科学与理性。在普林斯顿学院，萨缪尔·斯坦豪普·史密斯（Samuae Stanhope Smith，1795—1812）认为学院精神有上升迹象，但脆弱的"共和式基督启蒙"精神表现为学院注重学习、政界重视高等教育。

独立之后，这个新的主权国家为公民提供了学院教育的机会。那些没有学院的州，如马里兰州（1782年和1784年）、佐治亚州（1785年）、南卡罗来纳州（1785年）、北卡罗来纳州（1789年）及佛蒙特州（1791年）经过几年的努力，各自兴建了新的州立学院。在其他地方，这股兴学之势带动了古老学院的变革，如威廉·玛丽学院校外董事会（校监委员会）于1779年要求教师团重新整合。同年，宾夕法尼亚学院兼并了"公立"性质的费城学院（到1791年，两校合并成立了宾夕法尼亚大学）。为了抵制哥伦比亚大学保守思想的影响，18世纪80年代期间纽约州立大学成立了上层管理机构。这个机构效仿了（马萨诸塞州、康涅狄格州、新泽西州）学院的法规、管理模式，即州政府行政官员作为学院校董事会成员，以便州政府经常给予州立学院财政支持。共和时期教派资助的学生人数较少，社会影响力也很小。而边疆地区新建院校与当地社区联系紧密，呈现出公共教育的特征。

由于院校物质力量薄弱，共和时期高等教育的美好愿景逐渐瓦解。美国最有实力的哈佛学院在19世纪初也只有三位教授，耶鲁学院和普林斯顿学院只有一位教授。在1775～1800年，学院在校生人数并未随人口增长而增加。1775年，四年制院校中男生入学人数大约为学龄人口的1%，而1800年只有0.75%。还有一些新的院校，如北卡罗来纳学院，由于缺乏富有经验的教师而导致学校秩序混乱，学生违规现象时有发生。深受杰斐逊民主主义思想影响的威廉·玛丽学院与迪金森学院屡受挫折，一些州立院校的财政补贴也被取消。此时院校的处境更加艰难。18世纪末，州立院校逐渐倒闭。

1800年以后,院校又落入教会手中,教会完全控制了院校并给予全力的支持。这就是1800年以后共和教育解体的主要原因。

### 第四代　共和教育的消失(1800年～19世纪20年代)

在整个美国历史上,19世纪的第一个时代最不为世人认识。人们常常认为它是高等教育发展的"停滞期"。美国编年史记载说它是"大萧条"的开端,不难发现灾难的征兆。托马斯·杰斐逊的当选,触发了控制院校的联邦主义者,共和教育的根基从此动摇。被喻为"第二次大复苏"的宗教浪潮高潮迭起,而许多院校陷入了危险境地。一份请愿书表明,一些新院校也遇到同样的情况。哥伦比亚大学董事会把当时大学状况描述为"使友人蒙羞,让纽约市丢脸";威廉·玛丽学院和北卡罗来纳大学失去了州政府的财政支持;许多重要的院校像普林斯顿和威廉·玛丽学院等也开始衰落。

当然,这只是部分院校的不幸而已。此时的哈佛大学、耶鲁大学、布朗大学和联合学院却出现大发展的势头,尤其是哥伦比亚大学在19世纪20年代进入发展的鼎盛时期。另外还有许多院校如川塞瓦尼亚大学(Tran sylvania)、保都大学(Bowdoin)、佐治亚州立学院和南卡罗来纳州立学院在1800年之后迅速敞开校门。除1812年的战争引起院校萧条外,其他时期这些学院的入学人数增长率远远超过了人口增长率。到19世纪20年代末期,男学生的入学人数已恢复到同年龄人口总数的1‰。然而,院校的发展还存在一些基本问题。这些问题是共和教育的过失引起的——即在共和教育模式下,谁拥有学院?学院的使命是什么?学院应该教给学生什么?学院怎样管理?

19世纪前30年,众多学院发生了一场历史上罕见的学生动乱。违反校规是男子学院的普遍现象,那些年最频繁的事件是学生集体反抗学校管理制度,大大小小违反学规的现象屡见不鲜。在这种情况下,学校根据学生损害院校利益的程度对其进行处罚。而学生却认为学校的处罚不公平,也太严厉。由于学生认为自己的权利和尊严受到侵犯,因此举行抗议;学院也付出了巨大的代价来平息学生的抗议运动。虽然许多无悔改之意的学生被除名,但这些院校的名誉也因此大大受损。普林斯顿和威廉·玛丽学院的学生运动使其名声扫地;哈佛也忍受着禁欲主义周期性的动乱;北卡罗来纳大学也因学生运动而丧失了公共支持。

史蒂文·纳威克(Steven Novak)认为,学生动乱促使学院把课程内容的重点转向古典语言,学生学习拉丁语和希腊语有利于学校的宁静。艰苦的学习会约束学生的行为和心灵。但"院校以错误思想开设这些课程——把它们当做是防御学生运动危险的保障,学术就不能再恢复其原有的生命力"。当然,学生运动还有其他原因,最主要的原因是当时的院校缺乏合格教师,对新课程感兴趣的学生较少,院校开设共和教育的自然科学和专业课程的理想破灭了。一些院校对古典语言课程不够重视,川塞瓦尼亚大学两年没有开古典语言课。1800年,迪金森的学生要求减少古典课程。从社会角度出发,古典语言的知识是绅

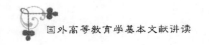

士文化的象征,但学院宽松的入学标准降低了学生的质量,一些年龄较小的学生过早地进入校园。因此,许多学院不断努力采取相应的措施,提高学生入学标准,规定学生入学年龄,加强拉丁语和希腊语的教学。

古典课程的标准与学院的宗旨是一致的。专业教育与博雅教育在学院发展中逐渐融合,这种趋势很少有人关注。在此期间,耶鲁大学和其他一些大学开始大力发展专业学院。但由于其缺乏办学经验,因此没有多少新大学能够效仿这种模式。这些院校中的专业学院与主体学院没有太大的联系,它们都有很大的自主权。实际上,这个时期,那些独立的职业学校已进入繁荣发展阶段。

1800年以后,康涅狄格州的里茨菲尔德(Litchfield)学院迅速发展成为一所独立的法律学院。该学院不同于其他较早建立的法律学校,其目的是为本州公民服务,开设了许多实用性课程。医学专业教育最出色的是宾夕法尼亚大学。其医学院是当时规模最大的专业学院,入学人数超过400人。学生们直接把学费交给任课教师,这所医学院事实上脱离了宾夕法尼亚大学变成了一所独立的专业学院。其他一些医学院也模仿这种办学模式,但有的却倒闭了。哥伦比亚医学院被另一所院校兼并;哈佛医学院迁到了波士顿,获得了很大自主权;布朗医学院由于试图控制教职人员而被迫关闭了。然而当时大学最重要的变化却是关于牧师培养。

牧师培养才是学院的基本使命。虽然培养牧师的课程不在本科生课程范围内,但却是学院教育不可缺少的组成部分。新英格兰州公理会教士不满哈佛大学为唯一教派所独占,便另辟蹊径,于1808年在哈佛大学创立安德维尔神学院,学院教育又出现新动向。在随后的20年中,神学院纷纷成立,数量超过新建院校。神学院从某种意义来说是学院教育的替代品,也是对学院的不信任,像1812年成立的普林斯顿神学院就是一个例子。神学院反而成为学者认真研究语言和语言学的场所(德语学习因之成为时尚,大量的捐款流入神学院)。神学院与高等院校在牧师培养上保持距离,如同未来的律师和医生一样,教会神职人员渐渐不需要院校的学位了。

最后一个问题是院校公共职责和私人管理混乱不清。美国独立革命后,两者的纷争弥漫校园内外,直到达特茅斯学院的案件裁决后才得以解决。联邦高等法院指出新罕布什尔大学不能像达特茅斯学院那样无故改变"慈善委员会"的章程,有效地保障了院校的民主法律免受侵犯,更重要的是解决了各院校的所有权问题。例如,马萨诸塞州的大学校监委员会成员按照法律制度在19世纪初的十年间变革了三次。法官斯托里(Joseph Story)作为董事会成员在处理案件时认为哈佛大学应与达特茅斯学院一样有自主权。多年以后,达特茅斯学院案件仍有较大的影响。大学虽然有私立和公立双重性质,但私立性质日趋明晰。不仅东部的州立院校完全私立化,新建的一些性质模糊的教会院校也走向私立大学的行列。

### 第五代　古典式及教会式学院(19世纪20~50年代)

美国高等教育发展的第五个阶段始于19世纪20年代,那时古典院校面临挑战。特别在19世纪50年代,古典院校进行了新的改革。第一次改革虽然失败,但第二次改革使美国高等教育发生了永久性的变化。在两次改革过程中,私立教会院校的发展是这个时代美国高等教育的主要特征。私立高等教育的成功发展使院校的数量及入学人数快速增加。同时,各地区教派的差异使美国北部、南部及西部地区的高等教育类型更加多样化。

19世纪20年代,公众指责古典院校的部分原因是其当时开设的古典课程特别是古典语言课枯燥无味。学校忽略实用科目也引起了学生的不满,因而在19世纪20年代中期,院校进行了一系列的专业改革。哈佛大学学生运动之后,乔治·提克纳(Gorge Ticknor)设法改革哈佛大学的现代语言系,开设了一系列高级课程,供不同年级学生选修。托马斯·杰斐逊创办弗吉尼亚大学,旨在建立全美第一所真正的大学。联合学院(1827年建立)的文利弗里特·诺特(Nott)开创性地开设了类似的理学学士课程。大学所有的变化都源于教育改革。诺特和梯克纳保持了各自的改革成果。弗吉尼亚大学证明了为南部种植园主后代开设的课程不能满足他们将来发展的需要。当时的课程改革可谓是对古典学院的极力辩护——这就是1828年的《耶鲁报告》。

《耶鲁报告》为古典课程辩护道,学院的目的"是为高层次教育打下深厚的基础"。学院教育的目标是对学生进行心智训练,提高学生的各种能力,将知识存贮于心。古典语言与文化被喻为心智训练的理想工具。以此为前提,《耶鲁报告》认为,新形式的教育——职业培训或更高级的学术教育应该移交给其他类型的院校,这样可以使学院本科教育更合理。《耶鲁报告》的观点随着时间的推移逐渐被人们接受,并成为接下来的六十年开设古典课程的重要保障。

古典院校的教育比《耶鲁报告》更有争议。阿巴拉契亚山脉东西两侧地区的古典院校经历了不同的历史变革。总体说来,东北部院校坚持在专业教育前进行博雅教育。那些古典院校认为,古典课程对学生进行文化熏陶,使其具有高贵的品位。此时古典院校的学生生活发生了巨大的变化。院校减轻了学生沉重的课业负担,使学生开展了丰富的课外活动。他们沉浸在自己的世界中,参与社会活动,增强了社会责任感。在西部,教会院校在这个时代发展显著。而这一地区不久前还被视为边疆地带。

19世纪20年代,教会院校原型在美国东部发展起来。宾夕法尼亚学院(Gettysburg,1832)的路德教派教徒所下的定义切中要害,明确指出学生、教师、校董事会员及资助者都是教会成员,因此学院"实际上也真正属于教会"。教会院校被有意识地建成一所对混合型"教区学院"(provincial college)所有权进行替代的院校。教会院校是宗教上的少数派建立的(其中有些人过去曾经对牧师接受高等教育不屑一顾),所以它们是那种完全属于教会的院校。教会组织一般在院校经费筹措和内部治理方面发挥着重要的作用。洗礼教教徒建立了瓦特维尔学院(Coldy,1820)及哥伦比亚学院(George Washington,1926)。1826年,圣公教派将位于康涅狄格的耶鲁大学的垄断地位打破了。卫理公会教徒通过建立兰道夫-麦考学院(Randolph-Macon,1830)和威斯利学院(Wesleyan,1831)参加学院运动。州议员要求新建院校章程不许强加任何宗教考试;位于葛底斯堡的路德教派所描绘的条件解释了教会院校最主要的现状。

阿巴拉契亚山脉西部地区1820年前没有学院。从1820年起,教会在该地区兴学,教会院校迅速发展起来。当边疆拓荒者安顿之后,公理会和长老会教徒立即在西部边区兴建了学院。后来建立的教会院校主要由地方教会组织管理。两种模式的教会院校为促进当地经济和文化发展作出了巨大贡献。西部院校的贡献尤为突出。19世纪三四十年代,学校开设了手工劳动课。奥伯林学院(Oberlin)是第一所招收女生的院校,女生在学院里主要学习古典课程。有了教会的赞助和牧师的领导(通常是耶鲁或普林斯顿的毕业生),这理所当然地成了一个可采用的模式。科林·伯克斯(Colin Burks)强调说:这些教会院校应该与东部已有院校的办学模式有所不同,教会院校应该满足本地区教育发展的需求。但所有教会院校都认为,建一些专业预备系是必要的,例如,除古典核心课程之外,再开设一些专业课程。西部院校最初规模较小,每校平均只有56名学生,新英格兰地区院校的学生平均为174人,而且教会院校费用较低,因为学生中没有富家子弟。到1860年,西南和中西部地区院校数量占全国的59%,学生总数占全国的43%。

这个时期,南部地区建起了与主流州立大学模式不同的院校。内战前,南卡罗来纳学院(1803年)和弗吉尼亚大学(1824年)是本地区最有威望的院校,而且也是内战之前仅有的两所获得州政府支持的院校。两所院校的学生都是庄园主的子弟,因为这些贵族控制着这两个州。贵族学生身份特别,自以为高人一等,因此经常在校内闹事。在这种环境下,其后成立的教会院校吸收了一批家境贫寒的学生。州立大学在植棉地带繁荣发展,而诸如肯塔基和田纳西等社会及宗教力量偏爱建立教会院校的州的州立大学纷纷倒闭,这两个州的社会及宗教力量偏爱建立教会院校。

19世纪20年代和30年代是美国高等教育快速发展的时代。教会院校的创建刺激了入学人数增长,入学人数每十年增加约80%。而19世纪40年代美国高等教育发展较为迟缓,无疑是由于1837年严重的经济萧条所致。当然,古典学院吸引力有限也是一个主要原因。因此,新的高等教育改革迫在眉睫。布朗大学的校长韦兰德(Franers Wayland,1827—1856)分析了东部院校的弱点。他认为,东部院校深受《耶鲁报告》狭隘观点的影响,忽视了美国经济转型期所需要的工商业实用人才的培养。韦兰德认为这是对19世纪20年代教育的曲解和错误的认识。韦兰德重建布朗大学的课程体系,但结果损失惨重。失败的原因是这次改革发生在美国高等教育史上的动荡年代。而下一时代的大学变革不是用新院校取代古典学院,而是创建新型院校及研究生教育来弥补古典学院的不足。

**第六代　新的开端(19世纪50年代～1890年)**

　　南北战争是美国高等教育的分水岭。战后许多大学成立的新系都是从19世纪50年代的专业预备系发展而来。德国大学提供研究生教育。1876年,约翰·霍普金斯大学沿用德国大学的模式得以创建。亨利·塔潘(Henry Tappan)也把密歇根大学转为研究型大学。1862年《莫雷尔赠地法案》颁布后,农工学院纷纷建立。农工学院既不是"理"学院,也不是"农"学院。吉尔曼(Daniel Coit Gilman)认为,在1860年之前开设的20所此类院校,包括耶鲁大学谢菲尔德理学院,都是由一些课外科目演变而成的学系单位。该学系同时开设实用和高级科目。另外,19世纪50年代,宾夕法尼亚、密歇根、马里兰以及俄亥俄州特许建立了至少四所农工学院。

　　在这一时期,学院教育开始扩充。除了服务于白人男性公民外,院校的大门开始向女子敞开。在瓦萨(Vassar)设想为妇女提供"适当的学院"教育之前,有四十多所女子学院被特许颁发大学学位。宾夕法尼亚州的爱科斯姆学院(Axhmun,1854年,即后来的林肯大学)与俄亥俄州的维尔伯法斯大学(1856年)开始为非裔美国人提供学院教育。

　　内战前后教会院校不断发展。从19世纪50年代开始,教会院校第二次进行规模扩张,直到19世纪70年代,教会院校还在进行双重扩张,即扩大地盘和精心规划。随着疆土的西扩,教会院校规模不断扩大,一直发展到密西西比河西岸。同样,这些院校的创建者多数是从主要教会院校毕业的传教士。在这场运动的影响下,确切地说是在整个中西部,开始了第二次院校规划过程。这些学院不同于早期学院,它们能够提供多样化的目标,它们仍保存原有古典核心课程,但增加了学位课程,如英语和理科,以及商业和教育等实践性较强的课程。在保持广义的服务教会的推动力的同时,除了教派(罗马天主教、长老会、路德教派)原则上反对之外,这些多目标院校通常是男女同校。在大学的黎明时代,急剧扩展的教会院校发展顺利,直到1890年之后情况才发生急剧变化。

　　《莫雷尔赠地法案》很大程度上确立了新的功利主义教育的特征。由于产业阶层对农业及机械技术教育的热情极高,1868年建立了公立的康乃尔大学,吸引了国内大量学生。但这些入学的新生目标不同,水平各异,只有10%的人最终能够毕业。19世纪80年代,机械技术(工程)专业入学人数逐渐增加,1890年又开始加速增长,然而农科专业入学人数不多。改革者错误地判断了农耕与高等教育的关系。

　　与传统观点相反,赠地学院既未满足人们高等教育大众化的心理需求,也没有实现高等教育民主化的理想。如果赠地学院主要靠入学人数,毫无疑问,许多院校就会倒闭。赠地学院建于社会经济危机四伏时期。建校初期经济拮据时,各州政府根据各州收入情况给予补贴,使它们幸存下来。由于赠地学校的校长们的努力,1890年《第二莫雷尔法案》颁布,规定联邦政府每年向赠地学院拨款。这个法案为赠地学院规模的快速发展提供了有利条件。

《第一莫雷尔法案》规定,每个州"至少建立一所学院",开设实用课程,当然"并不排除自然科学及古典学科"。这为功利主义教育发展提供了最重要的前提条件。在欧洲大陆,低声望院校开设现代语言及实用课程,高声望院校开设古典和理论课程,产业阶层的子女和专业阶层的子女在相同的院校学习。

《第一莫雷尔法案》的显著特征是给予私人特别是慈善组织办学优先权。这是美国高等教育史上前所未有的。马修·瓦萨(Matthew Vassar)、亨利·威尔斯(Henry Wells)、索菲亚·史密斯(Sophia Smith)及亨利·德尔特(Henry Durant)从1861年至1875年创建了许多力图与最好的男子学院并驾齐驱的女子学院。埃兹拉·康奈尔和约翰·普度(John Purdue)共同创建了高效的赠地学院。财产评议会负责筹建了史蒂文斯理工学院和约翰·霍普金斯大学。这个时代末期最出色的新学校(在霍普金斯大学之后)是克拉克大学、斯坦福大学及芝加哥大学。

虽然美国高等教育的优势只有到下一时期才能显现,但美国大学是这些发展最持久的遗产。查尔斯·艾略特在1869年时还说,美国仍然没有真正的大学。1890年以前,到底什么才是美国大学真正的办学模式还不明确。实际上,吉尔曼·斯坦利(G. Stanley)、大卫·埃塔·乔丹(David Atarr Jordan)和威廉姆·莱尼·哈珀(William Rainey Harper)都企图建立真正意义上的大学。当时,高等院校存在的问题是如何调和高深学问或者说研究生教育与本科教育之间的关系。

相反,美国真正的大学模式是在顶尖大学基础上形成的。查尔斯·艾略特1869年开始任哈佛校长时就清晰地意识到学院和各专业学院都应变革。对于学院,他试图用选修制取代传统的背诵教学及古典课程教学。选修制可以满足真正的学问要求。这项改革花了大约十五年时间。在哈佛的原有旧体制消失了,而在东部其他学院,改革被放弃了。艾略特一上任就抨击了专业学院的颓废,主张用知识渊博的专职教师替代实习教师,必修课程占有一席之地,将专业教育实际上看成是学士学位所必需的。艾略特的本意就是坚持进行研究生教育,而由于自由选修制度可以使他聘请到更多学识渊博的教授,一支能够做学问、搞科研和教学杰出的教师队伍出现了。1890年理科学院和各院系合并为文理学院。最后,艾略特认为,哈佛"已经开始着手完善真正意义上的大学组织"。美国大学的教师主要从事本科生教学,当然也从事研究生的教学。哈珀设计了更好的模式,但这一模式适用于不同性质的州立大学。下一时代的美国高等教育将充分展现多目标综合体系的力量。

### 第七代 增长与标准化(1890年～第一次世界大战)

大约在1890年,美国高等教育的增长发生了深刻的变化。在前几个时期,学生入学人数的增长带动了院校数量的日益增长。在第七个时期,尽管学生入学人数不断增加,而院校数量却趋于稳定。1870年平均每所院校有98名学生、10名教师,到1890年各校教师人数增为16名、学生为157人。到1910年,学生人数为374人、教师为38名。而且,规模最大的院校发展趋势为:1895年十所规模最大的院校平均有2000名学生,1910年增加到大约4000人,1915年发展到5000人。另外,发展缓慢的院校面临倒闭。但总的说来,院校的发展趋于稳定,19世纪90年代还有新院校出现,当然也有许多院校停办。

高校学生人数增长的一个重要原因是高等院校招收女生。1890年,多数女生就读于女子学院。当时人们认为大多数女子学院教学质量较差,但随着选课制的出现及大学规模的扩大,情况突然发生了变化。女生比例增长慢,女生比例从1890年的32%增长到1913年的37%。在男女同校的院校,女生的比例增加了一倍多,为68%,到下一个时期,男女生接受高等教育的比例差距越来越小。

1890年之后,大学标准化问题成为劳伦斯·维赛(Laurence Veysey)经典研究的主题。然而,他对这个主题理性因素的蓄意强调可能是轻视某些更加世俗化的特征。这些特征主要是由于适应共同环境造成的。大学的迅速增长源于它们内部成分的发展。许多大学增加了工程、商科、教育专业等;除了增设研究生院、法学院、医学院之外,大学还增加了一些小型专业(如矿业、林业、牙科、医药、兽医、艺术、建筑及音乐等)。各个部门很难产生共同的学术基础。行政机构需要服务于这些自治的部门,尤其是要保证有更多的资源,以满足各部门的需要。

到1908年,标准美国大学已经比较明确。它招收合格的高中毕业生。大学前两年提供通识教育,后两年则是高级或专业课程教育。大学中至少有五个系提供哲学博士课程,至少设有一个专业学院。大学还要有一系列必要的选择性条件:如暑期课程、拓展课程、函授课程、大学出版社、学术刊物。在这样的环境中,特有的风格(艾略特灵活的选课体系和计划实施的三年制学士学位)渐渐消退。走读学生的管理更加规范:约翰·霍普金斯大学招收了更多的本科生,文学学士课程延长到四年;麻省理工学院建立了研究单位和研究生教育体系。

通过界定学术知识和学术专业,大学成为为其他高等教育部门制定标准的最重要力量。1890～1905年间,所有主要学科的学会都具备了现代化形式,与此平行发展的是学院和大学的学系组织机构。学术研究从此有了双层的组织:一方面,科学成果认可体现在学科组织中;另一方面,学术最重要的岗位,即那些要求发展这些领域的途径却在大学学系之中。由于教师岗位越来越为贡献学科知识的教授所占有,因此大学提出对学术职业加以限定。然后,美国大学教授把这个规定推进一步,组织了美国大学教授协会(AAUP,1915),争取职业权利,特别是学术自由。

显然,当时推行了一套做法,这套做法可被称为学院理想。由于教会再无力支持文理学院,在城市中心经商的年轻校友资助母校成为另外一种模式。他们非常赞赏大学课外活动包括体育运动中具有的社会责任内容。校友们可以捐赠学校急需的经费,并把自己的意愿传达给董事会,从而最终影响校长的遴选。正在形成中的新教教派信条很快再被强调,新型学生开始热衷于校园活动,有意识地将职业理想定位于商界。校际体育竞赛也起到催化剂的作用,激励了学生的热情与校友对母校的忠诚。

学院理想最初来自"常春藤"院校特别是哈佛和耶鲁大学独特的传统。这种理想迅速引起东部主要院校的注意,随后广泛传播到其他院校,包括州立大学。老一代大学领导人如查尔斯·艾略特不关注这些活动,而下一代——艾略特的继任者阿伯特·劳伦斯·洛威尔(Abbott Lawrence Lowell,1909—1933 年在任)、普林斯顿的伍德罗·威尔逊(Woodrow Wilson,1902—1910 年在任)——希望把学院理想与本科生学习相结合,制定了学院教育的明确标准。而 1900 年之后,另一个大学标准重新确立。

1905 年,卡内基教学促进基金会给学院教师提供退休补贴。同年,通识教育委员会调整了活动方向,促进"美国高等教育综合系统"发展。两个基金都试图减少它们所察觉到的美国高等教育的"混乱"和"迷惘"。前者颁布了可获得津贴的严格标准,各学院须严格遵守;后者的工作更加细致,通过提供对等的捐赠促使大学关注校友。尽管两个基金会都没有要求学院设立橄榄球队,但它们鼓励一些院校组建球队,这些院校的校友强烈支持寄宿制学院。

伴随着赠地学院协会(1887 年)模式的建立,这个时期还陆续成立类似的协会。它们都积极促使高等院校实现标准化。全国州立大学协会为"标准美国高等教育"下了定义。美国大学协会(AAU)为研究生教育制定了标准,并很快生效,成为一个院校认证机构。

尽管教育体制呈现多样化及分散化的特征,但这一时期的教育标准化使美国高等教育机构有了较明确的定义。到第一次世界大战时,从招生、学时、课程、专业等都可以看出,美国高等院校大体上趋向单一模式。院校之间最大的区别在于获得实践这一模式所需资源的程度不同。不同的资金来源导致美国高等院校的等级日益分化。

### 第八代　两次世界大战期间的高等教育等级分化

20 世纪 20 年代,美国高等教育入学人数大约增加了一倍,规模扩展带来教育质量的变化。这是马丁·特罗(Martin Trow)提出的高等教育从精英阶段到大众阶段的过渡。精英教育模式的特征是学生全日制住校学习,高等教育追求的是自由教育及培养个性的文化理想,以高级职业为目的。与之相反,大众高等教育满足非全日制或走读学生的要求,传授实用知识,开设一些学生择业必备的技能性或半专业课程。美国高等教育按照院校的资源水平和入学要求划分等级。在两次世界大战期间,等级趋势更加明显,当时高等教育充当为"大众"服务的角色,而教育领导者却声称要为不同程度的学生提供不同类型的教育。

美国高等教育的大众化趋势表现为初级学院、师范学院和城市服务大学的迅速发展。师范学院是从师范学校升格而来的。这类学校升级过程是从20世纪初开始的,但大多数的师范学校是在20世纪20年代开始转型的。许多师范学院多年只限于提供学位教育,并面临与传统大学竞争的局势。但作为师范学校的继承者,师范学院为那些渴求高等教育的人特别是为女性提供了教育机会。

为了满足城市居民的教育需要,新院校及已有院校都实施高等教育扩招政策。在艾克若(Akron)建起了免费的市立大学,开设的课程主要有工程、家政、商业、教育等,办学目的是培养本地区各行业所需的人才。纽约城市学院是大众高等教育的范例,20世纪20年代在校生数增至24000人以上。私立的城市大学不断发展,它们大多为非全日制学生开设专业课程。例如,1930年,纽约、西北、南加州、波士顿等大学部分时制和暑假(夏季)班的学生数远远超过全日制的学生数。那时,美国规模最大的高校不是研究型大学而是市立大学。

真正的初级学院最早是在20世纪初的十年间发展起来的,20年代更加多样化。它们主要为当地居民提供高等教育的机会,也包括城市及西部人口密度较大地区的居民。到1940年为止,就读于初级学院的学生占全美高等教育学生的11%。这些初级学院与当地的高中关系密切。初级学院的出现无疑对美国高等教育的结构和目标产生了深远影响。

高等教育大众化的浪潮冲击着传统大学,引起传统大学的防范意识。达特茅斯大学校长厄内斯特·霍普金斯(Ernest Hopkins)宣称,"太多的年轻人都想上大学",这种现象引起了高等教育一阵骚乱。敏锐的评论家亚伯拉罕·弗莱克斯纳(Flexner)认为大学已成为"公众服务站"。许多教育家由于初级学院的成功而备受鼓舞,认为平等的入学机会应延伸到大学二年级。明尼苏达大学创立了两年制普通学院,专为那些不适合学习本校常规课程的学生而建。清晰划分大学等级的另一项努力体现在卡内基基金会1932年的《加州高等教育》报告中,报告指出该州高等教育由伯克利大学、州立学院及职业性初级学院共同承担。这个文件说明了高等教育开放体系中的初级学院是终结性教育机构,初级学院的身份因此而明朗化了。

精英高等教育有三个标准。学院理想在20世纪20年代特别流行。它深受学生的社会背景、课外活动及追求在商界谋职的期望所影响。本科生教学质量引起人们广泛关注。不仅大学要提高自己的标准,而且许多教育家也探求实现自由教育理想的道路。在大学中,增进知识是科学研究和研究生教育的点金石,但这仅是少数大学的明显特征。

第一次世界大战后,由于财政萎缩,美国知名的私立院校限制了学生的入学人数。同时,这些院校对学生的社会背景及学生对学校形象的影响变得更加敏感。哥伦比亚大学首先制定了一套选择性招生制度,这种录取标准过去用于限制犹太学生的比例。普林斯顿大学、耶鲁大学及哈佛大学很快效仿了这种方法。选择性招生制度是精英教育的另一个特征。通过选择性的招生,这些大学不但排除了那些不遵守社会规则的人,而且由于面向全国招生,拓宽了招生范围。这些大学由地方性大学变成了全国性大学。它们淘汰学术科研能力差的学生,从而提高了学院的科研水平。20 世纪 20 年代,由于这类院校的繁荣发展,学校大大增加了每个学生的教育经费。1927 年,美国大学史上规模最大的捐助工程开始启动,其目标是"建立一个精英式耶鲁,而不是一个大众化的耶鲁"。

对于精英大学而言,追加资金通常用于聘任优秀师资——不断更新知识的科学家及学者。这一阶段的发展得到了慈善基金会特别是洛克菲勒基金会的资助。科学研究为大学带来了荣誉,提高了它们的精英地位,得到了校外的认可,包括国际学界。所有大学都必须遵守一套规则。例如,在普林斯顿大学一个犹太人可以成为一位物理学教授,但却不能作为本科生在此学习,这并不矛盾:普遍主义流行于教授之中,但是不包括学生。

仅仅在本科领域获得精英地位是一大难题。而斯沃斯莫学院(Swarthmore)在福兰克·埃德劳特(Frank Aydelotte,1921—1939 年在职)的领导下,精英教育取得了很大的成功。他从牛津大学的教育经验中受到启发,作为罗德兰州的学者,埃德劳特为那些学习能力强且有求知欲望的学生开设了高难度的课程。同时,他不再强调学院理想的基础——女生联谊会、兄弟会、橄榄球队。荣誉课程吸引了学术上有抱负的学生,并且很快使斯沃斯莫学院成为国内选拔性最强的学院之一。精英教育高额费用得到了精英主义者亚伯拉罕·弗莱克斯纳和通识教育协会的支持。

两次世界大战期间美国高等教育等级分化,促使了美国高等教育向精英教育与大众教育的不同方向发展,体现在招生及课程上。美国高等教育面向所有的高中毕业生。从 1910~1940 年,适龄人口的入学率从 9% 上升到 51%。精英院校仍然排除某些社会阶层的学生入学,而本地生却优先入学。该制度名义上叫英才教育体制,实际上反映了社会等级上的偏见,这是该制度的弊端。在课程设置方面,在大众高等教育中职业课程占主导地位,终结性的教育轨道也是如此。不过这个时期的教育仍然追求博雅教育。同时,那些学术课程更重视课程的结构。美国高等教育的发展趋势在下一个时代会变得更清晰,即平等入学战胜了社会的排他性;学术发展提升了大众院校的地位;即使是精英院校,也出现了强烈的功利主义倾向;学术革命进一步确定了学术课程的支配地位。

**第九代　学术革命(1945～1975 年)**

　　第二次世界大战后的 30 年是美国高等教育史上最喧嚣的时期。以教育大发展为基础的两个基本运动是高等教育规模扩展和学术标准化。根据 1944 年颁布的《复员军人再适应法案》(军人权利法案),退伍军人像潮水一样涌入高校,导致 20 世纪 70 年代初期美国社区学院的学生猛增。这一时期可谓美国高等教育大发展时期。年轻人进入大学的比例从 15% 增到 45%;本科生增长了大约 5 倍,研究生增长了大约 9 倍(1940～1970 年);20 世纪 60 年代是学生入学率最高的年代。

　　从前的高等教育规模扩展如 20 世纪 20 年代那样,都与新型院校招收新生有关,而战后院校的发展特点是高等教育大众化。各院校之间不但课程设置、教师培训、行政管理方式很相似,而且学生们也蜂拥而至地从事文科及自然科学领域的学习。这个时期的基本动力促进了高等教育的发展。

　　总的来说,这个时代人们因急于接受高等教育而导致院校负担过重。这种现象由《复员军人再适应法案》支持退伍军人优先接受高等教育而引发。退伍军人以前所未有、无法预料的规模进入高校。1947 年,与战前的学生总人数 150 万相比,又有 110 万的退伍军人注册。这种状况不但无法提高学生的入学标准,而且拥挤的院校只能减少课程,降低标准。由于这一潮流出现,多数院校努力寻求各种途径来加强和推进各种计划。

　　20 世纪 50 年代初,生育高峰期出生的孩子还未进大学,因此高校学生人数略有下降。50 年代,学生人数增加了 50%。50 年代末,生育高峰期出生的孩子都在高中学习;20 世纪 60 年代的情况为:入学率增加了一半(从 30% 增至 45%),18～21 岁的适龄人口也比从前增多了(从 900 万增到 1500 万人)。学生们潮水般地进入州立大学。州立大学扩展规模达到极限,只能制定选择性标准录取学生。私立院校由于缺乏扩展规模的资金,只能依靠为学生开设学术性更强的课程来吸引学生。但大部分的新生进入当地的州立大学。从前的师范学院也增设了学术性课程,引进了研究生教育,并升级为区域性大学。高校入学人数增加的另一个因素是新型公立社区学院的兴起。1965～1972 年,社区学院以每周至少增加一所的速度迅速发展起来。

　　战后高等教育领域充满着理想主义,大力支持文理基础学科的教育。强调这些科目的学府在两次大战期间都享有盛名。哈佛大学在 1945 年第二次世界大战结束时发表的《哈佛通识教育报告》指出,只要能明智地挑选出基本科目,就能为通识教育奠定好基础。院校规模扩展的模式也有助于文理学科的发展,战争期间那些以职业技术课程为主的学院也逐渐加强学科建设。20 世纪 60 年代高等院校的专业结构发生了变化,文理学科的学士学位授予数量达到顶峰,占 47%。

这种趋势是大学重点加强科研、发展研究生教育所致，更重要的是联邦政府拨款造成的。由于联邦政府大幅度资助科研项目，大学拥有了多种不同的资助渠道。"二战"后的十几年中，用于学术研究的大量资金源于国防建设的需要。资金多用于自然科学研究。由于1957年苏联人造地球卫星发射成功引起了美国人的危机感，联邦政府与高等教育的关系发生了极大的变化。危机过后的十年中，科学研究的资助金来源于联邦政府的公共机构，如国家科学基金会、国家宇航与太空管理局，其中主要来自国家卫生研究院。许多大学更愿意把资助金投向研究生教育、图书馆建设、新科研项目的开发。苏联人造地球卫星的发射也促使华盛顿决定直接投资高等教育，支持高等教育发展。美国政府首先制定并通过《国防教育法》，然后又通过直接拨款资助校园基建和学生。联邦政府的大力投资提高了学生入学率，学生入学率的不断提高又刺激了州政府对高等教育的投资，从而使美国高等教育进入了黄金时代。

克里斯托弗·詹克斯（Christopher Jencks）和大卫·里斯曼（David Riesman）用"学术革命"来概括这一时期的高等教育转型。他们的意思是说，这是研究生专业学院的理论与专业学术观点通过院校秩序得以传播的过程，也是超越科学之上最终影响每一个学院和系的过程。这一过程的推动者，就是不断发展的各专业课程的新哲学博士。他们接受过训练，并把最前沿的专业学术知识带进大学课堂。然而，对学术革命的期望及理想引起了20世纪60年代后期大学的动荡，主要表现是学生抗议运动。

学生运动具体表现为伯克利加州大学的自由演讲运动以及民主社会学生联盟（SDS）运动。越南战争问题及种族不平等问题成为导致种族主义和好战的根源。虽然1967~1969年一些主要大学遭到破坏，但其持续影响更为深远，就是改变了高等教育的当前氛围。学术革命的动力被阻止了，大学与学生的关系发生了深刻的变化，从父权主义变成学生过度放纵。学生抗议斗争达到战后混乱时期的顶峰，它在一定程度上预示着新时代的到来。

### 第十代　规范、相关性及稳定状态

众所周知，在现有的文献资料范围之外进行历史分析并评论其后果是危险的。尽管美国高等教育发展第十个时期的意义及最终模式还无法预测，但还是有一些重要的特征。历史回顾清楚地再现了20世纪70年代前5年美国高等教育的学生规模、高等教育与政治和社会的关系具有多变的特征。

1975年，高等教育注册人数首次达到1100万，但很快又出现了前所未有的变化：学生人数第一次停止增长。随后的几年又出现上升趋势。20年之后，全日制在校生人数增长了20%。以前从没出现过这么长的停滞期。而且这一时期在校生的一个重要特征是：1975年55%的学生是男性，而1995年女生占55%。

这些年高等院校与联邦政府的关系也发生了很大的变化。1968年,政府基本上对学术研究给予资助,资助金主要投放在学校基础建设及研究生教育上,大量的资金直接投入科研中。20世纪80年代投资增长了一倍。70年代联邦政府对高等教育的投资明显增加,新投入的资金主要资助学生入学,1972年的《高等教育法修正案》是两种资助形式的分水岭。第一,《修正案》的条款规定:根据学生的资金需求量,向学生提供资助。我们把此项拨款称作联邦佩尔拨款。它的主要内容是为低收入家庭学生提供直接资助;而80年代大量的联邦资助金的形式从资助变成了学生贷款。院校及政府给予学生财务资助是美国高等教育第十个时期的典型特征。

1972年的《修正案》增加了政府对高等教育的管理。学生60年代的抗议已经生效,政府公开声明高等教育须多接受少数族裔及女生。《高等教育法修正案》第九条提供了实施的方式,这是联邦政府对高等教育产生影响的最明显的方面。

学生抗议的响亮号角声与大学研究相关。实际上,大学与社会的相关性变成了新时期的一个标志,但与学生积极分子所期望的有所不同。他们主张大学应该担当社会批判者的角色,他们迫切希望大学能够研究并寻求解决越南战争、种族不平等、环境因素带来的严重社会问题。这些话题长期出现在大学校园中,大学与社会密切相关的趋势已逐渐形成。学生们选择与社会密切相关的专业,他们从文理学科转向职业性及专业性强的专业。此时,人文和自然科学的学士学位授予量只占总数的1/4,与商务学的学士学位的授予量相差无几。另外,20世纪70年代院校象牙塔式的学术知识在课程中逐渐减少。80年代早期大学的办学方向发生了根本性的转变,大学开始接受高等教育与经济发展相关的观念,特别是大学通过技术转化促进经济的发展,从而密切了科学与生产经济的关系。

20世纪末期,美国高等教育经历了一场公众批判的风暴。但从历史分析的角度来看,当代高等教育发展目标非常明确。虽然70年代学院教育的价值遭到质疑,但学生从高等教育中获得了现代劳动力市场所要求的技能和适应性是广为认可的。高等教育使受教育者达到了他们所追求的成为中产阶级的目标,这些目标无疑是不断提高入学率的基本动力。学术知识的价值在第十个时期的初期遭到贬抑。但是,大家承认学术研究与经济的相关性是美国强盛的主要因素,大学的基础知识及高深专业知识的发展应该作为国家的无价资产。最后要提到的是,这一时期秩序始终保持稳定状态。尽管在21世纪高等教育财政危机若隐若现,但学院和大学将面对一切挑战,坚定不移地为改进美国人的生活作出巨大贡献。

(刘红艳　译　施晓光　校)

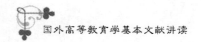

# 从精英向大众高等教育转变中的问题[①]

马丁·特罗

**作者简介**

马丁·特罗（Martin Trow,1926—2007），美国伯克利加州大学高等教育研究中心社会学和政策学教授,国际著名社会学家、教育学家,美国人文和科学院院士,国家教育研究院会员,美国科学发展学会会员。曾任教于伯明顿学院(1953—1957),伯克利加州大学社会学系(1957—1969)和公共政策学院(1969—1976)。1976年至1988年担任伯克利加州大学高等教育研究中心主任,大学教授会学术部主任,全州学术委员会主席等学术职务。曾在美国教育部咨询委员会、国家教育研究院和国家研究理事会兼职。此外,他还担任过英国高等教育研究会副主席、瑞典国家高等教育机构国际咨询委员会主席、瑞典大学系统校长联合会顾问等职务,参与了以色列和日本等国的高等教育研究机构的工作。主要代表作有:《高等教育的扩展与转变》(The Expansion and Transition of Higher Education, 1972)、《精英高等教育:是濒危的种类吗?》(Elite Higher Education: An Endangered Species? 1976)、《精英和大众高等教育:美国模式与欧洲现实》(Elite and Mass Higher Education: American Models and European Realities, 1979)、《论大众高等教育与院校多样性》(On Mass Higher Education and Institutional Diversity, 2003)等。

**选文简介、点评**

20世纪60年代,高等教育大众化成为全球性的趋势,许多欧洲国家的高等院校招收15%或更多的适龄青年。与此同时,急剧的高等教育扩充给高等院校内部造成急剧的紧张气氛和不断争议的话题,如60年代末学生的反越战活动和骚动风暴就是其中最明显的例证。伴随这些问题的出现,整个西方学术界和公民社会都开始出现一种危机意识,从而引起人们对高等教育急剧扩充现象进行反思和批判。与许多高等教育家不同,作为美国高

---

[①] [美]马丁·特罗.从精英向大众高等教育转变中的问题[J].王香丽,译.外国高等教育资料,1999(1): 1-8.

等教育研究界的领军人物①——马丁·特罗没有仅仅停留在反思和批判层面上,相反,他试图通过历史维度的分析,对高等教育发展过程出现的种种现象和问题予以客观而合理的解释。例如他认为:"不论是在美国,还是在欧洲,这种危机意识出现标志着高等教育从一个历史阶段转向另外一个历史阶段。在欧洲,从精英走向大众,在美国从大众走向普及。"②正是由于这样的一种认识,他在1962年率先提出了"大众高等教育"的概念,又于1970年提出"普及高等教育"的概念,后进一步于1973年提出高等教育大众化三阶段论,即著名的高等教育大众化理论。根据特罗的理论,高等教育毛入学率低于15%属精英教育阶段,毛入学率在15%—50%为大众化阶段,毛入学率大于50%为普及化阶段。他是以美国为样本,以欧洲(尤其是英国)为参照系提出的。特罗高等教育大众化理论认为:在高等教育大众化阶段,量的增长与质的变化存在不同的相关性;大众型与精英型高等教育并存;多样化发展与传统教育理念产生冲突;进程是有国别性的。

特罗在谈及高等教育大众化理论时说,大众化是揭示变化的一种理论,是揭示变化的一个信号,它具有一种预警功能。当高等教育毛入学率达到15%的时候,高等学校的活动会发生较大的变化。当美国高等教育的毛入学率在20世纪30年代末达到15%的时候,高等学校的活动开始发生变化。马丁·特罗指出,对即将发生的变化,我们要有所准备。大众化理论就是提醒人们做好准备的一种预警理论。高等教育大众化理论不是一个目标理论,它是对已经发生的高等教育现象进行的一种描述,是对历史和现实高等教育现象的一个总结。

1970年,特罗开始发文探讨高等教育转型问题。《从精英向大众高等教育转变中的问题》一文是特罗的代表作之一,发表于1973年6月在巴黎召开的"中等后教育的未来结构研讨会"上,次年被经济合作与发展组织重印并受到该组织的推崇。该文从西方高等教育大众化的发展过程出发,阐述了高等教育发展的精英、大众和普及三个阶段;概括了高等教育在阶段转变中所出现的量和质的11个方面的变化;综合分析了西方不同学派对高等教育大众化所持的不同发展观,以及高等教育大众化所面临的两难问题;等等。四十年来,特罗的这些观点被人称为"高等教育发展阶段学说",阅读该文可以帮助读者更好地理解和解释我国高等教育规模扩展中的问题。

---

① 加州大学前校长戴维·加德纳(David Gardner)认为马丁·特罗是美国高等教育研究界最有影响力的五位学者之一。

② Martin Trow. The Expansion and Transformation of Higher Education[J]. International Review of Education,Springer,1972:61-84.

## 选文正文

### 引　言

每一个发达社会的高等教育问题都与数量增长相关。增长对高等教育系统和支持高等教育的社会提出了各种问题。这些问题产生于高等教育的每一个方面——财政和管理；学生入学和选拔；课程和教学形式；教师的聘任、培训和社会化；标准的制定与保持；考试方式和授予资格的性质；学生的住宿和工作安排；学习动机和学风；教学和科研的关系；高等教育与基础教育的关系，以及与成人教育的关系。数量增长对高等教育的每一个活动和表现形式都产生了影响。

……

### 数量增长的几个方面

高等教育数量增长至少表现为三种完全不同的方式，它们反过来又引起一系列不同的问题。首先是增长率——许多西欧国家高等教育的学生数在20世纪60年代中的5年间，已增长了一倍，还将在70年代的七八年间或今后10年中再翻一番。其次，数量的增长明显地表现在教育系统和单个教育机构的绝对规模。第三，数量的增长反映在高等教育适龄人口入学率的变化方面。

上述三种增长形式都带来各自的问题，例如，高增长率对现存的管理和社会化结构造成了压力，当一个学校新成员占相当大的比重时，他们威胁要推翻入学人数缓慢发展的过程，同时引入其价值系统并学习其规范和形式。比如，当一个系或科室的工作人员在三至四年间从5人增加到20人时，当工作人员主要是刚毕业的研究生时，那么该系的学术生活规范及标准主要是由他们限定的。如果研究生人数迅速增长，以及教师和学生之间密切的学徒关系丧失，那么学生文化成为研究生的主要社会化力量，产生了在美国、法国、意大利、西德和日本都已出现的校园文化和学术生活。高增长率增加了学术创新的机会，同时也削弱了在稳定和低增长时期学生和教师被吸纳进学术团体的形式和过程。

……

高等教育规模增长对国家系统及其组成部分的规模产生影响，主要是对经济和政治的影响。当一个系统增长时，它隐约地出现于相对较小的精英系统之中，对国家资源的需求比较适中，而后逐渐成为公共支出以及住房、福利和国防的强大竞争对手。情况确实是这样，高等教育逐渐引起了越来越多的人的关注，包括政府和一般公众，它们是合法的，并且在公共资金的花费去向、如何投资高等教育以及花费方式等有自己独到的见解。高等教育系统越庞大，与政府的关系就越重要，在大多数欧洲国家中，情况尤其是如此。它们的中央政府和地方政府几乎是高等教育唯一的资金来源。在这种情况下，学术自由和大学自治问题成为主要的政治问题。而以前，则由大学或教育和财政部中对世界持有相同观点和一同学习于精英大学的几个老朋友来组织。增长提出了政府和高等教育之间关系的新的错综复杂的问题。

增长也表现在任何国家高等教育入学人数占适当年龄人口比例的增加。"二战"刚结束时,许多欧洲国家入学率为4%～5%。目前,仅过25年,达到了10%～15%,有些还超过了15%。入学率的增长产生了许多问题,这些问题对大众化高等教育很重要。例如,每个国家高等教育的入学比例都存在严重的地区、种族、宗教以及社会阶层的差异。上层和中层子女的入学率大大高于工人和农民阶层子女的入学率。当高等教育入学率很低时,教育机会均等的政治问题将较多地集中在初等和中等教育阶段,但适龄人口接受高等教育的比例越高,民主和平等的机会均等问题就越集中在第三级教育的重要部门。在早期的扩张阶段,高等教育的入学机会的差异性没有减少反而在增加。在民主和平等主义价值观的背景下,这已成为一个尖锐的问题,并且给减少入学率的差异性造成了强大的压力。接受高等教育对大多数学生的生活机会越重要,这种压力就越强大。像大学这样的精英机构成为社会和经济精英发源地的趋势在持续不断发展,这是高等教育机构和西方社会不断增强的平等主义价值观之间紧张关系的主要来源。

……

### 高等教育的发展阶段

欧洲高等教育扩张的范围和速度是没有什么疑问的,联合国教科文组织最近出版的著作已对此作了详细报道。例如:瑞典1947年有14000名大学生,到1960年增加了一倍多,达到35000人,到1965年又翻了一番达到70000人,到1971年又翻了一番,大学生人数占适龄人口的24%。1960年到1965年,法国大学生人数从200000人增加到400000人,到70年代中期翻了一番,入学率占适龄人口的17%。丹麦1960年到1966年大学生人数增加了一倍,从19000人增加到了34000人,到70年代中期将增加到70000人,学生人数占适龄人口的13%。英国的罗宾斯报告指出,大学入学人数将从1962年的130000人增加到1973年的220000人,到1980年将增加到350000人。这项计划已大大修订,到1973年,所有形式的全日制高等教育人数将达到400000(约占适龄人口的13%),1981年将达到800000—1000000人之间,而大学生人数约占一半。

这些数字隐含两种根本不同的过程。一种是精英大学的扩张,传统大学形式中传统功能的增长;另一种是精英大学系统转变为大众高等教育系统,发挥巨大的、多样化的新功能(至少对大学来说是新的),使更多的人接受高等教育。英国像欧洲大陆一样,到目前为止,规模的扩大主要是扩张精英大学系统。但是高等教育机构不能无限制地扩张——它们受传统、组织、功能和财政的限制。在欧洲国家,高等教育的入学人数有可能增加到占同龄人口的15%以上,这不仅要求精英大学系统的扩张,而且还需要增加大众的非精英教育机构,快速发展大众型高等教育机构。大众高等教育与精英高等教育的区别不仅表现在数量上,而且还表现在质量上。明显的不同不仅表现在入学人数占适龄人口的比例，而且还表现在以下几个方面：教师和学生对待接受高等教育的观念、学生接受高等教育的作用、高等教育的社会职能、课程、典型的学生经历、拥有同类学生的程度、学术标准的特性、高等教育机构的规模、教学形式、学生和教师之间的关系、教育机构之间界限的性质、管理模式、选拔学生和教师的原则与步骤等。换言之，高等教育各个发展阶段的区别十分明显，并且涉及高等教育的每一个方面。让我们仔细看一下高等教育各个发展阶段在这几个方面的特点。

## 转变的方面

### 1. 高等教育规模

现代，一些国家的精英高等教育，在其规模扩大到能为15％左右的适龄青年提供学习机会之前，它的性质基本上不会改变。当达到15％时，高等教育系统的性质开始改变，转向大众型。如果这个过渡成功，大众型高等教育可在不改变其性质下，发展规模直至其容量达到适龄人口的50％。当超过50％时，即高等教育开始快速迈向普及时，它必然再创造新的高等教育模式。目前，只有美国高等教育容量超过50％的适龄人口，几乎过半的家庭都能将其子女全部送入各种高等教育机构。

### 2. 高等教育观念

高等教育入学机会的增加与人们（包括学生及其父母、大学教师和管理者）接受高等教育的观念密切相关。当入学人数极为有限时，接受高等教育被普遍认为是出身好或天赋好或两者兼备的人的特权；而当入学率达到适龄人口的15％时，人们开始逐渐把接受高等教育看做是那些具有一定资格者的一种权利；当入学率达到总人口的50％时（在有些地区更高），接受高等教育越来越被看做一种义务。不仅是美国而且在欧洲国家，对于中上层家庭的子女来说，中学毕业后不接受高等教育逐渐被看成是心理或个性方面的缺陷，为此必须进行解释或提出理由或进行道歉。而且由于更多的人接受高等教育，最好的工作机会和经济奖给那些获得大学学位的人，这样大大地促使学生把进入大学当做一种义务。

### 3. 高等教育功能

高等教育发展的不同阶段也同高等教育对学生和社会所发挥的不同功能紧密相连。精英高等教育主要是塑造统治阶层的心智和个性，为学生在政府和学术专业中充当精英角色做好准备。在大众高等教育阶段，高等教育仍然是培养精英，但这是一种范围更为广泛的精英，包括社会中所有技术和经济组织的领导阶层。重点从塑造个性转向培养更为专门的技术精英。在普及型高等教育机构，第一次为发达工业社会大多数人的生活作准备，不仅培养或广或窄的精英，而且培养所有的人，它的主要目的是提高人们对迅速变化的社会的适应能力。

### 4. 课程与教学形式

课程和教学实际上反映了学生含义以及高等教育对学生和社会所发挥功能的变化。精英高等教育的课程倾向于高度结构化,反映学位课程的学术概念或专业要求的专业概念。课程主要由期终考试的特点来决定,具有高度专门化,并且由教授们关于一个有教养的人或一位称职的专家所应具有的素质的观点来决定。在大众高等教育阶段,教育更加模块化,其特征是半结构化的课程序列,即逐渐取得学分(在模块课程中可以互换),使课程更加灵活,更加容易接受,并且在主要领域或高校之间更加容易流动。普及高等教育的初期,仍存留有模块课程但教学的结构日趋式微,课程之间的界限开始被打破。由于没有为人们所共识的高等教育概念,并且学习和生活之间的界限日益模糊,学术形式、结构和学术标准的地位发生动摇,并扩展到考试和评价之中,所以很难确定课程的要求。普及高等教育中新出现的高教机构只是另外一种经历,是为一个人处理现代生活问题提供资源,性质上同现代社会中的其他经历没有区别,在普及高等教育阶段,由于课程不能明显地使一个人胜任某一具体工作,所以评估的必要性也说不清。

这三个阶段的教学形式和师生之间的关系各不相同。在精英高等教育阶段,教学的最大特点是个别指导或习明纳(Seminar),教师与学生之间的关系为个人关系,这与塑造个性及培养精英的核心功能相协调。因为学生所要担任的成人角色及其活动是千差万别的,几乎无法通过高校课程进行训练。在法国大学教室人满为患的大扩张时期,"高等学校"仍捍卫个别指导与习明纳教学方式,这表明法国尚存培养精英的教育功能。在大众高等教育阶段,重点是强调传授知识和技巧,正常的教学逐渐通过演说进行,以讨论式教学为补充。在普及高等教育阶段,学生和教师之间直接的个人关系附属于学生更广泛地面向新的或更为复杂的前景,这更多地依赖于函授、电视、计算机和其他技术的帮助进行教学。

### 5. 学生经历

学生的学术经历也不同。在精英高等教育阶段,学生通常是完成中等教育后直接进入高等教育,学生住校并且不间断地(假期除外)学习直到获得学位。他们学习和参与竞争的目的是为了学术荣誉。在大众高等教育阶段,虽然越来越多的学生工作或旅游一段时间之后才入学,但大部分学生仍是完成中等教育后直接进入高等教育。入学日益容易,学生学习水平参差不齐导致较高的"浪费率"。学生是寄宿与走读相结合,同时,职业训练成为高等教育的重要组成部分。在普及高等教育阶段,延迟入学现象较普遍。"时学时辍"现象层出不穷,并且大多数学生具有就业经验。伴随终身教育的掀起,正规教育与其他生活经历之间的界限日渐模糊。而且,随着学生的增加特别是越来越多贫困家庭学生的增加,相当比例的学生通过假期和在学期间从事非学术的工作来交学费。这种趋势对学生的内涵、课程(课外阅读和学习得不到保障)、动机以及学生和教师之间的关系产生了影响。阻止这种情况的发生是很困难的,特别是当它超出贫困学生的需要时。如果只有少数贫困但有能力的学生必须通过打工来交学费和维持生活,那可以略以不计。但当打工学生的比例达到30％、40％或50％时,高等院校就异变了。如英国政府给大学生提供津贴的明确目的是,使精英高等教育机构吸收更多的"平民"学生。但令人啼笑皆非的是,越来越高的津贴费用却对高等教育的扩张起阻碍作用,因为促使精英高等教育吸收贫困生的平等原则与高等教育规模的扩大相冲突。有几个国家逐渐实行学生贷款,是尝试解决这个难题的一部分。这种方式将保护大学抵制学生到校外打工。为技术和职业学生设计的"三明治"课程是另外一种解决办法,即通过把工作纳入课程之中来把它当做必须做的事情。

**6. 高等教育的多样性、特点和界限**

高等教育系统在不同的发展阶段其多样性也不同。精英高等教育具有高度统一性。各高等院校十分相似。大学具有较高的共同标准,虽然也可能包括高度专门化的培养部分文职人员的"技术学院"。大众高等教育虽然在允许学生和教师流动的高等教育系统的几个部门之间有一些联系,但将更加具有综合性,标准更加多样性。普及型高等教育机构的特点更加多样化,它们之间没有共同的标准。确实,标准本身正受到挑战和怀疑。

在这三种系统中,典型的学校模式在规模和特点上也存在不同。精英高等教育机构一般是二三千寄宿学生的小社会。如果规模超过了三千学生,它们将被分成几个分校(院),这些分校(院)就像牛津和剑桥大学的学院一样,规模相对较小。大众高等教育的标志是综合性学校,它们不是小社会,而是由三四万学生和教师所组成的寄宿和走读相结合的"大学城"。普及型高等教育的规模不受限制,把人们聚集起来只是为了教学,其中大多数学生很少或从来不去主校园,他们几乎没有共同之处,不构成任何意义上的有密切联系的小社会,没有共同的标准、价值观和身份。

人们从前面的叙述可能会猜测,精英高等教育机构与外部社会被清晰而严密的界限甚至被坚固的围墙隔离开来。在大众型高等院校,界限仍然存在,但更加模糊和较容易渗透;在大众型高校之内或之间,流动相对较为容易,而且"成员"的概念不甚清晰,尽管与多种学术或非学术目的相联系的正规成员的概念依然存在。在普及高等教育中界限已经变小,并逐渐消失。在某一时刻,任何一位打开电视机收听电视讲座的人都可被视为那一时刻"电视广播大学"的一位成员,而他当时是否按时交作业或是否注册入学则无关紧要。

**7. 领导与决策**

这三种高等教育系统类型的不同之处表现在以下几个方面:最高权威的来源;学术标准的性质;入学与选拔的原则。在精英高等教育机构中最高的领导与有效的决策,由相对少数的精英群体控制,他们是重要的机构、政治、经济和学术方面的领导者。他们相互了解,并拥有共同的价值观和思想观念,通过非正式的直接接触作出决策。其中的一个事例是,许多年来英国大学系统的命运由少数行政机构的领导、政府官员、大学副校长和大学拨款委员会的成员,在小小的委员会房间或在"文学与科学俱乐部"的圆桌旁决定。大众高等教育继续受这些精英集团的影响,但更多的受"民主"的政治程序决定,并受"关注者"的影响,这些"关注者"是社会一般公众的一部分,他们具有特定的兴趣和资格,并对整个高等教育或某个方面如技术教育的形式和内容等持有共同的观点。

高等教育政策日益服从于利益集团和政党计划的一般政治程序。"关注者"中有一类人是大众高等教育"产品"的雇主,他们对毕业生的技能和资格感兴趣。另一类关注者是"历届毕业生",他们继续关心母校的性质和命运。这些集团经常展示自己的政治手腕,比如同当选的领袖保持联系,同政府立法机关和大学中进行日常或长远决策的团体建立通讯联络。当高等教育转向普及时,其影响面更大了,不仅影响那些过去或现在受高等教育的人,而且波及其亲朋好友。另外,教师和学生进行教学和活动的场合——大学和学院受到普遍关注,它们不仅出现在重要的报纸和杂志上,而且流行杂志和电视也对它们进行报道。并且还引起大众的关注,这些人越来越把自己看成对高等教育的运行拥有合法的兴趣,即便仅因高等教育的巨额开支和对社会的深远影响。他们往往通过致函给官员、通过投票左右选举的方式来表达自己的态度。

关注高等教育并对高等教育政策产生影响的公众在数量和性质上都发生了变化,极大地影响了关于高等教育问题讨论的性质和内容,以及谁来参与并做出决策。学者们要求成为特殊的专家,以及给他们的学校以特殊的权利和优惠的观念逐渐受到怀疑。以前学者们对学术自由的理解是,不管政治利益和公众的看法如何,他们都能保护自己追求真理的学术权利,但随着越来越多的公众介入以前的精英领域,这种观念正受到挑战。

### 8. 学术标准

学术标准的内涵很清楚,在精英高等教育系统和机构中,至少是在精英教育阶段,一般设有共同的和相对较高的学术标准。大众高等教育阶段的学术标准更加多样化,在不同的机构和系统中其标准的严密性和特点不同,因为它们伴随着不同类型的学术单位。在普及高等教育中,也有不同的成就评价标准,与其说有一些学术标准的成就,不如说是凭借教育经验的"价值增值"。与初等和中等教育的非学术形式一样,这成为普及高等教育的评价依据。显然这从根本上改变了判断个体和学校活动的基础(例如,如果成功的标准是价值增值,那么学校愿意招收学术水平较低的学生而不是较高的学生,因为要提高那些低起点学生的水平比高起点学生的水平更加容易。这个观点实际上是促成了开放招生的原则。不管它的实质是什么,确实指出了向大众高等

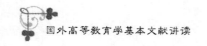

教育转变的重要性）。

**9．入学和选拔**

在高等教育发展的不同阶段,学生选拔的原则也多种多样。在精英高等教育中以出身和地位为依据的入学标准在过去的几十年中被以特定的考试成绩和中等学校表现的"英才成就"所代替。在大众高等教育阶段,作为入学限制条件的英才标准虽然仍为人们所普遍接受,但被教育机会均等观念冲淡了,人们通过补偿性计划和引进其他非学术标准来减少丧失了受良好教育权利的社会群体和阶层的入学机会的"不平等"。在普及高等教育阶段,高等教育对所有希望入学或有资格入学的人开放,其标准是个人是否愿意进入大学。普及化高等教育的目的是为了实现群体成就的平等而不是个体机会的平等,目的是使高等教育中社会阶层、种族和民族的分布合理。当然,高等教育越接近招收全部适龄人口,就越能更紧密地反映人口中亚群体的分布状况。同样,以下情况仍然是民主的,即初等和中等义务教育是民主的,不同地方和不同类型的教育机构所提供的教育也是民主的和多种多样的。在欧洲国家大众和精英高等教育之间的转型时期内,这种入学和选拔哲学已经出现。

**10．学术管理形式**

在三个发展阶段,学校管理形式也存在差别。典型的精英型大学是由学术人员兼任行政职务,他们实质上是非专职的行政管理人员。在一些国家,他们还可能在国家专职行政人员或注册管理员的帮助下处理日常事务或财政问题。但管理的领导者通常是选举产生或委任的,任职时间有限。到大众阶段,高等教育机构的规模日益扩大,功能也逐渐多样化,行政管理人员队伍也随之扩大;这时的行政领导,以前一般是学术人员,现在成了大学的专业管理者。随着高等教育规模的扩大,逐渐向普及化阶段转变,巨大的成本需要更大的财政责任和更复杂的管理形式。大学聘请越来越多的全日制专家,比如制度分析家、精通计划预算的经济学家。这个阶段大学的理性化管理出现了问题,因为大学自身的功能更加多样化。它的产品更加难以计数,因为管理程序日益依赖大量的数据材料对成本和收益进行评价。

系统收集和分析具体活动的大量数据材料并对这些活动的"产出"和"收益"进行测量,这是对大学进行理性管理的基础,它不仅与高等教育规模的扩展和费用的增加相适应,而且还满足了公众要求了解高等教育"效率"的愿望。这种高度依靠数据材料的管理技术成了与精英型高等院校的功能和活动相对立的一股强大力量,因为精英型高等院校的费用与收益难以凭借数量计算来确定。

但是,大众高等教育的发展不必一定要破坏精英机构及其组成部分,或者是一定要其转变成大众型高等教育机构。精英高等教育确实仍在发挥着大众高等教育所不能发挥的作用,其中的一些功用是教育和训练经过严格选拔的学生,以使他们适应需要高标准和高度创造性的脑力工作。像我们所看到的美国大众高等教育系统以及其他地方走向大众化的高等教育模式一样,我们看到的是高等教育功能、活动及学校在产生和扩展,而不是旧学校的消失。

精英高等院校或中心在面对周围系统的扩展和转型的情况下,仍要生存并保持自己的独特性,并不总是成功的。它们的特色和完整性受到下列因素的威胁:由中央政府控制的并认为所有的差异都是不平等的平等主义价值观;新形式的理性化管理的强有力的影响。学术管理的理性化是精英高等教育向大众化高等教育转变的反映和结果,但对其他形式的高等教育并非合适。在这个方面,与高等教育的多样性相背离,而高等教育多样性本身是大众化高等教育的主要特点。这就产生了一个两难问题,下面将要讨论这个问题。

## 11. 高等教育的内部管理

不同国家以及学校之间内部管理的形式和过程千差万别,但是,总体上精英高等教育倾向于由高级教授控制,那些不具备此资格的人员在主要的机构决策中仅起很小的作用或不起作用。随着高等教育机构特别是非专业人员的增加,后者逐渐对所谓的教授治校的垄断权利提出了挑战。在大众高等教育阶段,不同层次的初级工作人员享有校内管理权。而且学生不断拥有影响决策的权利,学生参与的形式和程度成为从精英向大众化转型时期的主要问题。

在精英高等教育向大众高等教育转型过程中,学校师生意识一致性的崩溃使学校内部管理问题大大尖锐化。在精英高等教育中,由于其功能狭窄以及师生群体相似,学校的基本特点和价值观能够被教师和学生广泛接受。而在向大众型转变过程中,其功能更加广泛,学生和教师类型更加多样化,他们来自于各种背景,对于高等教育是什么和应该是什么持有不同的观点和观念。同时兴趣和态度同高级教授差异显著的初级工作人员也获得了权利和影响力。来自各种背景并受激进的政治潮流影响的学生,对大学传统的价值观和理念提出了挑战。在许多高校中,构成精英高等教育基础的师生意识一致性崩溃了。同事之间以及教师和学生之间的关系不再拥有共同的观点,而是逐渐不确定,变得越来越紧张甚至产生冲突。管理的参与形式通常以旧的意识和可能的再创新为条件。现在高等教育也出现了社会政治机构中既常见又容易控制的利益和观念的冲突。对此,我们认为民主参与形式可以引入大众高等教育中。

大学的政治化几乎是所有发达社会所面临的共同问题,又是当今文化的一个主题。这个问题的解决在于大众高等教育系统内部维持多样性的结构,允许各组成部分和单位保持各自的独特性和相对狭窄的功能,教师和学生拥有适合于自己学校的共同的态度和价值观。单位内部意见的一致性完全与单位之间和较大系统内高等教育形式和观念的多样性相适应。但是如果整个系统的多样性反映在每个组成部分内部而无法达到一致时,那正如我们在一些国家所看到的,强大的权力和有效的决策不可避免地从大学流向政治权威手中。而他们的权力基础不是他们在高等教育中的作用,而是在于整个社会的政治活动。价值观的不一致以及激烈的政治价值和利益的冲突导致学校内部管理的崩溃,从而削弱了大学的自主权;人们必须作出决策并以社会广泛接受的方式进行资金筹措,如果学校内部不能进行,那么应由校外人士或委托人来承担。

……

最近十年间,每一个发达社会高等教育规模和功能的巨大变化是学术专业方向的多样化。"二战"后,许多国家规模较小的大学系统的工作人员仍由以学术和科学研究作为职业的教授及其助手组成。他们的大多数学生从事传统上与大学学位相联系的少数职业:高级中学的教学工作、文职工作、律师、医生、牧师,有些国家的学生还进入一些财政和工业领域。少数学生继续作为学徒跟随教授在本领域中获取更高学位。过去二十年中,高等教育的扩张、多样化和部分民主化使高等教育的功能更加多样化,因而使不同种类的学生能进入大学。正像以前所说的,大学内部对大学本质和特有功能的观念已崩溃。在每一个国家,学术人员对大学正在发生的变化或伴随着规模增长可能发生的变化所持的态度不同。乍一看,似乎学术人员之间的主要分歧是以下这些人之间的分歧,即支持和赞同高等教育从精英向大众过渡(包括选拔、课程等)的人,与那些捍卫精英高等教育的形式和功能的人之间的分歧。但是实际上许多学者(像政治家、文职人员和普通群众)既没有领会规模扩大的全部含义,又没看到它的必然结果,而且许多人支持高等教育继续扩张却反对向大众化转变。另一些人担心扩张却接受甚至支持学校性质的重要变化。教师赞同高等教育注册学生数扩张到占适龄人口15%~20%以上的态度并不为他们对管理、课程等根本变化的态度所支配。其实,后者的变化与高等教育大众化紧密相连。

换句话说,如果有必要分析大学教师的观点和学术方向的多样性,就必须把他们对待高等教育扩张的态度同他们对于高等教育特有的特点和功能的看法结合起来。要精确地描述学术方向的根本区别,不是沿着"传统主义者—扩张主义者"这个单一维度,而是采用多维分类。其中一个维度是他们反对或支持继续扩张,另一维度是他们赞成传统大学的形式和功能以及接受精英向大众转型过程中的基本功能和特性。分类如下表所示。

| 对高等教育特有的形式和功能的态度 | 对高等教育增长的态度 | |
| --- | --- | --- |
|  | 精英主义者 | 扩张主义者 |
| 传统主义者 | Ⅰ | Ⅱ |
| 改革主义者 | Ⅲ | Ⅳ |

当然,这些十分明显的倾向不能公平评判个别大学教师所持有的复杂的观点和态度,也不能捕捉他们思想和感情的细微差别。这种差别表现在人们试图保持大学及其学术作用的观念不同,以及对扩张主义者和精英主义者的价值观

的反映不同或对自己学校一些特性的变化的看法不一。不过,人们对这些价值的强调、对大学组织优先权的体现以及对国家和个人资源的分配确实存在着差异。在扩张和变化时期,当人们试图反对或推延或甚至试图加速与高等教育的扩张和民主化相联系的变化时,他们的价值观和学术方向在起关键作用,必须给予重视。

……

### 向大众高等教育转变过程中产生的两难问题

高等教育规模扩展以及由精英向大众转变产生了一系列两难问题。这些问题很难解决,但却仍然存在于教师、学生和管理者之中。这些两难问题的形式及重要性在不同国家之间有很大差异,但是在高等教育系统不断发展的每一发达社会中,这些两难问题在某些方面十分突显。

#### 质量、平等与规模扩展

一些观察者认为,高等教育规模稳步增长严重威胁着学术标准。标准问题说白了就是教学与研究的质量问题,一方面是要求的严格和高低程度如何,另一方面是丰富性和激励性如何。在一个极端,我们想象一批博学而富有想象力的学者在丰富的智力资源、文化、科学和学术氛围之中教育经过严格挑选而且学习动机很强的学生。在另一极端,学校充斥缺乏素养和才能的教师,他们在不利的条件下教育能力弱而且动机不强的学生——标志是薪水低、师生比不合理、图书较少、实验条件差——是一个激励因素弱而且智力资源贫乏的环境。许多国家赞成扩张现有的教育系统。无论各种学校的功能如何,这包含了整个教育系统中在共同的较高质量标准下所达到的教育成就。这种双重的赞成——即赞成不断增长又赞成高质量的教育——形成了两难问题。

这个两难问题包括三个方面。第一,强烈的平等主义观点即高等教育的所有规定都应该有利于实现质量平等(包括成本平等)。(如何评判高等教育对毕业生成人经历的影响,还缺乏可靠的标准,在这种情况下,我们试图根据教育的内部过程来对教育质量进行评估,这可以使我们实现质量与成本的平等。)第二,大众化高等教育所依赖的评价标准仍然主要是精英高等教育的原有的标准。第三,高等教育在迅速甚至几乎无限制地增长,而每个学生的消费水平仍然是精英高等教育的消费水平,这样就给国家和政府预算增加了难以承受的负担,而且政府预算还要解决公共事业不断增加的需要,比如社会福利事业、学前教育、婴儿抚养、初等和中等教育、住房、交通和国防等。

平等主义观点打破了阶级界限和政党的优先权。在高等教育上,它严厉谴责高等教育各部门间的任何差别。在许多国家,平等主义致力于缩小高等教育各部分之间的不同,减少不同部分和机构在地位、质量、成本和礼节等方面的差异性。持这种观点的人赞成由共同教育标准支配的单一教育系统,可以被称为"一元主义"。他们通常热衷于改革大学,并使它们发挥非精英高等教育的更多的功能,同时要提高非精英教育形式尤其是高等技术教育的质量,从而达到大学的标准。(这些人就是前面所说的"扩张主义改革者"。)这种自由、高雅和宽容的教育观点认为,高等教育不同部门和形式通常导致它们之间的严重差异,最终导致教师、学生质量和其他方面的差异。持这种观点的人认为高等教育中社会地位的差异与社会阶级结构紧密相连。他们论证道,大学系统之外的任何部门必然是提供给次等公民(绝大多数为工人阶层)的次等教育机构,历史上情况就是如此。从根本上来说,他们的口号就是"假如不是最好的,就什么也不要"。这特别是针对那些只能接受较低层次或二流教育的社会阶层的年轻人而提出的战斗口号。

考虑到为工人阶级提供平等的教育机会,这种观点是高雅而宽容的,但是由于它坚持成本与质量的"同等提高",就必然与高等教育的持续增长发生冲突。为20%或30%的适龄人口提供教育机会的高等教育系统的成本若要与为5%的人口提供教育机会的精英高等教育相同,那么一个社会不管多么富裕也无法负担这样一个高等教育系统。平等主义坚持认为高等教育各部分之间人均成本没有显著差异,同时又主张扩张,这样就必然造成了质量和成本下降。就他们建议高等教育系统共同的高标准来看,又必定极力主张限制扩张,虽然他们自己可能意识不到。是仅仅赞同共同的标准,还是赞同共同的高标准,这是一元主义的关键问题。

高等教育在社会地位、师生比、质量、成本等方面存在明显差别,而一元主义根本无法容忍这些差异。原则上可能认为一些院校因为承担了更多的科研任务,所以花费很昂贵。但实际上,禁止从事科研活动而主张真正的一元主义是很困难的。科研本来是很昂贵的,而且人们倾向于把科研视为高等教育的最高水平。作为现实身份的一个证明,科研会吸引最有能力和创造力的学术精英,学校会吸收这些在高等教育系统中获得较高地位的人。因此真正的平等主义政策必须允许每一个学校吸引那些具有创造精神的人,并且支持他们的科研和他们高度自主权,以使他们创造新的知识,开拓新领域以及创建新学科。

尽管新的管理形式无处不在,但对这些活动进行组织并使它们合理化是很困难的。由于种种原因,希望把所有学校提高到一流大学的水平的一元主义观点倾向于限制高等教育的增长;如果每一个位置、每一个新学校与旧学校的费用同样昂贵,那么必须对增长进行精心计划和严格限制。然而,平等主义精神压倒了高标准精神,例如美国,其口号不是那"不是最好的就宁可不要",而是扩张主义的口号"有总比没有好"。在这种情况下,他们倾向于宁愿降低水平也要扩张,而不是为求水平上升而控制发展。

这个两难问题的关键,是新形式的高等教育是否能在赢得较高社会地位和满足平等主义要求的情况下发挥应有的功能,同时在向大众高等教育转型过程中,减少人均消费。英国的开放大学当然是向这个方向发展的尝试。不过一个社会可能抵制一元主义和平等主义的观点,而发展美国模式的高等教育,即支持高校内部费用、质量、形式和功能的多样性。(后面将要讨论,在财政拨款的学校中这种做法更困难,因为最终是由中央政府机构来控制。)在一些情况下,新学校越有生机,对图书馆、科研设备、薪酬计划表以及老牌学校的精神需要就越多,也就越有可能促进人均费用的提高。探究不同社会中两难问题的形式的差异性很有必要。

高等教育扩张对标准和质量的影响是一个复杂和不确定的问题。在20世纪50年代高等教育规模扩张阶段的初期,大学教师和其他人普遍担忧只有少数有能力的人得益于高等教育。如果高等教育的扩张超出这些人数的范围,必将造成学生质量下降。但数量增长后没有学生整体质量下降的证据,因此这种担忧已经减少,在一些地方已经消失。然而,一些观察家认为,虽然新生的能力不差,但他们在中学的动机不强,而且对重要的学术工作的准备不足。人们普遍有这种感觉,虽然这种假想缺乏有力的证据。有人描绘了昔日神话般的"黄金时代"中的理想化学生,并将其与今日学生对比,这种做法也是值得怀疑的。

许多人,特别是在那些新入学的学生,有一种持续不断而又似乎可能的担忧,即高等教育的快速扩张降低了平均质量和大学教师准备的充分性。其他人仍担心高等教育的扩大已经对师生之间的关系造成了不利影响:使他们更加疏远和冷漠(他们过去不是这样)。一些人认为大众化高等教育引入了粗俗的市场、职业训练、群众政治、流行文化,必定会影响高校的智力环境。

尽管这些忧虑情有可原,并非完全没意义,但每个社会高等教育扩张对质量的影响似乎都存在上述的两难问题,特别是它努力达到一个共同的质量水平,或者寻找产生和支撑系统内部作为高等教育的标志的特性,包括质量和费用的多样性。可能的情况是,在质量、平等和扩张的相互作用的过程中,教育者如果准备捍卫一部分高标准的高等教育系统的学术生活,他必须接受多样性所产生的不平等。当然,那些解决办法也有道德、智力、财政以及政治上的困难,一些社会可能愿意选择高标准下的平等,而牺牲继续快速增长。要想使高等教育的质与量二者都令人称心,那只是一种修辞而已。

### 不确定和快速变化条件下的计划模式

本文对高等教育发展阶段的分析包含有努力探寻未来的一些尝试。当然这引起了一个问题,即在何种程度上整个系统或单个院校的发展计划能够帮助减轻过度的难度及解决转变过程中出现的问题。反过来,这还要考虑到预测的性质及其在教育计划中的作用。让我们首先对长期趋势和难以预测的发展作个区分。

**1. 长期趋势**

本文所探讨的长期趋势是指社会机构在可预示的今后几十年内大的变动方向。我们推测,高等教育在本世纪余下的年头里,其发展趋势中最重要的是

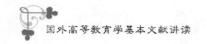

数量增长、民主化和多样化。

（1）数量增长

尽管高等教育增长带来一些问题，尽管各地认为高等教育增长应该减缓或停止，但是看来任何发达工业社会在近期内的任何时刻都不可能中止高等教育的学生数量增长。任何政府和部门将不得不相信这一推论的真实性。

对大学和学院中职位数量增长的广泛需求在继续扩大。尽管有许多关于毕业生失业和过剩的自由言论，但是人们仍然清醒地认识到接受高等教育能够大大增加获取更多的生活乐趣、安全感以及高薪工作的机会。年轻人以及他们的父母对选择最好和报酬最高的工作的关心将促使人们对高等教育的需求不断提高。

这些理性的预测和推算最初对那些正处在高等教育门槛边的人产生了影响。他们过一两年就将完成中等教育，但从精英向大众高等教育转变所产生的一系列社会和心理力量支撑着高等教育本身。由于越来越多的人接受高等教育，甚至更多的人开始意识到本人或孩子有可能且有必要接受高等教育，因此高等教育与人们生活水平紧密相连。送子女上学逐渐成为生活的需要而不是上层社会和能力较强的少数人的特权。让孩子接受高等教育就像获得一辆汽车或一台洗衣机，是财富增长的一个标志。发达工业社会的人们永远希望提高生活水平。另外，送孩子上学已经或将要成为提高社会地位的标志。它不仅是成人社会地位升迁的筹码——在这个方面就像在一个国家购买了房子或汽车——而且还为家庭后代社会地位变动奠定了必要的基础。完成中等教育的人数在不断增加，如果他们仍然准备获取更高地位的职业，那么完成中等教育的人数越多，他们越有必要送孩子接受高等教育。由于越来越多的职业要求文凭或其他高等教育资格，情况更是如此。

如果要求中等后教育文凭的工作岗位没有增加，那么父母和青年人接受高等教育的希望当然会受到抑制。在这一方面，目前有许多关于毕业生过剩和市场对进一步深造的人才的需求减少的言论。但是几乎没有毕业生过剩的证据，而且这种情况还将继续保持三四十年。高等教育与全部人口对职位需求的增长紧密相连，因此这里有经济的推动力，主要标志是社会第三产业和服务部门不断增加。有两种表现形式。其中一种是那些过去或目前需要高等教育资格的职位的增加。每一个发达经济增长的标志是管理和技术人员数量的增长超过了体力和熟练工人的增长。生产的合理化、工业和商业组织的增长产生巨大的官僚组织，在他们的中层和高层范围中显然需要由中等后教育所提供的技能、态度和方向。而且还有一整列新职业和准职业，特别是那些与政府福利事业紧密相连的职业——社会劳动者、罪犯教育学家、环境、交通、房屋、城市专家等——需要高级训练。

另外，同样重要的是职业教育的膨胀。随着受教育人数的增加，工作所必需的条件被重新限定。因此，以前由中学毕业生从事的工作逐渐由受过中等后教育的毕业生来担任。人们可能认为许多工作，如中层的商业经营或公共管理，不需要正规的中等后教育。但事实上，越来越多接受过正规中等后教育的人成功地在这些工作中与那些缺乏正规教育资格的人进行竞争。他们一旦从事这些工作就倾向于通过履行责任，发挥首创精神，运用技巧和想象力来改造这些工作。而当这种职位由较低资格者担任时，它可能没有这种需求。这是高等教育范围扩大对职业结构产生影响的一个方面。而人力分析家几乎从未考虑到这个问题，部分原因是近年来毕业生进入了传统毕业生所从事的职业，而不是重新限定和改变以前由未接受高等教育的人员所从事的工作。从精英向大众转变的一个重要方面在于接受教育的人在改造职业工作，而不是像以前他们在这些职业范围内属于被雇佣者。

高等教育大众化所需要做的是打破教育与职业结构之间旧有的刻板联系。以前，学位不仅使人们能胜任一定范围的职业和专业，而且取消他们从事以前所有不聘用毕业生的工作的资格。因而，"毕业生失业"从来不是说毕业生不能找到与非毕业生进行竞争的工作，而是他们不能找到与自己身份和尊严相适应的工作。大众高等教育打破了这种联系，并且允许获得高等教育的毕业生在不失去尊严的情况下寻找不管存在于何地的工作。毕业生在不考虑不合适工作的条件下从事某项工作，能够提高这个工作的地位以及他们应用技巧和发挥创造性的机会。同时，与那些没有接受过高等教育的人进行竞争，可以为后者获取正规资格施加压力，从而使他们也能够成功地参与广泛的白领职业。这个过程（像由于正规教育而提高了生活水平一样）无疑提高了工业社会的人口和他们的职业结构对高等教育的需求。

伴随社会、心理和经济力量的变化，中等教育机构也发生了变化，为高等教育输送越来越多的学生。离校年龄的提高，大学预备学校的扩展以及综合学校的发展都在鼓励学生继续留在学校，并使他们能够有资格进入高等院校。中等教育机会的增加反映了现代社会的民主化和前面提到的经济变化。这些力量促使那些处于高等教育边缘的男女青年接受高等教育，这些青年有能力随着经济和社会动力的变化而进一步学习，增加了大学生的绝对人数和占适龄人口的比例。

人们普遍认识到，现代社会中社会经济和技术的变化速度很快，并且在不断加快。像计算机等新的发明，原子裂变和聚合能量的变化，交通、娱乐和通讯形式的变化几乎一夜间产生了新的工业，同时宣判其他工业的衰退和过时。经济发展越快，经济及其基础的转变也越快，反过来又促进人们劳动生活的变化。一个研究社会和技术变化的学生推测，美国目前进入劳动力市场的人不仅仅改变他的工作而且是改变他在工作生活过程中工作九或十次的行业。

社会的快速变化虽然不是唯一由技术快速变化引起,却很重视获取技能的能力。这大大增强了正规学校培训学徒和在职培训的重要功能。正规教育为广泛理解管理和技术原则奠定了基础,并且首先为提高获得新知识的能力提供了训练;而学徒和在职培训所学的技能通常很快就过时。技术和组织的快速变化,使正规教育和职业结构的具体部分之间的联系更加松散,但是他们增加了正规学校支持快速变化的技术体系的整个结构的作用。这个事实驳斥了非技术研究没有职业成分的假设。相反,很可能,高等教育需要的最重要的技能是敏感而成功地对社会和技术变化的反应能力。最重要的技能是大学生在高级研究中所获取的技能。这些技能给他们巨大的益处,而那些没有接受高等教育者是无法得到的。确实,可能正规教育是决定人们是否是社会和经济变化的受益者或牺牲品的重要因素。

很显然,这些变化对一些部门的人有益而同时伤害了其他人。而受害者往往是那些缺乏熟练技能因而不具有快速适应要求的能力和机会的人。不仅是适应新的工作的能力,而且是应具有知道新机会产生在哪里的能力,这是受教育的标志,然而,在现代社会中较低教育水平者却不具备这种能力。

(2) 民主化

在欧洲至少持续两个世纪,并且迄今尚未减弱的一个长期趋势,就是社会的民主化。在最早期的形式中,包括选举权和其他政治权利向更多的社会部门延伸。另外,传统社会的等级差别也在减弱,各种社会和经济权利(曾经是特权)向更广泛的社会部门扩展。传统社会的等级制度依然存在,而且深深植根于许多社会的社会结构之中。然而在西方的每一个地方,在世界大战、社会消费的增长、民主政治、大众传媒和大众教育的影响下,这种等级制度正在减弱。大众化高等教育的运动将有利于社会的根本民主化,而社会的民主化又将反映和促进高等教育机会的增长,但是教育机会的增加和民主化、开放办学可以说仅仅是这个过程的一部分。迟早,人们会意识到机会平等政策的最终结果必将在社会阶层和群体平等成就中得到反映。如果英才任意分布在人口之中——已经成为一个政治断言的经验性问题——那么接受高等教育并获得学位和证书的不同社会阶层的年轻人在比例上的任何差异一定是由社会差异的模式造成的,而不是由个人能力的不同造成的。平等主义时代的这些差别逐渐被认为是不平等、不公平的。强烈的社会和政治力量正在减少或消除差别。如果来自每一个社会阶层的比例趋向于平等的话,那么这些力量的最终结果必定是职位的膨胀。显然这是一个长期的目标,而不像公共政策立刻会产生结果。而且还有许多人对这些政策持反对意见。然而无论人们怎样讨论,很难想象它们具有决定性以及社会的完全民主化不会延伸到高等教育之中,因为在初等教育阶段已实现了民主化,并且在中等教育阶段正在力争实现。

(3) 多样性

高等教育中有望继续发展的另一趋势是高等教育的形式和功能的多样化。就像本文中多次提到的,人数的增长也意味着学生的家庭出身、特性、动机、志向、兴趣和经历的多样性。所有这些给高等教育系统施加了巨大压力,要求高等教育以同样的多样性来反映教育中学生的多样性——课程、教学形式等方面。一个主要问题是与部分偏向于传统的教育者作继续的斗争,同对变革传统大学标准、价值观以及本质特性的威胁做斗争,这种威胁是由于学生群体的增加和变化而产生的多样化所造成的。

除了正规高校内部的变化外,高等教育的多样性还表现在向上和向外的发展,向上是为相当一部分人提供成人教育或终身学习,向外是把高等教育带到人们家中或工作岗位。这儿隐含着许多压力。例如,社会和技术迅速变化的力量,仅此就足以产生对新技能和正规培训人才需求。或是这些人正要改变自己的职业,或是他们的工作或专业正在发生快速变化并超出了他们继续维持现有工作的能力。例如,工程师和医生除非能够获得本专业中正规的最新动态的培训,否则将逐渐与本专业最近的发展失去联系。但另外,许多教育者认识到大部分直接从中学进入老牌大学的学生群体由于种种原因有点怨恨过长的正规教育,而且动机也较弱。相比之下,在职业结构中进一步接受正规教育的成年人的能动性很高。对他们进行教育很有益处,他们确实通过自己的工作经验把新的而又具激励性的因素带回了课堂。另外,他们的政治兴趣较低,学术或职业兴趣较高,这引起了许多教育者和政治家的注意。考虑这个因素,为已经工作的人提供部分时间制或夜校的成人教育,通常比传统形式的高等教育费用更低。学生不必花较多的费用居住在大学;而且如果他们就学期间还在继续工作,就不存在他们以前预计收入的隐性成本。关于终身教育的主题已经有很多论述;我赞同这种观点,即过去的三四十年中高等教育的增加速度最快。如果成年人直接进入重点学院和大学与从中学直接进入大学的青年学生共同学习,将对两者都大有益处,更重要的是改变了高等教育的特性。

成人教育已经从与青年人相连的传统形式的教育中分离出来,很可能与如何完成高等教育的各种假说切断联系。它可能得到更广泛的传播,并且与人们的工作和学习地点更接近。英国的开放大学表明以英国大学的高标准为标准的开放大学能为人们在自己家中提供教育,现在美国及其他国家远程教育形式正在借鉴这些经验。电视、录像以及网络设备的使用,大大促进了传统大学之外的高等教育的发展。而同时,这些发展阶段可能首先发生在成人教育之中,在不久的将来可能适应于中等后教育。

增长、民主化和多样化是高等教育发展的长期趋势。尽管不同地方的高等教育发展速度和形式各异,但我们预计在以后的三四年中高等教育将继续发展。就来来高等教育的长期走向而言,我们可以满怀信心并有能力作出计划以掌握未来，首先是在理智上，然后是在制度上。但是未来不只是长期趋势的集合；它也充满难以预测的事件和发展，这严重限制了我们预测世界本质的能力，而预测世界的本质的目的是为了进行规划或提高实现预期结果的能力。

### 2. 难以预测的发展

难以预测的发展有多种不同的表现形式，比如工业中的新技术、一系列特定的历史事件、社会部门，特别是大多数青年人的价值观的变化。谁能在二十年前就预测到计算机和电子工业的普遍发展？这些工业极大地影响了发达工业社会的经济和职业结构。从较狭窄的观点看，它们已大大改变了教育资源的效用。录像、电视及计算机等可以使人想象高等教育的远程教学形式与"二战"前的"校外学位"函授课程的截然不同。

特定的历史事件已影响了我们预测高等教育发展的能力。在美国，约翰和罗伯特·肯尼迪被刺深刻地改变了本国的政策（包括大学和学院的政策），不只是影响了美国在印度支那军事困境的程度和时间。20世纪60年代，英国的国际收支差额危机及其对英国国家计划的影响极大地改变了该国高等教育的发展。或者举一个推测性的例子，东西方紧张关系的缓解和对军备竞争的强烈控制在不久的将来可能把西方国家用在防御上的巨大资源转投到高等教育。

整个社会或社会主要部门的价值观也发生了巨大的变化，并对高等教育产生了影响。例如，所有工业社会环境问题的增加对高等教育的各个方面均产生了影响。一方面，对社会和技术领域中具有广泛综合性的高级知识人才的需求在增长。另一方面，高等教育为了获取资源，必须参与竞争，否则高等教育可能得不到这些资源。另一个例子是西方社会的"逆流文化"增长迅速，中产阶级青年抛弃了理性，而崇尚浪漫主义和非常规的宗教信仰形式。与此密切相连的是青年中出现的抱负危机，其标志是把道德和团体需求放在首位，而反对追求个人成就和个人发展。价值变化的意义在一定时期难以评价，但可能对像大学这样的机构产生严重后果。这些机构主要是在理性原则的支配下建立起来的，而且主要是为成年人的职业准备。这种职业建立在知识和专长的基础之上。

20世纪60年代大学生过度关心政治问题，而且准备把政治行动主义引入大学，这又给高等教育机构提出了其他一系列问题。在以后的十年中，这种格局如何发展很难预测。另外，几代人之间的关系、权利及其基础、基本信仰和价值观都发生了变化，使大学和学院的传统关系出现了问题。

### 3. 计划的形式

面对历史发展中一系列不确定的和偶然的事件，以及难以通过理性加以预测的长期变化结果，有必要对所谓的"指令性计划"与"系统性计划"作个区分。

指令性计划主要是由发达社会的统治机构和社会各部门来共同实行，目的是详细阐明以后十年中高等教育系统的规模和发展状况，以及教学内容和形式。简言之，就是规定教什么、教谁、教多少、在什么类型的教育机构以及多少费用。指令性计划必须依赖对长期趋势的分析,它建立在对人口、经济以及对一定时期内高等教育的有效资源的预测和估计的基础之上。相比之下,系统性计划的特点是多样性和灵活性。它的目的不是详细制定高等教育机构应该怎样、或者是怎么教、教谁以及教什么的问题。这两种形式的差别是,指令性计划是规划教育系统中具体的规模、形式和内容,而系统性计划则规划高等教育系统的形式和结构,使之更好地适应长期趋势和难以预测的发展。

尽管指令性计划可能不适合未来不可预测的发展,但它在各个地方都占统治地位。其原因,第一是中央统治机构的存在。拥有制订计划权力的中央统治机构的存在,保证了计划的形式。第二,人们有一种错觉,即高等教育是由一个不受难以预测的发展影响的相对封闭的系统组成。这是高等教育系统包括义务教育和精英高等教育的旧时代残留下的思想;这种体系的大多数计划主要是规划少数年轻人所需要的位置和教师。这是将基础教育的全国性指令性计划形式用于高等教育。而我们很容易发现,高等教育比基础教育更容易受到技术、历史事件、价值观的深刻变化等这些难以预测的发展的冲击。第三,增长本身对指令性计划起促进作用。高等教育增长越快,对财富的需求越大,关注高等教育的人越多,越需要对它的形式和花费进行严格控制。随着对高等教育的社会责任感以及有效实现预定目标的能力的需求不断增加,不可避免地把高等教育转变为更为严格的控制和指令性计划的形式之下。但是这种控制只有根据以未来趋势和指令性计划为基础的有效知识,才能发挥作用。在指令性计划控制下的高等教育增长更加需要这种体制来维持和提高它对人数、费用和标准的控制。

严格控制的指令性计划对意料之外的发展缺乏灵活性,对新的发展反应迟钝。另外,由于指令性计划是由中央政治机构制订,从而导致许多教育问题政治化。尽管多样性本身包括高等教育所具有的适应意料之外以及预料之中的发展和现代社会的长期趋势的应变能力,但是由中央规划机构所制订的指令计划却没有或许不能引起高等教育的形式和结构的多样性,也许这是中央统治机构试图使高等教育在它们的控制之下整齐划一。只有在把不同的功能赋予高等教育的不同部门的情况下,这种趋势才得以减缓,而且就像英国的双重制一样不可逆转。中央政府对高等教育进行集中统一的控制有几个方面的要求:1)统一使用行政形式和原则,比如入学原则、制定标准原则、科研机会的提供和分配原则;2)广泛平等原则,即在单一的统治机构下对相同的单位给予同等的对待;3)不断增强的平等主义价值观。这种价值观把高等教育机构的所有差别(包括功能、标准以及资助)都视为不平等。考虑到以上情况,以及高等教育机构都在努力升格为一流大学并都力图摆脱政府的控制,我们发现,当高等教育的多样形式和功能不断增强并超越现状时,就会遭遇强大的抵制力量。

许多国家限制多样性所采取的形式是试图强调对高等教育的标准、费用、功能、形式等的严格控制,使这些全部符合于高等教育的传统价值观。多样性不仅被看做是对政府权力、对公共资源控制、对政府和官僚程序、对公平原则的威胁和挑战,而且还被看做是学术的无政府状态和对高等教育传统价值的威胁。

确切地说,这里存在对市场一定程度上的敌视,即把市场看做是指令性控制的颠覆和对应受保护的文化生活的不平等控制的具体表现。另外,高等教育的增长关系到高费用和公共责任感以及随之而来的理性化的管理效率。在这儿,我们看到了那倾向于指令性计划的强大力量。我们到处可以看到中央政府机构不喜欢真正的和不断发展的多样性。它们继续努力恢复对高等教育的控制,使其沿着所期望的路线发展。人们可能会问:在从精英向大众化转变的混乱和不稳定时期所出现的更为强大的趋势,实际上是否是由大众高等教育的多样化体系所引起的?

也有一些相反的力量支持甚至加强高等教育的多样性(当然不同国家在强度上也不同)。首先,在一些地方有多种政府机构管理高等教育,美国就是一个典型例子。其次,更为普遍的是资助(包括公共和私人资助)的程度也多种多样。第三,政治家和教育家也逐渐认识到高等教育功能和形式多样性的必要性。这使他们努力通过立法和预算手段去创造并捍卫高等教育机会的差异性。另外,人们已意识到现存的高等教育形式的不适应性并准备为每一个层次的高等教育的革新提供支持。也许最重要的是,高等教育快速增长和规模扩大使统治机构更难对规模庞大而又多样的高等教育系统实行单一形式的控制。

向大众化转变中的高等教育机构和系统的扩张对为规模小而简单的精英系统所制定的管理结构造成了很大的压力。人们开始采取行动躲避超负荷的人员不足的管理控制。最后,不管是否合乎需要,很难使高等教育的功能和活动多样性合理化。高等教育的实践中许多事情很深奥,并且对于从事狭窄的学术或专业研究之外的人员来说是难以理解的。学术界中,学术领域专门知识的直接垄断地位是学术自由的根本基础,并减缓(虽然不是阻止)控制入学、学术标准、资助、工作量等统一规则的应用和理性化。当然更确切地说,这里知识基础很强大,而且学者们的精英权威很高——这是学术自由在精英高等教育机构中得到更为成功的保护的原因。

学术活动的多样性以及需要对它们进行评价的专门知识也妨碍了高层领导机构获取精确的和标准的有关高等教育运行的信息。对于高层政府机构更是如此。对新领域的无知和模糊使得发展统一的过程和规则以及支持多样性更为困难。

系统性计划目的在于加强高等教育的多样性,例如它将扩大和增加政府机构和资助渠道的范围和多样性,努力扩大高等教育发挥功能以及服务全体公民的范围。它将创造预算控制的新形式,但不把相同的"高效率运作"标准强加于系统的每一部分。就本文来说,它将捍卫大众化高等教育中的精英高等教育机构,同时不允许原有的精英高等教育机构把自己的形式、标准以及费用强加给新的机构或整个系统。

以多样性为特征的高等教育系统计划与大多数欧洲国家的教育计划的结构和特性不一致,多样性的计划很明显要冒风险,而指令性计划则给人们一种更有效地迎接未来偶然事件的幻想。指令性计划和中央管理及控制结构,就像前面提到的,有可能成为多样性的敌对力量,因为多样性使得指令性计划和控制更加困难,而且它与政府机构和公共机构所提倡的平等原则相悖。由于种种原因,对高等教育负有责任的政府机构似乎不可能或不能放弃它们的控制权。总的来说,在欧洲许多国家,高等教育中反对多样性的力量比支持或加强多样性的力量强大得多。这不仅是争论较大的问题,而且是一个值得进一步进行比较研究的问题。但如果这个假设正确的话,以下几个问题应该充分重视:

(1)中央机构或权威不断增加对高等教育的形式和功能的控制是否是伴随着高等教育的扩张和费用的增加而产生的必然结果?

(2)目前公共权威是否是反对高等教育多样性的一股力量,即反对那些包括高等教育的功能和标准、教育形式、资金来源以及与社会机构之间关系的多样化?

(3)如果是这样的话,这些是否是中央政府机构控制所固有的标准化趋势,或者对于中央统治和财政机构来说是否可能发挥其支持和增加高等教育多样性的功能?如果是这样的话,什么样的统治和资助结构能达到这种效果,什么样的操作原则能控制他们的活动?支持高等教育多样性的努力怎样才能经受住政治的压力?这些压力产生于:① 平等对待所有同类单位的原则;② 不断增强的平等主义观点和政策。

## 结　　论

由于不可能对 15 或 20 个复杂工业社会高等教育中所出现的所有形式进行很具体的分析,本文主要分析那些有意义的或至少是有趣的方面。有必要对这些讨论进行更高层次的抽象,但这意味着所进行的评论不能对任何机构或任何单一的系统具有针对性。这篇文章的目的不是增加和传播知识,例如统计报告或对一些教育形式的比较观察等,只是试图提出思考发达社会高等教育发展的方式,从而提供一种方式来设计一系列有关这个发展的相关问题。我的一些断言不一定对,将受到挑战,一些断言实际上可能是错误的,至少在某些方面可能如此。更为重要的是,这些问题是否确实就是在从精英向大众阶段转变过程中政治家、教育工作者、学生、公民所遇到的实际存在的两难高等教育问题。本文的目的是帮助识别和澄清这些问题,而不是对它们作出回答。保持我赞同多样性的倾向,我认为即使发达社会高等教育所面临的问题相似,对它们的回答也是有差别的。

(王香丽　译　谢作栩　校)

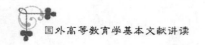

# 专题拓展阅读文献

1. [美]查尔斯·霍默·哈斯金斯.大学的兴起[M].王建妮,译.上海:上海三联书店,2007.
2. [法]雅克·韦尔热.中世纪大学[M].王晓辉,译.上海:世纪出版集团,2007.
3. [英]海斯汀·拉斯达尔.中世纪的欧洲大学(第一卷)——大学的起源[M].崔延强,邓磊,译.重庆:重庆大学出版社,2011.
4. [法]雅克·勒戈夫.中世纪的知识分子[M].张弘,译.北京:商务印书馆,2002.
5. Cobban, A. B. The Medieval Universities—Their Development and Organization[M]. London:Methuen & Co. Ltd. , 1975.
6. 马万华.多样性与领导力:马丁·特罗论美国高等教育和研究型大学[M].北京:教育科学出版社,2011.
7. [英]劳伦斯·维赛.美国现代大学的崛起[M].栾鸾,译.北京:北京大学出版社,2011.
8. [德]弗里德里希·包尔生.德国大学与大学学习[M].张弛,等译.北京:人民教育出版社,2009.
9. 陈洪捷.德国古典大学观及其对中国的影响[M].北京:北京大学出版社,2006.
10. [加]简·奈特.激流中的高等教育:国际化变革与发展[M].刘东风,陈巧云,译.北京:北京大学出版社,2011.
11. Westmeyer, Paul. A History of American Higher Education [M]. Springfield:Thomas,1985.
12. John S. Brubacher & Willis Rudy. Higher Education in Transition:A History of American Colleges and Universities, 1636—1976[M]. New York:Harper & Row,1976.
13. Lucas, Christopher J. American Higher Education:A History[M]. New York:St. Martin's Griffin,1996.
14. Hofstadter, Richard. American Higher Education:A Documentary History, 1916—1970 [M]. Chicago:University of Chicago Press,1961.
15. Martin Trow(2005). Reflection on the Transition from Elite to Mass to Universal Access: Froms and Phases of Higher Education in Modern Societies since WWII, International Handbook of Higher Education Philip Altbach,ed. Kluwer.
16. Martin Trow(2003). On Mass Higher Education and Institutional Diversity,Samuel Neaman Institute for Advanced Studies in Science and Technology, Technion-Institute of Technology.
17. Martin Trow (1979). Elite and Mass Higher Education:American Models and European Realities,Research into Higher Education:Processes and Structures. Stockholm:National Board of Universities and Colleges.
18. Harold Perkin (1969). New Universities in the United Kingdom, Case Studies on Innovation in Higher Education. Paris:OECD.

# 第三编

## 大学的理念

> 大学的存在本身就意味着,确实存在——或许还为数不少——过去我们值得为之奋斗的东西,值得为之坚持的东西;并且也确实存在——无人知道多少——我们用以塑造自身向往的未来文明的东西,尽管没有人知道其作用有多大。
>
> ——《现代大学的理念》

## 专题导论

　　大学理念的问题一直萦系人心，吸引着世人的探索，却一直难以形成统一观念。英国历史学家哈罗德·珀金曾指出："大学的含义和目的可以说是因时而异，因地而异……谁都在谈大学，但是大学作为学者进行教学、科研和从事社会服务的场所，我们只有在不同时代、不同地点的具体环境里才能弄懂大学的这些任务究竟是什么。"① 这段文字表述清楚地说明，大学理念是一种非常主观的东西，是某些人对有关大学基本问题，如性质、地位、职能，及其内部部门之间，内部与外部环境之间相互关系的看法和观点。正因如此，在不同时代、不同地点、不同身份人的眼里，大学所扮演的社会角色及其社会功用都是迥然有别的。一般来说，人们都是按照自己的需要，自己的理解，来阐述诸如"什么是大学""大学为何而立""大学为谁而立"以及"如何办大学"等基本问题的。例如，对于教会和僧侣而言，设立大学的目的在于精心培养非常虔诚、非常狂热、非常没有脑筋的对社会毫无用处但对僧侣有用处的公民；对于工商界人士而言，创办大学旨在为生产领域培养更多的技术人员和熟练劳动者，提供给他们更多的新技术、新产品，为他们创造更多的财富和资本；对于政治家而言，开办大学旨在培养他们所需要的人才，并能证实他们纲领和口号的正确性；对于学者而言，大学应该成为自由探索知识、传播知识的地方；对于学生而言，设立大学及实施大学教育应该满足他们发展的需要，能够使之获得理想的职业和工作。显而易见，不同社会群体，不同职业人群的大学观是千差万别的，即使在高等教育理论家和思想家那里，对于这个问题的回答也是众说纷纭，见仁见智。

　　从历史上看，曾经有一代又一代的高等教育理论家和实践家先后发表许许多多有关的文章和著作，如洪堡（W. Humbold）的《论柏林高等学术机构的内部和外部组织》（1810 年）、费希特（J. Fichte）的《大学的理念与构想》（1817 年）、纽曼（J. Newman）的《大学的理念》（1852 年）、雅思贝尔斯（K. Jaspers）的《大学的理念》（1946 年）、奥尔特加（G. Ortega）的《大学的使命》（1930 年）、哈钦斯（R. Hutchins）的《乌托邦大学》（1936 年）、克尔（C. Kerr）的《大学的功用》（1963 年）、贝恩（K. Benne）的《大学的理念》（1965 年）、艾肯（H. Aiken）的《大学的困境》（1971 年）、博克（D. Bok）的《大学与美国的未

---

① ［美］伯顿·克拉克. 高等教育新论——多学科的研究[M]. 王承绪，等译. 杭州：浙江教育出版社，2001：24.

来》(1984年)等。这些著作和文章构成了西方高等教育理论宝库中丰富而珍贵的历史遗产,学习和了解这些丰富而宝贵的思想,对于我们理解大学,及其在全球化和知识经济社会的特殊作用,具有十分重要的意义。如金耀基先生在《大学之理念》一书中指出:"这些理念无一不是今日大学之活水源头,也无一而非继续形塑大学性格的观念力量。"

  有关大学理念的文献浩如烟海,仅经典之作亦不胜枚举。经过反复斟酌,本专题节选了六篇来自代表性论著的部分章节,它们分别是:洪堡的《论柏林高等学术机构的内部和外部组织》、纽曼的《知识本身即为目的》、弗莱克斯纳的《现代大学的理念》、克尔的《多元化巨型大学观》、艾伦·布卢姆的《通识教育》,以及沃特·梅兹格的《学习自由和教学自由》。本专题选文的目的在于帮助读者了解不同历史时期不同高等教育思想家们对大学的基本看法和主张,从而加深对大学基本问题的认识。

# 论柏林高等学术机构的
# 内部和外部组织①

威廉·冯·洪堡

## 作者简介

  威廉·冯·洪堡(Wilhelm von Humbold,1767—1835),德国近代著名哲学家、语言学家、政治活动家和高等教育家。生于德国波茨坦一个贵族家庭,受过良好的家庭教育。1787 年考入法兰克福大学法律系,后到哥廷根大学改学历史与古典文化。1802 年被任命为普鲁士驻罗马教廷公使。1809 年,任普鲁士教育部长。在任期间,积极支持组建柏林大学。其主要著作包括:《柯尼斯堡计划》、《立陶宛学校计划》、《文化和教育司工作报告》、《论柏林高等学术机构的内部和外部组织》等。

## 选文简介、点评

  洪堡的这篇文字是未完成稿,未注明写作日期,估计写于 1809 年 11 月至 1810 年 5 月间。洪堡时任普鲁士内政部文化与教育司司长,掌管教育。学者盖普哈特(Bruno Gebhardt)在柏林科学院档案中首次发现了这一文稿,并在其 1896 年出版的《洪堡传》中公布了大部分内容。其后,皇家图书馆馆长、神学家哈纳克(Adolf Harnack)在其 1900 年出版的《科学院史》之资料卷中收录了全文。
  文稿分为两个部分。第一部分论述高等学术机构的基本理念以及高等学术机构与政府和中等教育的关系,洪堡称前者为"内部组织",称后者为"外部组织"。洪堡在此从政府的角度出发,阐述了政府应当如何看待和处理高等学术机构的内部组织原则和外部组织关系。第二部分的小标题为"高等学术机构分类理由及其不同种类",论述了大学、科学院和独立研究所三者的关系和各自的特点。文稿末尾还有一个小标题,曰"论科学院",但文稿至此中断。
  在这篇文稿中,洪堡试图回答当时大学改革中面临的种种问题,意在为整个高等学术机构的整合与重建规划一个蓝图,为管理大学制定若干基本的原则。文稿可以说集中体现了洪堡关于大学的设想和主张,具有重要的价值。译

---

  ① 陈洪捷. 德国古典大学观及其对中国的影响[M]. 北京:北京大学出版社,2006:197-201.

者曾全文翻译了这篇文稿,此次重新翻译了文稿的第一部分,即《论柏林高等学术机构的内部和外部组织》一文。

## 选文正文

所谓高等学术机构,乃是民族道德文化荟萃之所,其立身之根本在于探究深邃博大之学术①,并使之用于精神和道德的教育。学术虽非为此而设,但确为适当之材料。

高等学术机构作用,由内而观之,在于沟通客观的学术和个人的修养;由外而观之,则是将完成的中学教育与开始的独立的大学学习连接起来,或者说促进前后两者的过渡。但其最为关注的唯有学术。只要有了纯的学术,虽然会有个别偏差,(学生)自然会正确领悟和整体把握学术。

每名成员如果能最大限度地认同于纯学术的观念,高等学术机构才可望实现其目标。所以在这一群体中,孤独和自由便是支配性原则。但是,人类精神活动唯有通过合作才能繁荣;合作不仅能相互取长补短,而且一人之成功会激励他人,并激发出共同的、潜伏于个人、往往零星或被动呈现的创造力。因此,高等学术机构的内部组织又必须能够促进和维持成员间持久的、具有内在动力的、非强制性和非目的性的相互合作。

高等学术机构的特点还在于,它总是把学术视为尚未解答之问题,因而始终处于探索之中。中学则仅涉及现成和有答案的知识,以学习为重。因此,高等学术机构中的师生关系与中学迥然有异,教师不是为学生而设,两者都是为学术而共处。教师的工作有赖于学生的参与,否则难以顺利进行。学生即使不主动求教于教师,教师也会去寻找学生。教师虽训练有素,但因此而易于失之偏颇和缺少活力,而学生固然不甚成熟,但较少成见,勇于探索。两者的结合,利于教师实现其目标。

因此,所谓高等学术机构,无非是具有闲暇或有志于学术和研究之辈的精神生活,与任何政府机构②无关。他们或是独自思考和搜罗材料,或是与同辈交往,或是与学生为伍。政府如欲用固定的形式来规范这种非确定的,甚至任意的活动,就必须尊重其本来的面貌。应力求做到:使这种活动保持最旺盛的生机。不使其降格,严格、明确划清高等学术机构与中学(不仅是普通的文科中学,特别是实用性中学)的界限。

政府始终应当清楚,政府其实从来没有,也不会促进这类活动。政府的任何介入,只会产生阻碍作用;脱离政府,其发展会更加顺利。政府之地位,大抵如下:

---

① Wissenschaft,亦译科学,但德文中科学含义比较广泛,洪堡也是在广泛的含义上使用此字,所以译为学术,似乎更接近原义。

② Staat,亦可译为国家。

在现实社会中,任何大规模的事业都需要外在制度和经费的保障,政府因此具有为学术研究提供这种保障之义务。

但无论政府如何为其提供组织和经费支持,都会有损于学术;再者,学术与外在制度和经费安排有本质区别,两者结合,必然有消极的后果,精神与高远之物必然坠入物质与低俗之境地。

因此,仅从弥补政府无辜而促成的损害或阻碍角度看,政府务必一再认清高等学术机构内在的特质。

如果说这不过是同一观点的不同表述的话,但必定会带来积极的结果。政府由此观点出发,就会不断减少干预。政府的活动离不开思想,而理论上的错误必然在实践中导致失误。

显而易见,高等学术机构的内部组织的建立,务必遵守一条根本的原则,即学术是一个尚未穷尽且永远无法穷尽的问题,当锲而不舍地探索之。

一旦停止了对学术的真正探索,或者认为学术无须来自精神深处,只需众多资料的堆积而成,那将是无可挽回的、永远的损失。不仅是学术的损失,因为学术长此以往将徒有其表;这也是国家的损失,因为学术只有来自内心并作用于内心,才能改变人的性格,而国家正如人类一样更加关注性格和行为,而不是知识和言语。

为了永远避免这一歧途,只需使精神的三重追求保持其旺盛的生机:

其一,根据一种根本的原则来解释万物(例如对自然的解释就是这样从机械论经物力论、有机论最后上升到广义的心理论的原则);

其二,为万物建立一种理想;

最后把上述的原则和理想两相结合,形成一种理念(Idee)。

当然,这种精神的追求非人力所能左右,而且无人觉得在德国人中还有鼓励这种追求的必要。德国人善于思考的国民性格天然就具备这种资禀,只是要防止其受到强力或是不可避免的纷争而受到压抑。

高等学术机构当然忌讳偏激,所以其中肯定会有人缺乏甚至抵制这种追求精神。他们虽属少数,也只是零星出现,但其影响却不可低估。因此,必须形成一种气氛,使认同这一精神者受到尊重,使诋毁这一精神者感到羞耻。

哲学和艺术最集中和突出地具有这种追求意识。这不仅是因为他们自身易于萎靡,而且其精神假如不具备这种追求意识,或仅以逻辑或数学的形式化方式转化为其他知识门类和研究类型,哲学和艺术将无所作为。

一旦在高等学术机构中确立了唯学术是求的原则,便无须担心其余的具体事宜。学术既不会缺少统一性,也不会缺少完整性,两者会相互补充,相互促进。这也是任何优秀学术研究方法的秘密所在。

就高等学术机构内部组织而言,以上所言足矣。

在高等学术机构与政府之间这种外部关系及政府的职能方面,政府的任务无非是通过对人员的选择来形成一支丰富多样(高水平和风格各异)的学术队伍,并使其享有自由。对自由的威胁不仅来自政府,同时也来自学术机构内部,因为开创者有了既定的观念,便倾向于压制其他的观念。政府必须预防由此而产生的弊端。

在此,对进入机构人员的选择,尤为重要。在整个机构内部不同部门层面,还可以设置补救措施,以弥补人员选择上的失误。

其次,重要的是制定少量和简要,但深入机构内部的组织法规。这当然也只是针对不同部门而言的。

最后必须提到辅助设备问题。对此只需要一般性指出,不能把添置众多的物质设施视为头等大事。不应忘记,物质设施容易导致精神的迟钝和庸俗,所以最深刻和最有思想的学术成果并不出自最富有的科学院和大学。

就政府对整个高等学术机构的责任而言,政府应处理好高等学术机构与中等学校及其作为学术机构与实际生活的关系。

政府不可把大学视为文科中学,或是专门学院,也不能把科学院当做国家所属的技术或科学机构来对待。就总体而言(下面还将论及在大学可能会出现的个别例外情况),绝不能要求大学直接地和完全地为国家服务,而应当坚信,只要大学达到了自己的最终目标,它也就实现了,而且是在更高的层次上实现了政府的目标,大学由此所产生的影响远远超过政府的范围,远非政府的种种举措所能企及。

另一方面,政府的一项重要职责,在于使中等学校与高等学术机构进行适当的配合。这里必须明确这两者的关系,中学的任务不在于直接为大学的课程进行准备,也不能仅把大学视为中学教育的简单延伸,只是更高的年级而已,而应当认识到,中学向大学的过渡是青年人生命中的一个重要转折,成功的中学教育应当使他们在身体、道德和智力方面发展成熟,胜任自由和自主的生活,离开约束而不无所事事或陷入实际生活之中,能够在初窥学术之后,抱定进入学术殿堂的崇高志向。

对中学而言,达此目标的途径并不困难,只需使其学生的各种能力得到和谐的发展,借助极少量的教学对象,使其身心得到尽可能多方面的锻炼;在耕种其知识心田时,不可拘泥于外表,而应通过知识内在的精确、和谐和美,来吸引学生去理解、求知和进行创造性思维。

通过这种培养,心灵会自然地投入到学术之中,而其他的培养方式,即使勤奋和才能一样,会使学生们一俟教育完结,甚至未及学业结束便沉溺于实际营生活动。他们要么在此也难以有所发展,要么追逐一星半点的知识,毫无高远的学术追求。

(陈洪捷 译)

# 知识本身即为目的[①]

约翰·亨利·纽曼

## 作者简介

约翰·亨利·纽曼(John Henry Newman,1801—1890),19世纪英国维多利亚时代的著名神学家、教育家、文学家和语言学家,也是近代世界高等教育发展史上最有影响的高等教育理论家之一。出生于英国伦敦,幼年在英格兰东南部城市伊令(Ealing)受私立学校教育,1816年进入牛津大学三一学院学习,1820年获学士学位。1822年当选为牛津大学奥里尔学院院士,还曾担任圣玛丽教堂牧师,同时参与并倡导了著名的牛津运动(the Oxford Movement)[②]。1851年至1858年间,应邀担任爱尔兰都柏林(Dublin)新天主教大学的首任校长。在此期间发表了一系列著名的关于大学理想的演讲[③],出版不朽之作《大学的理想》[④](*The Idea of a University*),对后世产生巨大影响。1858年之后到伯明翰地区传教,还主编天主教月刊《漫谈者》。1878年成为母校三一学院的名誉院士。1879年被利奥十三世教皇任命为天主教的红衣主教。1890年8月11日在伯明翰去世。

## 选文简介、点评

19世纪初,伴随英国工业革命的蓬勃发展,整个欧洲的社会经济、政治、文化和教育基础都发生了变革。在经济领域,农业经济变成了工业经济,使得现代大机器生产取代传统手工业作坊式的生产方式;在政治上,宗教教会统治变成了世俗政府领导,使得科学知识的精英开始取代传统的宗教精英成为社会的主导;在文化上,宗教文化变成了科学文化,使得科学不再是宗教的婢女;在教育上,中等教育开始普及,使得统治阶级开始将目光投向高等教育,与此同时,传统的旧式教育模式和思想也正在为新式教育理想和模式所取代。然而,在从旧社会向新社会的转变过程中,新旧矛盾相互交织,思想观点对立冲突。例如,

---

[①] [英]约翰·亨利·纽曼.大学的理想(节本)[M].徐辉,等译.杭州:浙江教育出版社,2001:20-43.
[②] 牛津运动:英国基督教圣公会重整教义礼仪的一场运动,因起源于1833年的牛津大学故而得名。
[③] 1853年讲演出版汇集成书,取名为《论大学教育的性质和范围》(*Of the Nature and Scope of University Education*),后经修改补充,于1873年再版,书名改为《大学的理想》。
[④] 该书被视为"西方较早系统、综合、全面地论述大学教育的基本问题的名著"。

这个时期，一方面，以牛津和剑桥为代表的传统大学固守传统，保守封闭，注重理性培养和性格形成，排斥科学教育；另一方面，以伦敦大学为代表的新大学发起"新大学运动"，强调以社会生产和市场为驱动，重视科学教育，开设应用课程等。一时间，有关"大学是什么"，"大学为何而设"，"如何坚持大学的基本精神"的一系列有关办学的理念等问题引起了学术界，乃至整个公民社会的高度关注。此时，纽曼是牛津大学的指导教师，也是"教育世界里的一个有心观察者，因为在他的感情世界里，教育的位置仅次于神学"①。他自己承认："教育就其大体意义而言自始至终都是我的使命。"1852年，纽曼被任命为新天主教大学的首任校长，"正是这样一个合适机会，才召唤纽曼去审视大学教育的原则"。为了宣传新大学，也为了借此机会，纽曼才有可能发表了有关"大学是什么""应该怎样办大学"等问题的独到见解，最终成就了一部不朽的名著。

《知识本身即为目的》是纽曼所著的不朽名著《大学的理想》中的重要篇章。从标题上看，纽曼是在与人们讨论知识问题，但实际上是在回答什么是大学的目的问题。因为纽曼的有关大学理念"整个论述的逻辑起点建立在他对大学的性质所作的解释，以及他对所有知识构成一个完整的整体的认识基础上"。纽曼认为，由于所有的知识是一个整体，单一的科学是整体的组成部分，因此大学的主要工作就是将知识的整体交给学生。在他看来，大学就是为传授知识而设立的。他在讲演中一再强调："我对大学采取了下述看法——它是一个传授普遍知识的场所。这意味着，一方面，大学的目的是理智的而非道德的；另一方面，它以传播和推广知识而非增扩知识为目的。如果大学的目的是进行科学和哲学的发现，我不明白为什么一所大学要有学生；如果大学的目的是进行宗教训练，我不明白它为什么会成为文学和科学的殿堂。"②

纽曼的《知识本身即为目的》是其大学教育思想中非常具有合理性的一部分，反映出他本人对知识在大学教育中所具有的价值的认同和肯定。他在书中所论述的观点虽然显示出某些历史局限，例如，认为"神学是一切科学的统帅和基础"，"大学的基本职能仅为知识传授，而知识发现不在其中"等，都显得不合时宜，具有一定的保守性。尽管如此，这丝毫不影响其在世界高等教育思想史上的地位。正如美国高等教育哲学家布鲁贝克评价所说："高等教育哲学领域的所有著作中，影响力最为持久的或许当推红衣主教纽曼的《大学的理想》。"③英国当代学者克尔也说："在纽曼以后的所有关于大学教育的论著都是对纽曼的演讲和论文的脚注。这些都说明：不了解纽曼，就不能了解西方高等教育的历史。"④

---

① [英]约翰·亨利·纽曼.大学的理想(节本)[M].徐辉,等译.杭州：浙江教育出版社,2001：3.
② John Henry Newman. The Idea of a University[M]. Oxford: Clarendon Press,1976. Preface.
③ [美]约翰·布鲁贝克.高等教育哲学[M].王承绪,等译. 杭州：浙江教育出版社,2001：137.
④ 任钟印.世界教育名著通览[M].武汉：湖北教育出版社,1994：791.

**选文正文**

　　大学要么指学生而言，要么指学科而言。在谈论学科时，我一直在使用这样的一条原则，即所有的知识是一个整体，单一的科学是整体的组成部分。这条原则在谈论学生时也同样重要。现在我来谈一谈学生，并且还要看一看大学根据上述原则要对学生实施的教育。先生们，这样我就过渡到第二个问题上了，对此，我曾提出要予以讨论。这问题就是，与所传授知识相关的教学活动是否同时具有实用性，并且在何种意义上讲具有实用性。

一

　　我说过，知识的所有分支是相互联系的，因为知识的题材本身是密切关联的，这正如造物主的行为和所生之物一样。因此，可以说，构成知识的各门科学之间有着千丝万缕的联系。它们内部统一协调，并且允许甚至是需要比较和调整。它们相互补充，相互纠正，相互平衡。如理由充分，这一值得考虑的问题则需予以关注。这不仅是为了获取真理，因为这也是各门科学的共同目的，而且也是为了这些科学对学习它们的人所产生的影响。我已说过，过分突出一门科学，这对其余的科学是不公平的。忽视或取代一些科学，便会使另外一些科学偏离正确的目标。这样做会混淆科学与科学之间的界限，妨碍它们的作用，毁坏把它们连在一起的和谐。这一过程一旦被引入教育殿堂，便会产生相应的后果。一门科学被视为整体的一部分时所产生的意义，与一门孤立的科学在没有其他科学的保障（如果可以称其为保障的话）情况下所产生的意义是不可同日而语的。

　　……

　　那么，即便是为学生着想，扩大大学所要传授的学科范畴，这也是很有意义的一件事。虽然学生不可能攻读对他们开放的所有学科，但生活于代表整个知识领域的人中间，耳濡目染，受其熏陶，必将获益匪浅。我认为，这就是这个学习普遍知识的场所所具有的优秀。把这个场所当做是接受教育的殿堂，一大群学识渊博的人埋头于各自的学科，又互相竞争，通过熟悉的沟通渠道，为了达到理智上的和谐被召集起来，共同调整各自钻研的学科的要求和相互之间的关系。他们学会了互相尊重，互相磋商，互相帮助。这样就造就了一种纯洁明净的思想氛围。学生也呼吸着这样的空气，尽管他本人只攻读众多学科中的少数几门。他得益于一种理智习惯，这种习惯不依赖于特定的教师，且能指导他选择学科并及时替他解释所选的学科。他领会知识的大框架，领会知识所基于的原理，领会知识各部分所涵盖的范围，其闪光之处和不为人注意的地方，以及它的重点和次要部分。要是换作另外的情况，他就无法领会这些。由此，他所接受的教育被称为"自由教育"。一种以自由、公平、冷静、克制和智慧为特征的终生思维习惯得以形成。我在前面一讲中姑且将这称为哲学习惯。相对于其他教学场所和教学方式而言，我认为这是大学教育带来的特殊成果。这也是大学培养学生的主要目的。

那么有人会问,这有什么用?在接下来的演讲中,我主要回答这一问题。

## 二

……

有人问我,大学教育的目的是什么?我所设想应该传授的自由知识或哲学知识的目的是什么?我的答案是,我所说的已足以表明,大学教育有非常实际、真实、充分的目的,不过,这一目的不能与知识本身相分离。知识本身即为目的。这就是人类心智的本性。如果真是如此,任何知识便是对知识自身的回报。如果所有的知识都这样,那么作为特殊学科的哲学也应如此。……

知识不仅仅是达到知识以外的某种东西的方式,或是自然地发展某些技能的基础,而是自身足以依赖和探求的目的。我这样说,当然绝不自相矛盾,因为我所说的既是本身可以理解的,也是哲学家们一直以来都这样看待,人们也普遍这样认为的。……我的确远不是要否认,除了知识自身的价值,拥有知识还可以使我们获得更多的优势并有助于他人。但是,没有这些优势,我们在求知中会满足于本性的直接需求,而且我们的本性不同于低等动物的本性,不会马上趋于完美。为了达到一定完美的境地,它必须依靠大量的外部手段和途径。作为这些外部手段和途径的主要成分,知识对我们是有价值的,拥有知识能以习惯的方式为我们所用,尽管从知识身上我们不会得到其他的好处,也不会对任何直接的目的有益。

## 三

由此,西塞罗在列数各种各样的智力超群的人时提出,为知识本身而追求知识。他是这些人中这样做的第一人。"这几乎是人类的天性,"他说,"因为我们都积极探求知识。在求知的过程中,我们把出色看做了不起,而犯错、栽跟头、无知、欺诈既不好,又有失脸面。"他还认为,知识是除生理需求外,我们应追求的首要目标。至于我们自己、我们的家人和邻居,他告诉我们,继我们的动物存在所具有的需求和义务(姑且这么称)之后的便是"探求真理。一旦我们摆脱了必要的生活累赘所带来的压力,我们就立即去看、去听、去学、去考虑摸不着的知识,或者把知识看做是获取幸福的绝妙条件"。

……

凡是能脱离其他东西,并得以生存下来的东西,自身肯定有生命力。尽管追求并没带来什么,但还能长期坚持不懈;也不管追求还没证明自身的用处,但被认为是令人仰慕的,这样的追求肯定有其自身充分的目标,不管这一目标最终会是什么。考虑一下大家用来指所说的知识的那个字眼所包含的力量,我们就可以得出同样的结论。通常我们说"自由(liberal)知识"、"自由(liberal)学科"以及"自由(liberal)教育"是大学和绅士所具有的特质,可是"自由"(liberal)这个字眼到底是什么意思呢?首先,从语法意义上来看,它与奴性(servile)一词相对。按照教义手册的说法,"奴工"一词指的是体力劳动、机械劳作以及诸如此类的工作,很少需要或根本不需要心智活动参与。与这些奴工相应的是诗人所说的那些艺术(如果它们名实相符的话)。这些艺术的起源及方式都归因于偶然,而不是技巧,这正如经验主义者的实践和行动一样。只要说这一对比有助于理解这个字眼的意思,自由教育与自由探究就是心智、理智和反思的操作活动。

我刚才所说的话,可以用伟大的哲学家亚里士多德说过的几句有典型意义的话加以概括。"在你拥有的东西中,"他说,"有用的东西带来收益,自由的东西用以享受。所谓收益,我指的是能获得收入;所谓享受,则指除了使用之外,不会带来任何结果。"

……

## 四

我这样谈论古人,不要认为我是想让时光倒流2000年,并给哲学套上异教理性的枷锁。只要世界永存,亚里士多德关于这些事情的论述也会永存,因为他是自然和真理的代言人。只要我们是人,我们就会在很大程度上不由自主地信奉亚里士多德哲学,因为这位大师分析人类的思想、情感、观点、观念等实在是鞭辟入里。甚至远在我们出生之前,他就已告诉我们,我们所说的话及所表达的思想是什么意思。对很多事情,要正确思考,我们就得像亚里士多德一样去思考。无论愿意与否,我们都是他的门徒,尽管我们可能意识不到这一点。就拿我们面前的这一特例来说,"自由"这个词适用于知识和教育时,表达了特定的意思,过去是这样,将来也是如此。因为人性是一样的,正如"美丽"、"崇高"、"荒诞"、"卑鄙"等词所表示的含义是特定的一样。这个词现在是这个意思,在正当时也是这个意思。……

知识本身即为目的,这种知识应被称作自由知识或绅士知识。接受教育是为了获取这种知识,应把它纳入大学范畴。我认为我这么说并不自相矛盾,也无可厚非。而当我说,所要获得的并不是在模糊和普通意义上的知识,而是我特别指称的哲学或更广意义上的科学时,我所招致的指责就更少了。因为知识无论包含什么,都必须被认为是好的;而当知识不是含糊地、一般地,而是精确地、超常地被看做是哲学时,知识在更大程度上具备了这些含义。如果不去考虑每一个外部的和最终的目标,当知识带有哲学的特性时,它就是格外自由或尤其自足的。关于这一点,我接着会予以说明。

## 五

先生们,如果我接着要说的乍一看外表很迷人,请多包涵。哲学或科学以这样一种方式与知识相关联:一旦理智作用于知识,影响了知识,或者,如果可以说得更形象一点,渗透进知识,知识就可以被称作科学或哲学。理智是知识内在丰富性的本原。对于那些拥有知识的人来说,知识具有特殊的价值,它可以使他们无须四处寻找可以依托的外在目的。实际上,一旦知识提升到科学形式,它也是一种力量。它不仅仅自身卓越不凡,而且无论这种不凡之处会是什么,它远不止是知识,它具有自身之外的结果。毫无疑问,这需要进一步考虑,但我不想深究。我只想说,在它成为力量之前,它是好东西。它不仅是一种手段,而且是一种目的。……一种教育的目的是哲学性的,而另一种的目的则是机械性的。一种要达到普遍的观念,另一种则致力于特殊的和外在的东西。不要认为我这是要否认对那些属于实用或机械方面技艺的特殊和现实的东西予以关注的必要性,或者说要去诋毁这些东西带来的好处。生活离不开它们,我们日常的福利归功于它们。运用它们是众人的职责,并且我们对完成这一职责的那些人感恩不尽。我只是说,知识按其程度变得越来越特殊时,知识就越不能称其为知识。这是一个是否可以把知识恰当地说成是无理性的创造的问题。如果不妄求用词的过于抽象的精确性,尽管在像这样的场合显得不合时宜,但把对事物的这种被动感知和理解称作知识,这在我看来是不妥当的,因为无理性的人也具备这种能力。我说的知识具有某种理智的品性,是通过感官能领悟到的东西,是表明了对事物的看法的东西。它看到的又远不止是可以感知到的,它能一边观察一边对观察到的东西进行推理,能将观察所得形成观点。知识表达自身不是光靠阐述,而是靠推理。它从一开始就具有科学性质,知识的高贵也正是体现在其中。知识之所以真正高贵,之所以有价值,之所以值得追求,其原因不在于它的结果,而是因为知识内部含有一种科学或哲学的胚芽。这就是知识本身即为目的的理由。这就是知识可以被称为自由知识的原因。不知道事物的相对特性,这只是奴隶和孩童的表现。把天地万物通盘予以考虑,是哲学的骄傲,至少是哲学的雄心壮志。

再者,这种知识不仅仅是一种外在的或偶然的优势,今天属于我们而明天又为他人所有。它可以从书本上获得,又很容易被遗忘。我们可以随心所欲地驾驭它或用它进行交流和沟通,可以用来应付不时之需,可以带在身边,进入市场。知识是一种习得的精神启示,是一种习惯,是一笔个人的财富,是一种内在的禀赋。这就是为什么我们觉得把大学称为教育场(place of education)而不是教学场所(place of instruction)要更确切、更符合习惯的原因,尽管就传授知识而言,乍一看来,"教学"这个词用得更为确切些。在诸如干体力活、学实用工艺技术、做生意、处理各种事物时,我们都接受训导,因为这些是方法,对心智本身很少或几乎没有影响,它们包含在靠记忆、传统及使用就可以掌握的规则之中,并有其外在的目的。可是"教育"这个词更高级。它表明了对我们的智力品格以及性格形成所起的作用。它是个体化、永久性的东西,而且通常与宗教和美德连在一起。当我们说知识的交流是教育时,我们真正所指的是知识是一种心智状态或条件。而且,由于心智的培育无疑值得为其自身而追求,由此我们再一次得出这样的结论,即的确有这样一种知识存在,尽管本身不会带来什么结果,但值得为之追求,因为知识本身是瑰宝,是多年艰辛求索的充分的回报。这是"自由"和"哲学"这两个词早已表明了的。

## 六

这就是我对本次讲演开始时提出的问题所作出的回答。在接着谈教会选择哲学的目的以及教会对哲学加以利用之前,我主张哲学本身即为目的。而且,按照我自己的想法,我已经开始证明这一点。我主张,拥有知识是为了知识本身,而不仅仅是为了知识能做些什么。在今天所剩的时间里,我要尽力消除一些人围绕这一问题的某些模糊认识。

当我们说求知是出于某一目的或出于知识本身以外的其他目的时,无论是什么目的,我们说得让人明白易懂。不过,无论人们说过什么,无论这一观点世世代代多么根深蒂固,说探求知识不为别的,就是为了知识本身,这简直没有什么意思,因为探求知识必将引向知识本身以外的东西,这是探求知识的目的之所在,也是知识值得探求的理由。再者,这一目的有双重含义,要么是为今生,要么是为来世;一切知识的培育要么是为了世俗的目标,要么是为了永恒的目标。如果是为了世俗的目标,这种知识叫实用知识;如果是为了永恒的目标,它就叫宗教或基督教知识。因此,正如我所承认的,如果这种自由知识无益于身体或财富,它应有益于灵魂;但是,如果事实果真如此,它一不能产生物质的或世俗的好处,二不能带来精神上的好处,那么它根本算不上是什么好东西,不值得我们去付出为了获取它而必须付出的辛劳。对以上这种种说法,我们都可以提出异议。

由此使我想到,每个时代宣扬自由知识或哲学知识的人,他们自己会认同对这一问题的解释,并接受最终出现的结果,因为他们试图使人变得品德高尚,或者,如做不到,也至少认为理智修养是一种美德,而他们自己则是人类中品德高尚的那部分人。一方面,他们会公开宣扬这一点;另一方面,他们的这种宣扬完全以失败而告终,这使他们自己变得尽人皆知,并且因为自己之故成了正人君子及浪荡公子的笑柄。这样一来,根本无须他人费力,他们就把自己能对别人施加影响的理由和方式置于不利的地位。……

(徐辉 等译)

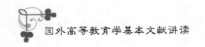

# 现代大学的理念①

亚伯拉罕·弗莱克斯纳

## 作者简介

亚伯拉罕·弗莱克斯纳(Abraham Flexner,1866—1959),美国医学教育改革家和教育家。出生于美国肯塔基州,路易斯维尔市,毕业于霍普金斯大学(1875年),后进入哈佛大学和柏林大学学习研究生课程,但没有获得博士学位②。从1912年到1925年在洛克菲勒基金会通识教育委员会工作,并建立了许多实验性的中学。1910年受美国卡内基教学促进基金会(The Carnegie Foundation for the Advancement of Teaching)的委托领导了对美国和加拿大大学医科教育质量检查工作。1928年,退休后到英国的牛津大学等地讲学和著述。1930—1939年创建并领导了普林斯顿大学高级研究所。主要著作有:《美国的学院》(The American College,1908)、《美国和加拿大的医学教育》(Medical Education in the United States and Canada,即著名的"弗莱克斯纳报告",1910)、《现代学校》(A Modern School,1916)、《人文主义的负重》(The Burden of Humanism,1928)、《现代大学论——美英德大学研究》(Universities:American, English, German,1930)。

## 选文简介、点评

19世纪末20世纪初,伴随着美国实用主义哲学逐渐成为社会主流价值取向,传统的理性主义大学思想受到有史以来最为严厉的挑战。为了捍卫西方传统的古典大学理念,一批理性主义大学思想家们对功利主义大学思想提出猛烈的抨击,并取得一定的效果,从而使美国大学思想在20世纪进入两大主要价值体系相互对垒并达到顶峰的时代。如美国高等教育学家布鲁贝克指出:"在20世纪,大学确立它的地位主要途径有两种,即存在着两种主要的高等教育哲学,一种是以认识论为基础,另一种哲学则以政治论为基础。这两种哲学在美国大学里并存,并分别起作用,或是在不同的学校里,或在同一学校的不同系里。"③

---

① [美]亚伯拉罕·弗莱克斯纳.现代大学论——美英德大学研究[M].徐辉,陈晓菲,译.杭州:浙江教育出版社,2001:1-29.
② 只获得哈佛大学的硕士学位。
③ [美]约翰·布鲁贝克.高等教育哲学[M].王承绪,等译.杭州:浙江教育出版社,2001:13.

这里所说的认识论哲学和政治论哲学分别就是指的"理性主义"哲学和"实用主义"哲学。其中理性主义哲学的代表性人物包括纽曼、赫钦斯、维布伦、弗莱克斯纳等。

1928年5月,弗莱克斯纳受罗德基金会(the Rhode Trust)资助到英国牛津大学进行讲学和交流,期间做了三场有关大学问题的讲演。1928年秋到1929年夏天,弗莱克斯纳有机会访问考察了德国和英国的一些大学,了解这些大学的现状和问题。于是,他在牛津大学三次讲演稿的基础上撰写有关美国、英国和德国大学问题的比较著作。经过多次修改,终于在1930年夏出版了著名的《现代大学论——美英德大学研究》一书。

《现代大学的理念》选自《现代大学论——美英德大学研究》一书的第一章,也是全书的精华部分。之所以这样说,主要原因在于,在具体讨论几个不同国家的大学特征之前,他在这部分中首先对有关什么是现代大学、现代大学的性质等问题作出了全面而精辟的阐述。其中涉及的问题有大学在现代社会中的地位、大学的基本职能、大学的工作性质、大学的组织管理、大学与外部现实世界的关系以及大学的专业教育等。①

什么是现代大学?现代大学首先与现代社会之间存在怎样一种关系?这些是弗莱克斯纳迫切想通过阐述自己的现代大学理念予以回答的问题。首先,他强调,现代大学是历史发展到一定阶段社会环境下的产物,与社会之间存在紧密的联系。他认为,大学是"特定时代一般社会之内的东西,而不是组织之外的东西……它是……时代的表现,并对现在和将来都产生影响"②。其次,他认为,虽然大学是制度环境下的产物,但它不是由此丧失自身的独立性和特殊性。他不断提醒大学注意,千万不能将自己变成"社会的附庸,不应跟随社会的风尚、喜好乱转,不应像报纸和政客那样见风使舵,赶时尚"。

弗莱克斯纳的《现代大学的理念》是典型的具有明显批判性的理性主义思想,强调"把'闲暇的好奇'精神追求知识作为目的"。如书中写道:"保存知识和观念过去和现在都被视为大学的任务,有时甚至被视为唯一的任务,现在偶尔被看做是最重要的任务,无论如何大学总是将其当做自己的一项职能。"③

---

① [美]亚伯拉罕·弗莱克斯纳.现代大学论——英美德大学研究[M].徐辉,陈晓菲,译.杭州:浙江教育出版社,2001:2.
② Abraham Flexner. Universities: American, English, German[M]. Oxford University Press, 1930:3.
③ [美]亚伯拉罕·弗莱克斯纳.现代大学论——英美德大学研究[M].徐辉,陈晓菲,译.杭州:浙江教育出版社,2001:5.

## 选文正文

### 一

75年前,杰出的牛津人纽曼主教(Cardinal Newman)出版了一本题为《大学的理念》(*The Idea of a University*)的书。我略加修改采用那该书的书名作为章名。在本章中我讨论的是现代大学的理念。我之所以插入"现代"一词,是力图以最为直截了当的方式表明,大学像其他人类组织——如教会、政府、慈善组织——一样,处于特定时代总的社会结构之中而不是之外。大学不是孤立的事物,不是老古董,不会将各种新事物拒之门外;相反,它是时代的表现,是对现在和未来都会产生影响的一种力量。我将对这一观点进行阐述,并在阐述的过程中弄清楚:美国、英国和德国的大学在何种程度上并以何种方式与现代世界融为一体,在哪些方面脱离社会,在哪些方面作出了有害的让步,又在哪些方面是理性社会形成过程中有益而积极的影响力量。

我认为,显然,在某种程度上我们是命运的主人。现代世界在理性难以驾驭的压力下不断发展。要抵制这些压力,也许我们一时还显得软弱无力。但大学的存在本身就意味着,确实存在——或许还为数不少——过去我们值得为之奋斗的东西,值得为之坚持的东西;并且也确实存在——无人知道多少——我们用以塑造自身向往的未来文明的东西,尽管没有人知道其作用有多大。人,正如伍德布里奇教授所说,"是不会满足于被动地面对自然的。他坚持要改造她"。现代世界无论有多新,总是扎根于过去。过去是我们赖以生长的土壤。正是在过去,诗人、科学家、思想家和各民族积累了社会的、政治的以及其他方面的真、美、知识与经验的宝藏。只有蠢人才会忽视过去。另一方面,稳步增长的科学的、民主的和其他方面的力量正在创造一个不同的世界,对此大学必须加以考虑。

### 二

不同的国家有不同的大学。如果正如霍尔丹勋爵所说的"大学是民族灵魂的反映",那么期望大学适应一种单一的模式是很荒谬的。此外,从历史上看,大学经历了深刻的变化,是社会进化的组成部分。……历史学家已详细探讨过这一演变的某些方面。在他们的叙述中,令人印象最深刻的莫过于在过去几个世纪的进程中,通常被认为是保守的、经常被看做是反动堡垒的那些机构所作出的调整,这些调整有时是缓慢且无意识的,有时则是有意识和剧烈的。因此,我认为在大多数国家里大学已经产生了变化。但是大学后来的变化是否达到了足够的深刻程度,或者说当社会本身被前所未有的巨大力量和暴力不知推向何处时,它们是否明智地作出调整以成为社会所需要的有效的形成性(formative)机构? 一位美国社会学家曾发明了"社会滞后"(social lag)一词。很显然,社会机构往往落后于它们所表现和推动的生活。那么,在何种程度上美国、英国和德国的大学为"社会滞后"所碍?

## 三

事物还有走向另一极端的危险。我已说到大学的明智的变化——根据需求、事实和理想所作的变化。但大学不是风向标,不能什么流行就迎合什么。大学应不断满足社会的需求,而不是它的欲望。只要以理性分析和价值判断为基础,而不仅仅依赖于习惯,那么惰性和阻力也有其特定的用处。要对大学滞后的批评作出反应,我们现在和将来都可举出大量的例子来说明大学紧跟时代甚至有所超前。这两个特点并不是互相排斥的。大学是复杂的有机组织:它们的胳膊可能是健全的,而双腿却可能折了;它们即使表面上看起来很能满足时尚,骨子里却是滞后的;它们在骨子里滞后的同时,也能像报纸和政客那样对时髦话题侃侃而谈。正如我们将要谈到的,适量的、基于价值判断的批判性阻力,可使大学免犯荒唐的乃至灾难性的错误。

## 四

关于这一切后面再详谈。在本章中我要讨论的不是大学,而仅仅是大学的理念。我打算通过假设出现一种不可能发生、实际上也不希望其发生的情况,建立起一片自由思辨的领地。假设我们可以打碎现有的大学,可以随心所欲地重建之,我们应该建立什么样的机构呢?我们不会把它们都建成一个样——都像英国的、法国的、美国的或德国的。但不管留有多大的余地以考虑民族传统或性格的不同,我们都会注意到学者和科学家们主要关心四件事情:保存知识和观念、解释知识和观念、追求真理、训练学生以"继承事业"。我重复一句,我指的是学者和科学家"主要关心的事"。当然,教育还关心其他重要的事。我想一开始就说明,大学仅是众多教育事业中的一项。在总的教育计划中,大学有某些特定的职能,其他机构履行或应该履行其他职能。我们将会看到大学现在是否明确其特定职能并履行之,是否在瞎忙那些并不属于其特定职能的任务。

保存知识和观念过去和现在都被视为大学的任务,有时甚至被视为其唯一的任务,现在偶尔也被看做是最重要的任务。无论如何,大学总是将其当做自己的一项职能;不管大学如何变化,任何重建工作都不会剥夺大学的这一职能。但要补充一句,保存和解释的工作在那些将其作为唯一或主要工作的机构是一回事,在鲜活的思想之流不停冲击人类知识宝藏的大学则完全是另一回事。

有创见的思想家和研究者并不是大学教授的唯一类型。他们向来是杰出人物,其影响通常也是最深远的。但即使是大学,是现代大学,也需要并使用不同类型的人——有的教师对学问的贡献作用有限,但善于激励学生,或善于将其他人的研究成果融会贯通。迈克尔·福斯特(Michael Foster)虽然不是一名杰出的、有创见的思想家,却是一名了不起的大学教授:他以难以言表的敏锐性创办了杰出的剑桥大学生理学学院。保尔森(Paulsen)虽然也不是一位有创见的思想家,但他同样是一名出色的大学教授,一位判断力强、心地善良并且学问渊博的学者,帮助过许多在生活和思想的困境中挣扎的人寻回自身。要注意,他们两人面对的是成熟的大学生而不是少年，所处的环境要求他们作出努力，取得成就。这就是大学最重要的标准。大学教授承担完全客观的责任——一种对待学问的责任，对待其学科的责任，而不是对待学生的一种心理上的或家长式的责任。不必担心他会因此而丧失人性。有什么比 19 世纪黄金时期杰出的大陆学者与其弟子的那种关系更迷人、更亲密、更有个性和更富有合作性？

摆脱实际责任压力的创造性活动和富有成效的批判性研究，必须在现代大学占有越来越重要的地位。保存知识的工作仍将不仅是重要的，而且对教育和研究都是必不可少的。但是，随着其他教育机构工作的改进，随着我们面临的困难日益增大，我认为比起发展知识、高层次训练和批判性地确立行为价值观的工作，保存知识的工作注定是从属性的。

研究和解决问题或增进知识——这两个短语是相互通用的——的日益显著的重要性，在任何领域都是显而易见的。让我们先看看我们生活的社会和政治环境。我先考虑这一领域是因为这是一个大学很少插足的领域，是一个研究难度和险度极大的领域，因此也是一个有待把握的极为重要的领域。比起那些轻信的民主斗士所致力于解决的相对简单的问题来，民主社会所面临的社会问题、经济问题、教育问题和政治问题要复杂得多。社会不能退却。不管意大利或西班牙偶尔或暂时发生了什么事，只要为成功地推行民主制所需的适应和发明条件得以满足，我们最终就可以生活得更好，但是怎样适应呢？政治家们必须有所创新——不是指在黑暗里摸索或靠耍嘴皮子过日子的政客，而是指得到社会上那些心底无私且具备治世之才的大学精英辅佐的政治家。曾将现代社会引上新路的种种假设、观念和术语，部分由于自身的完善，部分由于科学和工业革命引起的变革，已显得有点过时。诚然，人的行动总是盲目无知的，但至少眼下看来，行动与知识之间的裂隙不是在缩小，而是在扩大。实践的步子不能放慢或停顿，理智的步子则必须加快。

……

就基本认识而言，报纸不能提供什么帮助，活动家即从政者与商人能提供的帮助也十分有限。他们本身学识不高，对新发现、新事物抱有偏见；他们通常另有所谋。唯一能担此重任的机构就是大学了。大学必须保护和培养思想家、实验家、发明家、教师和学生，让他们在不承担行动的责任的情况下，对社会生活的现象进行探究从而努力理解这些现象。

我并不认为这有什么新奇。各国的伟大学者就已利用从日常工作中抽取的零星时间，对政治和经济思想作出了重要的贡献。"从日常工作中抽取的零星时间"是从繁重的行政工作、中学教育工作以及各种旨在谋生而使人分心的工作中抽出来的。虽然个人的要求有所不同，但任何国家的任何大学也都没有为之提供过真正充足的机会和鼓励。我所想的并不是对实际工作者的培训，他们在承担工作责任时也会全力以赴。那不是大学的任务。在政治问题和社会问题的研究者与记者、企业家、商人、总督和议员或国会议员之间，存在着一条大学所不能填补的鸿沟，社会必须以其他方式去填补。也许不应指望所有的教育机构都去填补这道鸿沟，但受过教育的人可以得到允许去做他想做的事，尽管目前我们所看到的情况似乎并非如此。

……

人类在长达数世纪的缓慢进化过程中，只能依靠经验探索道路并作细微的调整。如今长期以来束缚人类调整自我的障碍已被除去。社会必须采取行动——要么是明智的行动，要么是愚蠢的、盲目的、自私的和轻妄的行动。大学以其实力和声望必须对采取明智的行动施加影响。如果大学不能接受这一挑战，还有什么其他机构能够或愿意接受这一挑战？今天的世界充满着传统、善与恶、种族混合、民族主义和国际主义斗争、商业利益、追求正义或邪恶的巨大物质力量、解放了的工农、不安的东方人、喧闹的城市、冲突的哲学——在这动荡的世界里，除了大学，在哪里能够产生理论，在哪里能够分析社会问题和经济问题，在哪里能够理论联系事实，在哪里能够传授真理而不顾是否受到欢迎，在哪里能够培养探究和讲授真理的人，在哪里根据我们的意愿改造世界的任务可以尽可能地赋予有意识、有目的和不考虑自身后果的思想者呢？人类的智慧至今尚未设计出任何可与大学相比的机构。

……

我一向主张大学与现实世界保持接触，同时继续不需承担责任。这两种态度是否不相兼容？大学是否真能对社会的、政治的和经济的现象持客观态度？它们是否能够在研究现象的同时，不去考虑在任何特定的时候就某些特定的事告诉立法机关、社区公众、市政当局和各种商会应做些什么？我认为大学必须而且能够做到这一点。这是一个观念和组织的问题。大学可以在不牺牲理性、正直的同时，从实验的目的出发，提出建议，观察后果。但这不同于管理一个市政府或领导一个政党，不像做这些事那样涉及原则的妥协问题——对无畏的思想来说原则的妥协是致命的事。前面提到的临床医学的类比虽不全面，却颇有启发性。医学教授需要病人，如同社会科学家需要环境对象一样。医学教授应慈悲为怀，充分认识到他是在与人的生命打交道，应对人的生命负责。但医学教授主要负责研究问题和培训人员，他没有义务去尽可能多地照看病人。相反，一旦他认为自己的任务是尽可能多地照看病人，那么他将终止履行对大学的义务——研究问题，跟踪文献，作出自己的科学贡献，培养事业的"接班人"。美国最伟大和最多产的外科思想家是这样度过他的整个科学生涯的：医治病人时他很善良体贴；他培养了一批外科高手；但他的思想和活动一直集中在对问题的研究上；一个接一个问题的神秘面纱被他揭开；然而一旦解决了一个问题，他就不再热衷于它而让其他人去处理，他自己则继续研究新的、重要的未知事物。他曾经写道："我们至今多少还在黑暗中摸索，而且我相信今后将永远如

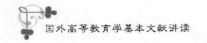

此;否则医学中就不再有冒险的乐趣。我们的身后不乏光明之处,前方却仍漆黑一团。"这位大学教授的观点既代表了外科教授、内科教授的观点,也代表了法学教授、经济学教授和所有其他学科的教授的观点。

工业界已经发现了利用纯科学研究的方式,因此它不需要大学的实用性;医学界也在探索类似的联系——如果医学院试图同时具备上述两种服务能力,它将毁于一旦。如果社会科学要作为科学来发展,它们就必须脱离商业行为、政治行为以及这样或那样的改革,即使他们需要不断与各种商业现象、政治现象和社会实验现象保持接触。

五

在所谓的"精密科学"方面,情况也没有什么实质性的不同,尽管比较强盛的西方国家的大学更乐于为其本身的理由发展这些学科。这些学科——数学、物理学、化学和生物学——在过去一个世纪里取得的进步要比以前许多世纪大得多。即使如此,它们仍在襁褓之中,由于这些学科采取的是"纯"科学的发展模式——我指的是它们的发展与应用无关,现在它们的地位至少在理论上十分稳定,无须我再强调它们的重要性。然而,纯科学或应用科学提出的问题远远多于其解决的问题,这一点并没有得到人们的普遍赞同。……

前面我说的是科学进步的理论后果和需要有一个地方来对这些后果进行冷静的哲学反思。现在要考虑科学进步带来的实际后果和由此产生的问题,以及为思考和解决这些问题提供机会的必要性。医学是一个明显的例子。人们研究病症,不是出于人道主义就是出于纯粹的科学兴趣。结果呢?一个问题——这种传染病或那种传染病的问题解决了,完全意料不到的后果出现了:解决了一个问题,又产生了其他种种问题。生命延长了,因此我们面临一系列新的疾病,在婴儿死亡率很高或预期寿命限于三十几岁时,这些疾病几乎不被注意。因此,医学不是减少而是增加了自己的负担。但事情还不限于此:人的寿命越来越长,生活越来越安全;比起小村庄或乡村旷野来,居住在大城市里的人们更健康,更满足。然而,卫生条件改善带来的人口的拥挤,马上引发了严重的社会问题,包括教育、政府、法律、制度和道德等方面的问题。这还不是全部。人口将增加——大量增加,他们必须吃饭穿衣。对原材料的需求剧增,必须有超量的产品可供销售。对原材料、殖民地和市场的竞争日趋激烈。战争不再是解决办法,反而产生更多的问题。因此,科学正是在解决问题时产生更多的问题。这就是西方世界一个小小角落里物理科学和生物科学这部分的进步所带来的后果。各门科学将在深度和广度上得到更大程度的发展。因此会产生什么样的新问题,我们无法预知。……不管天才的作用有多大,世界上大部分研究和教学的工作仍得由大学来做——如果大学是其本来意义上的大学的话。

## 六

然而我们的世界并不只是民主和科学的问题。要实现某种文化平衡,包括哲学在内的人文学科的重要性必然会逐渐增加而不是减少。所谓人文学科,我不仅是指传统的人文学科,还包括深奥的科学知识本身所固有的人文价值。在科学突飞猛进之时,哲学和人文主义的发展却阴云笼罩。哲学和人文主义为自己辩护,认为它们也具有或能够具有科学性。诚然,它们的确具有或能够具有科学性;过一会儿我再阐述这一点。但是,除了追求一种科学精神外,世界没有失去——除非它丧失自己的趣味——将来也绝不会失去纯洁的、欣赏性的和人文的精神:对美的热爱,关注由勇于主宰命运而非消极服从的理想所确立的种种目标。科学虽然扩大了我们的视野,增加了我们的满足感并且解决了我们的问题,但同时也带来了自身所特有的种种危险。知识的进步和控制力的增强会冲昏我们的头脑,使我们失去眼力,失去历史感,失去哲学观,失去对各种有关的文化价值的洞察力。许多或者说大多数热心的、清醒的、向前看的(也许只顾向前看的)以及高度专门化的年轻的科学信徒,已经遇到过类似的情况。……

现代大学促进人文主义还有其他理由,因为人文主义不仅涉及价值观,它还像科学一样具有后果。乍看之下,还有什么比一种已死亡的语言复活更无害呢?但每次发掘出一种已死亡的语言,都有可能产生一个新的民族。……重复一遍,人文主义者无须对自己制造的麻烦负任何实际责任,他们的工作和义务就是要保持其独立性和无责任性。但他们必须继续思考,在这方面他们的责任是最重要的。在适当之时,在事先没有目的或预想的情况下,他们的思考会激发出种种发明创造或具有深远影响的问题解决办法,就像到目前为止所做的那样。

……

我认为现代大学的最重要的职能,是在尽可能有利的条件下深入研究各种现象:物质世界的现象、社会世界的现象、美学世界的现象,并且坚持不懈地努力去发现相关事物的关系。对物质世界的研究要比对社会世界或美学世界的研究更深入一步,但差别只是程度上的——它们都很重要,都非常有价值,这是因为它们本身有价值、有意义、有内涵、有用处。仅将知识堆积如山,大学并未充分履行它的职能。大学除了要尽力查明事实外,还要利用智力将事实拼串起来,要进行推理和思考。……正因为大学是能动的调查研究和思考的中心,也因为大学里聚集了各类基础人才,因此在大学里进行这一工作比在任何其他地方都有效。

## 七

现代大学在最高层次上全心全意并毫无保留地致力于增进知识、研究问题(不管它们源自何方)和训练学生。……大学不能控制火星上的天气,不能经商,不能对威斯敏斯特或华盛顿的决策产生直接影响。但大学也不能远离社会。

大学现代化也会遇到我所说的种种危险，显然，这样的现代大学与致力于解释亚里士多德、神父和古典哲学家的中世纪大学相比，需要思考更多的东西。但正因为现代大学拥有多方面兴趣，它们必须对每一位要求进入者严格把关。现在有些人——尤其是庸者——往往分不清什么是重要的，什么是有意义的。一所追求现代特色、致力于发展理论和解决问题的大学，很容易因一些微不足道的事情浪费人力财力，耽误主要工作。

还有第二种危险。真实之理念放任自流和技术得以发展之时，也即平庸之辈兴高采烈之日。学术从未免于迂腐或肤浅。现代世界一方面由于出版手段发达，一方面出于对"习得的"学位的过分钟爱，在假象肆虐面前痛苦呻吟。为了扭转这种倾向，阻止机械性或技术性专门化趋势的发展，我们必须记住大学靠的是思想，靠的是伟人。一个巴斯德或吉布斯就可以改变其研究领域的整个知识秩序。伟人都是个人，个人与组织永远都处于冲突之中。大学是一个组织。一方面，它不能混乱不堪；另一方面，其繁荣取决于它是否具有足够的灵活性，是否能够为不同的具有创造性的个人提供独特的、适宜的环境。……

## 八

我无意现在就提前表明我对美国、英国和德国大学的看法。但行文至此，想必已十分明显的是，我的批评将包括两点，即大学现在尚未触及的事和大学不应涉足的事。我所概述的计划涉及面广且困难重重。成功地执行这一计划需要拥有比现在任何大学都多的人才和资金。此外，这种大学所承担的工作要求有适当的条件：当然要有图书资料和实验室，但还需要安静，尊严，不受琐事干扰的自由，高层次的社交活动和知识交流，充足多样、满足个性的生活。在以下各章我们还有机会提及现在的大学如何煞费苦心地反对这些要求。出于辩论的目的（也仅限于此目的），让我姑且承认大学所做的一切事情本身都是值得做的——这是一个很大的进步。是否由此可以得出结论说大学应该去做这些事？是否意味着大学能够做这些事？对这两个问题，我的回答都是否定的。如果大学要承担我所列举的高尚职能，它们应努力做到有效地履行这些职能——努力集聚人才和资金，提供履行职能所必需的设施。我认为大学并没有很好地履行这些职能，它们承担了一些不相干也不值得的义务。如果我不赞成的这些职能确实值得履行，那么社会必须寻找其他途径去履行之。当然，传统的那三四种科类（faculties）或学科（subjects）并不是神圣不可侵犯的。随着世界的变化，大学需要新的科类，新的学科也不断出现。但即使在最现代的大学里，扩展就意味着增加教授和学生这一事实也不能作为一个充分的理由：前者难以得到，后者规模的膨胀有可能摧毁大学的组织特性。我认为理由必须从新科类或新学科内在的理智价值方面寻找。实用方面的重要性不足以获得学术上的承认——如果这是所能找到的最佳理由的话，那么它就是排斥不适当学科的极好理由。大学不是垃圾场。忠于职守的大学就不适于做其他工作，因此就有必要进行一次意义深远的教育改造。没有一个国家会以与别国完全相同的方式进行教育改造。事实上在任何一个国家里也没有必要同时完成所有方面的教育改造。即便如此,为使大学最有效地履行其独特职能,大学的改造只有和教育系统的其他部分的改造结合起来,才能取得理想的结果。

### 九

根据我所阐述的基本观点,追求科学和学术的工作属于大学。除此以外,还能有什么属于大学?毫无疑问,中等教育、技术教育、职业教育不属于大学,普及教育不属于大学。这些教育当然都很重要,社会当然必须为实施这些教育建立适当的机构,但不能让它们使大学分心。

……

我们怎样区别属于大学的专业和不属于大学的职业?标准不难明确。从历史上看,专业指"学问高深的专业",这是完全正确的。没有学问的专业是不存在的。不含学问的专业——这一说法自相矛盾——只能是各种职业。专业是学术性的,因为它深深扎根于文化和理想主义的土壤。此外,专业的本性来自理智。的确,外科医生用手做手术,内科医生用听诊器,律师则使用文书和会计,但这些只是活动的非本质的属性。这几个专业的实质是运用自由灵活的智力去理解问题——理解历史遗留给我们并因为进化而复杂化的种种疾病的问题和社会生活的问题。除非法学院和医学院生活在理想和研究的氛围里,否则它们就根本算不上大学的学院。

……

随着我们讨论的继续深入将逐渐清楚的一点是:与目前的理论和实践相比,我所概述的大学的概念是严谨的。是否我没有看到"训练"的重要性——包括训练学院教师、教育行政人员或公务员候选人?我认为不是。我只是认为真正受过大学教育的人应该思维严密、知识丰富,具有批判精神而不是书呆子,因而这样的人在大多数情况下可以听任其自行其是。如果要我完全讲真话,我怀疑为了学会行政管理技能而牺牲广博精深的大学教育的那些人,最终会发现自己在学识和职业上处于不利地位。从实际需要的角度说,社会要求其领导者具备的,与其说是现时经过专门培训的能力,不如说是掌握经验、关心问题、灵活解决问题以及善于动员力量的能力。低层次或专门的学校或者特殊的经验本身也能提供技能,如果那是学生所希望的话。

### 十

我对思想和研究的强调,可能给人以实际上我是在讨论研究所而不是大学的印象。事实上并非如此。我们所知道的研究所在某些方面与我设想的大学有所不同。首先,研究所的兴衰取决于其研究是否成功,而在设想现代大学时我一直关注的是把训练与研究联系起来。……

此外,因为现代科学十分复杂,很难预言神奇的事实或概念会来源于何处。

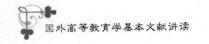

大学的广博性极大地增加了其潜在的丰富性。研究所则可能为过于专、精所累。研究所如果太专门化,特别是又比较注重实用,则可能一事无成。阿尔特霍夫曾预言了这一危险。最近他的传记作者指出:"即使研究所脱离大学并直接向政府部门负责,这一观念也决不能狭隘地加以理解。所有这些研究所都为大学的目的即教学和研究服务。的确,普鲁士教育当局是如此坚信大学的全面性,以至于最近建立的所有研究组织都以某种方式不同程度地与大学保持密切的联系。"这样,在现代大学中建立或与现代大学保持联系的研究所,可以避免孤立的研究所所面临的局限性。

……

十一

总论到此为止。本章一开始我就指出,我所分析的大学理念要回应现代社会的理智需求。我所指的是理念而不是组织。组织有可能被人过于重视,但有它无它也并非无关紧要。在以后各章里我们会看到,不同国家的组织不当是如何阻碍大学实现其理想的。在所有国家里,大学改革现在都是讨论的热点,所有国家的历史、传统和既得利益都阻碍着改造工作的进行。障碍并不总是坏事:丰富、美好的历史在阻碍改革的同时,也会在很大程度上提供补偿。行动的机会出现时,需要根据明确的总原则审度现实。我们会发现所面临的形势和可能发生的事情是多种多样的:有很容易消除的荒谬之事,需要谨慎渡过的难关,需要努力克服的先入之见,不能牺牲的历史价值观,以及只能逐渐移交给其他机构的实际义务。结果,改革工作结束时,我们会发现自己所面对的并不是标准化而是多样化的结果——没有哪两个国家是一样的,甚至在一个国家里也不存在完全的一致性。如果我们能够容忍一些奇人怪事,我们满足现代生活需求的可能性就更大,虽然还有些奇人怪事是我们无法容忍的。划分界线不容易,不同的国家和不同的个人划分界线的基点也不相同。但只要现代化的大学所承担的主要职能十分突出,分界点定在哪里相对来说并不重要。

(徐辉 等译)

# 多元化巨型大学观[1]

克拉克·克尔

## 作者简介

克拉克·克尔(Clark Kerr,1911—2003),20世纪美国著名的高等教育思想家、实践家和劳动经济学家。1911年出生于美国宾夕法尼亚州的Stony Greek。先后就读于斯沃思莫尔大学、斯坦福大学和伯克利加州大学,分别获得学士(1932年)、硕士(1933年)和博士学位(1939年)。1945年,任伯克利加州大学助理教授,创建并担任劳动关系研究所所长。1952年被推选为伯克利加州大学校长,1958年又出任加州大学总校校长,一直到1966年。而后,他先是出任卡内基高等教育委员会主席,继而担任卡内基高等教育政策研究理事会主席,一生致力于高等教育的理论与实践研究。克尔积极倡导高等教育改革与发展,被称为"当代美国高等教育改革的设计师"[2]。主要著作有:《工业主义与工业人:经济增长中的劳动与管理问题》(Industrialism and Industrial Man: The Problem of Labor and Management in Economic Growth,1960)、《大学的功用》(the Uses of the University,1963)、《加州高等教育规划》(California Master Plan for Higher Education,1960)、《高等教育的大转变》(The Great Transformation in Higher Education: 1960—1980,1990)、《美国高等教育的艰难时代》(Troubled Times for American Higher Education: 1980s and Beyond,1994)、《高等教育无法回避历史》(Higher Education Cannot Escape History: Issues for the Twenty-First Century,1994)等。

## 选文简介、点评

在20世纪50年代末以后,世界范围内的竞争日趋紧张激烈,由此推动了高等教育的急剧扩充,导致高等教育发展从精英型转向大众化方向。在美国,处于战后与苏联军事竞争的需要,美国开始将高等教育发展作为国家发展的战略目标,由此带动了美国高等教育的巨变。美国加州是经济和高等教育相对发

---

[1] [美]克拉克·科尔. 大学的功用[M]. 陈学飞,刘新芝,等译. 南昌:江西教育出版社,1993: 1-29. 在中文译著中,该作者有克尔、科尔两种译名。

[2] Levine, Arthur. Higher Learning in American, 1980—2000[M]. The John Hopkins University Press, 1994, P. xii.

达的地区,其高等教育改革的步伐也走到其他地区的前列。自20世纪50年代开始,时任伯克利加州大学校长(1952—1958)的克尔,利用苏联第一颗人造卫星上天在美国国内产生巨大冲击波的时机,主张从高等学校内部发动一场结构性的变革,提出"我们来搞一所新的大学"的想法。之后,克尔又在担任加州大学总校长(1958—1966)期间领导制定了《加州高等教育发展总体规划》(California's Master Plan for Higher Education),首创了多校区的公共高等教育机构,扩大当时的下属六所分校,新建三所分校,使加州大学的在校生数规模猛增,达到20—30万之多,由此使伯克利加州大学一跃成为全美大学实施大众化教育的榜样。伯克利加州大学首次被评为美国的最佳大学,成为全美州立大学效仿的对象。

进入20世纪60年代后,克尔的学术影响力开始在全国扩散。1963年,他在哈佛大学发表了一系列有关"大学的功用"的学术演讲,包括多元化巨型大学观,联邦拨款的大学和智力城的未来,对什么是现代大学,联邦政府的作用,以及未来大学的发展等问题进行了阐述。他的这些演讲不仅震撼了哈佛校园,而且在当时美国高等教育界产生巨大影响,并极大地推动了20世纪60年代美国高等教育的实践发展,开创了美国高等教育发展的"黄金时代"。

《多元化巨型大学观》选自克拉克·克尔1963年出版的《大学的功用》一书的第一篇文章,该文是在哈佛大学讲演基础上形成的。文章所提出的"多元化巨型大学"(multiversity)概念突破了许多学者对怎样的高等教育机构才能称得上"现代大学"的解释,给人以耳目一新的启发性和冲击力。克尔认为,尽管历史上许多高等教育家都给现代大学下了定义,但在克尔看来,这些概念都已经过时,无法涵盖现代大学的全部特征,因此,克尔提出了一个全新的概念:多元化巨型大学。

那么,什么是多元化巨型大学?在1963年出版的《大学的功用》一书中,克尔是这样定义的:"即是一个固定的、统一的机构。它不是由一个社群,而是由若干个社群——本科生社群和研究生社群、人文主义者社群、社会科学家与自然科学家社群、专业学院社群、一切非学术人员的社群、管理者社群所组成的。"①1972年,克尔在此书的后记中,对1963年的演讲作了重新思考,并对"多元化巨型大学"的概念作了进一步的解释。他说:"我指的是,现代大学是一种多元的'机构'——在若干个意义上的多元:若干个目标,不是一个;它有若干个中心,不是一个;它为若干种顾客服务,不是一种。它不崇拜上帝;它不是单一的、统一的社群;它没有明显固定的顾客……应当称它为多元大学;或者叫联合大学;或叫其他一些名字。"②美国学者布鲁贝克曾这样理解克尔的巨型大学,他

---

① John Brubacher. On the Philosophy of Higher Education[M]. Jossey-Bass Publishers,1977:4.
② Clark Kerr. Higher Education Cannot Escape History[M]. State University of New York Press,1994:159.

指出：维布伦是想把专业教育和自由教育同时从大学中分离出去；奥尔特加则要求大学排除科学研究；奈斯贝特虽然承认科研是大学的合法职能，但他不主张大学承接政府和工业界的杂活；然而，"克尔深信，所有这些活动都能在一个学术校园中共存，都能在'巨型大学'这个广义的名称下共存"。

那么，"巨型大学"有何功能和发挥怎样的作用呢？克尔认为，在传统的观点中，大学活动具有三种功能：教学、研究和服务。但是，克尔认为，现代巨型大学的功能远比这三个功能更为复杂。他在1969年的一篇题为《功能：多元社会中的多元化大学》一文中提出，大学的功能结构必须从生产、消费和公民素质三个方面来考察。首先是大学的生产功能，主要是指与产品产量和社会服务的生产过程有关的功能。第二是大学的消费功能，主要是指与学生和校园成员目前的产品和服务消费有关的功能；或者指与导致个体生活丰富的情趣、情感、技能和机遇等永久消费有关的功能。第三是公民素质培养功能，主要是指与学生、校友和教授的公民责任表现有关的功能。①

在文章中，克尔还单独论述了巨型大学校长的特殊作用，认为他们是具有多重角色的群体，既是"领导者、教育家、创新者、教导者、掌权者、消息灵通人士"，又是"官员、管理者、继承人、寻求一致的人、劝说者、瓶颈口"，但他更是"调节者"。

《多元化巨型大学观》是一篇具典型工具主义或者是实用主义色彩的文章。其所表达的大学及其发展的理念与传统古典的人文主义观点迥然有别。其中心思想就是告诫美国政府和大学，时代在发展，传统意义上的大学已经无法适应社会的进步和发展，大学理智本身不能作为目的而存在，而应作为解决问题的手段——不仅仅是解决学术问题的普遍手段，而且也是解决经济、政治和社会问题的普遍手段。就教育本身而言，它不过是一种工具，它不追求某种终极的永恒真理和个体人格的完美，而是根据社会现实的变化，培养人才以满足国家和社会的需要。多元化巨型大学观的思想虽然是克尔创立，但却代表着一批高等教育思想家的思想，如胡克、莱维(E. H. Levi)、格林(T. F. Grene)、R. F. 麦格西诺(R. F. Magsino)和 J. A. 帕金斯(J. A. Parkins)等人的思想。

## 选文正文

大学开始时是作为一个单一的群体——教师和学生的群体而出现的。在有了一个起中心作用的生机勃勃的源泉这个意义上，甚至可以说，它有了一颗灵魂。当今美国规模较大的大学更是拥有以共同的名称、共同的管理委员会以及由与之相关的目的维系在一起的一整套群体和机构。对这一巨大的变革，一

---

① Clark Kerr. The Great Transformation in Higher Education[M]. State University of New York Press，1991：64.

些人为之惋惜,许多人已经接受,少数人至今感到自豪。但是它应当被大家所理解。

如果把它同过去的红衣主教纽曼的"学院回廊"和亚伯拉罕·弗莱克斯纳的"研究组织"加以比较,对当今的大学也许会有所了解。那些机构乃是它得以产生的理想的类型,仍然是使学生产生幻想的理想机构的类型。然而,现代美国大学不是牛津大学,也不是柏林大学——它是世界上一种新型的机构。作为新型机构,实际上它并不是私人的,也不是公立的;它既不完全属于世界,也不能与世隔绝。它是无与伦比的。

"大学观",也许从未有人像红衣主教纽曼在一个多世纪前创立都柏林大学时表述得那样清楚。他的看法反映了他当时毕业的牛津大学的思想。纽曼主教写道,大学乃是"一切知识和科学、事实和原理、探索和发现、实验和思索的高级保护力量;它描绘出理智的疆域,并表明……在那里对任何一边既不侵犯也不屈服"。他提倡"文理学科方面的知识",并说"实用的知识"乃是不足称道的。

……

这个美好的世界,甚至在它被描绘得十分美好的同时,已不断地遭到破坏。在1852年,当纽曼写作的时候,德国大学正在成为新的模式。民主的、工业的及科学的革命正在西方兴起。"任何社会中很自在"的绅士很快就不自在了。科学开始取代道德哲学的位置,科研开始取代教学的位置。

"现代大学观",如果用弗莱克斯纳的话讲,已经产生了。弗莱克斯纳在1930年写道:"大学不是某个时代一般社会组织之外的东西,而是在社会组织之内的东西……它不是与世隔绝的东西、历史的东西,尽可能不屈服于某种新的压力和影响的东西。恰恰相反,它是……时代的表现,并对当时和将来都产生影响。"

显然,到1930年,"大学发生了深刻变化,这一变化同社会演变的方向是共同的,大学正是这种演变的一部分"。这种演变使大学建立了系科,并在继续建立新的系,建立了越来越多的研究所和学院;建立了大型的研究图书馆;使依靠经验来推理的哲学家成为利用实验室或图书馆的研究者;把医学从一种传统行医者的手中转移到科学家手中;等等。那里不再是学生个人的需要,而是社会的需要;那里发现的不是纽曼的永恒的"自然条理中的真理",而是新的事物;那里没有通才,只有专家。用弗莱克斯纳的话说,大学成了"有意识地献身于寻求知识,解决问题的机构,是批判性估价成就和真正高水平地培养人的机构"。个人再也不可能"独霸任何课题"——纽曼式的、万能的自由人一去不复返了。

然而,正当弗莱克斯纳撰写《现代大学》的时候,它很快就过时了。当时由洪堡创立的柏林大学正在受冲击,正如柏林大学冲击牛津大学的灵魂一样。大学正在变得五花八门。弗莱克斯纳抱怨说,它们是"中学、职业学校、师范学校、研究中心、进修机构、事务所——成了多种功能的机构"。它们忙于"令人难以置信的荒唐事",忙于"各种各样互不连贯的事"。它们"不必要地降低自己的身价,使自己庸俗化和机械化"。最糟糕的是,它们成了"大众的'服务站'"。

甚至哈佛大学亦是如此。"很清楚,"弗莱克斯纳估算,"哈佛大学的总开支中用于大学水平的主要学科的经费还不到八分之一。"他惊叹道:"是谁迫使哈佛大学走上这条错误道路?没有谁。是它愿意这样做;而且高兴这样做。"这显然使弗莱克斯纳不高兴。他希望哈佛不要承认工商管理研究生院,如果它必须完好地存在下去的话,就让它成为"波士顿商学院"。它还想废止新闻学院和家政学院,取消足球、函授课程等等。

不仅哈佛及其他美国大学如此,伦敦大学也是如此。弗莱克斯纳问道:"在什么意义上伦敦大学算作一所大学呢?"它只是"一种联盟"。

到1930年,美国大学已经远远不同于弗莱克斯纳的"现代大学"了,"现代大学"中的"核心是文科和理科研究生院,纯粹的专业学院(在美国主要是医学和法律)以及若干研究机构"。它们愈来愈不像"地道的大学",即弗莱克斯纳所说的"一个机构,其标志是目的高尚和明确,精神和目标的统一"。正像老牛津大学,在1852年被纽曼理想化时,近于灭绝一样,"现代大学"在1930年弗莱克斯纳描述它时,也正濒临灭绝。历史的流逝比观察者的笔墨要快得多。无论是古代经典和神学,还是德国哲学家和科学家都不能为真正的现代大学——多元化巨型大学定调。

……

纽曼的"大学观"仍然有它的拥护者——主要是人文主义者、通才和本科生。弗莱克斯纳的"现代大学观"仍有其支持者——主要是科学家、专门家和研究生。"多元化巨型大学观"有它的追随者——主要是管理者(现在很多教师也属于管理者)及广大的社会领导层。目前在教员俱乐部和学生咖啡馆仍在进行种种争论;牛津大学、柏林大学以及现代哈佛大学的模式都使曾经具有单一性质和目的的"师生共同体"的诸环节生气勃勃。这几种典型的目的互相冲突(都与历史的不同层次有关,与不同的势力网络有关),在当今大学各种社群中引起了许多后遗症。大学事物繁杂,人员众多。因此,它必然同自己局部地产生矛盾。

多元化巨型大学是怎样建立起来的?它并非人为的创造,实际上,也没有人具体设计过。它诞生了很久,它还有漫长的道路要走,它的过去怎样?对它怎样加以管理?它内部的生命力是什么?它存在的理由是什么?它的前景如何?

**历史的诸因素**

多元化巨型大学的存在有赖于许多历史的因素。就其起源而言,经考证,它们可以追溯到古希腊时期。但是,就是在那个时期也有好几种传统。柏拉图有主要为真理献身的学园,但还有想成为国王的哲学家的真理。柏拉图非常憎恶的智者(柏拉图使他们至今臭名远扬)也有他们的学校。这些学校教授修辞学以及其他适用的技巧——他们对生活中容易取得的成就比不易获得的真理更有兴趣。毕达哥拉斯除了别的学科以外,还涉及数学和天文学。现代学院派喜欢把自己的祖先追溯到柏拉图的学园,而设有职业学校和科学研究所的现代大学同样可以归源于智者和毕达哥拉斯。人文主义者、专门家和科学家都有其古代根源。所谓的"两种文化"或"三种文化"几乎像文化本身一样古老。

大学尽管有其希腊前驱,然而正如黑斯廷斯·拉什德尔(Hastings Rashdall)所说,它是"独特的中世纪机构"。……

到18世纪末,欧洲大学早就为少数人所控制,它们的教学内容僵化,在社会上成为反动的中心;它们在很大程度上反对宗教改革运动,对文艺复兴的创新精神不表同情,是新科学的反对者。它们对当时事变的蔑视几乎是相当出色的。它们像没有窗户的闭塞的城堡。但是,改革的思潮仍留下了深深的痕迹。在法国,大学被大革命一扫而光,犹如英国的克伦威尔时代所发生的那样。

只有在德国,大学才获得了新生。赫尔大学在1693年取消了全部用拉丁语教学的做法,哥廷根大学在1736年设置了历史课程。但是,由洪堡于1809年以其普鲁士部长的优越地位创立的柏林大学才是戏剧性事件。它强调的是哲学和科学,是研究,研究生训练、教授和学生(Lehrfreiheit and Lernfreiheit)的自由。设立了系和研究所。教授被公认为驰名校内外的伟大人物。柏林大学的计划很快在德国推广,德国在被拿破仑打败之后当时正进入工业化和强烈的民族主义时期。该大学拥有两大新的力量:科学和民族主义。后来,德国大学体制由于一味依赖那些著名的教条式人物对系和研究机构的终身控制而陷入了困境,这是事实;它由于对国家的完全依赖而被希特勒所败坏,这也是事实。但是,这无损于这样的事实,即德国大学于19世纪是世界上最富有生命力的新型教育机构之一。

……

现代美国大学发展的实际界限起始于1825年哈佛大学的乔治·蒂克纳教授(George Ticknor)。他试图按照他曾就读过的哥廷根大学的模式改造哈佛。蒂克纳发现,改造哈佛必须等待像埃利奥特这样的人物,他用了40年的时间,并且由他来行使校长的职权。当时,耶鲁大学是一个巨大的保守势力的中心——它的教授会1828年的著名报告是反对任何变革的强烈声明,耶鲁至少或发誓永远不作任何变革。弗兰西斯·韦兰德(Francis Wayland)在19世纪50年代的布朗大学为实现德国体制付出了巨大的代价,其中包括选修课程计划;亨利·塔潘(Henry Tappan)在密执安大学也作了巨大的努力,但二者都没有成功。

终于出现了突破。丹尼尔·科伊特·吉尔曼（Daniel Coit Gilman）从当时加利福尼亚大学可怕的情景中摆脱出来，于 1876 年成了新的约翰·霍普金斯大学第一任校长。该校成立伊始即是一所侧重于科学研究的研究生院。对弗莱克斯纳来说，吉尔曼是伟大的英雄人物，而约翰·霍普金斯大学产生了"对美国高等教育从未有过的最激励人心的影响"。查尔斯·W. 埃利奥特（Charles W. Eliot）在哈佛大学沿着吉尔曼所开创的道路继续突破,在他的任期（1869—1909）内，哈佛把重点集中在研究生院、专业学院和科学研究上,哈佛成了一所大学。然而,埃利奥特本人所作出的特殊贡献则在于建立了允许学生自由选择课程的选修制。其他一些人迅即仿效：康乃尔大学的安德鲁·迪克森·怀特（Andrew Dickson White），密执安大学的詹姆斯·B. 安吉尔（James B. Angell），哥伦比亚大学的弗雷德里克·巴纳德（Frederick Barnard），明尼苏达大学的威廉·W. 福尔韦尔（William W. Frolwell），斯坦福大学的戴维·斯塔尔·乔丹（David Starr Jordan），芝加哥大学的威廉·雷尼·哈珀（William Rainey Harper），威斯康星大学的查尔斯·K. 亚当斯（Charles K. Adams），加利福尼亚大学的本杰明·艾得·惠勒（Benjamin Ide Wheeler）。当时刚刚扩展的州立大学，也追随霍普金斯的观念。耶鲁和普林斯顿则在后面追赶。

……

与约翰·霍普金斯大学的实验同时出现的有土地拨赠运动——这两种力量比开始出现时要协调得多。一种是普鲁士型的，另一种是美国型的；一种是英才的，另一种是民主的；一种是纯学术的，另一种则由于与土地和机器的联系而被玷污；一种面向康德和黑格尔，另一种面向富兰克林、杰斐逊和林肯。但二者都为工业化的国家服务，两者通过科学研究和培养技术能力来提供这种服务。现代美国大学将历史上的两股力量编织在一起。密执安成为德国式大学，而哈佛则成为没有土地的土地拨赠型大学。

……

在第一次世界大战前的土地拨赠运动中，一个主要的新发展是接受土地拨赠的大学将其活动扩展到校园之外。"威斯康星思想"在第一个罗斯福（Roosevelt）和第一个拉福莱特（La Follette）的进步主义教育理论指导下开花结果了。威斯康星大学，特别是在查尔斯·范海斯（Charles van Hise）担任校长期间（1903—1918），将改革纲领引进了麦迪逊的议会厅，通过约翰·R. 康芒斯（John R. Commons）支持工会运动，发展了以前从未发展的农村和城市推广教育工作。大学为全州服务。其他州立大学也照着这样做。甚至像芝加哥、哥伦比亚这样的私立大学也有了重要的推广计划。

与社会的各种新的联系开始建立起来。大学体育运动，特别是 20 世纪 20 年代，成了公众娱乐的一种形式。这种运动即使在 20 世纪 60 年代，甚至在常春藤联合会中，也都是很著名的。大学体育运动一旦成了观众的运动就很难被扼杀，即使代表队是最差的或是最不注重体育运动；再说，很少有大学当真会欢迎这两种情况。

对这些情况的发展持反对观点的人有时也发动进攻。A. 劳伦斯·洛厄尔（A. Lawrence Lowell）在哈佛（1909—1934）强调的是本科学生以及把精力集中在课程上，反对埃利奥特强调研究生工作和选课的主张。这不仅是对哈佛，而且也是对现代美国大学的评价。尽管埃利奥特与洛厄尔看法相反，而在同一学校却可以按照他们二人的办法行事，并以此为荣。大学具有在一切方面虽然意见分歧但仍可留在原地的独特能力，哈佛就明显地证明了这一点。在洛厄尔很久以后，罗伯特·M.哈钦斯（Robert M. Hutchins）还试图把芝加哥大学拉回到纽曼主教，回到托马斯·阿奎那、柏拉图以及亚里士多德的轨道上去。他卓有成效地复活了哲学对话，他爱之至深，也有熟练的实践；但是芝加哥大学仍不失为一所现代美国大学。

……

**多元化巨型大学的管理**

多元化巨型大学是一个不固定的、不统一的机构。它不是一个社群，而是若干个社群——本科生社群和研究生社群；人文主义者社群、社会科学家与自然科学家社群；专业学院社群；一切非学术人员社群；管理者社群。多元化巨型大学的界限很模糊，它延伸开来，牵涉到历届校友、议员、农场主、实业家——而他们又同这些内部的一个或多个社群相关联。作为一所学校，它要回顾过去，展望未来，并经常同现在发生矛盾。它服服帖帖地几乎是奴隶般地服务于社会——它也批评社会，有时不留情面。它提倡机会均等，但它本身就是一个等级社会。一个社群，像中世纪教师与学生社群，应当有共同的利益；在多元化巨型大学中，这些社群各不相同，甚至互相矛盾。一个社群应当有一个灵魂，一个唯一的活生生的原则；多元化巨型大学则有若干个灵魂——其中有些灵魂是相当好的，尽管对哪些灵魂确实值得拯救的问题争论不休。

多元化巨型大学是一个名称。这意味着它比听起来似乎更具有丰富的意义。机构名称代表一定的实际水平，某种程度的尊重，一定的历史传统和独特的精神。这对教职员和学生、对与学校有交往的政府机构和行业极为重要。维护和提高它的声誉是多元化巨型大学的核心问题，它的声誉就是约翰·J.科森（John J. Corson）所谓的"学校声望"，究竟如何呢？

……

教授们对美国多元化巨型大学总的发展方向施加有组织的控制或影响是非常小的，联邦拨赠大学的发展就是例证。然而，个别教授在扩大研究机构和研究赠款方面的影响是相当大的，甚至是起决定性作用的。但离阿伯拉尔（Abelard）时代的巴黎大学仍然相去甚远。

……

通过所有这些手段,维护了政府权力在大学事务中的影响。政府的影响在巴黎大学的增长同学生的影响在博洛尼亚大学的减少几乎同样多。无论在什么地方,除了牛津和剑桥这种日渐减少的例外,最高权力都存在于政府部门;所幸的是无论在什么地方,除了很少的一些例外,这种权力没有被无限地行使。不管怎样,我们自教师行会、学生行会、师生行会产生以来已经走了很长的路。一般地说,权力中心已从最初的师生社群内部转移到外部。多元化巨型大学的性质不会使这种历史性的转变发生任何重大的逆转,尽管它的确允许亚文化群的发展。这种亚文化群可以相对独立,并能够对整体产生影响。

　　权力的分配是非常重要的。在德国,权力的一头完全掌握在正教授手中,另一头则紧紧掌握在教育部长的手里;在牛津和剑桥,权力曾一度由教授们所垄断;在美国,在相当长的时期内权力几乎完全由校长所把持;在拉丁美洲,权力常常在校内大学生和校外的政治家手中。

　　种种影响——外界的与半外界的。除了掌握在学生、教师、行政部门或各种社会机构手中的正规权力结构之外,还有种种非正式影响的源泉。美国的制度对其许多特别的公众集团的压力非常敏感。同美国大学相比,欧洲大陆的和英国的大学与其周围社会没有多少纠缠,因而更为内向和更为独立。当"校园的边界演变为我们国家的边界"时,将内部同外部分开的界线就变得相当模糊了;把校园带进国家也就是把国家带进了校园。在所谓"私立"大学中,校友、捐款人、基金会、联邦机构、各种专业和企业集团在半外界的影响集团中间显得特别重要,而在所谓"公立"大学中,农会、工会和公立学校等大概也要列入影响集团的名录上,它们是一种更为强大的压力。多元化巨型大学有许多代表各种利益的"公众"团体,基于多元化巨型大学的性质,这些利益中很多是完全合法的,其他一些则是微不足道的。

　　……

**多元化巨型大学校长,是巨人还是调解者——引路人?**

　　有时听说,美国多元化巨型大学的校长具有双面人格。实际上并不是这样。倘若如此,他就无法存活。当他千方百计力图摆脱那些无关紧要的人事关系时,他必须应付各个方面。从这个意义上讲,他具有多面人格。在这一点上,他同其他校长和副校长在程度上有所不同,因为他们的部门同外部世界接触较少,他们所面对的方面也较少。无论如何,这种区别不是质的问题。各种关系的紧张程度差异很大;从这个角度上看,拉丁美洲的大学校长可能工作最难,尽管与北美的大学校长相比,他们陷入的关系网较少。

　　在美国,人们期望大学校长成为学生的朋友,教职员的同事,校友会的可靠伙伴,站在校董们一边的明智稳健的管理者,能干的公众演说家,同基金会和联邦机构打交道的精明的谈判人,同州议会交往的政治家,工业、劳动及农业界的朋友,同捐款人进行交涉富有辩才的外交家,教育的优胜者,各专门行业(尤其是法律和医学)的支持者,新闻发言人,地道的学者,州和国家的公仆,歌舞和足球爱好者,正派人,好丈夫,好父亲,教会的活跃成员。总之,他必须享受航空旅行,参加宴会,出席公众的纪念活动。没有任何人能够干所有这些事情。一些人结果则一事无成。

大学校长应当是这样的人:既坚定但又不失礼貌,对别人敏锐,对自己迟钝;既看到过去又能展望未来,而且牢牢地扎根于现在;既富于幻想又明智稳重;既和蔼可亲又深思熟虑;既深知金钱的价值,又承认思想无法用钱买到;既勇于幻想又谨慎从事;既是一个有原则的人又能大胆作为;既有广阔的视野又能有意识地寻根究底;既是一个善良的美国人又毫无畏惧地批判现状;在不过于伤害别人的感情的情况下追求真理;当政府的政策尚未反映到学校时,他就是这些政策的传播者。他在家看起来像老鼠,在外面看起来像雄狮。他在民主社会是一个边缘人物——这种人物还有许多——处在许多集团、许多观念、许多努力、许多特征的边缘。他是一个边缘人物,但又置于整个过程的中心。

……

多元化巨型大学的校长是领导者、教育家、创新者、教导者、掌权者、信息灵通人士;他又是官员、管理人、继承人、寻求一致的人、劝说者、瓶颈口。但他主要是个调解者。

调解者的头等大事就是相安无事——如何使"七十二行不和谐的派别相调和",使大学生团体内部相安无事,教职员、董事会内部相安无事,以及各群体之间相安无事;"两种文化"和"三种文化"及亚文化群之间相安无事;为了谋生而竞争的各种观念之间相安无事。学术团体的内部环境同包围它、有时几乎想吞没它的外部社会环境之间和平共处。但和平有其特性,总是存在着解决当前问题的现时"可行的妥协"。此外,有效的解决办法是提高学校长远的声望和地位。在寻求这种声望中,有一些事情是不应当让步的,像自由和质量——因此,调和者也需要成为斗士。这两种角色的分界线可能不像水晶体那样清晰,但它们至少像水晶体那样容易被损坏。

校长的第二项任务是致力于进步——只求学校和个人的存在是不够的。多元化巨型大学历来就是一个具有多种激进功能的保守机构。在那里有众多的维持现状的合法利益团体,众多的具有否决权的团体;但是,大学必须同时对付知识爆炸和人口爆炸问题。在种种昔日的价值观念,种种未来的前景,以及当前的种种现实事务中,校长变成了主要的调解者。他是一个以不同速度有时是按不同方向运动的团体和机构中间的调解者;是变革的承担者——有时就像"伤寒病患者"那样可怕,那样带有传染性。他不是一个为革新而革新的革新者,但他必须对卓有成效的革新很敏感。他没有新奇的和冒险的"终极景象"。他愈来愈被必然性所驱使,而不为流言所驱使。"革新"也许是历史的"成功的标尺",是"过去伟人"的伟大的特征;但革新有时候成绩卓著,却没有明显的发起者。洛厄尔曾注意到"校长不能既做事情又为此而出名"——他不应"像下蛋的老母鸡那样咯咯地叫个不停"。

……

权力于任务并非必需,尽管必须有一种权力意识。校长必须依靠有法规修改权的群体控制权力的使用,以便任何人都无法对它使用过度,或使用太少或使用不当。为使多元化巨型大学真正有效地发挥作用,需要由稳健派来控制每一权力中心,需要在权力中心之间保持一种宽容的态度而且不带任何"领土"野心。当过激主义者以阶级斗争概念控制大学生、教职员或评议员的时候,微妙的"利益平衡"便会成为真正的战争。

通常的格言是:权力相当于责任,但对校长而言,说服机会应等同于责任。他必须接近每一权力中心,必须对每一种舆论的评判有公平的机会,有机会描绘现实而不描绘幻想,有机会论证他所认为的理由的原因。

……

哈钦斯提出了作为大学校长的四条美德。我想提出略有差别的三条——决断、勇敢、坚忍——其中最重要的是坚忍,因为其他两条都有那么一点仁慈之心。调解者,无论是在政府机构、工业界、劳资关系部门或者家务纠纷中往往很容易屈服于压力。他很少取得明显的胜利,他的目标必须是避免最坏的结果,而不是取得最好的结果。当使得自己的所有支持者同样不称心时,他必须从中感到满足;他必须将自己同严酷的现实协调起来。严酷的现实是,成功被沉默所掩饰,失败则以臭名昭著加以渲染。巨型综合性大学校长必须心甘情愿地将其赞助者松散地维系在一起,必须把整个事业,在看来常常是同历史不相称的竞赛中,再向前推进一步。

**多元化巨型大学的生活**

纽曼的"大学观"是把大学当做一个居住僧侣的村庄。弗莱克斯纳的"现代大学观"是把大学当做一座城镇——一座由知识分子垄断的工业城镇。"多元化巨型大学观"则视大学为一座充满无穷变化的城市。一些人在城市中失败了;另一些人则上升到城市的上层;大多数人则在许多亚文化群中生活着。比起村庄来,它较少社区感,也较少局限感。比起城镇来,它较少目的感,但达到优越的途径却较多。它还有更多无名氏的避难所——为创新者也为流浪者。与村庄和城镇相比,"城市"随着自身的发展,愈加类似于文明的整体,成为文明不可缺少的部分;它进入或脱离周围社会的速度已大大加快。如同在一座城市里,在一种法规的管辖下,有着许多互不相连的努力。

……

多元化巨型大学对于学生来说是一个混乱的地方。在那里,大学生遇到认同感和安全意识等问题。然而,大学给他们提供了广泛选择的机会,这些机会足以令他们震撼心灵。在这种选择的范围内,他们既遇到了种种机会,又处于进退两难的自由境地。严重伤亡事故的比率很高。轻伤员亦很多。自由学习——学生寻找、选择、停留或前进的自由——都是成功的。

对于教学人员来说,生活也在改变。多元化巨型大学事务纷繁。在教员和研究人员之外还有咨询人员和管理人员。对绝大多数教学人员来说,教学愈来愈不是中心了,研究则愈来愈重要。这就产生了所谓的"非教员",即"一个人的地位愈高,他同大学生打的交道就愈少",并导致以往的"教师"队伍出现了一种三重阶层结构:专门从事研究的人员,专门从事教学的人员(他们大部分担任辅助的角色),以及既搞些研究又搞些教学的人员。据我了解,在一所大学里,哲学博士学位或相当于哲学博士学位人员所占的比例大致是:1个研究人员比2个教师比4个既教学又从事研究的人。

……

现代美国多元化巨型大学为什么能够存在呢?历史是一个答案。同周围社会环境的一致是另一个答案。除此之外,它在维护、传播和考察永恒真理方面是无与伦比的,在探索新知识方面是无与伦比的,在整个历史上的所有高等学校中间,在服务于先进文明的如此众多的部分方面也是无与伦比的。作为一个机构,它的内部虽然并不一致,但它却始终如一地产生效益。虽然经受到变革的折磨,但它保持着稳定的自由。虽然它连自身的灵魂也没有,但它的成员却为真理而献身。

在美国,多元化巨型大学或许是运转得最好、适应与发展得最好的机构,因为它回应了自第二次世界大战时期开始的联邦计划的巨大影响。不经革命就发生了广泛的变革,一时几乎没有被人注意到。多元化巨型大学已经证明了它能够如何适应新的种种创造的机会;如何对金钱作出反应,多么渴望发挥新的、有效的作用;如何迅速发生变化而又假装根本没有发生什么事;如何迅速地扬弃某些它的古老美德。那么,联邦拨款大学当前的现状如何呢?

(陈学飞　等译　赵宝恒　校)

# 通识教育①

艾伦·布卢姆

## 作者简介

艾伦·布卢姆(Allan Bloom,1930—1992),20世纪80年代欧美著名的新保守主义代表人物,芝加哥大学政治学教授、翻译家和教育思想家。毕业于芝加哥大学社会科学委员会、法国巴黎大学和德国的海德堡大学。先后在芝加哥、康奈尔和多伦多大学任教,他一生从事政治哲学和文学、历史的研究。主要著作有:《莎士比亚的政治》(Shakespeare's Politics,1964)、《巨人和侏儒》(Giants and Dwarfs:Essays,1960—1990,1990)、《爱与友谊》(Love and Friendship,1993)等。1987年布卢姆出版了对学术界产生巨大影响的哲学著作——《美国精神的封闭》②(The Closing of the American Mind,1987)。

## 选文简介、点评

20世纪80年代,政治上极端保守的共和党人里根赢得竞选胜利,使美国迎来了保守主义盛行的"里根时代"。由于里根政府全力实施保守主义文教政策,并以此推动美国大学教育改革,导致保守主义势力开始主导美国高等教育思想。一批具有保守主义倾向性的学术论著也相继问世。1987年,布卢姆出版的教育哲学著作——《美国精神的封闭》就是这个时期最有影响的代表著作。布卢姆本人也从一名普通的政治哲学教授跃升为一颗耀眼的学术明星。③ 有学者评论指出:"布卢姆最大的贡献在于挑起了20世纪80年代美国的文化战争。……他的《美国精神的封闭》已然成为众多有关文化论战的著作和文章中的经典文献。"④

---

① [美]艾伦·布卢姆.美国精神的封闭[M].战旭英,译. 南京:译林出版社,2007:287-297.
② The Closing of the American Mind:How Higher Education has Failed Democracy and Impoverished the Souls of Today's Students,该书是在其1983年布朗大学三次有关大学兴起的讲演中的观点基础上整理而成,文字简洁生动。
③ Leo Strauss, The Rebirth of Classical Political Rationalism (The University of Chicago Press, 1989).转引自:甘阳.政治哲人施特劳斯:古典保守主义政治哲学的复兴."列奥·施特劳斯政治哲学选刊"导言.
④ Ohles &.John G. Ransay. Biographic Dictionary of Modern American Education[M]. Frederic Shirleyin,1992:29-30.

《美国精神的封闭》之所以产生巨大的轰动效应,并引发了整个美国社会和知识界的广泛讨论,与该书涉及的主题有着十分密切的关系。该书不仅是一本关于"民主制度危机"的政治学著作,更主要是一本关于"大学教育问题"的教育学著作。尤其是书中提出的具有争议性和挑衅性的观点,"即20世纪后期美国社会一向追捧的所谓心灵开放和包容性实际上是一种心灵的闭塞",直接刺激了美国知识界和学术界的神经,引发了人们褒贬不一的评论。称赞者认为,此书"不仅出自教授之手,而且是出于一个思想家之手……是对人们的心灵,尤其是年轻人的心灵及其所受教育的沉思……值得每一个关心其教育目标和性质的大学教师都应阅读"[1]。批评者则认为,此书不过是一本"观点陈旧的哲学著作",作者"所关心更多的是其自己僵化的哲学观念,而非民主社会"[2]。

《美国精神的封闭》是一部逻辑性强的学术著作。从主题思想上看,《闭塞的美国心灵》整篇悲观主义色彩浓重,如其副标题——"高等教育如何导致了民主的失败,如何导致今日大学生心灵的枯竭"[3]所采取的极端性的表述,背后潜台词隐喻了因西方文化危机而引发的对大学自由教育危机的担忧。布鲁姆认为当代美国大学没有很好履行为优秀的大学生们提供良好大学教育的责任,相反却败坏了他们的心灵。

《美国精神的封闭》的表达方式是极端的批判式,其语言晦涩但简洁,犀利但准确,理性但生动,的确是一部让人爱不释手的好书。难怪布卢姆的反对者,著名的自由派政治教授巴伯(B. Barber)都不得不在一篇评论中赞叹道:《闭塞的美国心灵》是"最动听、最精致、最博学而又最危险的传单"[4]。

《通识教育》选自《美国精神的封闭》"运动教育"一节,主要是探讨如何面对支离破碎的自由教育,重整通识教育的问题。他认为,为了民主社会,美国大学必须通过自身改造和必要的课程建设,重新强化自由教育的地位和作用,恢复大学的"名著课程"(Great Books)和"文化的权威性"(Cultural Authority),化解美国大学教育的危机。选文的目的,一方面在于向读者推荐布卢姆所撰写的经典之作,另一方面,希望唤起我国学者对高等教育大众化背景下的人文精神萎靡和道德滑坡倾向予以高度重视。

---

[1][4] [美]艾伦·布卢姆. 走向封闭的美国精神[M]. 缪青,宋丽娜,等译. 北京:中国社会科学出版社,1994:3. 1994年、2007年中国社会科学出版社、译林出版社的中译本先后出版。

[2] Nancy Warehime. To Be One of Us: Cultural Conflict Creative Democracy and Education[M]. State University of New York Press,1993:48.

[3] 据说《美国精神的封闭》一书的主标题是出版社出于营销策略目的强行加上,布卢姆本人并不喜欢,而他喜欢的原来书稿的这个又长又晦涩的标题不得不变成了副标题。

**选文正文**

　　对于一个初次离家,踏上通识教育征程的少年来说,今天的一流院校会给他怎样的印象?他有四年的自由时光去发现自己——他处于一个过渡的空间,前有被他抛在身后的知识荒漠,后有学士学位之后等着他的不可避免的可怕的专业训练。在这短短的四年中,他必须了解在他所熟悉的小天地之外还有一个大世界,他要体验它带来的兴奋,从中汲取足够的营养,为他注定要穿越知识荒漠的旅程做好储备。换句话说,只要他希望拥有更高尚的生活,他就必须这样做。假如他做出了这样的选择,当他能够成为自己所希望的人,当他有机会审视各种选择,不仅仅是时下存在的或职业提供的东西,还有作为名副其实的人所能得到的东西,这就会是一段迷人的岁月。对一个美国人来说,这一段岁月的重要性再怎样估计都不过分。这是他接触文明的唯一机会。

　　面对这样一个人,我们必须思索,若想让他成为一个有教养的人,他应该学习什么;我们必须思索,人类有待实现的潜能是什么。在专业课程中我们可以不做这样的推测,专业化的魅力之一就是避免这种思索。但在这里却是责无旁贷的事情。我们要教给他什么?答案也许不是一目了然,但只要尝试回答这个问题,就已经是在进行哲学思考,进行教育了。这种关切本身便提出了人的统一性和科学统一性的问题。如果像某些人主张的,必须允许人人自由发展,把观点强加给学生是专横的,就未免太幼稚了。那样的话还要大学做什么?如果答案是"提供一种学习氛围",我们便又回到了原来的问题上。什么氛围呢?做出选择并对选择的理由进行反思是不可避免的。大学必须代表某种事物。不愿意积极思考通识教育的内容,它的实际后果便是,一方面使大学外边的庸俗现象得以在校园内泛滥,另一方面又把更严厉、更刻板的要求——由专业学科提出的那些未经通盘考虑的、专横而堂而皇之的要求——强加给学生。

　　现在的大学在年轻人眼里毫无特色。他发现了一种学科的民主——这或是因为它们乃当地土产,或是因为它们无目的地发展,但近来发挥着大学所需要的某种作用。这种民主其实是一种无政府状态,因为不存在获得公民权的公认规则,也不存在正当的统治资格。简言之,对受过教育的人该是什么样子没有任何看法,也没有针锋相对的看法。这个问题消失了,因为提出这种问题会威胁到和平。既不存在科学的组织,也不存在统一有序的知识体系。混乱无序导致了无精打采,因为不可能做出合理的选择。所以还不如放弃通识教育,进入专业学习,那里至少还有规定的课程和有前途的职业。在这条道上,学生至少能从选修课中捡到一点儿据信能让人变得有修养的东西。学生没有被告知,伟大的奥秘会揭示给他,他可以从自己身上发现新的、更高尚的行为动机,通过他的学习,可以和谐地建构一种不同的、更富有人性的生活方式。

　　简而言之,大学毫无独特之处。在我们看来,平等的最高表现似乎不愿意也没有能力提出卓越的要求,尤其是在那些一向提出这种要求的领域——艺术、宗教和哲学。韦伯发现自己无法在某些极端对立的东西——理性与神启、佛祖与耶稣——之间做出选择,但他没有断定一切事物同样美好,尊卑贵贱之别不复存在。事实上,他揭示从中做出选择的严肃性和危险性,是想让人们重新思考这些重大的抉择;现代生活的琐屑思考有着过分蔓延的危险,它使那些让灵魂高度紧张的深刻问题变得平淡无奇,与此相对照才能突显重大抉择的重要。对他来说,严肃的知识生活是做出重大决定的战场,这种决定都是精神或"价值"选择。人们不能再把受过教育或文明人的这种或那种特别观点视为权威,所以只能说教育就是求知,其实只是了解他们全部观点中的一小部分。深刻与肤浅之别——它取代了善恶真伪之别——划定了严肃学习的重心,但它难以应付自然宽松的民主倾向的提问:"噢,这有何用处?"发生在伯克利的第一次大学分裂,显然是直接针对大杂烩似的巨型大学,我必须承认,它曾一度引起我某种程度的同情。在那些学生的动机中或许有那么一点渴望教育的成分。但没有做任何事情去引导或充实他们的能量,结果不过是给五花八门的学科又增加上了五花八门的生活方式,给专业的多样性又增加上了怪异的多样性。我们在社会上经常看到的问题,也发生在这里;扩大大学规模的顽固要求以更加孤立而告终。旧的协定、旧的习俗和传统并不那么容易取代。

因此,当一个学生来到大学,他会发现各种令人迷惑的科系,各种令人摸不着头脑的课程。但是对于他应该学什么并没有正式的指导,也没有大学之内统一的意见。对于如何统筹利用大学的资源,无论在教授还是在学生中间,他都找不到现成可循的先例。因此,最简单的办法就是做出职业选择,然后为这种职业做好准备。针对做出这种选择的学生设计的课程,可使他们免受各种诱惑,脱离享有传统声望的知识。这些日子里塞壬(Siren)的歌声婉转低回,但年轻人的耳朵里已经塞了足够的蜡,可以安然无恙地在她们旁边驶过了。这些专业可以提供充足的课程,占用他们四年大学的绝大部分时光,为他们不可避免的研究生学习做好准备。只是他们可以随意选修的课程寥寥无几,只能这里听一点儿,那里学一点儿。现在,公共职业——无论是医生、律师、政治家、记者、商人还是演艺人员——都与人文知识没有多大关系。除了纯粹的职业或技术教育以外,教育甚至成了一种妨碍。所以说,为了让学生获得思考的乐趣,并且知道自己能够生存下去,大学中对抗专业教育的气氛是必不可少的。

真正的问题是出在一些学生身上,他们希望知道自己想做哪一行,或只是想让自己经历一次冒险。在大学里,他有许多事情可做——众多的课程和专业足够他们花费时间去应付。大学的每个系或每个学部都在标榜自己,都提供了能让学生入门的学习课程。但是怎样在它们中间做出选择?它们之间有什么联系?事实上它们之间互不通气。它们彼此竞争,相互矛盾,却没有人意识到这一点。各个专业的存在已经使整个问题昭然若揭,但从未系统地把它提出来。学生面对学院分类的实际结果是迷惑不解,而且经常精神沮丧。这实际上成了一个运气问题，看他能否找到一两位教授，使他对作为每个文明国家之独特成分的伟大的教育观洞察一二。大多数教授都是专家，只关心自己的研究领域，只对自己领域的进步或只对个人的进展感兴趣，因为在这个世界里，一切回报都是基于出色的专业表现。他们完全不受大学传统结构的束缚，这种结构至少有助于表明他们的知识是不完备的，仅仅是尚未研究、尚未发现的知识整体的一部分。学生们只好穿行于游乐场的招徕者中间，这些人都想引诱他们进去观看自己的杂耍表演。这些拿不定主意的学生对多数大学来说都是一种尴尬，因为他好像在说，"我是个完整的人，请帮助我塑造完整的自我，发展自己的真正潜能"，他让那些大学无言以对。

……

通识教育长久以来一直定义不清，没有清晰的身份或制度化的专业声誉，但它仍然不屈不挠，并且得到了资金和尊重；它一直是那些多少偏离了专业教育者的阵地。它有点像教堂与医院相比所处的地位，没有人十分确切地知道宗教机构应该做些什么，但它们确实发挥着某种作用，或是回应着人的真正需要，或是作为过去需要的遗存。它们易于被骗子、冒险家、妄想狂和狂热分子所利用。但它们也唤起人们最勇敢、最热烈地追求独特的庄严和深刻。在通识教育中，最拙劣和最优秀的人也打得不可开交——骗子对真正的学者，诡辩家对哲学家——都是为了赢得舆论的支持，为了支配我们当今对人的研究。这场斗争中最引人注目的参与者是大学的管理者，他们在形式上负责代表自己学院教育的公众形象，有政治纲领的人或专家认为的平庸之辈，以及人文学科的真正教师，他们真正了解自己与整体的关系，并迫切希望在学生的意识中保留这份清醒的认识。

所以，就像 20 世纪 60 年代的大学致力于取消一些必修课一样，在 20 世纪 80 年代它们又忙于走回头路，而这是个更困难的任务。今天的说法是"核心课程"。大家一致认为，"我们在 20 世纪 60 年代做得有点儿过头"，微调一下显然是非常必要的。

对这个问题有两种典型反应。最简便、最令管理者满意的办法，是充分利用各独立科系已有的东西，简单地迫使学生涉猎各个领域，即从大学的每个分支——自然科学、社会科学和人文科学中——选修一门或更多的课程。这里的主导思想是"广泛涉猎"，就像轻狂年代的"开放"一样。这些课程几乎总是一些现有的入门课程，对专业教授来说毫无趣味，仅仅是在假设应当学习的东西是有价值的、确实存在的。这便是通才教育，意思是样样通样样松的人就是通才。他什么事情都知道一星半点，但在每个领域都逊色于专业人士。学生可能希望涉猎一下不同的领域，鼓励他们到处看看，在他们从未涉足的领域发现能够吸引他们的东西，也不失为一件好事。然而这并不是通识教育，不能满足学生对它的渴望。它只表明大学缺乏高水准的通才教育，它所做的事情只是真正的知识储备的初级产品,是已被学生丢弃的孩提时的玩意儿。所以他们希望翻过这一页,跟着他们的教授的严肃研究学点东西。没有对共同关注的重大问题的认识,就不可能有严肃的通识教育,试图建立通识教育的尝试也只是一种无效的姿态。

人们大体上准确认识到了核心课程这种方法的不足,于是又提出了第二种方法,即所谓的"综合课"。这些课程是专为综合教育的目的而设,通常要求多个院系的教授们通力合作。这些课程被冠以"自然中的人""战争与道德责任""艺术与创新""文化与个人"等名称。当然,一切都取决于策划和讲授这些课程的人。这样的课程有明显的好处,它要求人们反思学生的一般需要,迫使专业教授拓宽自己的视野,至少得一时如此。危险则是这会变成赶时髦,哗众取宠,缺乏真正的严谨性。一般而言,自然科学家不会在这种努力中通力合作,因此这些课程往往很不平衡。简言之,它们不会超越自身,向学生提供独立探求永恒问题的独立方法,就像过去对亚里士多德或康德的全面研究所做的事情。它们倾向于东拼西凑。通识教育应该让学生意识到,学问必须而且能够做到既提纲挈领,又严密精确。要做到这一点,研究一个很小的具体问题或许是最佳方法,如果它的结构可以在整体上展开的话。这种课程要有特定的意图,把学生引向永恒的问题,让他们意识到这些问题,在探讨这些问题的过程中传授给他们某种能力,否则它们就会成为开心的消遣,走进死胡同——因为它与学生们可以想象的深入研究完全无关。如果这样的课程能够激发最优秀的大学生发挥才智,它们便是有益的,能够使教授和学生重新焕发正在逝去的求知激情。但是,它们很少能做到这一点,它们与最高层次的、各科系的老师所认定的真正事业是脱节的。能力决定着整个机体的生命。在高层次上无法解决的知识问题,在管理的低层也解决不了。问题在于缺少科学的统一性,并且失去了讨论这个问题的意愿或方法。高层次的病态是低层次病态的原因,真诚的通识教育者的全部善意努力,充其量只能对它起到缓解的作用。

当然,唯一严肃的解决方案是几乎遭到普遍反对的方案,即阅读"巨著"这种出色的老方法。按这种方法,通识教育意味着阅读某些公认的经典文本,悉心阅读,让它们指出问题以及对待问题的方法——不是用我们杜撰的范畴去规范它们,不把它们当做历史产物,而是努力按照作者所希望的方式去阅读。我十分清楚反对崇拜"巨著"的各种意见,实际上也赞同这些意见。崇拜是外行的表现;它助长缺乏能力的自学者的自信;一个人不可能仔细阅读每一部巨著;只读巨著,他就永远不可能明白巨著与普通书籍相比为何是巨著;没有办法确定由谁来决定巨著或经典是什么;书是目的而不是手段;读经运动透着一种传播福音的难听腔调,有悖于美好的情趣;它造成一种接近伟大思想的虚假感觉;等等。但是,有一点可以肯定:只要巨著是课程的中心部分,学生们就会既兴奋又满足，感觉他们正在独立完成着某件事情，从大学里学到了他们在别处学不到的东西。这种特别的体验无须再引申到它自身之外的事情上，这个事实为他们提供了一种新的选择，让他们尊重学习本身。他们得到的好处是对经典文献有了了解——对于我们这些无知的人尤其重要；在仍然存在大问题时知道何为大问题；在最低限度上知道了如何回答这些问题的范式；而且，也许是最重要的，学生们获得了共同的经验和思想储备，以此为基础建立起友谊。以明智地运用经典文本为基础的课程，是通向学生心灵的坦途。……

当代大学的三大组成部分（自然科学家、人文科学家和社会科学家）对阅读经典的教育方式都没有热情。只要通识教育不偷走自然科学家的学生，不挤占学生太多的预习时间，他们对通识教育和其他领域还是很宽厚的。不过，他们自己首先关心的是解决本学科当前的重大问题，并不特别在乎对他们的基本问题的探讨，因为他们已经取得了显而易见的成功。他们漠视牛顿的时间观，不关心他与莱布尼茨关于微积分的争论；亚里士多德的目的论是一派胡言，不值得重视。他们相信，科学的进步不再依赖培根、笛卡儿、休谟、康德和马克思这类思想家对科学本质的综合反思。这仅仅属于历史研究的范畴，长久以来，甚至最伟大的科学家也不再思考伽利略和牛顿了。进步是毫无疑问的。实证主义给科学真理带来的麻烦，卢梭和尼采给科学之善带来的麻烦，其实并没进入科学意识的核心。因此，自然科学家关心的不是经典名著，而是科学的不断进步。

社会科学家一般说来对经典文本充满敌意，因为它所探讨的人类事物往往也是社会科学的研究对象，社会科学挣脱了早期思想的桎梏，成为真正的科学，他们为此而十分自豪。况且，他们不像自然科学家，对自己取得的成就没有十足的把握，觉得早期思想家的著作在威胁着他们，或许还有点儿担心学生经不住诱惑，重新回到糟糕的老路上去。再说，可能除了韦伯和弗洛伊德之外，根本就没有可以被称为经典的社会科学著作。跟自然科学比较一下，即可得出有利于社会科学的解释。可以说，自然科学是一个通过细胞增多而发展的活的机体，是名副其实的知识机体，它在对整体并无意识的成千上万个部分的帮助下，通过几乎不为人觉察的增长，证明自己就是这样一个机体。这与想象或哲学的工作截然相反，在这种工作中，单枪匹马的创造者可以创造和探究一个人为的整体。但是，如果对社会科学中缺少经典做出解释，不管是用诌媚还是不诌媚的方式，这个事实都会让社会科学家不舒服。……

既然经典巨著现在几乎毫无例外地被称作人文著作，人文学者对经典教育不冷不热的态度，就更加令人费解。人们也许认为，在经典著作对现世的影响力降到最低点时，对它们的高度敬重会增强其精神力量。诚然，通识教育及经典文献研修的大多数积极支持者通常都是人文学者。但他们中间也有差别。

有些人文学科不过是一些刻板的专业学科，他们靠经典著作的地位维系自己的生存，但对它们的自然状态压根不感兴趣——譬如，文字学更多关心的是各种语言本身，而不是它们讲述的内容，他们不能也不会做任何事情去巩固自己的学科基础。有些人文学科热衷于加入真正的科学，把自己的根移植到克服了神话历史的现在。有些人文学者不无道理地抱怨说，缺乏有能力传授和研习经典的人，虽然他们的批评往往因一个事实而不攻自破：他们只维护近年来对经典著作的学术解释，而不是对它们充满活力的真实理解。在他们的反应中，有着专业人士的嫉妒和褊狭的强烈成分。说到底，这一切在很大程度上是人文科学的普遍衰退，它既是我们目前处境的症候，也是它的原因。

再说一遍，通识教育的危机反映着最高层学术的危机，反映着我们解释世界的首要原则之间的不一致和不相容，反映着最普遍的思想危机，这构成了我们文明的危机。不过，确切说来，危机也许不在于原则的不一致，而在于我们没有能力去探讨它，甚至没有能力去识别它。当通识教育为有关自然及人在自然中的地位的统一观点的讨论铺平了道路，使最优秀的头脑在最高层次上交锋时，人文教育就会繁荣发展。当只有各种专业——它们的前提根本不会导致那种见识——凌驾其上时，通识教育就会衰落。最高级的智慧也是片面的智力，上下兼顾是办不到的。

（战旭英　译　冯克利　校）

# 学习自由和教学自由[①]

沃特·梅兹格

## 作者简介

沃特·梅兹格(Walter P. Metzger,1922—    ),美国著名历史学家,哥伦比亚大学荣誉教授,美国人文与科学学院院士,1990 年"马克·多因教学优秀奖"[②]获得者。先后获得纽约城市学院(现在的城市大学)、哥伦比亚大学和爱荷华州立大学的学士(1942 年)、硕士(1945 年)和博士(1950 年)学位。曾任爱荷华州立大学讲师(1947 年)和哥伦比亚大学历史讲师(1950—1963)年和教授(1963 年至今)。期间还兼任社会历史培训项目主任、行为科学高等研究中心研究员、洛杉矶加州大学高等教育研究所学术委员会成员、福特基金会梅耶森委员会教学指导委员会联合主席、国家科学院高等教育收益小组成员、国家科研委员会文科资源小组成员和美国人文研究基金会高等教育顾问等职务。主要著作有:《西方文明史》(History of Western Civilization,1948 年合著)、《大学时代的学术自由》(Academic Freedom in the Age of the University,1955)、《大学的自由和秩序》(Freedom and Order in the University,1967 年合著)、《中立或党派偏见:学术组织的困惑》(Neutrality or Partisanship: A Dilemma of Academic Institutions,1971 年合著)。

## 选文简介、点评

学术自由(academic freedom)是一种大学理念,其核心要义是:教师和学生自由探究乃是大学使命中最关键的要素;学者应该有教授或者传递思想和事实的自由,不应因此而受到迫害、失业和服刑的威胁。从历史上看,学术自由的理念最初源于德国,19 世纪后期传入美国,但知之者甚少。1900 年,由于斯坦福大学发生"罗斯事件"[③]的影响,学术自由理念开始受到重视。1915 年,约翰·

---

[①] [美]沃特·梅兹格.美国大学时代的学术自由[M].李子江,罗慧芳,译.北京:北京大学出版社,2010:125-151.

[②] 该奖是以美国著名诗人、小说家、剧作家马克·V.多因(Mark Van Doren)的名字命名的奖项,该奖每年奖励一名对哥伦比亚大学发展作出突出贡献的优秀学者。

[③] 爱德华·罗斯(Edward Ross)教授是斯坦福大学著名经济学教授,因不断发表移民劳动力和铁路垄断等学术观点而遭到学校董事会(主要是勒兰德·斯坦福夫人)的解雇,该事件在当时引起了社会和学术界的广泛关注。

霍普金斯大学的阿瑟·拉沃乔(Arthur O. Lovejoy)教授和哥伦比亚大学的约翰·杜威(John Dewey)共同发起组建了一个保护教师学术自由的组织——美国大学教授协会(AAUP),学术自由的新思想终于在美国被付诸实践。20世纪三四十年代,学术自由理论研究取得初步进展。1940年,AAUP发表了著名的"学术自由和任期制声明",大学教师教学自由权利得到基本的保障。然而,学术自由问题在美国始终是一个有争议的问题,尤其是在1950年麦卡锡主义开始泛滥时,学术自由的理念重新受到最严峻的挑战。1951年,哥伦比亚大学荣誉政治哲学和社会学教授麦基弗(R. M. Maclver)组织策划了"美国学术自由研究计划",并且组成专门的执行委员会实施这项计划。1955年,第一批资助出版的著作问世,包括麦基弗的《美国当代的学术自由》(*Academic Freedom in Our Time*)、理查德·霍夫施塔特(Richard Hofstadter)和沃特·梅兹格的《美国学术自由发展》(*The Development of Academic Freedom in the United States*)。前者从理论的高度论述了美国当代学术自由的特点及其意义,而后者则从历史的角度考察了美国学术自由发展演变的过程。两该书同时出版,相互支撑,相得益彰,成为美国学术自由研究的代表性成果。这两该书的出版被视为是"来自大学领域对麦卡锡主义正式回应的最接近的东西",对麦卡锡黑暗统治时代的结束和学术自由时代重新恢复起到重要的推动作用。

《美国学术自由发展》一书由两部分组成,第一部分由霍夫施塔特撰写,主要讨论美国建立学院到美国内战期间的美国近代大学的学术自由生活,第二部分由梅兹格撰写,主要讨论南北战争之后美国现代大学的学术自由发展。后来该书出版了《学院时代的学术自由》和《大学时代的学术自由》两个单行本,后者被美国学术界评为哈佛教授推荐的100本必读经典书籍之一。

《学习自由和教学自由》选自《大学时代的学术自由》第三章第二节。该文首先探讨了学术自由理念是如何起源于19世纪的德国,其最初的哲学含义是什么,其在德国产生的社会基础和哲学基础为何内容;其次,探讨了德国的学术自由思想如何通过早期留学德国的学子们带到美国,以及当其遭遇美国本土文化时,如何发生概念上的变异。选文从文化学和制度主义的视角解释了德国的学术自由思想是如何被美国大学进行植入、吸收和创造的。

阅读该文不仅可以帮助读者理解德国大学与美国大学的历史渊源关系,同时也可以认识德国大学与美国大学之间的文化差异,其中包括学术自由理念的差异。

**选文正文**

整个19世纪,特别是德意志帝国建立之后,德国学者夸耀他们的学术自由,并引起学术界的关注。学术界习惯于参照德国大学,并认为德国取得了学术自由的胜利,这更加导致了德国大学的沾沾自喜。值得一提的是,近来德国一直自诩的学术自由受到了尖锐的质疑。随着后来德国大学向伪科学和极权主义政治屈服,人们怀疑在希特勒之前的时期,德国大学是否真正享有学术自由。教授作为国家公务员要服从特殊的规则要求,在德国皇帝(Kaisers)的统治下,社会民主党人、犹太人和其他少数民族在就业时受到歧视。在涉及国家荣誉和利益的多数问题上(第一次世界大战期间见证了德国教授的表现),学术团体温顺地迎合了盲目的爱国主义狂热。同时,德国大学是专制国家的公立大学,大学的发展受到教育部长变化不定的意愿和一个比宪政体制更专制的国家的影响。如果以上都是正确的话,那么德国大学所鼓吹的学术自由的基础又是什么?

　　这个问题有两个答案。首先,在德意志帝国统治下大学享有的独立性超过了以往任何时期。欧洲的宗教改革把大学置于神学的统治之下。虽然18世纪时新教大学已经废除了学生的宗教宣誓,思辨哲学和神学怀疑论也随着正统神学的削弱而日益发展起来,不过直到霍亨索伦王朝(Hohenzollerns)时期政教完全分离之后,大学才最终脱离教会的控制。同样,国家行使制裁权在普鲁士统一后也比较罕见。德国政府失去了大部分经济上的动力去直接管理各种事务。17世纪强制进行的领土宣誓和宗教审查,例如1653年德国政府禁止马尔堡(Marburg)大学讲授笛卡儿哲学,弗雷德里克·威廉一世(Frederick William)驱逐克里斯蒂安·沃尔夫(Christian Wolff),以及首相沃尔纳(Wollner)对康德的训斥显示出18世纪德国专政的反复无常,卡尔斯巴德法令(Carlsbad Decrees)和解雇哥廷根七位教授(Gottingen Seven)等例子反映了19世纪早期和中期德国的高压审查制度,这些不光彩的过去都已经一去不复返。1850年普鲁士宪法规定的"科学与教学应该享有自由"集中体现了新体制更宽容的态度。最后,帝国时期德国大学不直接受公众舆论的影响。公众舆论的具体化、系统性和清晰度普遍没有达到英、法、美三国的程度。当时的大学像军队一样直接隶属于国家,以保护他们免受地方和宗派的压力。

　　德国的管理体制给予大学相当大的行业自治权力。国家决定大学的预算、新教授席位的设定、教授任命以及教学内容的总体框架。不过,大学行政官员的选拔、讲师和私人讲师的任命以及教授提名则是教授会的权力。在国家的终极权力和教授的绝对权力之间不存在外行董事会的干预。大学也没有建立复杂的行政机构或者校长办公室。每个院系由全体教师推选出的系主任或者院长主持工作,每所大学则由全体教授推选出的校长掌管校务。德国大学都是公立大学,把政府的制约、文化独立、教授们有限的选择权以及推选大学管理者等方面有机结合起来,从而披上了一层大学自治的外衣。

　　德国学术自由的定义包括两方面内容。当德国教授谈及学术自由,必然会用两个词加以概括:学习自由(Lemfreiheit)和教学自由(Lehrfreiheit)。学习自由是指学习活动不受学校行政的强制干预。德国学生的学习自由包括:选择学习地点的自由,体验不同的大学生活;选择学习的课程和课程学习顺序的自由,自己决定是否去听课;除了期末考试以外,他们可以免于参加其他任何考试;他们享有选择住宿地点和私人生活不受干预的自由。对于德国大学进行研究和培养研究人员的主要目标来说,学习自由是必不可少的。教学自由有两层意思。一方面是指大学教授可以通过讲座或者出版的形式,发表自己的各种研究发现而不受限制和审查,即教授享有教学自由和研究自由。这种自由可以说是从研究功能,从知识的不确定性或非终极性,以及保尔森所说科学是没有"法规限制"、没有权威的"法律规定"、没有"绝对的所有权"所衍生出来的。这种自由既不是德国人认为的那样是一项所有人都享有的不可剥夺的权利,也不是某些大学或某些人的专有权利,相反,它是大学教师的特权,也是所有大学都享有的基本权利。没有学术自由,任何院校都没有资格称为"大学"。此外,教学自由也类似于学习自由,也指教学活动不受行政干预的自由:不受指定教学大纲的限制,能够自由履行教学职责,能够对教师感兴趣的任何话题发表演讲。因此,德国大学的学术自由含义,不仅仅是教授公正无畏地进行演说的权利,而且是贯穿整个研究和教学过程中的一种自由氛围。

德国人对这两方面的自由感到自豪,部分是因为自由在德国人心目中的重要地位及其所体现的爱国情感的重要意义。对于那些经过严格正规的大学预科教育的大学生来说,学习自由是一种珍贵的特权,是对他们进入另一个人生阶段的承认;对那些极为看重社会尊严的大学教授而言,教学自由使他们有别于普通公民。在一个仍然存在贵族和封建道德的国家,社会等级地位的存在提出了尊重学术自由的要求。此外,学习自由和教学自由还交织着一种民族情感。它们与民族复兴的目标是一致的。18世纪恢复了学生游历求学的做法,象征着国境封闭制度的瓦解和民族意识的觉醒。致力于学术自由的柏林大学开始从战败的阴影中恢复过来。梅特涅(Metternich)执政时期取消了学术自由,主要是受到天主教教条主义、新教排他主义、专制主义的影响,这些都是统一的德意志帝国的敌人。此外,德意志帝国统一后,认为学术自由弥补了政治自由的缺乏,是一种特殊的爱国主义品质。19世纪的浪漫主义倾向于赋予自由和国家同等地位,但是把"学术自由"看成其中的一个主要方面则是德国独特的思想。

德国学术自由的概念,反映了德国学术思想的思辨性,并且严格区分了大学内外的自由。在大学内部,允许甚至期待广泛的言论自由。以费希特这样勇敢的学者为榜样,大学教授认为自己不是日常生活中客观的观察员,而是真理的先知和代言人,是传递真理的圣贤。特别是在规范的科学术语中,德国的"以教授为业"意味着要不断对那些主观性较强的看法进行甄别。在某些教授中必然存在思想观念比较克制和谨慎的人。1877年,在达尔文进化论的争论热潮中,伟大的德国病理学家鲁道夫·菲尔绍(Rudolph Virchow)认为,未经证实的假说绝不应该作为真理进行讲授,教授只有在自己专业领域内才有资格发表看法,他们在发表某些危险的看法之前应该考虑是否违背人们的共识(consensus gentium)。生物学家恩斯特·海克尔(Ernst Haeckel)对菲尔绍的这种言论有一个著名的答复,他认为,不应该划分客观知识和主观知识之间的界线,只有经过错误观点和正确观点的公开争论才能推动科学的进步,强迫教授遵循确定的事实或接受现有的思想观念无异于把教育领域让给那些主张一贯正确的宗教主义者。这个时期支持海克尔的看法的著名学术自由理论家包括:马克斯·穆勒(Max Müller),格奥尔格·考夫曼(Georg Kaufmann),冯·赫尔姆霍茨(Von Helmholtz),弗里德里希·包尔生(Friedrich Paulsen)。他们从理性主义或唯心主义的角度出发,提出能够让人们畅所欲言的唯一办法就是废除权威的教条,学术研究离不开学术争鸣。由于他们认识到教学中存在主观性和争论性的危险,因此他们认为必须充分保障学生的自由和发展,因为学生既不是被管制的对象,也不是被灌输的对象。正如包尔生所言:"大学教师并不规定教学内容。他们作为教师和研究者没有任何权力,他只对自己的教学负责而不对其他人负责。他的教学对象——学生享有接受或拒绝他的观点的充分自由,有权批评教师的教学并提出改进的意见。师生双方只有一个目的:真理;只有一个标准:不遵循任何外部权威,而只服从于客观真理。"又如赫尔姆霍茨所言:"任何人如果希望别人完全相信他的言论的准确性,他首先必须从自己的切身体会中认识到如何才能让别人相信以及如何会让别人不相信。因此,在没有任何前人帮助的情况下,他必须知道如何依靠自己来赢得别人的信任。这就是说,他必须在人类的知识领域中努力研究并不断征服新的知识领域。教师传授的真理不是他自己的研究成果,对于那些把权威当做知识来源的学生就足够了,但对于那些希望了解获得真理的最基本方法的学生来说是不够的……只有保证学者表达真理的自由和教学自由,学者才能获得自由的真理。"

但是,在大学之外,教授是不能享有这种程度的自由的。虽然不少德国著名教授在19世纪发挥了重要的政治作用,其中一些人,特别是蒙森(Mommsen)和菲尔绍(Virchow),公开批评俾斯麦政府,但是不能认为教学自由可以纵容或保护这类活动。相反,人们普遍认为,教授作为公务员必须慎重和忠诚,并且参与党派政治活动会破坏学术习性。即便是坚定的自由主义者包尔生也认为:"学者们不能也不应该参与政治活动。如果他们希望按照职业的使命来发展自己的能力,他们不能这样做。科学研究是他们的主要任务,科学研究需要不断地对思想理论进行审查,直到最终与事实相符。因此,这些思想家必须养成尊重反对的意见、允许存在不同理论的习惯,同时为了让理论更能够符合实际情况,还要乐于尝试任何其他途径。现在,各种形式的实践活动,特别是政治活动,要求一切遵循已经选择的路径……政治活动……产生的机会主义习惯,对于理论家来说是致命的。"

如果大学教师违背这个准则,参加社会民主党(1890年后的合法党派)的活动,就会发现这种世俗权力的严厉。柏林大学的私人讲师列奥·阿龙斯(Leo Arons)博士发表关于社会民主党的演讲的事件就是一个很好的例子。在开除他的时候,德国教育部长宣布,每一个老师"必须反对各种针对现有社会秩序的批评"。柏林大学哲学系多年前就曾告诫阿龙斯"停止这种煽动……这可能会导致……大学的良好声誉遭到破坏"。然而,当他们聘任私人讲师的权力受到教育部长的干预时,他们又替阿龙斯辩护并要求留任他。当他们的要求被驳回,他们反驳的理由是大学教授"完全不同于其他政府官员",大学教授应享有"更广泛的话语权"。但他们承认,教授并不是"自由和独立的公民",作为国家机构的成员,教授有义务遵守特殊的社会准则。显然,这份声明没有提到这种看法,即教授作为公民也享有不可剥夺的校外言论自由权利。这个看法的主要理由是教授享有特权,而不是公民的自由权利。

我们认为这种大学内外自由二分法的差异,是德国古典二元论哲学的变体。认为教授在两个领域享有不同自由的看法——一个是在大学内享有充分自由,另一个是在大学外的自由受到法律的限制——体现了康德对本体和现象的二元划分,对自由意志世界和因果规律世界的二元划分。把大学教授的言论自由限制在大学之内体现了路德(Luther)关于精神自由与现实需要相统一的观点。要求学者脱离世俗事务退隐到精神世界体现了费希特关于何谓真正的学生或虚假的学生的看法,以及他究竟是追求真理还是追求个人利益的看法。

美国对于德国大学学术自由理念的反应再一次表现出明显的依赖性、选择性和创新性。当德国教授享有神学事务方面的自由引起了美国人的注意和羡慕,第一批美国人到德国留学之日起就表现出依赖性。蒂克纳在哥廷根写道:"不管人们思考的是什么,都可以用于教学并发表出来,并且不受政府和公众舆论的干扰……虽然这种自由在法国能引起大革命,在英国将会撼动君主的根基——但是在这里自由照样存在……如果说研究自由可以获得真理,对此我丝毫不怀疑,那么德国教授和学者肯定走上了探究自由之路,这条路静静地在他们眼前展开。"乔治·班克罗夫特非常漠视怀疑论,同时对哥廷根大学神学家也十分不虔诚,他还对这样一个事实感到惊讶:"德国的学术界非常强调民主。任何人都不会承认别人是至高无上的,每个人都感到能够非常自由地遵照自己嗜好的写作风格和感兴趣的研究领域从事著述活动……没有任何规定限制研究或实验的领域。"几十年后,非亲德派威廉·萨姆纳赞扬德国学者在美国被认为是神圣不可侵犯的领域表现出来的追求自由的勇气:"我曾经听到其他地方的人们谈论(追求真理)的崇高精神,但唯有德国的神学教授,是我所知道的真正以追求真理为生的人士,他们为了追求科学真理可以放弃财富、政治地位、牧师的优厚待遇、声誉以及其他任何东西。正是在这个国家中被当做传统保存下来的这些学科损害了学者所珍视的一切。"

　　南北战争之后,当大学庇护下的神学自由不再引起震惊,美国经济学家、心理学家和哲学家开始歌颂德国的自由。心理学家霍尔写道"德国大学是当今地球上最自由的地方";康奈尔大学的德语教授保罗·拉塞尔·波普(Paul Russell Pope)说,德国大学使他感到"理智上和精神上的自由";理查德·伊利对自己和美国经济学协会的其他创始人说"德国大学的规模之大和思想自由给我们留下了深刻的印象"。

　　随着美国逐渐认识到德国大学的自由程度并不是那么大,我们试图找出对德国学术自由过度赞誉的原因。较早推崇德国学术自由的人,原因可能在于他们大多数人在德国最自由的大学——哥廷根大学和柏林大学——学习。这不是偶然的:在这些大学他们不需要像德国南部的天主教大学或牛津、剑桥大学那样通过宗教宣誓来考验他们的良知。此外,还应当记起的是,在一个世纪中前往德国的美国人大多数是年轻人,他们突然置身于一个比自己国家的文化更成熟和更宽容的文化。美国人的特性决定了他们将会如何处理这类情况,但我们可以设想,深受卡尔文禁欲主义和维多利亚正统主义影响的美国人如何能够抗拒德国无忧无虑的安息日、午后的小酒馆或者天真的风流韵事的诱惑。传记和自传不能很好地揭示这方面的情况,但许多美国小城镇的男孩像霍尔一样感受到了摆脱"狭隘僵化的正统思想、死气沉沉的道德观念以及被剥夺了快乐的清教徒"生活之后从未有过的解脱感。这位克拉克大学校长在自传中坦诚写道:"德国塑造了一个崭新的我……它给我一种全新的生活态度……我完全为这种前所未有的自由所陶醉。"德国大学的声誉在很大程度上取决于大学所享有的广泛意义上的自由。不用说,这并没有降低大学的声誉。

　　詹姆斯·摩根·哈特写道:"在德国人的思想中,无论一所学院的捐赠经费多么充足,学生数量多么庞大,建筑多么宏伟,如果缺乏学习自由或教学自由,也不能称之为大学。"……

　　没有任何一位大学校长像杰斐逊一样推崇学术自由,并把学术自由放到如此高的地位。但是,杰斐逊对"人类思想的无限自由"的歌颂只是表达了一个渺茫的希望,而艾略特的话则预示这种希望最终会实现。学术界一次又一次地强调学术自由理念以此表达对这种理念的支持。吉尔曼在他的就职典礼上主张教师和学生的自由对于一个真正的大学是必不可少的。安德鲁·迪克森·怀特对温切尔事件评论道:"一个学院自称为大学,却又违反了学院之所以能被称为大学的基本原则。"芝加哥大学的威廉·瑞尼·哈珀指出:"在私立或者公立大学中,无论出于何种原因,任何院系的管理和教学都不能因为受到外界的干扰而改变。如果因为大多数人的政治态度或宗教感情发生了变化,导致出现试图开除某个大学职员或教授的现象,这个时候这个机构已不再是一所大学。只要这个机构仍然存在任何一点儿政治压迫的因素,它就不能再列入大学的范围

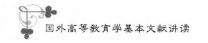

中……个人、国家或教会可能发现某些学校传播某些特殊形式的教学内容,这类学校不是大学,也不能称之为大学。"

这些赞美的话也不完全是发自改革者的声音:一位小型教派学院的校长,一位支持经济学权威李嘉图的大学董事,一位因为自己母校所取得的体育竞赛成绩感到自豪的校友,都愿意加入到这个行列。

不用说这些话并没有得到执行。在查尔斯·艾略特担任校长早期,他曾经让一位教授在他将要出版的著作中放弃批评波士顿商人的观点,或者从扉页中删除任何提及他与哈佛关系的字眼——这位哈佛大学校长将为他的武断要求感到遗憾。由于安德鲁·迪克森·怀特校长没有很好地理解教授终身制的基本原则,因此当他担任校长后,提出董事会要对每个教授的年度工作表现进行评价,如果教授没有达到足够的满意票数将会被开除。在高歌学术自由之前,盛行的是相反的观念,即董事拥有随意雇用和解雇任何人的绝对权力。尽管如此,最终产生了学术自由是大学的重要内涵的新思想。这个标准成为检验大学实践的尺度。这个观念更容易赢得有教养人士的支持。这个理念把人们对学术自由的模糊认识和无意识的追求提升到大学发展所必需的自觉追求。

自德国留学回国的学者们对于美国学术自由的发展所作的贡献是无法用语言来表达的。从19世纪90年代到第一次世界大战期间,学术自由事件中的大部分校长和教授当事人都曾经留学德国,其中包括:理查德·伊利,本杰明·安德鲁斯,爱德华·罗斯,约翰·麦克林,麦基恩·卡特尔(J. McKeen Cattell)。另外,还有塞利格曼(E. R. A. Seligman),阿瑟·洛夫乔伊和亨利·法拉姆(Henry W. Farnam),他们为陷于困境的同事积极声援。美国大学教授协会1915年"学术自由报告"的13个签署人中有8人曾在德国留学,他们是:塞利格曼,法拉姆,伊利,洛夫乔伊,韦瑟利(U. G. Weatherly),查尔斯·班尼特(Charles E. Bennett),霍华德·沃伦(Howard Crosby Warren)和弗兰克·费特(Frank A. Fetter)。一些致力于争取教授自治的领军人物是德国大学的校友:卡特尔,约瑟夫·贾斯特罗(Joseph Jastrow)和乔治·拉德(George T. Ladd)。当然,这些著名教授的立场并非完全因为他们在国外的经历所决定。很可能是他们具有的崇高声望以及他们对饱受威胁的社会科学的兴趣,使他们战斗在最前列。不过,美国学者出现反复无常的态度不足为奇,他们时而折服于外来文化而放弃自己的世界,时而又回归到本土文化的激励之中。

我们认为这些都可以算是德国的直接贡献。不过很明显美国也进行了文化的选择和改进。1915年AAUP的"学术自由报告"一开始就声明"传统的'学术自由'有两层含意——教师的自由和学生的自由,即教学自由和学习自由",这里很诚恳地承认了德国的影响。不过,如果继续阅读这份经典的报告,就会发现美国的学术自由概念并不是从德国直接搬过来的。在借鉴过程中,无论学术自由思想的形式、内容还是条件都发生了很大的变化。美国大学的独特性——大学的学院、折中主义的教学目的、大学与社区的密切关系,以及美国文化的独特性——宪法保障言论自由、经验主义传统、丰富的实用主义精神,共同形成了一个具有美国特色的学术自由理论。

一个明显的差别就是美国的学术自由主张把学习自由和教学自由分隔开来。1915年报告的作者写道,"不言而喻","大家就知道这份报告提到的自由主要是指教师的自由"。报告涉及的内容则并非始终受到这种限制。事实上,在90年代以前,"学术自由"主要指的是学生的自由,特别是选择课程的自由。1885年,普林斯顿大学的院长安德鲁·威斯特(Andrew F. West)写了一篇文章问:"什么是学术自由?"他回答:选修制,科学课程,自愿的礼拜活动。但是,一旦争取选修制的斗争取得了胜利,学术自由关注的问题转移到导致教师被解聘的社会意识形态的冲突上来。学术自由这个词语主要指教学自由,学术自由的对象是教育的生产者而不是消费者。新的学术自由的定义在90年代被明确下来,从最近发生的侵犯教学自由的事件中可以看出,人们援引"学术自由"和教学自由,似乎因为仅仅提到这种自由就具有某种魔力。1899年,芝加哥大学教授阿尔比恩·斯莫尔(Albion W. Small)撰写的题为"学术自由"的文章里面没有提到学生自由。此后,只有一份关于学术自由的重要资料又把学习自由和教学自由联系到一起,这份资料就是1907年查尔斯·艾略特在大学优等生荣誉协会上的致词。这位七十来岁的哈佛校长以"学术自由"为标题,认为学术自由包括:学生有选择课程的自由,拒绝参加礼拜活动的自由,公平竞争奖学金和选择自己朋友的自由;教授有选择自己认为最适宜的教学方式的自由,不受常规干扰的自由,享有终身教职保障的自由,以及获得稳定的工资和退休津贴的自由。但这些做法对于天主教学校例外。

仔细阅读艾略特在大学优等生荣誉协会上的致词,会发现这篇致词论及了后来学术自由定义忽视学生自由的原因。艾略特讨论的教学自由几乎完全涉及大学的行政管理问题:教授和外行董事会的危险关系,以及教授和专断的校长之间的摩擦。他特别指出这样一个事实,即"只要……学院和大学董事会主张他们有权随意解聘他们所管辖的任何职员,就不可能保障教师的正当自由",以及"只要一个院系存在独断专横的领导,这个院系本身也会变得专断"。教授在美国大学组织中的地位带来了一系列的特殊问题。美国大学教授是一个董事会控制下的雇员,他不像德国大学的教授是国家的公务员,也不像英国大学的教授是自治行会的主人。此外,美国大学的教授处于有权作出重大决策的行政官僚的管辖之下,而英、德两国大学的行政官员是从教授队伍中选拔出来的,或者像德国一样由一位卸任的教育部长来管理。既要面对教师既是科研人员也是雇员这个异常现象,还要在一个高度官僚化的体制中维护教师的自主性,这些问题吸引了美国学者的兴趣。由于他们同时承担着粉饰教育问题、促进教育民主化和保护学术职业等多方面的任务,他们忽略了学习自由的任务。这个国家产生学术自由矛盾的主要原因是体制上的问题而不是教育上的问题。

美国与德国学术自由理论的另一个区别在于维护大学独立性的问题上。德国学者受到国家权力和传统行会特权的保护,而这些对美国没有意义。美国大学的董事会管理不仅反对教授的独立性,而且广泛宣扬教授不能自治的观念,联邦政府也无法依靠,因为美国地方捐资助学的传统使得大学不可能接受联邦政府的干预,认为这将导致联邦政府对大学的控制。联邦法院也不愿意推翻大学行政管理机构作出的决定,因为这明显违反大学的章程。诉诸国家立法机构也是危险的,因为这些机构的成员在处理涉及思想自由或大学自治方面的问题上并不比大学董事会或私人压力团体更擅长。因此,美国学者不能期望通过求助于立法者或法院产生实际影响,为了保护自己不受到持续的干扰,他们不得不寻求其他方面力量的保护,因此他们呼吁整个社会的关注。他们声称,所有大学,无论是私立的还是公立的,都属于全体人民,董事会仅仅是为公众服务的人员,教授是公职人员,大学是公共的财产。因此,如果无视有关大学管理的法律规定,把大学当做私人财产,让大学同他们特定的信仰或意识形态联系在一起,让大学满足某个阶层、教派或政党的利益,这些行为就违背了公众的信任。这一点上,美国学者面临更深层的问题。如果像经常发生的那样,公众对违背自己信任的行为无动于衷呢?如果那些有正义感的报纸或有爱国心的团体,自认为代表了整个社会利益,实际上却试图误导大学以满足他们自己的利益呢?美国学者不得不承认,此刻的公众舆论并不代表真正的公共利益。事实上,从托克维尔(Tocqueville)到李普曼(Lippmann),任何一个团体对民主社会中公众舆论影响作用的批评都超过了学术自由的倡导者。美国大学提出各种各样的矛盾和问题,其中学术自由观念因为太超前而难以激发爱国情怀,同时学术自由观念因为太具有排他性而难以获得大众的支持。因此,美国学者只有提出一些超越当前各种观念的新思想,才能激发公众的兴趣。他们像卢梭一样发现公众真正的意愿和需要并不在于公众自己当前的想法,而是一些更为模糊和抽象的东西。最后他们不得不回归到公众的神秘意愿上。

美国与德国学术自由的主要差别在于内部自由和外部自由概念的不同。我们没有必要为了说明它们各自涉及的领域是不适宜的,就认为确实应该划分两个概念之间的界限。德国教授"说服"学生,让他们认同教授个人的理论体系和哲学观点的看法,并不为美国学术界所认同。相反,对于课堂行为而言,认为美国教授适当的立场应该是对有争议的问题保持中立,并对自己专业领域以外的实际问题保持缄默。大量的看法都肯定了这些限制。艾略特在那次演说中意味深长地宣称大学必须是自由的,他同时提出中立性也是这种自由的一部分:"哲学学科的教学永远不应该受到权威的限制。它们不是确定性的科学,其中包含各种有争议性的问题、悬而未决的问题和无止境的思索。教师的职责不是帮助学生解决哲学和政治上的争议,甚至也不是向学生建议哪些观点比其他观点更好。教师的职责是讲述某些观点而非强迫学生接受这些观点。学生应该了解各种争议性的看法和各个理论体系的主要观点;教师应该向学生介绍那些已经过时但仍然在发挥作用的制度和哲学体系,以及现在流行哪些新观点。'教育'一词有别于教条式教学。认为教育就是向学生灌输教师自己认为是正确的权威思想,这种看法在修道院可能是合乎逻辑的和适当的,但它在大学和公立学校,从小学到专业学校,都是令人不能容忍的。"

哈珀校长在大会演讲中准确地总结了教师的职权范围:

> 如果某些观点并没有经过专业同行的科学论证,教授却把它们当做真理发表是滥用职权……
> 教授利用课堂宣扬某个政党带有偏见的观点是滥用职权。
> 教授以煽情方式试图蛊惑他的学生或公众是滥用职权。
> 如果面对某个或多个院系的学生和专家,教授发表与自己专业领域无关话题的权威性看法,这也是滥用言论表达的权利。
> 在多数情况下,当教授在很大程度上与世隔绝并从事一个狭窄专业领域的研究,却向同事或者公众讲解他根本不了解的社会问题,这也是滥用职权。

这些规定不仅仅是教育领域中保守分子的谨慎劝告。某些大学董事会成员利用这些规定阻止教授批评社会秩序,大学校长利用这些规定处分异端教授,即使像霍华德·沃伦和杜威那样的自由主义者,以及像阿默斯特大学进步的校长亚历山大·米克尔约翰(Alexander Meiklejohn)也同样支持这些规定。大学的自由人士像所有其他人一样,仍然认为大学生存在不断受到教师思想上诱导的威胁。以前人们担心学生们很容易受到异端邪说的引诱,现在则担心学生无法抵抗教师循循善诱的"宣传"。"中立立场"和"职权范围"的要求构成了教师思想领域的基本规范,因此得到各个方面的赞同。

当然,这些基本规范有更深层次的原因。大学教师的"中立立场"和"职权范围"不仅反映了美国对学术自由的限制,而且反映了美国学术思想的独特性。首先,它们反映了经验主义的思想倾向。即使在内战前期,由于受到苏格兰大学的影响,美国哲学的主流是经验主义、现实主义和常识性的。在此期间,我们的教授不会因为拿破仑的入侵而被迫寻求思想庇护以防止现实生活的干扰。先验论哲学是德国唯心主义的美国版,通常也具有思想局限性。美国的神职人员反对它的直观论,因为它将导致每个人透露自己的宗教信仰,并在宗教信仰方面我行我素;美国哲学家反对它的唯心主义,因为它将违反精神世界和自然界的规律,导致无神论或泛神论。随着大学的出现,以科学为主导的哲学理念促进了经验主义的发展。虽然康德与黑格尔哲学开始复兴,不过在更加进步的实用主义和实证主义光芒下也黯然失色。这个时期大多数到德国留学的美国人,带回了德国大学的研讨会和实验室方法,而没有带回直观唯心论。这一经验主义传统,必须归功于进化论对美国学术思想的影响。在德国,哲学第一次取得了反对宗教权威的胜利;在美国,正如我们所看到的,科学的倡导者打破了宗教权威的控制。经验主义传统巩固了这种观念,即只有事实才是检验不同真理看法的标准,从而强化了中立立场的要求;同时,它也巩固了这种观念,即一般综合性知识必须让位于专业知识,从而提高了教师能力方面的标准。正如我们前面提到的,达尔文主义的影响促进了这种观念,即生命过程的特点是不变性,而研究过程具有不确定性(中立性);同时它也促进了这种观念,即只有具有专业资格(能力)的人才有权对科学问题作出判断。德国和美国关于大学内部自由的理论反映了各自不同的哲学传统。

应当强调的是,这些看法涉及大学教授在校内发表言论的准则,以及他们作为教师发表言论的准则。在大学以外,美国大学教授比德国大学教授享有更多的公民权利,因为这反映了美国社会和宪法更为重视公民的言论自由思想。言论自由和学术自由之间的联系是多方面的、难以捉摸的。从它们二者的历史联系来看,有一点是明确的:一方的发展不会自动推动另一方的发展。例如,我们发现学术自由所赢得的那些胜利,不一定为言论自由所享有。北欧中世纪大学教师获得了一定程度的哲学自由,但这项权利其他普通人享受不到;18世纪的哈勒和哥廷根大学是狭隘的专制主义时代中思想自由的港湾,德意志帝国政治领域的自由程度远不及大学教育领域。反之,言论自由取得进展的时候学术自由仍然停滞不前。《外国人及叛乱法案》(Alien and Sedition Law)废除的同时,教派学院迅速发展,州立大学逐渐分化。人们可能会因此得出结论,这两种自由因为各自不同的原因独立发展,或者说它们碰巧与一些普通的长期因素有关,如政治权力的扩散或宽容习惯的发展。

然而,必须指出的是,在某些有利条件下,这两种自由确实也互相影响,而且保障一种自由也会促进另一种自由的发展,并深化和扩大另一种自由的内涵和力量。美国保护言论自由,内战后美国大学呈现出了有利条件。首先,大学保障教师有时间参与校外活动——它取消了过去要求教师必须住校的规定,从而结束了教师值夜的旧俗。其次,大学聘任兼职教师,引进那些研究工作得到其他专家认可的专业学者。大学还引进了具有处理各种事务能力的新型校长,以及能够为社会提供咨询的技术专家。第三,大学教授开始慢慢从伦理学转向更关注世俗事务的社会科学。此外,推进这一运动发展的第四个方面的因素是实用主义哲学的兴起,实用主义哲学要求根据实际生活的不同需要培养人才。由于这些原因,美国大学教授相对于德国同行,在社会和政治活动中发挥了更大的作用。在这些活动中,大学教授同其他公民一样享有言论自由的特权。他们甚至有权对有争议的问题或他们专业领域以外的问题表达自己的看法。因此,学术自由成为他们争取公民自由权利斗争的一个方面。

正是在这些活动领域产生了大量的学术冲突。试图把言论自由思想纳入到学术自由思想的范畴之中,引起了某些方面的反对。当教授参与激烈的政治协商活动时似乎需要特别的保护。为了防止教授不至于因为他们作为公民身份发表的言论影响到他们在学校中的地位,必须保护他们免受因为发表不受欢迎的言论而遭到经济上的制裁,例如学生人数的萎缩、学生的抵制甚至失业的威胁。大学教授需要的这种保护超出了宪法保障的言论自由的范围,甚至超出了主张思想自由的伟大哲学家"自由市场"概念的范围,必将引起本来就不怎么宽容的美国大学董事和管理者的不满。这种保护引发了一连串的争论。大学教授和某些大学校长赞同这种保护,提出了有力的观点:"思想需要接受实践的检验","哲学的职能"是澄清人们对于当前社会和道德冲突中的不同想法;从大学管理的角度看,"如果大学或学院审查教授的言论,那么它们必须为限制大学教授的言论承担责任,它们对待学术机构的这种行为是非常不明智的";从教学方面看,"年轻人需要的不是隐士般的学者,而是积极热心的市民,有权对公众关心的问题积极发表意见"。这些看法经常遭到——但不仅仅是——大学校长或者大学董事的反对。他们也提出了有力的反对意见:当教师参与政治活动时,他的行为"代表了党派的利益,从而失去了作为一个公正无私的人的立场";从大学管理的角度看,"利用大学提供的设施和经费从事违反捐赠者意愿以及整个社会需要的活动,允许他们宣传个人的异端思想,是对公众信任的亵渎";从教学方面看,"大学教授利用自己的身份实现其'政治目的'会影响教育效果"。这些观点目前仍然存在。

另一个发生冲突的领域与大学教授在公众场合的职业道德问题密切相关。尽管大学教授的言论自由权利必须得到保护,但是学术界普遍承认应该合理限制教授专业行为的边界,防止他们发生诽谤、诋毁或煽动的行为。但是应该如何划分这个边界线?教授竞选政治职务或为某个政党积极奔走是否恰当?学术界在这一点上有两种不同的看法。教授公开批评同事或上级的行为是否合适?在这种高度官僚化的职业中,不容易决定哪些行为超出了言论自由的范围,因此应该加以制止。教授和董事之间的关系是否同司法权和行政权之间的关系相似?这个比喻对于建议董事不要随意开除职员是有益的,但它是一把双刃剑,因为它同时也建议教授严格遵守公共道德准则。此外,言论自由和职业道德之间的冲突始终是学术自由的核心问题,并且这种冲突从未停止。

(李子江　等译)

# 专题拓展阅读文献

1. Clark Kerr. Higher Education Cannot Escape History[M]. State University of New York Press,1994.
2. John Brubacher. On the Philosophy of Higher Education[M]. Jossey-Bass Publishers, 1977.
3. [美]克拉克·科尔.大学的功用[M].陈学飞,等译.南昌:江西教育出版社,1993.
4. [美]艾伦·布卢姆.美国精神的封闭[M].战旭英,译.南京:译林出版社,2007.
5. [美]唐豪瑟.追忆艾伦·布鲁姆.参见[美]布鲁姆.巨人与侏儒——布鲁姆文集(增订版).北京:华夏出版社,2007(8).
6. [美]艾伦·布鲁姆.自由教育的危机.参见[美]布鲁姆.巨人与侏儒——布鲁姆文集(中译增订版).北京:华夏出版社,2007(8).
7. [英]约翰·亨利·纽曼.大学的理想(节本)[M].徐辉,等译.杭州:浙江教育出版社,2001.
8. [德]雅斯贝尔斯.什么是教育[M].邹进,译.北京:三联书店,1991.
9. [西]奥尔特加·加塞特.大学的使命[M].徐小洲,陈军,译.杭州:浙江教育出版社,2001.
10. [美]雷丁斯.废墟中的大学[M].郭军,陈毅平,何卫华,等译.北京:北京大学出版社,2008.
11. [美]雅罗斯拉夫·帕利坎.大学理念的再审视[M].杨德友,译.北京:北京大学出版社,2008.
12. R. M. Hutchins. University of Utopia[M]. The University of Chicago,1964.
13. Michael J. Hofstetter. The Romantic Idea of a University[M]. New York: Palgrave, 2001.
14. Richard Hofstadter. Academic Freedom in the Age of the College[M]. Columbia University Press,1961.
15. Walter P. Metzger. Academic Freedom in the Age of the University[M]. Columbia University Press,1961.
16. Bruce Kimball. The Liberal Arts Tradition: A Documentary History[M]. University Press of America,2010.
17. Byrne, J. P. Academic Freedom: A Special Concern of the First Amendment[J]. Yale Law Journal,1989,99: 251-340.
18. Walter P. Metzger. The 1940 Statement of Principles on Academic Freedom and Tenure, 53 Law & Contemporary Problem 3,1990.
19. Rothblatt, Sheldon. The Modern University and Its Discontents: The Fate of Newman's Legacies in Britain and America[M]. Cambridge; New York: Cambridge University Press,1997.
20. Robert M. O'Neil. Academic Freedom in the Wired World: Political Extremism, Corporate Power, and the University[M]. Harvard University Press,2008.

# 第四编
## 知识、知识生产与学术职业

> 任何人,……如果他无法迫使自己相信,他灵魂的命运就取决于他在眼前这份草稿的这一段里所做的这个推断是否正确,那么他便同学术无缘了。
>
> ——《以学术为业》

## 专题导论

当今社会常常被称为知识社会或信息社会,其主要特征是"知识渗透进了生活的每一个角落"①。关于知识在当代社会中的重要性,克拉克·克尔在1963年的《大学的功用》的演讲中曾有如下评论:

"对大学来说,基本的现实是人们普遍认识到知识是经济与社会发展当中最重要的因素。我们现在认识到,大学的无形产品,即知识可能是我们文化当中最有力量的单一因素,它影响着专门职业甚至社会阶层、地区和国家的兴衰。"②

而知识之所以能够发挥这种关键性的作用,又与教育系统——尤其是大学——所发挥的作用密不可分。因为当今的"知识社会"同时也是一个文凭社会,或者说,学校化的社会。大学已经成为社会的轴心机构,大学不仅是重要的知识传播机构,也是知识生产尤其是基础知识生产的主要机构。

基于知识对于理解当代高等教育体系的重要性,美国著名的高等教育研究者伯顿·克拉克呼吁学界更加关注知识问题的研究。他指出,表现在学生人数增长的高等教育大众化仅仅是高等教育系统的毛增长,而高校内部的知识增长、学科分化(disciplinary differentiation)则是高等教育系统的"实质性增长",更加值得高等教育研究者关注:"在研究学生增长的同时,我们需要研究知识的增长。在研究高等教育从精英转向大众的同时,我们需要关注从简单知识转向复杂知识的趋势。我们未来所面临的问题似乎更多地是由知识的日益复杂性所导致的,而不是由学生群体的复杂性所导致的。在学术界及其外部劳动力市场日趋增长的复杂性中,知识的分化同样发挥了主要的作用。"③

然而,尽管知识问题对于理解高等教育系统非常重要,而且是"最基本,并且最具理论色彩",但相关研究"却最少",这构成了一个吊诡的现象。④令人欣慰的是,西方高等教育研究界已经逐渐意识到研究知识的重要性。从知识的视角出发,我们可以将高等教育系统视为一个传播知识、生产知识和

---

① Gerard Delanty. Challenging Knowledge: The University in the Knowledge Society. Buckingham: Society for Research into Higher Education: Open University Press, 2001: 5.
② Clark Kerr. The Uses of the University. 1963(2001), p. xii.
③ Clark, B. Substantive Growth and Innovative Organization: New Categories for Higher Education Research. [J]. Higher Education, 1996, 32(4): 417-430.
④ [英]马尔科姆·泰特. 高等教育研究:进展与方法[M]. 侯定凯,译,北京:北京大学出版社,2007: 184.

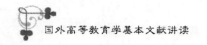

应用知识的独特场域，在这个场域中，知识人（学术职业）占据着核心的位置，对知识问题的研究和对学术职业研究是紧密联系在一起的。

本专题所选的五篇文章分别涵盖知识的性质、知识的组织方式（学科）、知识的生产模式与知识的从业者这四个方面的主题。

美国学者布鲁贝克的文章分析了高等教育的知识论基础，他认为知识论和政治论构成了高等教育的两大哲学基础，而且这两大线索一直处于难以化解的张力之中，而实用主义哲学则提供了融合两者的可能性。英国学者托尼·比彻融合科学社会学与高等教育研究两大领域，对学科文化作了开创性的贡献，他的文章关注的是知识的组织形式，对学科的特征与本质进行了深入的剖析。20世纪90年代之后，尽管学科仍是分析高等教育系统的基本单元，但同时跨越学科边界的趋势越来越明显，在此背景下，迈克尔·吉本斯和彼得·司各特（Peter Scott）等在1994年的《知识生产的新模式》一书中提出模式2的观点，并指出模式2的一个基本特征是超学科（transdisciplinary），也就是说，知识的生产不再限于单一学科，而是在应用的语境之中通过超学科的手段来实现。模式2的观点提出来之后，在高等教育研究和科技政策领域产生很大影响。本专题节选了该书的导言部分，以供读者参考。

对于学术职业的探讨，马克斯·韦伯的《以学术为业》一文可谓开先声之作。在这篇发表于1919年的著名演讲中，韦伯对学术职业的发展趋势做了两个至今仍未过时的判断。第一，学术已达到了空前专业化的阶段，而且这种局面会一直继续下去。第二，大学的国家资本主义化和学术职业从业者的无产阶级化，也就是说，学者不再掌握生产工具和生产资料。

学术职业的制度安排是与国家高等教育体系交织在一起的，因此不同国家的教师结构、学术职业生涯轨迹、工作条件都有所不同。当代学者尤根·恩德斯在《转变中的讲座制：德国大学教师的聘任、晋升与水准保持》一文中，从比较制度分析的视角出发，分析了德国学术职业的主要特点及其变迁。

第四编 知识、知识生产与学术职业

# 高深学问①

约翰·S.布鲁贝克

## 作者简介

约翰·S.布鲁贝克(John S. Brubacher,1898—1988)1928年获美国哥伦比亚大学师范学院博士学位,师从杜威。先后在达特茅斯学院、哥伦比亚大学教育学院、耶鲁大学教育学系、密歇根大学高等教育研究中心(1958—1969)任教,曾担任美国教育研究学会(NSSE)、美国教育哲学协会(PES)以及教育学教授协会(SPE)主席,主攻教育史与教育哲学。其主要著作包括:《变革中的高等教育:美国历史,1636—1956》(*Higher Education in Transition: An American History*, 1636—1956,与Bruce Willis合著,1958)、《教育问题史》(*A History of the Problems of Education*, 1966)、《现代教育哲学》(*Modern Philosophies of Education*, 1968)、《高等教育哲学》(*On the Philosophy of Higher Education*, 1977)等。

## 选文简介、点评

《高深学问》一文是布鲁贝克晚期著作《高等教育哲学》的第一章。该书写就于20世纪70年代,正值学生造反、平权运动和反战运动冲击大学之后,因此,该书之论述既是布鲁贝克关于动荡之年的回应,也是对于历史上主宰大学的诸多理念的集中反思。布鲁贝克将自己一系列关于高等教育的著作、论文集成书[如《高等教育政策之基础》(*Basis for Policy in Higher Education*, 1965)、《高等教育理论》(*The Theory of Higher Education*, 1977)等],首次提出了高等教育哲学(philosophy of higher education)的论题,对后来的相关研究产生了深刻的影响。

高深学问是布鲁贝克论域中的重要起点。它的合法性,即为高等教育的合法性或哲学基础。在该文中,布鲁贝克首先以寥寥数千言,勾画出简明、丰富的高等教育思想史和大学史,并从高深知识合法性的角度出发,将历史上诸多主宰高等教育的理念抽象为两种哲学:一为认识论的哲学,以价值自由为导向,并以现实主义为基础,强调认知合理性和高深知识本身的纯粹价值;一为政治论

---

① [美]约翰·S.布鲁贝克.高等教育哲学[M].王承绪,等译.杭州:浙江教育出版社,2001:13-30.

的哲学,从实际的政治世界出发,强调工具合理性和高深知识的实用价值。各式各样的哲学流派在布鲁贝克的处理下成为一曲激荡起伏的变奏曲,而在两种哲学冲突的高潮部分,即在现代条件下价值自由的困难(随着技术发展,教授和大学愈发受到政府和企业界的影响)及其衍生的关于大学自治、学术自由、入学大众化等一系列难题,布鲁贝克则尝试在知识论的层面,以实用主义来补充认识论哲学,从而达至两种哲学的调和。实用主义反对将理念与现实进行二元分割,强调经验与实践的连续性。正如霍姆斯的论断,"经验而不是逻辑才是法律的生命",高等教育亦是如此。这种调和绝非简单的折中,而是布鲁贝克在遍历美国独特的历史与现实经验后得出的结论。因此,我们可以在三十余年后的今天,依然看到具有分权、民主、多元和竞争特征的美国高等教育系统的独特风景,而大学的某种永恒性,也在布鲁贝克关于高深学问的审思中彰显。

布鲁贝克从高深知识的合法性出发,建立了认识论—政治论的讨论框架,并利用该框架在后续章节中探索了大学自治、学术自由、学术伦理等诸多高等教育的根本性问题,可谓举一纲而万目张,解一卷而众篇明。

## 选文正文

每一个较大规模的现代社会,无论它的政治、经济或宗教制度是什么类型的,都需要建立一个机构来传递深奥的知识,分析、批判现存的知识,并探索新的学问领域。换言之,凡是需要人们进行理智分析、鉴别、阐述或关注的地方,那里就会有大学(普西,1963)。并非是每个人都适合于这种训练的,而那些胜任这种训练的人必然能够发现这种训练,否则,社会所赖以取得的新的发现和明智判断的"涓细的智慧溪流"将会干涸(阿什比,1971)。既然大学的首要职能是完成这些任务,那么探讨它借以存在的哲学基础就具有极为重要的意义。在20世纪,大学确立它的地位的主要途径有两种,即存在着两种主要的高等教育哲学,一种哲学主要是以认识论为基础,另一种哲学则以政治论为基础。

### 使高等教育合法存在的哲学

强调认识论的人,在他们的高等教育哲学中趋向于把以"闲逸的好奇"精神追求知识作为目的。他们力求了解他们生存的世界,就像做一件好奇的事情一样(弗莱克斯纳,1930)。例如,在维布伦(1918)看来,探讨深奥的实际知识是学术事业不证自明的目的,与它可能对上帝的荣誉和人类的利益所产生的任何影响都毫不相关。与此类似,赫钦斯(1952)说,任何社会都应有大学这样的机构,其目的是对社会的最令人困扰的问题进行尽可能深刻的思考,甚至思考那些无法想象的问题。或者,像怀特海(1929)所表述的,大学之所以存在不在于其传授给学生知识,也不在于其提供给教师研究机会,而在于其在"富于想象"地探讨学问中把年轻人和老一辈人联合起来,由积极的想象所产生的激动气氛转化为知识。在这种气氛中,一件事实就不再是一件事实,而被赋予了不可言状的潜力。

然而,这种对知识的探究不仅是闲逸的好奇了,只有越来越精确的知识验证才能使人们得到满足。高深学问忠实于真理,不仅要求绝对忠实于客观事实,而且要尽力做到理论简洁、解释有力、概念文雅、逻辑严密。此外,学者们对真理的标准会有分歧。由于这些标准将不断受到审查,因此最重要的是这些标准的自我矫正。真理能够站得住脚的标准是它的客观性,学术的客观性或独立性来自于德国大学所称的价值自由(wertfreiheit),教授们依据这一原则力求得出"不受价值影响"(value-free)的结论,尽力排除所有的感情色彩。正如维布伦(1918)所说:"客观性的目的是对已知事物进行理论上的组织和逻辑上的连接,在考虑权宜之计或方便的时候,一定不能使它们的本来面目受到歪曲,而必须忠实于当时公认的现实。"如果排除了价值影响,那么它们就可以公布于众,让大家来鉴别和批判。在文明时代里,这种鉴别和批判是没有国界和时限的。

在验证真理时,人们还必须取其精华、去其糟粕。持认识论观点的人试图通过在学术和现实之间划一条明确的界限来做到这点(迈诺格,1973)。在现实领域里总是存在着偶然性因素,需要临时应付,因此容易出现错误。在受到较多控制的学术领域,偶然性的影响可以减少,以至于完全消除。

第二种高等教育哲学是政治论的。按照这种观点,人们探讨深奥的知识不仅出于闲逸的好奇,而且还因为它对国家有着深远影响。如果没有学院和大学,那么,想理解我们复杂社会的复杂问题就几乎是不可能了,更不用说解决问题了。过去根据经验就可以解决的政府、企业、农业、劳动、原料、国际关系、教育、卫生等等问题,现在则需要极深奥的知识才能解决。而获得解决这些问题所需要的知识和人才的最好场所是高等学府。当高等学府卷入日常生活的时候,必然会遇到如何确定目标和如何行使权力来实现这些目标的争论。而这些争论自然具有政治性(胡克,1953)。对高等教育在政治上的合法地位用不着大惊小怪,所有伟大的教育哲学家都把教育作为政治的分支来看待,如柏拉图的《理想国》、亚里士多德的《政治学》、约翰·杜威的《民主主义与教育》(1916)等都是如此。

高等教育的两种哲学——认识论的和政治论的——交替地在美国的高等学府中占据统治地位。在建国初期,高等教育所据以存在的合法根据主要是政治性的。我们把学院和大学看做是提供牧师、教师、律师和医生的场所,这种观念是从殖民地时代继承下来的,而这种观念在殖民地时代又是从欧洲继承下来的。当然,美国的学院所提供的真正的专业教育不像提供专业生涯所必需的自由教育那么多。只是在后来,新建的大学才开始既开设自由学科,也开设专业学科。

随着像德国大学一样重视研究的约翰·霍普金斯大学的建立,高等教育开始主要以认识论哲学作为合法存在的根据。正如一个归国留学生向他的美国同事所描述的德国体制一样,大学是一个"按照自身规律发展的独立的有机体"(哈特,1961)。由于这些规律主要来源于研究的成果,因此大学主要是基于认识论发展起来的。实际上，大学相当重视纯粹研究，以至于看起来像完全脱离了校外的时事一样（包尔逊，1906）。因此，毫不奇怪，许多人像19世纪的圣伯夫那样把大学称为"象牙塔"（里斯，1976）。不过，在20世纪，象牙塔的存在不是没有根据的，它摆脱了外界的束缚，放弃了暂时利益，成为保护人们进行知识探索的自律的场所。

到19世纪末，政治论哲学和认识论哲学在美国的大学里并存，虽然二者都牢固地建立起来了，但是看起来它们是分别起作用的，或者是在不同的学校里，或者是在同一学校的不同系里。无论是哪种情况，高等教育哲学都没什么重要地位。当时，高等教育在美国生活中影响不大，研究生院以不受市场和政界影响为荣，本科生院趋向于成为与世隔绝的修道院式机构，教堂的钟声就是它的生活节律。但是，这种状况并没有持续多久，使高等教育从美国生活的外围变为中心的发展已经开始了。在大学与周围社会秩序之间的紧张关系中，这一重大变革不仅受到大学内部的推动，而且也受到大学外部的推动。

实际发生的事情是，贯穿19世纪的不断加速的工业革命的力量，给学院和大学所发现的知识以越来越现实的影响。麦奇路普（1962）后来所称的"知识产业"出现了。学术知识，特别是占优势地位的研究性大学所提供的知识，发展了工业生产上的奇迹，与此同时，也被用来减少发展生产时所引起的弊端。结果，政治论的高等教育哲学与认识论的高等教育哲学并驾齐驱，甚至压倒了认识论的哲学。"威斯康星思想"（麦卡锡，1912）大概是这两种理论并驾齐驱的最早例证。在威斯康星州，地处麦迪逊中心大道两端的大学和州议会并肩协力为民众的意愿服务。大学的纯理论研究被用于确定政治目标，并被用于指明如何最有效地实现这些目标。这一思想相当成功，其他州立大学，以及其他私立和公立院校，都接受了这一思想。

在此之前，高等教育的主要职能一直是保存、传授和发展高深学问，而现在它又担负起为公众服务的职能。当威尔逊在普林斯顿提出"为国家服务的大学"时，他受到了拥护而不是反对。不过，应该指出，在威尔逊看来，教学和学术研究是推动这种服务，而不必提供这种服务（奈斯贝特，1967）。然而随着20世纪的进展，越来越多的人谈到大学实际提供服务的问题。大学越来越经常地被喻为"服务站"。不仅如此，在政府和企业的规划中，大学也名列前茅。

当代的学院和大学同整个社区的关系比同修道院的关系更密切，尽管像修道院一样，安宁的理想并没有被完全放弃，然而已经不那么强烈了。社区的需要是决定课程和学位这类学术要求的最后标准，对这一点再也不存在什么疑问了。今天，需要甚至渴求知识的人和机构比以往任何时候都多，为了生存并产生影响，大学的组织和职能必须适应周围人们的需要。它必须像社会秩序本身一样充满活力和富于弹性。大学作为知识的生产者、批发商和零售商，是摆脱不了服务职能的（韦尔金斯，1933）。

**哲学的冲突**

尽管"威斯康星思想"取得了成功,然而,在高等教育哲学的政治论和认识论之间仍然缺乏和谐。其矛盾之处在于,探讨高深学问的认识论方法想方设法摆脱价值影响;而政治论方法则必须考虑价值问题。许多学者认为追求真理和追求权力是水火不相容的(霍夫曼,1970),对诸如什么是最好的社会目的和如何运用权力来实现它们等问题表示态度,迟早会歪曲和干扰学者研究的客观性。

现代大学出现于"理性时代",当时,事实和价值的含混问题并不像后来那么明显。斯科斯克(1968)认为,最初,教授被认为在政界和学术界都有公民身份。当时,这种双重公民身份并没有表现出任何矛盾,教授作为学术共和国的公民,并不抗议政府的行动,除非关系到他的重大利益,如学术者自由;而国家对学术共和国也不进行干涉,除非它的"公民"违反了法律。还有,这两个政体都把学问,即合理控制的革新,看做是社会前进的主要力量。

然而,到19世纪末,技术的飞速发展使两个政体间的和谐关系变为紧张状态。由于教授变为政府和企业大亨两者的仆人,因此他的地位发生了微妙变化。教授不再是为民主社会服务的社会改革家,而成为为民主国家服务的改革家。按照前者的资格,他可以保持价值自由;可是,当以后者的资格出现的时候,还能保持价值自由吗?过去,在价值自由思想的指导下,他能够追求真理而不必考虑后果;可是,按照新的资格来看,真理现在具有了后果,而且是价值方面的后果,那么,他还能宣称忠实于价值自由吗?

一些评论家认为,我们不必非得作出二者必居其一的选择(贝尔,1970),另一些人则认为确实存在非此即彼的情况。在那些不承认存在着非此即彼的情况的人看来,美国高等教育哲学应该是多元主义的。尽管这种观点看起来可能自相矛盾,但实际上,我们确实在某些时候是从某一方面取得高等教育的合法地位,而在另一些时候是从另一方面做到这一点的。大概每个人都会同意,有些种类的学问,如精密科学或自然科学,在象牙塔的条件下可以得到最充分的发展(安吉尔,1937)。像阿什比(1967)这样坚决反对大学的象牙塔观点的人,对大学校园里的某些象牙塔还是表示支持的。还有,弗莱克斯纳(1930)坚持认为,现代大学既不需害怕现实世界,也不需为它的行为承担责任,他赞成让大学研究自然界和社会的现实,但是不谋取权力去实施由这种研究所建议的政策。他认为,大学可以在忠实于知识的情况下提出建议并观察结果,然而不能成为对其后果承担责任的实际代理人。

在那些认为我们必须明确作出非此即彼的选择的人中间,有些人选择了认识论之说,另一些人选择了政治论之说。选择了认识论的人认为,高深学问的唯一坚实的基础是维布伦所讲的严格的客观性;如果不能避免大学的政治化,将会导致"学术的贬值"。这一点,奈斯贝特(1971)已提出明确警告。或者,像迈诺格(1973)所坚持认为的,学术远离现实并非专制时代下的遗风,而是学术必不可少的条件。与这种观点相似,赫钦斯(1936)把金钱,即大学愿意承担外部社会机构付钱的任何任务看做是学术界弊端的根源。赫钦斯警告说,如果我们认为政府和企业为大学提供经费补助,是毫无私利地追求永恒的而不是一时的真理,那纯粹是自欺欺人。他对大学的状况由外部的国家的状况所决定,以及国家的状况由大学所决定的方式深表痛惜。赫钦斯认为,为了打破这种恶性循环,应该建立几所实力雄厚的院校以有意识地抵制这种潮流,反其道而行之。

最后,那些选择了政治论高等教育哲学的人不想僵化地信奉脱离价值的认识论的逻辑(阿罗史密斯,1970),甚至连一般的信奉也不愿意,他们所信奉的是历史的经验作指导。霍姆斯说,经验而不是逻辑才是法律的生命。像以后的部分还会讲到的那样,这种观点对高等教育像对法律一样千真万确。如果依此类推,那么无论它的逻辑是多么无懈可击,我们也不能完全墨守在大学的逻辑范围内。

### 政治论哲学盛行

当我们把霍姆斯的学说运用于学院和大学时,就会发现在过去几百年里,学院和大学已经成为它们所服务的社会的不可分割的一部分。当初,为了"准备生活"而进入学院和大学的学生现在发现学院和大学本身就是生活,它们不再是一首插曲,而是成了主旋律。今天的大学受到了市政厅、州及联邦国会前所未有的重视。政治家需要新的思想来解决新的问题(克尔,1963;埃默森,1964)。德鲁克(1969)赞同康马杰(1965)的观点,他说,大学现在"不仅是美国教育的中心,而且是美国生活的中心。它仅次于政府成为社会的主要服务者和社会变革的主要工具……它是新思想的源泉、倡导者、推动者和交流中心"。古尔德(1970)甚至创造了一个新词"社会大学"(communiversity)来表示大学和社会之间所形成的合作关系。

如果大学没有加入这一历史发展之中,一些人就认为它成了空中楼阁,落到了时代后面,甚至是反生产力的(鲍尔斯,1972)。"学术"(academic)就变成了"贫血"(anemic)的同义词。在过去的几百年里使高深学问名声卓著的是它的客观性,既然如此,那么当高深学问的政治化与客观性完全背道而驰的时候,我们应作何种解释呢?其论据大部分是道德性质的;既然现代大学所产生的知识已使我们以前的社会机构过时了,那么大学就不能否认对那一种知识及其人道的应用应负的责任。还有,大学放弃责任还有失去老百姓支持的危险。如果大学拥有大量的为社会服务的知识,但是缺乏把这些知识用于实践的决心和责任感,那么公众就会认为大学是无用的,失去了存在的根据,因此就不会再为大学提供经费了(沃尔夫,1969;阿诺史密斯,1970)。沃勒斯坦(1970)说智力优秀只应该是学院和大学的众多目标之一;社会公正也是一个有价值的目标,一旦它与追求智力优秀相冲突,后者并不理所当然应该获胜;此外,如果高等教育确有可能直接影响当时的重大政治决策,社会也不会让它完全脱离政府的指导来运行(普赖斯,1971)。

对高深学问的价值判断作用的更广泛的分析,又进一步推动了高等教育政治化。一些批评家感到担心的是,如果高等教育一定要保持价值自由,摆脱价值判断,那么学问就有无人问津的危险。与此相反,他们认为价值判断实际上可以提高高深学问的精确性。正因为如此,他们指出,如果缺少感情色彩,事实将不能被准确地描绘出来。例如,历史学家是不能既准确又不带感情地描写战争的(津,1969)。

还有一些批评家认为,绝对纯粹的研究只是一种幻想,因为今天的知识已不像 20 世纪初那样了,它成了纯粹的政治权力,完全可以讨价还价(阿罗史密斯,1970;普赖斯,1971;珀尔默,1972;麦奇路普,1962)。这些批评家承认自然科学的客观性比社会科学和人文科学更容易实现。即使如此,他们也仍然认为自然科学不可能完全摆脱价值判断。例如,研究人员对科学方法的信念、他对问题的选择,以及解释问题时的倾向,都不可避免地存在着价值判断因素(古德曼,1962),不过这些批评家并不基于这个原因而全盘否定客观性,而在 20 世纪 60 年代的学生运动中,存在主义的学生和教授以及马克思主义学者却是这样做的,后者直言不讳地宣称大学是统治阶级的知识之翼,应该实施统治阶级的目的。这种观点,无论是资本主义的还是共产主义的,都认为客观性是不可能的(迈诺格,1973)。

学术界的大多数成员仍然坚守客观性,但是在发表他们的主张时,力求谨慎小心、留有余地。否认客观性客观存在会造成前后割裂、互相矛盾的局面,因为这样有碍于我们区别历史杜撰和历史事实(胡克,1971)。实际上,想要知道这个或那个发现对人类价值和人类生活的各方面的影响,以及对政策变动的影响是什么,完全是另外一类问题。对这个问题的回答,如果是学术性质的话,就必须摆脱价值影响(胡克,1969)。如果学者们是不偏不倚地考虑了自己之外的观点,并为自己所拥护的政策提出了充分的理由和确凿的证据,那么这种回答就很可能是学术性质的了(胡克,1953)。

但是,即使摆脱价值影响的客观性是完全可能的,有些人仍然会发现它并非完美无缺。只要回想一下希特勒统治下的德国大学就够了。由于德国大学严格信守所谓的客观性原则,逃避客观现实,因此对纳粹的夺权没有丝毫妨碍。在这种情况下,客观性被冲昏头脑的反理智行为利用了(利尔格,1948)。显而易见,我们在一贯赞成我们所信赖的那种自由的、自我评价的教育的同时,还必须拥护使这种观念成为可能的那种社会(古德曼,1962;利尔格,1948)。

**实用主义基础**

大概把认识论的与政治论的高等教育哲学结合到一起的最好途径,是重新探讨当前关于知识本身的理论。价值自由的认识论的基础主要是现实主义。

如果结论符合现实,那它们就是正确的。如果人们看待现实的观点受到个人偏见的影响,那他的观点就自然是不正确的。今天我们的许多极为重要的问题都只能通过论坛和市场的实际活动来探讨(安吉尔,1937)。因此,人们常常不能在事件本身的发展过程不受影响的情况下,用实验的方式来研究这些社会制度(路雷厄和路雷厄,1970)。再有,这种研究必然会在高等教育内部再现外部的各种力量之间的权力关系(图雷恩,1974)。因此,毫不奇怪,学院和大学越来越成为我们时代的社会冲突的焦点。在高等教育内部,人们追求知识主要是作为手段而不是目的(德鲁克,1969)。当然高等教育和社会需求的这种结合根本不能采取预防方法以保护其免于价值自由。因此,现实主义的认识论必须用实用主义的认识论作补充。这种方法大概可以使高等教育哲学的政治论和认识论之间达到最有效的和谐。

把思维与行动结合起来的思想并不是什么新东西。爱默生在其19世纪的《美国学者》宣言中就提出了这一点。学者应该脱离现实的思想是来自德国的舶来品,这种思想在同美国本国的实用性思想的角逐中从来没有全胜过(图雷恩,1974;怀特海,1963)。在20世纪初,杜威(1916)成为实用主义的旗手。正是他的实验主义(即实用主义、工具主义)统治了美国20世纪的教育哲学。按照杜威的认识论,不通过行动就不能获得真正的知识。此外,知识不是先于行动而存在的,正相反,它是行动的必然结果。知识和真理是共生的。或者用德鲁克(1969)的比较形象的话来说,知识像电一样是一种能的形式,只有在做功的时候才能表现出来。

虽然胡克(1969)本身是一位实用主义者,但他对这一理论有一点保留看法。他认为,如果思维和行动是如此紧密相连的话,那就可能产生一种误解,认为知识和思想如果在人们学习时没有导致行动,那它们就是无效的。可是,正像胡克指出的,卡尔·马克思从来没有当过产业工人,然而对工厂制度却了如指掌。实际上,在学问的圣殿里有许多厅堂。在有的厅堂里,学者是通过在隔音的实验室里拨控制盘来验证真理的。在另一些厅堂里,他们是通过在喧闹的城市、福利中心、诊所、法院等地方参与工作来积极验证真理的。在还有一些厅堂里,一些孤军奋战的思想家是在静寂的图书馆里通过钻研古纸堆来验证他们的思想的。

亚里士多德的逻辑体系有把事物分成对立面的倾向。这类例证在教育方面不胜枚举,如事实和价值、学校和社会、目的和手段、自然主义和人本主义。所有这些都可以用思维和行动这一基本的二元论来概括。在杜威(1938)的思想体系里,逻辑是探究的理论。虽然杜威承认上述所有的对立,但是,他的理论并不是亚里士多德的翻版,也不是完全搬用黑格尔的命题、反命题、综合的三段论。杜威指出了两个极端之间的连续性,特别是思维和行动之间的连续性。他承认他的连续性理论受到了达尔文(1910)的启发。就像达尔文发现多种多样的物种之间存在着连续性一样,杜威认识到了多种多样的教育术语之间的连续性,由此动摇了二元论的高等教育哲学基础。

然而,即使我们同意把思维和行动结合起来,也仍然有些统一的工作需要完成。学者的知识主要是分析方面的知识。学术成果的完美是由这些成果的可公开验证性、全面性以及简洁性来衡量的。为了达到这些目标,人们必须花费大量的时间。然而,在行动领域里,由于时间成为关键,所以人们不容易做到完美。虽然决策人愿意让他们所据以行动的分析更完美,但是总是缺少足够的时间。在这种情况下,学者不能因为这种差别而走向极端去批评行动者的粗心大意的分析,同样,行动者也不能走向极端指责学者生活在象牙塔里。

到此为止,我们所谈的高深学问主要是文理学院和研究生院的情况。专业学院是否有什么不同呢?恐怕并非如此。在这类院校里,高等教育哲学的认识论和政治论之争也是非常明显的。例如,法学院应该培养法理学家还是律师?神学院应该培养神学家还是牧师?研究生院应该培养学者还是教师?

有些作者认为,专业教育应该在大学校园以外的科学院或研究中心进行,并与大学脱离联系(纽曼,1852),维布伦(1918)在这个问题上的论点我们已经知道了,那就是,专业教育应该是实践性的。它与把普遍原则用于具体事例的智慧或才能有关。当律师或医生接待具体的委托人或患者的时候,他必然要考虑价值问题。尽管赫钦斯(1936)并没有完全排除实践,然而,他确实认为法学院和医学院的位置应接近于大学而远离法院和医院,目的是赋予理智以优先地位。弗莱克斯纳(1930)在思考什么职业应该在大学校园里建立专业学院时,把其限制于那些具有明确的理智体系的职业。

到此为止,按照我们所提出的论据来看,这种观点并不是无懈可击的。如果大学不可避免地要卷入到复杂的社会中去的话,那么我们就既需要专业方面的高深学问,也需要研究方面的高深学问。经验即历史表明,当这两方面相互结合起来的时候,它们各自都得到繁荣并发展。专业学院通过利用大学其他部分的研究指导自己的实践,而研究则可通过在实践中的验证更加充实自己的成果。

在这种结合中,专业对于个案的重视是宝贵的财产而不是债务。对律师和医生这类专业人员来说,每个委托人或患者都是独具特色的。就这种情况本身来说,委托人或患者可能不适于现有专业知识的任何分类。由此,可以确信这一类事实,即所有的行动都是在或多或少不确定的情况下发生的,也就是在我们不能准确地预见所有的后果是什么的情况下发生的。这一令人大伤脑筋的问题不仅是理智能力不足的原因,而且也是存在的内在属性。怀特海(1936)说,在这种情况下,割断大学与职业和专业实践的密切联系,从而放过了富于想象力和创造力的行动的机会,那大概是得了精神病。

**大学落后于时代了吗?**

对赋予高深学问以合法地位的传统方式的最猛烈的抨击,来自那些"反主流文化"(counterculture)的信徒,在他们看来,传统的学院和大学已经落后于时代了(戈尔登堡和林思特伦堡,1969)。这些批评家提出的根据是,使高等教育合法存在的政治论和认识论都局限于理性观念的范围之内,而没有涉及通过感觉、心灵或精神去探讨真理的非理性方法。因而,那些想通过强调感情高于理智来提高意识水平的人分离出来了。可悲的是,高等教育不仅不能阻止它的学生被套上理性主义的枷锁,而且还在尽力使这些枷锁更舒适。在早期的学院和大学里,有持不同观点者的一席之地,但是前不久的"垮了的一代"和"嬉皮派"却很愿意"退避三舍",这其中的原因是因为高深学问信奉理性主义。这就排除了更广泛地探讨真理的可能性。

诚如一位批评家所说,正像信仰时代要受到理性的审判一样,现在,理性时代必须接受感情的审判。杰出的思想先驱者们已经提醒人们注意那些被理性时代所压制的东西。这一指控的核心,是在自称"启蒙时代"期间及以后都存在着的苦难。马克思使我们知道了无产阶级在受苦,他们创造了繁荣却无权享受。克尔凯郭尔号召人们注意个人的痛苦和孤独。弗洛伊德指出了人们被迫放弃满足本能的痛苦。所有这些指控都包含着对纯理性、为知识而知识的批判。这对当代的大学和学院来说意味着什么呢?正如一位世俗世界的宗教领袖已被迫宣布上帝已经死亡一样,学者最好也承认理性已经死亡(斯科斯克,1969)。大概用来取代它的是存在主义大学(加拉赫,1968),或者是一些反主流文化分子所称的自由矛盾的"非大学"(nonuniversity),它存在于现有的大学之内。在这样的大学里,学生不受传统的刻板的学术要求的束缚,他们可以自由地去绘画、录音、写作、即席表演,可以学习非西方的、非理性主义的文化,例如东方文化。学生自己决定什么时候离开这种院校,离开的时候发一个听课证书,然后可以继续学习比较系统的课程,或者参加工作。这种高等教育哲学家是否会流行起来,或者它是否是当前学生运动时期的昙花一现,目前尚难定论。

我们在这里所粗略介绍的高等教育哲学不同于20世纪初所流行的哲学。尽管对高等教育来说,以德国研究大学的哲学为榜样的价值自由的认识论的逻辑非常具有吸引力,然而历史看起来明显有利于高等教育的政治论哲学。不过,学术体系一定不能完全变为商业性质,不能仅仅生产文凭和知识。我们希望政治化永远不要发展到教育和权力不分的地步(图雷恩,1974)。无论前景如何,我们必须承认这一事实,即美国人正在成功地使大学区别于到目前为止所存在的任何机构。尽管我们前面的学术海洋波涛汹涌、航向不明,我们可以从哈佛大学一位前校长的话中获得信心,他说:"大学的存在时间超过了任何形式的政府,任何传统、法律的变革和科学思想,因为它们满足了人们的永恒需要。在人类的种种创造中,没有任何东西比大学更经受得住漫长的吞没一切的时间历程的考验。"(洛韦尔,1934)

(王承绪 等译)

# 学 科①

托尼·比彻

## 作者简介

托尼·比彻(Tony Becher,1930—2009),1954年毕业于剑桥大学,同时获数学与哲学一等学位。1954—1961年任剑桥大学哲学教师。离开剑桥后,比彻长期在纳菲尔德基金会(Nuffield Foundation)工作,并担任基金会高等教育组的主任,期间几乎走访了每一所英国大学,以提高大学的教学质量。1975—1996年任教于苏克塞斯大学教育学系。20世纪80年代曾应王承绪教授之邀,访问杭州大学。主要著作有《学术部落及其领地:知识探索与学科文化》(Academic Tribes and Territories: Intellectual Enquiry and the Culture of Disciplines)、《英国高等教育》(English Higher Education,1987)、《英国研究生教育》(Graduate Education in Britain,1994)等,其中《学术部落及其领地:知识探索与学科文化》一书是部高等教育研究经典著作。

## 选文简介

从20世纪70年代开始,陆续有学者对学科差异问题进行研究。受托马斯·库恩的范式理论的启发,当时的学者试图用范式来解释学科之间的差异,物理学、数学等学科被视为强范式学科,社会学、政治科学等则被视为弱范式学科。默顿和祖可曼发现,在学术范式比较成熟的学科当中,给杂志所投论文的退稿率要低一些。洛达尔和戈登用某一学科就研究方法、研究问题、课程内容所达成的共识的程度来衡量学科的范式发展。他们发现,自然科学的范式发展水平普遍高于社会科学、人文学科。乔治·里茨尔(George Ritzer)则在1975年将社会学称为多范式科学(multiple paradigm science)。另外,安东尼·比格兰(Anthony Biglan)在1973年将学科分为软/硬、纯/应用、生命/非生命等不同维度。②

20世纪80年代,比彻开始对学科文化进行系统的研究。1980年1月到

---

① [英]托尼·比彻,保罗·特罗勒尔.学术部落及其领地:知识探索与学科文化[M].唐跃勤,等译.北京:北京大学出版社,2008:43-61.比彻为1989年原书第一版的唯一署名作者。
② Biglan, A. The Characteristics of Subject Matter in Different Academic Areas[J]. Journal of Applied Psychology, 1973(57):195-203.

1987年4月，比彻对12个学科的学者进行了221场访谈，每次访谈的时间在半小时到两小时之间。在此基础上，比彻在1989年出版了《学术部落及其领地：知识探索与学科文化》一书。2001年，比彻和保罗·特罗勒尔（Paul Trowler）合作，吸收了一些新的研究成果，推出了《学术部落及其领地：知识探索与学科文化》一书第二版。出版以来，该书被学界广泛引用，成为高等教育研究的经典之作，其影响超出了教育研究界。《学科》一文选自该书第三章。

在库恩和安东尼·比格兰等学者的基础之上，比彻对学科文化进行了重新研究，提出了都市型学科/田园型学科、趋同型学科/趋异型学科等从社会学角度解释学科差异的新概念。关于都市型学科/田园型学科、趋同型学科/趋异型学科的区别，读者可参看《学术部落及其领地：知识探索与学科文化》一书的第六章《学术交流模式》。

在《学科》中，比彻分别从学科的本质、学科的组织方式、学科的全球性、学科的文化传统、学科社会化、学科与性别的关系这几个维度，对学科进行了多角度的、深入浅出的分析。从这篇选文来看，比彻之所以能够在前人的基础上对学科文化的研究有突破性的贡献，有几点值得特别注意。第一，比彻的概念创新和理论突破是建立在大量扎实的深入访谈的基础之上的；其次，在对学科文化进行研究时，比彻没有局限于高等教育学学科内部的文献，而是广泛涉猎科学社会学、知识社会学、人类学等多个学科的文献，并在此基础上进行理论的综合分析。《学术部落及其领地：知识探索与学科文化》是最近二三十年学科文化研究的代表作，通过阅读该文，读者可以了解学科文化研究的基本问题意识及其分析路径。

## 选文正文
### 学科本质

学科的概念并不是完全直接明了的，就像许多概念一样，在实际应用中往往存在一些不确定的方面。例如，人们可能会怀疑，统计学现在是否已经从它的母学科——数学中完全脱离出来，成为一个独立的学科。这取决于起主导作用的学术机构在多大程度上承认它们以组织结构形式进行的分化（即，他们是否把统计学看做是发育成熟的一门学科），也取决于国际共同体的独立程度，如是否有自己的专业协会和专业期刊。在一些有争议的典型例子中，某些学术组织可能已经决定在某一学科创建不同的学科分支，但却发现，这些学科分支受到现有学术观点的挑战（如：黑人研究、葡萄酒酿造学及超心理学等学科分支即属此列）。因此，学科在某种程度上是由相关系科的存在来确定的，但这并不意味着每一个系科都代表一门学科。一门学科是否得到国际上的认可是一个重要的标准，即学术可靠性、知识的主旨和内容的恰当性等一套概念，尽管对它们没有严格的界定，但却是约定俗成的。尽管看上去这个问题很复杂，但对于那些沉溺于学术研究的学者来说,在理解何谓学科时似乎毫无困难,而且能够自信地参与讨论学科界线及一些尚无定论的个案。

**学科和组织结构**

对学科的讨论是通过其框架结构,观察它们在高等教育体系的基本组织构成部分中是如何体现的(例如:克拉克,1983;埃文斯,1995)。这种讨论主要是通过对某一具体范围内的问题的强调来展开的,如:学术机构是如何通过其多样性体现其知识特征的;如何区别现有的传统学科(如历史学或物理学)与跨学科领域(如城市研究、和平研究等);将多个自治、独立的单位融合成单个研究机构,这项组织工作具有复杂性;接纳新近界定的学术群体的各种机制、淘汰无法继续生存的学术群体的各种机制。鲍尔和莱西(1995)主要研究学院中的分学科。他们认为"分学科不是独立存在的,而是……在不同的环境下有不同的实现形式";不同的系对英语、数学或是历史的解释不尽相同,或至少在英国全国统一设置课程之前是这样。这种对学科的理解随环境的不同而不同:尽管这种解释与最新的实践性理论和情境学习理论(莱夫斯和温格,1991;莱夫斯,1993;格拉迪,2000)有相同之处,但还是过于绝对化,尚需讨论。

我们曾在第二章中指出,在学科之间和学科内部存在明显的区分。在英国,英语这个学科在批评理论家和利维斯(英国文学评论家)追随者之间分为两个学派(埃文斯,1993)。在美国,则分成如下的两种不同的对立面:一边是致力于拆除学科界限,关注性别、阶级和人种的学者;另一边是全国学者协会的学者,他们致力于研究大师的杰作和经典作品(萨迪瓦,1997)。同时,社会学则注重区别后现代主义和其他流派。这样的区分是以更大的结构因素特别是教育意识形态为条件,与那种对学科的理解随环境的不同而不同相比,遵照更规则的模式。

我们已经讨论过某一具体学科的学术群体的态度、活动以及认知风格与他们所研究的知识领域的特点、结构紧密相关。我们已经谈过,这两者是相互依赖,不可能区分出到底是谁影响了谁。

……

**学科的全球性:统一性与多样性**

虽然在一些情况下,将学科描绘为界限分明且相当稳定的实体有其便利之处,但在第二章里我们已承认学科也要遭受历史变化和地理变化的影响。知识领域随着时间而不断变化会对学科身份及其文化特点造成影响。新学科群体诞生,老学科群体消失,以及处于发展中的学科群体偶尔发生剧变,均会带来一定的影响。此外,稳定的进化过程也会引起变化。不仅仅是那些相对发展较快的领域——如生物化学——明显地比10年、20年前变得更加复杂、更加专业,即使那些反思性和保守性较为突出的学科(如历史和现代语言)长期以来也已经历了重要的变化。伯顿·克拉克(1996 b)以历史为例,指出学科大幅度的发展是近 30 年的一个显著特征。学科外延的扩大,作为其中的一个方面,意味着历史作为一门学科已经不断地伸展其羽翼,覆盖了"更多的历史时代、场所和事件"。但是,一如图尔敏(1972)所说的,"每门学科,尽管易变,但通常都会呈现出连续性",随着时间的流逝而产生的变化,不会淹没所有重要的相似性。

在空间维度上,同样的变化也发生着。在这一方面,图尔敏注意到,"不同研究中心的研究重点不同"。鲁乔(1987)通过对一个特定环境的调查研究感觉到,"不同的学科之间存在着微妙复杂的相互作用……许多学术范畴都有自身的学术部落"。鲁乔使用生物学中基因型和显性对上述学术部落的特点进行了类比,"基因型描述了生物体及生物体生存和成长的潜能;显性则描述了在特定物理环境下潜能的实际表现"。根据这个类比,他认为,学术部落中的显性特征具有更丰富的多样性,但他确信,对各个学科来说,学术中的基因型具有自己特有的文化。

鲁乔的研究是以美国的高等院校为对象。但是,即使人们从全球范围的视角来看,也就是从学科文化跨国表现的视角来看,还是存在一些明显的相似之处与不同之处。有些变化起因于某一特定社会中可以确认的特点,例如:该社会教育体系的结构,或经济发展的水平。而另一些变化似乎更多地反映了民族特性和民族传统,即"大文化"。在已经出版的相关文献中,阿尔维森(1993)在其著作中,提出了关于"大文化"的相关性理论,"大文化"对包括大学在内的学术机构的实践、价值观和态度都有一定影响。同时,霍夫斯泰德(1980,1994)的研究虽然没有具体涉及学术研究,但在涉及跨文化习惯行为的领域是非常有名的。就民族性的有特色的学科研究方法和实践而言,波德戈雷基(1997)发现加拿大、中国、波兰、英国和美国等在实践和研究方法上都存在一些重要的区别。民族文化通过组织环境的过滤,形成了各国的这些差异,产生各个国家各自不同的研究方法。

在学科研究的初始样本中,物理学的被采访者能够谈论"典型的法国风格的论文",或者会声称"俄国的普通物理与英国的普通物理截然不同"。这让人们想起了一种传统类型(以及相对粗略的类型)的民族典型特征。例如,一位接受采访的工程学家说:

> 法国学者通常采用较绝对的研究方法,对每个问题的研究都从非常精确的数学计算开始;美国的工程学者通常采用比较的方法,直接从解决方案开始,对各种解决方案的优点与缺点进行比较。

另外一位接受采访者提到了德国机械工程学的"严谨性"特征。在对历史学家的调查中,他们认为"不同民族有不同的思维习惯",其中一位谈道:

> 历史不是也不可能是与文化无关的。每个民族看待事物均有自己的

方式。即使是像马克思主义这样强劲且界定清晰的意识形态,英国的马克思主义历史学家与德国的马克思主义历史学家也会不同,而这两者又都与俄国的不同。

然而,值得注意的是,这位历史学家又补充道,"即使存在不同的意识形态和文化,还是有一个清晰的历史学家世界"。同样,"民族的面貌虽然不同,但从一个国家的经济学家能够理解另一个国家的经济学家谈论的是什么这个意义上来说,经济学却是一门国际学科"。

任何谈论民族差异的人似乎都不会否认,同一学科的不同分支间存在很多的相似之处。①

**部落文化和传统**

尽管学科的特点会随着时间的改变而不同,尽管学科因研究机构不同和国家相异而具有多样性,我们还是可以认为学科具有可辨认的同一性和具体的文化特征。接下来我们需要考虑这些同一性和特征可能出现的形式。

伊夫林·沃(1956)在一篇回忆录中谈到英国战前的贵族社会:

> 在世袭贵族中根据影响被划分成不同的社交圈……除非有极近的血缘关系,否则贵族间是互不往来的。他们在正式场合见面,或在跑马场相遇,但很少光顾对方的住宅。在公爵的城堡里,你能见到几乎各种各样的人——有恢复期的病人,吝啬的表兄妹,顾问专家,谄媚者,舞男,还有企图沾点光、揩点油的人,但是你却不会看到其他公爵。在我看来,英国社会是一个不同部落的集合体,每个部落都有自己的酋长、长者、巫医、勇士,每个部落都有自己的方言和神灵,他们都极其排外。

正如许多研究者所认为的,学术界与上述所谈到的部落极其相似。克拉克(1963)就是这样认为的,他写道:

> 学科的亚文化围绕各个学科周围日益形成。随着学术研究、学术观点的不断专业化,从事不同学科研究的男人们[原文是这样称呼他们的]无论是在研究背景方面还是日常问题方面,共性越来越少。他们没有相互交流的冲动,当然也没有能力这样做……社会学部落的学者很少涉足物理学家的领地,也不知道他们的研究内容。如果社会学家走进英语系所在的大楼,即使没有受到英语学者"充满敌意的弹弓袭击",也可能会遭遇白

---

① 在初始研究中,接受采访的一位地理学者清楚地说明了这种情形的原因。他从书架上取出一份教员名单,证明了在多数院系里,高层次的学位都是在各国重要的大学里获得的——学术背景的相互渗透在全世界都是很普遍的。诚如他指出的那样,学术交流和学术会议使来自不同国家背景的学者们聚集在一起,从而进一步加强了许多学科群体的国际化构成。还有间接证据表明,该特点在非重点大学中并没有那么突出。然而,我们在这一章已经说过,正是精英分子确定了定义学科的价值体系。

眼……学科带着独具特色的亚文化,以独立的状态存在。

然而,学术部落(我们继续使用这个隐喻)确实不时地会派出袭击队伍。克拉克(1993)引用哈罗德·珀金的话,指出历史学家常常变成"有特权的窃贼",偷窃邻居的家畜与庄稼。社会学家和其他学科部落情况也是如此(比彻等,1994)。当然,有时为了双方的利益,也会如"模式 2"知识结构所描述的那样,他们会缔结临时联盟,建立友好关系。然而,学科分支专业化的过程形成了抵消的趋势。在这个趋势中,学科的某些部分——特别是那些经历了分化过程的部分——在自己的知识领域越挖掘越深,在有些情况下都会"挤压学科的整体文化,并……威胁到学科的统一"(比彻,1990)。

学者之于学术部落的归属感,表现在许多方面:

> 学科文化包括偶像:在物理学家的办公室中,墙上的图画和书籍的封面都有艾伯特·爱因斯坦、麦克斯·普朗克、罗伯特·奥本海默;社会学家的办公室则是马克斯·韦伯,卡尔·马克思,埃米尔·涂尔干。
>
> (克拉克,1980)

学科文化还包括艺术品——化学家的桌子可能会摆放复杂分子结构的三维模型,人类学家的墙壁通常装饰有彩色的挂毯,以及漂亮黑人放大的照片,而数学家只有黑板,上面胡乱地画着代数符号。①

然而,正是通过语言这个媒介,一些基本的差别出现了。对于学科话语的详细分析(如巴泽曼,1981,或比彻,1987b 所努力研究的)不仅有利于说明学科的一些重要文化特征,还可以突出与学科相关的知识领域的不同方面。通过这种研究方式,可能会说明学术观点在产生、发展、表达、公开出来的过程中各种学科之间的差异,并弄清评价他人工作的方式在认识论上的隐含意义。

格尔茨(1983)曾就后一观点谈到,"在我看来,即使能够正确理解献身学术追求之人用以表达他们的目的、判断、理由等的术语,距离彻底弄懂他们追求的内容还有很长一段路"。初始研究数据表明,一个特定学科内广泛使用的评价术语与相关知识领域的性质间存在某些联系。历史学家们通常会称赞一部作品"出神入化",并对指出其"高超技巧"(这里指在其他学科里很少看到的特性)津津乐道。这说明他们特别注重技巧、注重塑造作品的过程中使人获得愉悦的审美体验,意旨明确,浑然天成。在数学和物理领域里,常对"简明""经济""多产""有效"的作品给予高度的赞赏,这表明结构简化、阐释简化是这些知识领域的特点。这些领域内,各种现象紧密交织,某些科学发现的内部蕴涵着许多引发其他科学发现的特质。在社会学里,"有说服力""发人深省""刺激"这些形容

---

① 托尼·比彻非常感谢托马斯·格霍尔姆提供了这份学科学者分类的观察资料(只是非正式的资料交流)。

词似乎比其他学科更常用。与分析的主要内容相比,这些词暗示了该学科尤为关心分析本身的质量,以及对受众产生的影响。同样,在物理学家中,"精确""严格"是他们的双重特征,因为没有哪个名副其实的物理研究会缺少其中一项特点。然而,在历史学和社会学里,使用"有偏见"这个词就"泄露了一个人的幼稚",因为,每一个解释都一定程度地具有这一特征。①

……

### 学科社会化

作为学科群体的一员,就其本质来说,是身份认同和个体责任感,是"生存在这个世界里的一种方式",也事关"定义一个人生命中大部分事情的文化框架"(格尔茨,1983)。通常,对一个即将成为学者的人来说,赢得其身份与培养责任感的过程,很可能在大学本科就开始了,但也可能在研究生阶段更为强烈,在得到博士文凭时达到顶点;对少数人来说,也可能开始于第一次受雇为大学教学人员时。最近,通向学术生活的道路已经越来越多,而且可以在很多不同领域起步,反映了学科地位提升的程度,以及高等教育职业化的趋向(见第一章)。现在的大学教师可能拥有一些职业背景、文学艺术背景或商业背景。至于博士学位,如果要攻读的话,也可能会在晚些时候完成。因而,由波茨(1997)采访的师范教育者们过去的职业习惯并没有改变,而是融入了他们的学术活动中(波茨,1997)。

相对研究机构和学科环境稳定的情况来说,这种进入学科领域的途径多样化,对近来正在研究的研究机构社会化和学科社会化具有更重要的意义。由于受到后现代主义思想及新维果茨基主义方法的影响,现在对这一过程的描述强调学者个体的构建,而不仅仅是简单地接受一种特殊的"存在方式"、个人身份和职业身份、价值观念、看法态度、习以为常的知识以及不约而同的行为方式。这已经超越了"反社会化"(格罗斯,1975)的概念,这个概念只是指出进入学科的新成员会改变这个学科,同时自己也会被改变。建构主义者的方法受后现代主义的影响,趋向于强调个人力量在身份建构和文化建构中的作用(蒂尔尼,1997;特罗勒尔和奈特,1999);而注重实践的文化主义者更注重特定环境下的社会化,以及在实践共同体中学习(莱夫斯和温格,1991;吉尔和扬,1998;特罗勒尔和奈特,2000)。前者强调个体在接受和造就社会现实过程中的作用,而后者则从整体系统、群体意识的视角出发,将重点转向共同体。在此,削弱了个人的影响与作用,而更加重视分析他们的历史背景和社会背景(恩格斯特罗姆,2000)。

然而,不应过分强调个体的创造力。学科社会化是以适应过程的条件,涉及许多不同的因素,它们在本质上是结构性的。在这些因素中,泰勒(1976)专

---

① 显然,在这种评述语境里,如果是由于歪曲或忽视反面证据而造成的偏颇,是不会获得支持的。

门研究了有"英雄神话"之说的学科自身意识形态产生的影响。他以地理学为例,对此进行了阐述:

> 其他学科被认为他们的专家具有盲目性,或并不充分重视空间维度的重要性。与此相反,人们认为地理学家是了不起的英雄,认为他们"善于综合",他们能把其他学科的专家散乱的观点综合起来,他们是了不起的"领头人"。

泰勒接着说,这些结论的产生几乎不需要任何实证,它们来自极度散乱的社会现实,是高度一般化的,它们的基本目的就是构造出一个完整的目标和整体的统一。

学科意识形态中共有的组成部分还包含"特意重新建构的历史事件",包括从过去的事件中进行谨慎的选择,以及经过精心挑选的民族英雄(一如泰勒挖苦地说,"地理学宣称自己关心伊曼纽尔·康德,弗朗西斯·格拉顿,这令其他大多数学科感到吃惊")。顺便提一句,学科文化传奇的一面,还有更多的作用:他们不仅是社会化机制的一部分,还可以在内部发生争论时当做武器——我们将在第六章讨论到这一点。

不过神话、传说都只是布迪厄(1979)提出的"文化资本"的一部分。人们在取得学科共同体成员资格后便可继承这种文化资本。从更现实的层面看,人们会教授新手具有民族特色的谈话风格、行为准则以及习俗,这些决定了他们观察这个世界的方式以及与世界互相作用的方式。斯奈德(1971)在分析(美国)麻省理工学院工程学专业的学生的学术生活与社会生活的过程中,提供了一个具有说服力的例子,讲述了这种"隐匿的课程"即使在本科阶段也可以发生作用的方式。贝克尔等人(1961)曾做过一项非常重要但却几乎没有引起后人关注的研究(杰弗里斯和埃尔斯顿,1989;克里布和比格诺尔德,1999),他们以一所医学院为背景,进一步详尽地阐述了专业态度与专业价值观是怎样通过学生间的互动以及学生与导师、学生与工作的互动中逐渐形成的。这里的重点是互相作用,而不仅仅是传输价值、态度、故事、神话与做事的常规方式。正如麦克德莫特和瓦尔尼(1995)表述社会化的进程特点说的那样:

> 学术部落是错综复杂、相互交织的。就像一个多声部的合唱,由多个声部构成,一个声部唤醒另一个声部,一个声部因另一个声部而有意义。有时候是齐唱,更多的时候是不同的声部,相反的声音更是产生戏剧化的效果。文化并不是一种共享的产品,而更多的是人们在彼此撞击中形成的顺手而优良的工具。我们应该把文化看做一个敲击世界的过程。
>
> (麦克德莫特和瓦尔尼,1995;转引自蒂尔尼,1997)

……

格霍尔姆(1985)就博士生社会化的方式,提供了详细的调查报告,并将"默会的知识"这个概念作为贯穿始终的主题。格霍尔姆在介绍自己的分析时说道:

> 任何人在加入一个新的群体时,如果立志成为一名完全合格的成员,就必须学习遵守该群体基本的文化规则。这也适用于大学中的各个院系。为了与老师、同学以及秘书(行政人员)相处融洽,学生还需要大量的技巧。而其中的绝大部分会在与别人的交往中慢慢习得,不会有人特意来教授新成员这些游戏规则。然而,如果没有遵守这些隐性规则,则毫无疑问地会影响学生在这个群体中的地位。

他接着又对此类知识的技术因素与个人因素进行了区分:

> 研究生在加入一个学科领域的社会化过程中,会接触到两种主要的默会知识。一种是从长期从事该学科活动的经历中发展而来的知识,是一种该院系精英都会充分掌握的实践性几乎潜意识的知识或能力。其中最重要的部分是了解、掌握该学科科学话语经典部分的知识与要求。另一种,是学生在其研究生学习过程中自己所领悟的知识。它同前者一样,也可能用于指导行动。这两种知识对于理解学院中所发生的事,都有极为重要的意义。

如罗蒂(1979)所指出的那样,第一种类型的知识需要有能力去辨认"什么可以算作相关的贡献,什么可以视为回答了问题,什么才是对此解答有力的支持或是有益的批评"。格霍尔姆指出在特定学科的语言领域里,存在更细微的差异:研究报告与其他正式交流形式的官方、"前台"风格;在"地方研讨会这样的内部环境"里采纳的较为随意的方式;还有搞研究的学生所参与的"后台"语域的类型。学科共同体成员资格,在其完全意义上,包括"正确界定环境的能力,以及使用该环境要求的语域类型的能力"。

为了补充默会知识——这个共同界定的外部成分——研究生还不得不自己去理解学科价值观包含的内容。仅仅认识这些正式规范,同意这些正式规范,还远远不够。譬如默顿(1973)列举的有关理论科学家的那些正式规范[①]:

> 对于每项(这样的)研究规范来说……人们可以找到至少一项反例,规定了一个完全相反的行为路线。例如,科学发现应该属于公共领域,因此

---

① 默顿(1973)提出了科学研究的四个主要标准:普遍性(真理的宣称需要遵从于"预先建立的客观标准"),共有性(共同拥有科学发现——"保密与其相反"),公正性(如例证所示,在个人行为中其程度小于组织行为),与系统的怀疑性("暂时对假设抱怀疑态度,继续对原先的观点进行研究")。默顿的描述得到广泛引用,但也遭到大量批评。

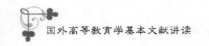

应该迅速传达给任何感兴趣的人。但是众所周知,为了避免其他科学家得到提示因而领先,许多科学发现在一段时间内都不会公开。

除了这些行为的合理规则以外(格霍尔姆将其比作"十诫的科学版"),具有事业心的学者必须熟悉实际存在于任何学术群体内的一些"更加不择手段的行为规则"。尽管人们知道在某一特定环境里,到底适合采用哪一种语言技能,但还是必须学会"处世才干,即了解怎样应对这些冲突的规则,何时使用这一个,何时使用那一个"。

格霍尔姆就这种二元性提供了两个有趣的例子。在第一个例子中,他引用埃文斯·普里查德(1951)的两个观点进行了对比:一个是关于人类学家应该具备的一些条件——"并不是人人都具有的天赋"、对知识的热爱、丰富的想象力以及"将异国文化翻译成本国语言所必需的文学技巧的能力";另一个是对出发去实地调查的学生提出的较为世俗的建议,"带上奎宁,用耳朵听,远离女人"。在第二个例子中,他引用了克兰曼(1983)对社会学研究生调查的例子,将公众对"研究群体认同"的强调与研究个体的隐性压力作了鲜明的对比,在院系的迎新酒会上,一见面通常会问:"你对哪个领域感兴趣?"这意味着即使在这个早期阶段,每位新生就应该培养明确的研究兴趣,而且不主张合作,避免与其他学生谈论有关研究的具体话题。就像一个学生说的:"几乎可以设想,在这个层面上,你得完全靠自己独立做研究。"至于学生之间谈论社会学的话题,也不过是些关于院系的闲聊,而不是实质性的学术问题;他们在一起的时间多是进行社交活动,而不是学术活动。①

……

**对学术部落的相关描述**

到目前为止,我们一直讨论的是学术部落的普遍特征:即学术部落的相同点、文化关联与启蒙过程,还很少涉及具体的例证,来说明学科群体的状况。然而,试图总结出任何特定学术部落的本质,且达到令人满意的深度,尚有困难。如果真要这么做的话,只是仅仅做一些了解,而不是进行本质的分析,也要做深入细致的调查,对调查进行详细的分析,而且,调查的方式也得切实可行。有少数人曾试图描述过学术部落的某些方面;只有极少数人偶尔做了一些较为细致的描述,几乎没有人能真实地再现学术部落。任何以点带面的描述或将其简化的方法,都意味着将艺术形式从肖像画成了漫画。

……

物理学,特别是其令人着迷的分支——高能物理学,毫无疑问一直是最受

---

① 在历史学家的活动中,也同样存在这种倾向:只是闲聊,并不进行有关专业的交谈,这与物理学家的活动形成鲜明的对比。学科的社会性和认知性互相反映存在许多例子,这只是其中的一个(有关个人研究和协作研究的详细论述,参见第七章)。

第四编 知识、知识生产与学术职业

欢迎的研究领域。加斯顿(1973),皮克尔(1984),特威克(1982)等人对其进行了较为实质性的研究,然而,也有许多其他的研究把物理学作为与其他学科对比的基础,或者是作为工具提出某一具体的论点。相比之下,其他学科就很少受到注意了,例如:在化学领域,由斯特劳斯和雷恩沃特(1962)进行的实证研究,也仅仅涉及工业化学家以及受政府雇用的化学家这些更为广泛的职业领域,就其准确意义来讲,对该学科本身谈到的极少。在有关数学学科的文章中,斯塔特厄普(1980)的评论文章较为有用但却有些平淡。费希尔(1973)尽管表面上研究的是普通数学家,但是,他的论述大部分是建立在对15位数学家进行详细研究的基础之上,而这些数学家都在从事极其专业的具体课题的研究。怀尔德(1981)则是将数学视为一个文化体系,追溯了数学的演变以及起着主导作用的文化因素,却很少论及从事数学研究的学者。而哈迪(1941)的文章,尽管在其类别中属于经典,却也不过是公开地进行个人的阐释罢了。

在社会科学和人文学科中,经济学家似乎有强烈的圣徒作传的倾向。即使有将经济学作为学科共同体的分析,为数也不多,但却有大量关于杰出人物的生活与著作的作品。布劳特(1985,1986)在他撰写的简略传记里囊括了凯恩斯前后各100位优秀经济学家,就充分说明了这一点。克拉梅尔(1984)在他的作品中范围有所缩小,只是恭敬地记载了与新古典主义宏观经济学的新贵们的谈话。而在库珀(1975)的著作中,能够读到有趣的人类学学术史。人们也许认为描写有关社会学的社会学作家对他们共同的事业会有一种自发的兴趣,而实际上,他们似乎不愿意谈论这个学科。这令人惊讶,也许是担心读者对其做出极其严厉的批评。普拉特(1976)在对社会学研究过程的分析中,阐明了职业社会学家工作生活的一些方面,可读性很高。然而,这方面的大多数作品,对于研究实践的阐述是描写性的,对于学科研究方法的论述是规定性的,对于该学科发展模式的处理则是基于历史的视角。至于历史学家,他们提供了大量有关史料编撰的著作以及准哲学专题论文或方法论的专题论文,论述"历史学家职业"的本质,但对于作为学者群体的自身,或该学科自身的社会方面和文化方面的内容却几乎没有涉及。① 正如埃文斯(1983)指出的那样,尽管在现代语言领域,学者"组成了一个定义还算明确的学者群体",但从社会学和政治学的角度来看,"现代语言是一个尚未标明的领域"——或如上文所述,至少在准确描述该领域的作品出版之前是这样(埃文斯,1988)。

在初始研究的12个学科范例中,学术规则描述的是社会职业、工程学及药剂学这些以学科为基础的职业。从这些学科文化的任一文献来看,对这些领域的忽视可能与一个事实有关,即难以将他们与其周围的学术活动领域截然分

---

① 这个概括存在例外,如丘奇(1973,1976,1978),以及19世纪学术生活的文章,罗思布拉特(1968)。

开。例如,在格斯尔和赫顿(1966)对工程师的描述中(现已过时),几乎只是谈论了从业者的职业社会化,而对工程学家的论述,只有寥寥几行字。霍洛韦等(1986)对药剂学简短却更现代的讨论也是一样。而法学方面,除了坎贝尔和怀尔斯(1976)有趣的讨论外,几乎找不到任何有价值的文献。

最后,也许值得评论一下学术界人士自己关于他们学术群体的习惯、习俗的少量研究。这些作品通常采用寓言的形式以及夸张、诙谐的口吻,给人以顽皮的印象,其中的幽默偶尔也给人以矫揉造作的感觉。但是,这些作品与其他一些自我描述的例子一样,提出了许多发人深省的看法。莱乔恩赫夫武德(1973)关于经济学家的作品、琼斯(1980)关于社会学家的作品、琼斯(1973)关于高能物理学家的作品,都属于此种类型。其中莱乔恩赫夫武德的作品语言最为诙谐,内容最为丰富。作者这样评述学者入门的过程:

> 年轻的经济学家,或"毕业生",直到他(原文如此)制造出一个"模型",展示了一定程度的"技艺",为他当学徒所在学科的长辈们所认可,他才被承认进入成人期。成人身份的承认要通过一个复杂的仪式,其细节因部落不同而异。然而,在较为重要的村落里(在某些偏远的村落里,这种行为活动就不甚清楚了),年轻的成年人必须继续展示自己的才能。如果没有做到,就会被驱逐出"部落",在荒野中自生自灭。

琼斯(1980)研究"纳库瑞马人"时也提到了相同的话题:

> 这个过程(入门)从新的教徒进入寺庙时开始,由此他或多或少退出了世俗的世界;接下来有时要经历多年的考验,其内容涉及一系列严格的仪式禁忌,包括食用不洁的食物,斋戒,睡眠不足,很少洗澡等——所有这一切都是在如同教父的部落长者的监督下进行。

……

(唐跃勤 等译)

# 知识生产的新模式①

迈克尔·吉本斯

## 作者简介

迈克尔·吉本斯(Michael Gibbons, 1939—　)，英国苏克塞斯大学科学政策研究中心荣休教授。1967年获曼彻斯特大学物理学博士，1967—1992年任教于曼彻斯特大学科技政策系，1992年为伯克利加州大学高等教育研究所访问教授。1992—1996年任苏克塞斯大学科技政策研究中心主任。1996—2004年任英联邦大学协会(The Association of Commonwealth Universities)秘书长。主要社会兼职有：OECD科技政策委员会顾问(1979—　)、英国下议院科技政策委员会咨询专家(1993—　)。主要代表作有：《科研评估：当前实践选集》(*Evaluation of Research-A Selection of Current Practice*, 1987)、《知识生产的新模式》(*The New Production of Knowledge*, 1994)、《反思科学》(*Re-thinking Science: Research and the Public in an Age of Uncertainty*, 2000)。

## 选文简介、点评

在知识经济时代，知识生产不仅是大学日常生活的一部分，也关乎国家的竞争力和长远发展。知识已经成为一种核心的生产要素，生产创新性知识的能力决定着一个国家的竞争优势和比较优势。与此同时，知识生产的模式也逐渐呈现出一些新的趋势和特点。

20世纪70年代以来，有关科学转型或知识生产方式转型的研究成为科学社会学、科技政策研究和高等教育研究领域的核心问题意识之一。"后学院科学""终结的科学""学术资本主义""三螺旋"等概念的提出都是为了解释这一转型，在这些转型理论当中，英国科技政策研究者迈克尔·吉本斯等人提出的模式2理论影响最为深远。

作为一名科技政策研究者，吉本斯在其学术生涯中与高等教育研究者和科学社会学的学者均建立了广泛的联系，例如他1992年在马丁·特罗所供职的伯克利高教所担任访问教授，1977—1981年在法国蒙特佩利大学科学史与科学社会学研究所做访问教授，当时研究所的主任是科学史学者卡米尔·里摩日。

---

① [英]迈克尔·吉本斯，等.知识生产的新模式：当代社会科学与研究的动力学[M].陈洪捷，沈文钦，等译.北京：北京大学出版社，2011:1-14.

因此，当他 1990 年受瑞典研究与规划理事会(FRN)的资助，担任大学之未来国际研究小组的主席时，便马上联手马丁·特罗、卡米尔·里摩日、彼得·司各特(Peter Scott)等高等教育学和科学社会学这两大领域的学者合作研究，该研究小组在 1994 年推出了《知识生产的新模式》一书，旗帜鲜明地提出了模式 2 的理论。该书甫一问世，便迅速捕获了世界各国的政策制定者和研究者们的眼球，其影响遍及科技政策、高等教育学、科学社会学、管理学、知识经济学等领域。仅根据 scholar.google.com 的数据，该书迄今已经被引用近 4000 次。只要人们谈论知识生产这个话题，就绕不开这该书。

现代大学是知识生产的主要场所，模式 2 理论提出的知识生产转型问题也与大学密切相关。而且，模式 2 理论的提出者当中，有两位是国际高等教育研究界的权威学者，分别是英国的彼得·司各特和美国的马丁·特罗。因此，模式 2 理论也引起了很多高等教育研究者的关注。

《知识生产的新模式》一书的中译本已经出版，这里摘录的是该书的导言部分。这篇导言非常扼要地介绍了模式 2 的基本特征，即知识在应用的情境中生产、跨学科、知识生产机构的异质性、社会问责与自省性，以及质量监控模式的变化。《知识生产的新模式》一书出版后，学术界出现了两种截然不同的反应。一种是赞同或基本赞同的声音，另一种是批评的声音。有批评者认为，两种模式的划分并不成立，另一些批评者则认为，模式 2 在历史上早就存在，并不是新鲜事物，还有一些批评者认为，模式 2 仅仅是局部现象，不能代表整个科学研究界的转型。尽管存在这些批评意见，模式 2 理论对于高等教育的一些新变化仍然是有解释力的，它的提出有助于我们思考高等教育所面临的一些新问题，为高等教育的大变革做好准备。

## 选文正文

该书致力于研究当代社会中知识生产模式所发生的变化。其研究视域宽广，除了自然科学和技术，还涉及社会和人文学科，对于前者该书着墨更多些。本研究确认了一些特征，这些特征暗示着知识生产的方式正在发生改变。由于在大范围的科研活动中长期持续出现这些特征，因而被认为形成了知识生产方式的新趋势。……

该书的主题是，这些新趋势不断积累、相互作用，逐渐形成了知识生产模式的转变。……我们将这种在传统的知识生产模式之外进行的转变称之为模式 2，与此相对，传统的知识生产方式被称为模式 1。在模式 1 中，知识生产主要在一种学科的、主要是认知的语境中进行；而在模式 2 中，知识则在一个更广阔的、跨学科的社会和经济情境中被创造出来。引入这两种知识生产模式的目的在于启发，因为它们澄清了不同知识生产各自特征之间的异同，帮助我们理解和解释在所有现代社会都可以看到的新趋势。我们认为，模式 2 的出现影响深刻,并且引发了我们对于现有知识生产机构——无论是大学、公共研究机构还是公司实验室——充分性的质疑。

在进行模式 2 的特征以及它如何区别于模式 1 的讨论之前,必须注意一个对任何一种新的知识生产模式进行描述都会遇到的难题。鉴于已有一种特定的知识生产方式占据着主导地位,因而所有其他的主张都会根据这一现有方式来进行评判。在极端的情况下,没有任何一种可以被辨识的知识能够以其他方式进行生产。这正如科学革命之初,"新"科学的从业者面对亚里士多德逍遥学派时的情景。历史总是以这样一种方式不断重演——知识创新首先被主流意识描述为误入歧途,然后被忽视,最终则被原本与之对立的知识作为其自身的创新而接收。对这种现象的部分解释源于这样一个事实,当我们描述一种新生事物的特征时必须依据已有的事物。而当新事物从已有的事物中发展出来时,我们将面临进一步的困难。用已有的术语来描述新事物是比较容易和有利的,我们不可能在很多变迁还在进行的初始阶段就清楚地把这两种模式区分开来。但是,这并不是一个很严重的弱点,如果这种新模式成为社会图景中一项固定的特征时,就可能出现一个新的词汇来应对这一局面。当然,过后人们可能会疑惑,这诸多的小题大做到底是为什么。我们希望,最终能有一个更适当的术语来描述模式 2,但重要的是应当记住,一个新名字之所以被选择是因为习惯的术语——诸如应用性科学、技术研究或研发——都是不充分的。

当我们对模式 2 的特征的描述涉及自然科学领域时,在语言问题上会尤为麻烦。在西方文化中,科学(science)和知识(knowledge)这两个术语经常被互换或混用来说明科学的知识(scientific knowledge)。在科学革命的最初阶段,将科学知识和非科学知识区分开来是十分重要的。17 世纪以来的知识生产史可以被书写为一部先前的非科学知识的拥护者努力为其知识生产博得"科学"之名的历史。在西方文化中,涉足于一种非科学的知识生产(non-scientific knowledge production)就是将自己置于边界之外,所以今天,参与非科学活动依然会使人联想到一种社会隔离。但是,科学的(scientific)这一术语在今天的语境中已经意味着一种明确的知识生产形式,其理念是牛顿的经验和数学物理学。

模式 1 这一术语是指一种知识生产的形式——一种理念、方法、价值以及规范的综合体——这一模式掌控着牛顿学说所确立的典范在越来越多领域的传播,并且确保其遵循所谓的"良好的科学实践"(sound scientific practice)。模式 1 旨在以一个单一的术语来概括知识生产所必须遵循的认知和社会的规范,使这种知识合法化并得以传播。很多情况下,模式 1 等同于所谓的科学,其认知和社会的规范决定了什么将被视为重要问题,谁可以被允许从事科学工作,以及什么构成了好的科学(good science)。与这些标准相符的实践形式被定义为"科学的",而违背这些标准的则被认为是非科学的。在模式 1 中,科学(science)和科学家(scientists)这样的词汇总会被提及,而在模式 2 中则有必要使用更加一般化的术语:知识(knowledge)和从业者(practitioners)。这样做仅仅是为了强调两种模式的不同,而并不是暗示在模式2中从业者们的行为不符合科学方法的规范。我们的论点是,已有足够的经验表明,一系列独特的认知和社会实践已经出现,这些实践与那些支配着模式1的实践是不同的。唯一的问题在于,新的实践是否与原有方式有足够的差别,以至于需要为其设置一个新的标签,或者这些新的实践可以被简单地看做现有实践活动的新发展,可以被纳入现有的实践活动中来。最终的答案一方面取决于更多证据的获取,另一方面则取决于模式1如何适应经济和政治环境的改变。

实践的改变为本研究提供了经验的起点。这些变化发生在自然科学、社会科学以及人文学科领域,并可以根据一系列特征来进行描述。当这些特征聚合在一起便具有足够的连贯性来揭示一种新的知识生产方式的出现。分开来看,这一系列特征可以使模式1和模式2之间的差别更加具体且清晰。概括来说(下文中会对这些特征进行详细阐释):在模式1中,设置和解决问题的情境(context)主要由一个特定共同体的学术兴趣所主导。而模式2中,知识处理则是在一种应用的情境中进行的。模式1的知识生产是基于学科的,而模式2则是跨学科(transdisciplinarity,或译为超学科)的。模式1以同质性为特征,而模式2则是异质性的。在组织上,模式1是等级制的,而且倾向于维持这一形式,而模式2则是非等级化的、异质性的(heterarchical)、多变的。两种模式也有不同的质量控制方式,与模式1相比,模式2的知识生产担当了更多社会责任且更加具有反思性(reflexive)。模式2涵盖了范围更广的、临时性的、混杂的从业者,他们在一些由特定的、本土的语境所定义的问题上进行合作。

**模式2中知识生产的一些特征**

**1. 应用情境中的知识生产**

以下将对两种不同的问题处理进行对比:一种是按照某个特定学科的操作规则进行的问题处理,另一种是围绕一项特定的应用而组织的问题处理。就前者而言,其情境是由统治着基础研究或学科的认知及社会规范所规定的。近来,这种问题处理也指那些缺少实用目的的知识生产。相反,在模式2中,知识的生产是更大范围的多种因素作用的结果。这种知识希望对工业、政府,或更广泛地,对社会中的某些人有用,而这种需求从知识生产的开始就一直存在。这种知识始终面临不断的谈判、协商,除非而且直到各个参与者的利益都被兼顾为止。这就是应用的情境。应用,从这种意义上讲并不是为工业而进行的产品开发,而决定什么知识要进行生产的程序或市场也远比通常人们谈论的"为市场带来新点子"(taking ideas to the marketplace)时所指的市场意义要宽广得多。模式2中的知识生产依然是一个受供需因素影响的进程的结果,但是供应的来源却极大地分化了,同样其需求也指向分化了的多种专家知识。这种进程或市场就是我们所说的应用的情境。这种情境远远超出了商业需求,因而似乎也可以说,在模式2中科学已经超越了市场!知识生产已经开始在整个社会扩散。这也就是为什么我们说社会弥散的知识(socially distributed knowledge)。

这种应用情境下进行的研究可能被认为是应用科学和工程科学中一些学科的特点——例如化学工程、航空工程或者最近的计算机科学等。从历史上看,这些学科是在大学中建立的,但是严格地说,它们并不能称为应用科学,因为恰恰是由于相关科学知识的缺失才促使这些学科产生。它们是新的知识形式,但不一定是新的知识生产形式,因为,它们很快也成了模式1中以学科为基础的知识生产的一部分。这些应用学科与模式2在知识生产的某些方面具有共同点。但是,模式2的情境更为复杂。这种情境是由一系列比很多应用性科学更加分化的知识和社会需求所决定的,而同时又可能促使纯粹的基础研究的进行。

**2. 跨学科**

模式2并不只是集合各个领域的专家组成团队,在一个基于应用的复杂环境中工作。作为一种特别的知识生产形式,其本质上的一点是,知识探究由具有相关恰当的认知实践和社会实践的、可以指明的共识所引导。在模式2中,这种共识由应用的情境所决定并随之发展。对于一个潜在解决办法,其决定性因素是在一个行动框架中不同技巧的综合,但是这种共识可能仅仅暂时依赖于其对特定的应用情境所设定的需求的符合程度。在模式2中,最终解决办法的形成通常会超越任何单一的学科。它将是跨学科性的。

跨学科性有四个明显的特点:第一,跨学科性建立起一个独特但又不断发展的框架来引导问题的解决。这一框架在应用的情境下生成和维持,一开始并不发展,而后由另外一组参与者在这个情境中进行应用。问题的解决并不仅仅或者主要从既有知识的应用中产生。尽管现有知识的元素必须参与到其中,但是也包含真正的创新,而理论上的共识一旦达成就难以轻易地将其归并到学科之中。

第二,因为问题的解决同时包含实践和理论两方面的要素,因而不可否认它对于知识的贡献,尽管不一定是对学科知识的贡献。尽管产生于一个特定的应用情境之中,跨学科性的知识还是发展出自己独特的理论结构、研究方法和实践模式,尽管这些可能无法在当前的学科版图上进行定位。这种成果是累积的,尽管这种累积可能会在一个主要问题得到解决之后向多个不同的方向发展。

第三,与模式1中知识生产的成果通过体制上的渠道进行传播所不同的是,在模式2中,成果传播给那些参与到生产过程中的人,从某种意义上来说,成果的传播起初在其生产过程中就已经实现了。而随后进行的传播首先发生在最初的参与者们转移到新的问题情境中时,而不是当他们在专业期刊或会议上发表研究成果时。即使问题情境是暂时性的,而问题的解决者又具有很高的流动性，但是传播的网络还是能够维持，而其中的知识也能够实现进一步的配置。

第四，跨学科性是动态的。它是在过程中解决问题的能力。一个特定的问题解答能够成为一个认知点，由此可以获得进一步的发展。但是这项知识下一步将会用在何处以及它将如何发展是很难预测的，正如想要预测基于学科的研究将有哪些可能的应用一样困难。模式2的一个特别的但不是专有的标记就是，知识生产与一连串的问题情境之间的互动越来越密切。在模式1中，一个发现可能是建立在另一个发现之上的，而模式2中，发现存在于任何特定学科的限制之外，而参与者不需要回归到学科之中寻求确认。以这种方式生产出的知识可能很难与对这一成果有贡献的某一个学科相符合，也很难确认其与某一个学科机构相关联或者作为学科的贡献被记录下来。在模式2中，至关重要的是，成果的传播永远可以在新的配置中进行。而这种传播一部分通过正式渠道，一部分则通过非正式渠道来进行。

### 3. 异质性与组织多样性

从人们所贡献的技能和经验方面来说，模式2的知识生产是异质性的。一个解决问题的团队的构成随着要求的改变而不断改变，这并不是由一个中心主体来计划或调节的。如同模式1一样，挑战性的问题，如果不是随机出现，则是以一种难以预料其未来的方式出现。因此，模式2有如下特点。

（1）可能进行知识创造的场所（sites）的数量大大增加；不再仅仅只有大学和学院，还有非大学的机构、研究中心、政府的专业部门、企业的实验室、智囊团、咨询机构共同参与其中。

（2）经由功能性的沟通网络，不同的场所之间的联系方式是多样的，有电子的、组织的、社会的和非正式的。

（3）在这些场所，研究领域同时向越来越细分的专业变异。这些次级领域的再结合和重新布局构成了新形式的有用知识的根基。久而久之，知识生产越来越快地由传统的学科活动转移到新的社会情境之中。

在模式2中，灵活性和反应时间是关键性的因素，因此曾经用来应对相关问题的组织形式可能大大改变。为了适应模式2所面对的问题的变化及其短暂性的特点，已经出现了新的组织形式。典型的是，模式2中研究团队的组织更少以稳固制度化的方式呈现；参与者加入到暂时性的工作团队和网络中，而这种团队和网络在问题得到解决或重新定义之后即解散。成员们可能与不同的人，通常是在不同的地点，围绕不同的问题，重新组合到不同的团队中。在这个过程中所汇集的经验创造出一种能力，这种能力非常宝贵且被转移到新的语境之中。尽管问题和解决问题的团队都可能是暂时性的，但是这种组织和沟通的形式却作为一个矩阵持续存在，从中将会形成针对不同问题的团队和网络。因而，模式2的知识是由多种不同的组织和机构创造出来的，它们包括跨国公司、网络公司、基于某个特定技术的小型高科技公司、政府组织、研究性大学、实验室、研究院以及国家的或跨国的研究项目。在这种环境下,研究的资助模式也显现出相应的多样化,资金来自多种有着不同要求和期望的组织,反之,这种多样的资助模式也介入到应用的情境之中。

**4. 社会问责与反思性**

近年来,持续增长的有关环境、健康、交流、隐私以及生育等问题的公共关注已经起到了刺激模式2知识生产的作用。由于不断意识到科技发展可能对公共利益造成的各种影响,越来越多的团体希望能够影响研究进程的结果。这也反映在研究团队构成的变化上,社会科学学者和科学家、工程师、律师以及生意人在一起工作,因为这正是研究问题的本质所要求的。社会问责已经渗透到知识生产的整个进程之中。这不仅反映在对于研究结果的阐释和传播中,还体现在对于问题的定义以及对于研究的优先次序的设置上。不断增多的利益集团或者叫做关系集团,要求在政策议程设置以及随后的决策程序中有他们的代表。在模式2中,关于研究所可能产生的影响的敏感从最开始就嵌入其中了。这也构成了应用情境的一个组成部分。

和人们所意料的相反,在应用的情境下工作会使科学家和技术人员对于其工作产生的广泛的牵连更为敏感。在模式2中工作使得所有的参与者变得更加自我反思。这是因为引发研究的问题难以仅仅用科学和技术术语来回答,而为解决这些问题所进行的研究必须包括不同的可供选择的解决方案,而这与不同的个人及团体的价值观及喜好相关,这些个人和团体从传统上看是处在科学和技术体系之外的。目前,他们在问题的定义和解答以及绩效评估上变成了活跃的行动者。这一方面表达了更大的社会问责,另一方面也意味着,除非反映了所有相关行动者的立场,否则个人难以有效地发挥作用。由此带来的理解的深化反过来又影响到了对于什么是值得做的研究的思考,也因此影响到了研究本身的结构。对暗含在人的渴望以及人类行动中的价值进行反思,一直是人文学科的传统关怀。随着研究进程中反思性的扩散,人文学科也越来越多地被要求提供相应种类的知识。

传统上,这已经是人文学科的功能了,但是多年以来这种反思性的供应方——哲学、人类学、历史学科系——却与需求方隔断了。需求方包括商人、工程师、医生、调控机构以及需要得到实践或伦理指导的广大公众。而这些需要得到实践或伦理指导的问题涉及宽广的范围(例如,传统人文学科在一些文化方面很敏感的剧本上所面临的压力,以及对基于经验的伦理学的法学研究、人种历史的建构以及性别问题分析等压力)。

**5. 质量控制**

模式2中对于工作质量和研究团队进行评估的标准与传统的学科知识是不同的。模式1中的质量从根本上依靠同行评议来对个人所作的贡献进行评价。而质量控制通过仔细选拔有能力的人来担当评议人得以维持,评议人的选择部分地由其先前对学科所作的贡献来决定。所以,同行评议是一种质量和控制相互强化的过程。它包括认知和社会两个维度,在其中由专业方面的控制来决定什么问题和技术是重要的,以及什么人有资格来探求问题的答案。在学科中,同行评议引导着个人去研究那些被认为处在学科发展核心的问题。用来定义这些问题的主要标准反映了学科及其"守门人"的学术兴趣和关注重点。

包含不同范围的学术兴趣以及其他社会、经济或政治兴趣的应用的情境为模式2添加了其他的标准。根据这一标准,人们提出进一步的问题,比如"如果找到解决的办法,它有市场竞争力吗?""它的花费有效率吗?""它会被社会接受吗?"质量由一套更宽泛的标准来决定,这套标准反映了评议体系的更广泛的社会构成。这暗示了"好科学"(good science)变得更加难以确定。由于不再由学科同行进行严格限制,人们有种担心:质量控制将会变弱,从而导致研究质量的降低。尽管模式2中的质量控制过程有着更宽的基础,但是却并不会因为更广范围的专门技术参与到一个问题的解决中就必然出现较低的质量。这是一种更加综合的、多维度的质量控制。

**模式2的内在一致性**

在模式2的各个例子中,这些特征并不同时出现,但当它们同时出现时,在知识生产模式上确实有了一种可以识别的认知和组织的稳定性。正如在模式1中,认知的和社会的规范互相适应,从而产生学科的知识,在模式2中也出现了适合于跨学科知识的新规范。在模式1中,个人的创造力通过对其进行界定和提升的学科结构的操作,从而被强调为发展和质量控制的动力。而集体的位置,包括其质量控制方面,则隐藏在科学共同体的共识之下。在模式2中,创造力主要是作为一种集体现象出现的,个人的贡献看上去是进程的一个部分,而质量控制则适应于一个特定的应用进程中的多方利益,因而是一个群体的程序。正如模式1中知识积累主要通过在大学中被制度化了的学术分工的职业化来进行,模式2中则是通过灵活的且主要是暂时性的组织形式来对人力资源进行反复配置,从而实现知识的积累。始于应用的情境,通过跨学科、异质性、组织多样性而形成的环,在新的适应性且情境化的质量控制形式处完成闭合,结果就是一种更具社会问责和反思性的新的知识模式。从生物医学科学和环境科学中,可得到很多这些现象的例子。

尽管模式1和模式2是明显不同的生产模式,它们却可以相互作用。受到学科科学训练的专家确实参与到了模式2的知识生产之中。有的人可能回归到其最初的学科基础,而另一些人可能选择追寻在一系列应用情境中设置的难以解决的复杂问题。相反,一些跨学科知识生产的成果,特别是新的仪器,可能进入并惠及很多学科。这些互动可能会诱使我们将很多新的形式看成我们所熟悉的形式,从而使模式2消解并整合到模式1之中,进而削弱以上所描述的种种变化的意义。尽管模式2与模式1的知识生产彼此互动,但却是与之相区别的。通常所运用的术语如竞争前研究(pre-competitive research)①、战略研究、任务导向的研究、应用研究以及工业研究和发展等还是带有很多有关学科科学功能的社会前见,其中特别包括这样一种观念,学科科学为未来的应用提供了一口取之不竭的深井。认为如果学科不繁荣,则最根本的洞见就会错失,或者认为在学科结构之外最根本的理论知识不可能产生并维持,诸如此类的根深蒂固的观念可能能够解释为何在政策辩论中,线性的创新模式能够持久。然而,来自计算机科学、材料学、生物医学以及环境科学中的越来越多的例子证实,理论在应用的情境中发展起来,而且,这些理论继续滋养学科框架之外的知识发展。在模式2中,事情在以不同的方式进行,而当有足够多的事情以不同的方式进行之时,我们就有资格说,一个新的形式出现了。

我们不难找到新的生产模式为何在当下的时代出现的原因。首先,模式1已经取得了卓著的成功。很久以前科学家们就发现,通过认知上的专业化、社会层面的职业化以及政治上的制度化可以最有效地获得成功。这一模式控制着科学从一个活动领域向另一个领域的传播,同时也严酷地对待那些试图规避其控制的人。知识的学科结构正反映了这一认知和社会控制模式的成功操作。但是近年来,受到研究精神熏陶并拥有专业技能的毕业生数量越来越多,以至于他们不可能都被吸纳到学科体系之中。他们中的一些人进入了政府实验室,一些人进入企业,而还有一些人建立了自己的实验室、智囊团和咨询公司,结果,人们可以在越来越多的场所进行合格的研究。这就构成了模式2的知识资源和社会基础。从另一个角度来看,我们也可以说,这些新研究场所的出现是教育和研究的大众化进程的一个计划外的结果。

快速运输和信息技术的发展创造出一种能力,使得这些场所之间能够进行互动。模式2极度依赖计算机和电信技术的出现,并且将惠及可以负担这些技术的人。这些知识场所之间的互动创造条件,使得知识和技术的互相联络以及可能的配置越来越多。这种结果可以被描述为一个社会弥散的知识生产体系。在这个体系之中,越来越多的交流沟通发生在现有体制的边界上。结果就形成一张网,网上的节点在全球串联,而其连通性每天都在增长。不出意外,当传统的科学家开始介入这个体系时,会被认为降低了学科的忠诚,减弱了体制的控制。但是,应用的情境通常是充满挑战性的知识问题的场所,而且介入模式2就被允许接近这些问题,并且被承诺可以与来自不同背景的专家进行密切合

---

① 西方学者一般把研究分为竞争前研究(pre-competitive research)和竞争型研究(competitive research)两种。在竞争前研究中,研究结果是不能被合法地获取。而在竞争型研究中,研究结果是可以合法获取的。从事竞争前研究的公司会对研究结果进行严格的保密,以希望抢在竞争对手之前将研究结果用于商业用途。这样,可能会有很多公司都在做同一类型的竞争前研究,结果造成不必要的浪费。——译者注

作。对很多人来说，这都是一个非常刺激的工作环境。模式2没有任何按照传统方式进行制度化的倾向。我们可以期待已有的科学结构来考虑这个问题，并考虑如何在一个社会弥散的知识生产体系中确保质量控制，但是这已然是一个无法更改的事实。模式2是对科学和社会两方面需求的回应，它是不可逆转的。现在的问题是如何去理解和管理它。

**模式2的一些意涵**

该书的目的之一，就是引起人们对于与新的知识生产相联系的一些特征的关注，并证实这些特征有足够的一致性，能够被称作一种新的知识生产模式。我们认为，模式1已经成为一种以主要在大学中被制度化的学科知识研究为特点的生产模式，而模式2则以跨学科性和一种更具异质性、更灵活的社会弥散体系为特点。在描述了其主要特点之后，我们现在将考虑这种新发展的意涵。

"二战"以后，高等教育大众化和大学对于一种显著的研究功能的垄断培养出了越来越多熟悉研究之道的人，他们中有很多掌握了多种专门知识和技术。大众化是一个被确定的强大现象，它是国际性的，也似乎是永远不可逆转的。从供应的一方来看，从高等教育体系中涌出的潜在的知识生产者的数量一直在增加，并且会持续下去。

然而，高等教育的扩张还有一项迄今为止鲜有研究的意涵。不仅仅是越来越多的人掌握了科学及其方法，而且他们中的很多人致力于从事属于研究维度的活动。他们将自己的知识和技术带到与他们曾经接受训练的大学极为疏远的环境中，处理范围很广的问题。如今从事科学和技术生产的不仅有大学，还有企业、政府实验室、智囊团、研究中心和咨询机构等。国际上的高等教育的扩张，意味着越来越多的潜在的场所可以承担研究工作。而一项还没有被完全领会的意义就是，大学在继续培养合格毕业生的同时，也在暗暗削弱自身作为知识生产者的垄断地位。很多毕业生在随后有能力对大学的研究工作进行评判时，他们自己也属于从事同样工作的其他组织了。大学开始认识到，即使仍然是主要角色，他们也只是一个大大扩张了的知识生产进程中的角色之一。

......

我们的论题的核心就是，在供给方面潜在的知识生产者数量的扩张，与需求方面对于专业知识需求的并行扩张为一种新的知识生产模式的出现创造了条件。这种新的方式与大学、政府研究机构以及企业实验室等与知识生产有利害关系的机构都有关联。专业知识市场的出现意味着对于所有的机构而言，游戏都在改变，尽管可能不是以相同的方式或相同的速度改变。不是所有的机构都必须采用这种新知识生产方式的标准和价值。一些公司和大学已经在这种改变的道路上行进了很久，这从他们招募的员工，和他们所加入的多级合作协议就可以看出来。但是，这些机构想要实现的目标，支配职业发展的准则，以及决定其竞争力的社会和技术因素都需要按照新的知识生产模式进行修改。

这种新模式——模式2——是沿着科学和技术的传统学科结构——模式1——出现的。事实上,它是模式1的一种衍生。为了将这一新模式阐释清楚,可将模式2的特征与模式1的相关特征进行比较。通过这一分析我们将会清楚模式2不是要取代模式1,而是对其进行补充。模式2有其独特的认知和社会规范。其中的一些规范与"怎样的可靠理论知识和实践知识应该被生产出来"这一根深蒂固的信条形成鲜明对比,但是,并不能因此就认为它们优于或劣于模式1中的相应规范。它们是全然不同的。但是,在某种程度上,在一个特定的情境中,建立模式2的方式将会取决于模式1中的机构想要适应这一新环境的程度。

一种弥散于社会的知识生产体系意味着,其知识由整个社会的个人和团体提供,并分配给这些个人和团体。由于需要对问题做出迅速且灵活的回应,往往会绕过体制层面的交流。尽管我们可以预料,模式2在何种程度上成为主导性的知识生产方式会有差异,但毫无疑问的是,它已经与出现的社会弥散的知识体系相关联。如果机构变得可渗透了,则模式2就能运作。不论现有的知识生产机构变得如何"可渗透",都不会改变知识生产正在更广泛的范围内弥散这一基本事实;就是说,知识生产正在更多类型的社会机构中进行,涉及各种不同的关系中的更多的个人和组织。这一行为也会引发其他的一些联合,这种联合最终将因一些知识发展而变得在科学和技术上独立。

社会弥散的知识生产正朝着一种全球网络的形式发展,这个网络上相互联结的点的数量因新的知识生产场所的增加而持续增加。结果,在模式2中,交流是至关重要的。当前,这种交流一方面通过正式的合作协议和战略联盟来进行,另一方面通过由快速运输和电子通讯支持的非正式的网络来进行。但这仅仅是冰山一角。运行这一新的模式需要最新的电子通讯和计算机技术来支持。因此,模式2既是促进信息潮流及其变化的创新的原因,也是这些创新的消费者。

模式2的规则之一是,知识的开发利用要求参与到知识的生产之中。在社会弥散的知识生产中,这种参与方式的组织成为一项关键因素。参与的目的不再仅仅是获得一些商业的或非商业的国家利益。事实上,"什么构成一项经济利益",以及"这是谁的利益"等,成为环境科学、生物技术、医学等领域很多争论中的根本问题。例如,当前对于"清洁"技术的推广就不仅仅是经济利益的问题。除了商业目的,它还涉及稳固濒临崩溃的生态系统、谋求人类的健康幸福等问题。这是说,尽管该书只从知识生产方面来讨论模式2,但它对其他领域也有协同进化的影响,例如,对于经济,对于当下的劳动分工以及社群意识等。

模式2的出现给政府带来了新的挑战。国家机构必须去中心化——变得更具渗透性——而政府通过其政策可以促进这方面的改变。知识生产竞赛除了包括国家的兴趣和雄心,还包括了诸如欧盟这样的跨国组织的政策,如果政府在其中扮演先发制人的经纪人角色的话,其政策实施将更有效力。政府扮演经纪人角色的效力如今构成了其国家创新体系的基础。这不仅反映在政府参加可能发生在世界任何地方的知识生产的能力,也反映在他们以自己的创新体系利用知识时的独创性。

独创性是必需的,因为合作迟早会变成竞争。这是正在继续着的财富创造过程的本质。单是监控竞争与合作之间的接口就是一件足够困难的工作,而将其整合到国家的优势之中则更是一项巨大的挑战,以至于政府会忽略其成本。政府和科学家、技术专家一样,需要学习在应用的情境中进行运作,跨国组织也会越来越多地卷入其中。在西欧,欧盟涉及政治、社会和经济的多维度的利益,而《北美自由贸易协定》和《关贸总协定》则以经济为目标。关键问题是,跨国组织是否能够发挥协助作用,以及国家应如何在这些大的体系中对自己进行定位。

由政府负责在从前为保存其科学和技术能力而建立的机构身上"打孔"(punch hole),这似乎有些讽刺。但是,和其他一些固有观念一样,这些机构的目的和功能在模式2出现之后都应该重新考虑。这表明,我们需要一种不同的政策取向,尤其需要将教育、科技和竞争政策综合为一种全面的创新政策,这一政策必须敏感地意识到这一事实,即知识生产已经变得社会弥散了。特别是在欧洲,以提高科研机构潜力为目的的国家政策应该与欧盟的此类政策保持一致。发展中国家也应该进行评估。但对于很多发展中国家来说,通路(access)还会是一个问题,这不仅因为能力的缺乏,还因为这些国家的政府还是将其科技机构假定为一种模式,这种模式已不再适用于实现其雄心壮志所依赖的科技活动方式。

(秦琳　陈洪捷　译)

第四编 知识、知识生产与学术职业

# 以学术为业[①]

马克斯·韦伯

**作者简介**

马克斯·韦伯(Max Weber,1864—1920),德国著名社会学家,与马克思、涂尔干一起被公认为社会学三大奠基人。韦伯最初在柏林大学开始教职生涯,并陆续在弗莱堡大学、海德堡大学、慕尼黑大学等学府任教。

韦伯研究的领域非常广泛,他的相关研究分别为宗教社会学、组织社会学、历史社会学等奠定了基础,主要代表作有《新教伦理与资本主义精神》、《经济与社会》、《儒教与道教》、《宗教社会学》等等。

**选文简介、点评**

1919年,马克斯·韦伯对慕尼黑的青年学子们发表了两场著名的演讲,其中一场的题目就是"以学术为业"。

从1909年到1914年,德国学术界发生了旷日持久的"价值判断"之争,韦伯在这场论争中占有重要地位,他的基本观点是:不可能通过"科学"去论证(或证伪)一种政治观点。

韦伯认为,科学或学术的主要功用,不是解决价值纷争,不是回答人生的终极意义,而是使人"头脑清明"。大学的本质使命是"理智",而不是道德或信仰。因为个人的价值和信仰问题"是一个根本不能如同科学命题证明那样可以论证的问题"。同理,大学教师的职责不是向学生灌输意识形态和价值观,也不是要充当学生的精神领袖,而是尽力做到"知识上的诚实",去"确定事实、确定逻辑关系和数字关系或文化价值的内在结构",因为没有对手和不允许辩论的讲坛"不是先知和煽动家应该待的地方"。不过,价值中立不等于价值无涉。在韦伯看来,价值关联与价值判断之间存在着根本性的差异。价值判断是一种道德的态度,而价值关联则是组织、选择材料的科学手段。韦伯认识到,任何社会科学的研究都无法回避价值问题,尤其是无法回避价值关联(reference to values,注意这里的values是复数)。任何认识都有一定的旨趣、倾向,正是通过这种价值参照,社会的、文化的、经济的素材才能从事实的海洋中浮现出来,进入学者的

---

[①] [德]马克斯·韦伯.学术与政治[M].冯克利,译.北京:生活·读书·新知三联书店,2005:17-49.

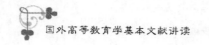

视野,成为研究的对象。

对于学术职业的发展趋势,韦伯在这场演讲中做了两个基本的判断。第一,学术已达到了空前专业化的阶段,而且这种局面会一直继续下去。第二,大学的国家资本主义化和学术职业从业者的无产阶级化,也就是说,学者不再掌握生产工具和生产资料。韦伯指出,当时德国的大学也正在走上美国大学的发展道路,即趋向"国家资本主义化"。尤其是大型的医学和自然科学研究机构,其所费甚巨,有如企业。和资本主义企业一样,大学中的教师和其生产工具——实验设备、图书馆等——也是相分离的。历史证明,韦伯的这些判断在今天仍然没有过时。

韦伯"以学术为业"的演讲对后来哈尔塞(A. H. Halsey)、李普赛特(S. M. Lipset)等人的学术职业研究产生了深刻的影响,这一影响主要表现在三个方面,其一是他的价值中立学说,其二是他对学术职业无产阶级化的预言,其三是他在这篇演说中直接重点论述的学术与政治之间的勾连。今天重读这篇演讲,对于我们理解学术工作的特性以及学术人的职业使命和职业伦理,仍然具有不可替代的经典价值。

## 选文正文

### 1. 学术生涯的外部环境

诸位希望我来谈谈"以学术为业"这个题目。我们这些政治经济学家往往有一种学究式的习惯,总是从问题的外部环境讲起,我也打算照此办理。这就意味着从这样一个问题开始:以学术作为物质意义上的职业,是一种什么情况呢?今天这个问题的实际含义就是,一个决定献身于学术并以之作为职业的学生,他的处境如何?为了了解我们这里的特殊情况,对照一下另一个国家的情况,会对我们有所助益。这另一个国家,就是在这方面同德国形成最鲜明对比的美国。

大家知道,在德国,一个有志于献身科学研究的年轻人,要从"编外讲师"(Privatdozent)开始做起。在征求了相关专家的意见,又得到他们表示同意的保证后,他以一本著作和一次系内的考试(这通常只是走走形式而已)做基础,可获准在大学里担任一名编外讲师。然后他会在他被允许教课的领域里选择一门课程开课。不过除了学生的听课费之外,他并无薪水可拿。而在美国,学术生涯通常是以完全不同的方式开始,他先被任命为"助教"。这大体上类似于德国的自然科学和医学机构里发生的情形,在这些地方,只有一部分助理人员能得到编外讲师的正式职位,而且这种任命经常姗姗来迟。两国间的这种差别,在现实中表现为德国学术职业完全是建立在金钱支配(Plutokratie)的前提上,因为一个并无钱财以抵御任何风险的年轻学者,在这种学术职业的条件下,处境是极其危险的。至少在几年之内,他一定得有维持生计的能力,同时他一点也不知道自己将来能否谋得一个收入可观的职位。而在美国，却存在着一个官僚体制，年轻人从一开始便有薪水，尽管这薪水相当微薄，一般来说比一名半熟练劳动力的工资多不到哪里去。但他看上去确实是以一份稳定的职务为起点，因为他有固定的收入。不过就像我们这里（科研机构）的助理人员一样，他有被解雇的危险，不管他有什么其他想法，如果他有负期望，他得常常做这样的心理准备。这些期望包括他得让学生来塞满他的课堂。德国的编外讲师却不会发生这种情况，他的处境是，职位一旦到手，谁也无法让他离开。当然，他不能提出任何"要求"。但是他怀有一种可以理解的期待，只要工作若干年之后，他便拥有某种道德上的权利，让别人对他有所考虑。甚至在是否任命其他编外讲师的情况出现时，这一权利也同样适用——这一点往往是很重要的，是否从原则上说应当任命所有那些能力已得到证实的学者，还是给予"教学代课人员"以优先权，换言之，让现有的编外讲师得到教学的垄断权，是一种令人苦恼的困境，这同学术专业的双重性有关，稍后我们还会讨论这个问题。人们通常决定作出后一种选择。然而，由此也增加了这样的危险——有关的教授，无论他多么审慎，多么端正，他都有可能偏爱自己的学生。我要表明自己的立场：我一贯恪守的原则是，在我这里做第一篇博士论文的学者，他要想取得编外讲师的资格，还必须获得另一所大学某位教授的同意。结果是我最能干的学生之一，却被一所大学拒之门外，因为没有人相信我的理由。

　　德国和美国的另一个差别是，在我们这里，一般来说编外讲师的讲课比他希望的要少。原则上允许他开设自己学科范围内的任何课程，不过（如果他这样做了）这会被认为是对较年长的编外讲师缺乏恭敬。按照常规，是由教授来开"重要"课程，编外讲师将自己限制在开次要课程上。这样做的好处是学者在年轻时有做研究的自由，尽管这未必是出于自愿。

　　美国的制度与此有基本的差别。讲师年轻之时，也必定是他超负荷工作之时。正教授只要开一门三小时关于歌德的课就够了。可是年轻的助教，如果在一周12课时之中，他被要求教一些如乌兰德这类诗人的课程，并反复向学生灌输德语，他就很幸福了。系里的官僚规划课程表，而助教——和德国研究机构里的助理一样——得依赖这些官僚。

　　如今我们可以清楚地看到，德国学术系统中许多领域最近的发展，也有着与美国相同的趋势。大型的医学和自然科学研究机构是"国家资本主义形态"的企业，如果没有大量的经费，这些机构是难以运转的。就像所有的资本主义企业一样，这里也出现了同样的发展："工人与生产资料的分离"。工人，即助理，完全依靠国家配备给他使用的工具。这样一来，他对机构负责人的依赖同工厂雇员对经理的依赖并无不同。机构负责人信心十足地认为机构就是"他的"机构，处在他的掌握之中。因而助理的位置和"无产阶级"或美国大学助教的地位一样，常有朝不保夕之虞。

德国大学在一些重要方面,就像德国的一般生活一样,正在变得日益美国化。我相信,这一发展终将侵入那些研究者个人仍然拥有工具(同过去工匠的情况一样)的学科,这里的工具主要是指个人藏书——我本人的学科大体上依然属于这个范围。现在这一发展却已成蔓延之势。

无可怀疑,就像所有同时伴有官僚化的资本主义企业一样,这一发展的确有它技术上的优点。但是它的主导"精神",却与德国大学的历史氛围不合。无论就表象或真实情况而言,这些大型的资本主义式的大学企业,其首脑与标准的旧式教授之间,都被一道不寻常的鸿沟分离,他们甚至在心态上也是如此,对于后面这种现象我不拟在此讨论。无论从表面上还是从本质上说,旧式大学的构成方式已徒有其名。唯一仍然存在且有愈演愈烈之势的,是大学职业制度所独有的一种因素。一个讲师,更不用说助教了,他是否能够升任正教授,甚或当上学术机构的首脑,纯粹是受着机遇的左右。在这里,运气当然不是唯一的决定因素,但它确实起着不同寻常的作用。我几乎无法想象还有哪个行业,运气在其中起着这样重要的作用。我尤其可以说这样的话,因为我在相当年轻的时候便被聘为一门课程的正教授,我将这归因于纯粹的运气,而在这门课程上,我的一些同龄人无疑取得了比我更多的成就。基于这一经历,我相信自己有足够锐利的眼光,可以看出许多人不该有那样的命运,他们的才干不在话下,却无法在这种遴选制度中获得应有的职位。

……

大学教师中谁也不喜欢回忆那些有关聘任的讨论,因为他们很少有愉快的经历。不过我可以说,在我所了解的无数事例中,毫无例外地存在着真诚的愿望,要让纯粹的客观标准起决定作用。

进一步说,大家必须明白,如此多的学术前程操于命运之手这个事实,其根源不仅在于集体决定这种选拔方式的不恰当。每一位受着感情的驱策,想要从事学术的年轻人,必须认识到他面前的任务的两重性。他不但必须具备学者的资格,还得是一名合格的教师,两者并不是完全相同的事情。一个人可以是一名杰出学者,同时却是个糟糕透顶的老师。……回到我们的话题上来,教学技巧乃是一种个人天赋,它并非一定会与学者的学术素质相吻合。同法国相比,我们没有"不朽院士"的科学机构,按照德国的传统,大学应同时对研究和教学的要求做出裁判。但是将这两种才能集于一身,却纯粹是靠运气。

可见,学术生涯是一场鲁莽的赌博。如果年轻学者请教一些做讲师的意见,对他给予鼓励几乎会引起难以承担的责任。如果他是名犹太人,我们自然会说"Lasciate ogni speranza"(放弃一切希望)。你对每一个人都要凭着良心问一句:你能够承受年复一年看着那些平庸之辈爬到你头上去,既不怨恨也无挫折感吗?当然每一次他们都会回答说:"自然,我只为我的天职而活着。"但至少就我所知,只有极少数人能够无动于衷地忍受这种事。我想,有关学术生涯的外部条件,必须予以说明的也就是这些了。

## 2. 学术工作中的机遇和灵感

不过我相信,诸位实际上还希望听点别的什么内容——对学术的内在志向。今天,这一内在志向同作为职业的科学组织相反,首先便受着一个事实的制约,即学术已达到了空前专业化的阶段,而且这种局面会一直继续下去。无论就表面还是本质而言,个人只有通过最彻底的专业化,才有可能具备信心在知识领域取得一些真正完美的成就。凡是涉足相邻学科的工作——我这类学者偶尔为之,像社会学家那样的人则必然要经常如此——人们不得不承认,他充其量只能给专家提出一些有益的问题,受个人眼界的限制,这些问题是他不易想到的。个人的研究无论怎么说,必定是极其不完美的。只有严格的专业化能使学者在某一时刻,大概也是他一生中唯一的时刻,相信自己取得了一项真正能够传之久远的成就。今天,任何真正明确而有价值的成就,肯定也是一项专业成就。因此任何人,如果他不能给自己戴上眼罩,也就是说,如果他无法迫使自己相信,他灵魂的命运就取决于他在眼前这份草稿的这一段里所做的这个推断是否正确,那么他便同学术无缘了。他绝不会在内心中经历到所谓的科学"体验"。没有这种被所有局外人所嘲讽的独特的迷狂,没有这份热情,坚信"你生之前悠悠千载已逝,未来还会有千年沉寂的期待"——这全看你能否判断成功,没有这些东西,这个人便不会有科学的志向,他也不该再做下去了。因为无论什么事情,如果不能让人怀着热情去做,那么对于人来说,都是不值得做的事情。

不过事实却是,这热情,无论它达到多么真诚和深邃的程度,在任何地方都逼不出一项成果来。我们得承认,热情是"灵感"这一关键因素的前提。今天的年轻人中间流行着一种看法,以为科学已变成了一个计算问题,就像"在工厂里"一样,是在实验室或统计卡片索引中制造出来的,所需要的只是智力而不是"心灵"。首先我得说明,这种看法,表现着对无论工厂还是实验室情况的无知。在这两种场合,人们必然遇到某些事情,当然是正确的事情,让他可以取得一些有价值的成就。但这种念头是不能强迫的,它同死气沉沉的计算毫无关系。当然,计算是不可缺少的先决条件。例如,没有哪位社会学家,即使是年资已高的社会学家,会以为自己已十分出色,无须再花上大概几个月的时间,用自己的头脑去做成千上万十分烦琐的计算。如果他想有所收获,哪怕最后的结果往往微不足道,若是把工作全都推给助理去做,他总是会受到惩罚的。但是,如果他的计算没有明确的目的,他在计算时对于自己得出的结果所"呈现"给他的意义没有明确的看法,那么他连这点结果也无法得到,通常这种念头只能从艰苦的工作中得来,尽管事情并非总是如此。在科研方面,业余人士的想法可以有着同专家见解完全一样甚至更大的意义。我们将许多解决某个问题的最出色的想法,或我们的许多最好的见解,归功于业余人士。如赫尔姆霍兹论说梅耶那样,业余与专家的不同,只在于他的工作方法缺乏严整的确定性,因此他通常做不到对他的想法所包含的全部意义进行控制、评估和贯彻到底。想法并不能取代工作,但换个角度说,工作也同热情差不多,不能取代想法或迫使想法出现。工作和热情,首要的是两者的结合,能够诱发想法的产生。但想法的来去行踪不定,并非随叫随到。的确,最佳想法的光临,如伊赫林所描述的,是发生在沙发之上燃一支雪茄之时,或像赫尔姆霍兹以科学的精确性谈论自己的情况那样,是出现在一条缓缓上行的街道的漫步之中,如此等等。总而言之,想法是当你坐在书桌前绞尽脑汁时不期而至的。当然,如果我们不曾绞尽脑汁,热切地渴望着答案,想法也不会来到脑子里。不管怎么说,研究者必须能够承受存在于一切科学工作中的风险。灵感会不会来呢?他有可能成为一名出色的工作者,却永远得不出自己的创见。以为这种现象只在科学中存在,办公室的情况同实验室会有所不同,这乃是个严重的误解。一个商人或大企业家,如果缺乏"经商的想象力"——即想法或灵感——那么他终其一生也不过是那种只适合于做职员或技术官员的人。他决不会是一个在组织上有真正创造力的人。与学术界狂妄自大的自以为是不同,灵感在科学领域所起的作用,肯定不比现代企业家决断实际问题时所起的作用更大。另一方面——这是经常被人遗忘的——灵感所起的作用也不比它在艺术领域的作用更小。以为数学家只要在书桌上放把尺子,一台计算器或其他什么设备,就可以得出有科学价值的成果,这是一种很幼稚的想法。从计划和结果的角度讲,一位维尔斯特拉斯的数学想象,同艺术家的想象在方向上自然会十分不同,当然,这也是一种基本性质的不同。不过这种不同并不包括心理过程。两者有着共同的[柏拉图的"mania"(痴迷)意义上的]迷狂和灵感。

……

### 3. 理智化过程

科学的进步是理智化过程的一部分,当然也是它最重要的一部分,这一过程我们已经历了数千年之久,而如今对这一过程一般都会给以十分消极的评判。首先让我们澄清一下,这种由科学和技术而产生的智力的理性化,在实践中有什么实际意义。这是否意味着我们——就像今天坐在这间屋子里的各位——对我们的生存条件比印第安红人或霍屯督人有更多的了解呢?这很难说。我们乘坐有轨电车的人,谁也不知道电车是如何行驶的,除非他是位机械专家。对此他无须任何知识。只要他能"掌握"电车的运行表,据此来安排自己的行动,也就够了。但是,对于如何制造一台可以行驶的电车,他一无所知。野蛮人对自己工具的了解是我们无法相比的。如果我们今天花钱,我敢发誓说,即使在座的诸位中间有经济学家,他们对于这个问题也会人言人殊:为什么用钱可以买到东西,并且买到的东西时多时少?野蛮人知道如何为自己搞到每天的食物,哪些制度有助于他达到这一目的。可见理智化和理性化的增进,并不

第四编 知识、知识生产与学术职业

意味着人对生存条件的一般知识也随之增加。但这里含有另一层意义,即这样的知识或信念:只要人们想知道,他任何时候都能够知道;从原则上说,再也没有什么神秘莫测、无法计算的力量在起作用,人们可以通过计算掌握一切。而这就意味着为世界除魅。人们不必再像相信这种神秘力量存在的野蛮人那样,为了控制或祈求神灵而求助于魔法。技术和计算在发挥着这样的功效,而这比任何其他事情更明确地意味着理智化。

那么,这个在西方文化中已持续数千年的除魅过程,这种科学既隶属于其中又是其动力的"进步",是否有着超越单纯的实践和技术层面的意义呢?在列夫·托尔斯泰的著作中,各位可以找到对这一问题最纯净的表达形式。他从十分独特的途径触及这个问题。他的沉思所针对的全部问题,日益沉重地围绕着死亡是不是一个有意义的现象这一疑问。他以为回答是肯定的,而文明人则以为否。文明人的个人生活已被嵌入"进步"和无限之中,就这种生活内在固有的意义而言,它不可能有个终结,因为在进步征途上的文明人,总是有更进一步的可能。无论是谁,至死也不会登上巅峰,因为巅峰是处在无限之中。……

对此我们应当做何设想?除了技术的目的之外,"进步"也有公认的自身意义,使得为它献身也能成为一项有意义的职业吗?然而,以信奉科学为业的问题,亦即以科学为业对于献身者的意义问题,已经变成另一个问题:在人的生命整体中,科学的职业是什么,它的价值何在?

对于这个问题的看法,过去和现在形成巨大的差异。不知各位是否记得柏拉图《理想国》第七卷开头处那段奇妙的描述:那些被铁链锁着的岩洞里的人,他们面向身前的岩壁,身后是他们无法看到的光源。他们只注视着光线透在岩石上的影子,并试图发现这些影子之间的关系,直到有个人挣脱了脚镣,回身看到了太阳。他在目眩中四处摸索,结结巴巴地讲出了他的所见。别人都说他疯了。但是他逐渐适应了注视光明,此后他的任务便是爬回岩洞的囚徒那儿,率领他们回到光明之中。这是一位哲人,太阳则代表着科学真理,唯有这样的真理,才不理会幻觉和影子,努力达到真正的存在。

如今还有谁用这种方式看待科学呢?今天,尤其是年轻人,有着恰好相反的观点——科学思维的过程构造了一个以人为方式抽象出来的非现实的世界,这种人为的抽象根本没有能力把握真正的生活,却企图用瘦骨嶙峋的手去捕捉它的血气。在这样的生活中,即在柏拉图看来是影子在岩壁上的表演中,跳动着真正现实的脉搏。其他东西都是没有生命的幽灵,是从生活中衍生而来,仅此而已。这种转变是如何发生的呢?柏拉图在《理想国》中表现出的热情,归根结蒂要由这样一个事实来解释,在当时,所有科学知识中最伟大的工具之一——观念——已被有意识地发现,苏格拉底发现了它的重要意义,但有这种认识的并不限于他一人。……

到文艺复兴时期,在这一希腊思想的发观之侧,又出现了科学工作的第二

231

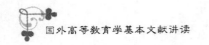

个伟大工具:理性实验这一控制经验的可靠手段。没有它,今日的经验科学便是不可能的。……实验从这个圈子,特别是通过伽利略,进入了科学,又通过培根进入了理论领域。此后在欧洲大陆的各大学中,各种严密的学科也都采纳了这种方法,开风气之先的则是意大利和荷兰的大学。

那么,对于这些刚踏入近代门槛的人来说,科学意味着什么呢?对于艺术家性质的实验者如达·芬奇和音乐创新者来说,它意味着真正的艺术,而真正的艺术,在他们眼里,就是通向真正的自然之路。艺术应当上升到一门科学的层次,这首先是指,无论从社会还是艺术家个人生活意义的角度,他应当达到(哲学)博士的水平。举例来说,达·芬奇的素描画册,就是基于这样的雄心而作。今天的情况如何?"科学是通向自然之路",这在年轻人听来会像渎神的妄言一样。现在年轻人的看法与此恰好相反,他们要求从科学的理智化中解脱出来,以便回到他个人的自然中去,而且这就等于回到了自然本身。那么最后,科学是通向艺术之路吗?这种说法连评论的必要都没有。但是在严密自然科学发展的那个年代,对科学却有着更多的期望。诸位可否记得斯瓦姆默丹的话:"我借解剖跳蚤,向你证明神的存在"——诸位由此可了解那时的科学工作(受新教和清教的间接影响)是以什么作为自己的使命:是找出通向上帝之路。这条道路已不是拥有观念和演绎法的哲学家所能发现的了。

当时所有的虔敬派神学,尤其是斯本纳,都知道在中世纪的追求上帝之路上,是找不到上帝的。上帝隐而不彰,他的道路不是我们的道路,他的思想也不是我们的思想。但是人们试图利用严密的自然科学。因为这些学问可以用物理的方法来把握上帝的作品,以此找出一些线索去了解上帝对这个世界的意图。今天的情况又如何呢?除了那些老稚童(在自然科学界当然也可以找到这类人物),今天还有谁会相信,天文学、生物学、物理学或化学,能教给我们一些有关世界意义的知识呢?即便有这样的意义,我们如何才能找到这种意义的线索?……

**4. 科学不涉及终极关怀**

让我们回到正题上来吧。在这些内在的前提条件下,既然过去的所有幻觉——"通向真实存在之路"、"通向艺术的真实道路"、"通向真正的自然之路"、"通向真正的上帝之路"、"通向真正的幸福之路",如今已被驱逐一空,以科学为业的意义又是什么呢?对于这个唯一重要的问题:"我们应当做什么?我们应当如何生活?"托尔斯泰提供了最简洁的回答。科学没有给我们答案,这是一个根本无法否认的事实。唯一的问题是,科学"没有"给我们提供答案的,就什么意义而言,或对于以正确方式提出问题的人,科学是否有些用处?现在人们往往倾向于说科学"没有预设的前提"。果然如此吗?这要取决于此话是什么意思。在任何科学研究中,逻辑法则和方法的有效性,即我们在这个世界上确定方向的一般基础,都是有前提的。这些前提,至少对于我们的具体问题来说,是科学中最不成问题的方面。不过科学又进一步假设，科学研究所产生的成果，从"值得知道"这个角度说，应当是重要的，显然我们所有的问题都由此而生，因为这样的假设不能用科学方法来证实。它只能诉诸终极意义进行解释，而对于终极意义，每个人必须根据自己对生命所持的终极态度，或是接受，或是拒绝。

　　进一步说，学术工作同这些预设性前提的关系，因其结构而有很大差别。自然科学，例如物理学、化学和天文学，有一个不证自明的预设：在科学所能建构的范围内，掌握宇宙终极规律的知识是有价值的。所以如此，不但是因为这样的知识可以促进技术的进步，而且当获取这样的知识被视为一种"天职"时，它也是"为了自身的目的"。但是，即使这样的预设，也无法得到绝对的证明。至于科学所描述的这个世界是否值得存在——它有某种"意义"，或生活在这个世界上是有意义的——就更难以证明了。科学从来不提出这样的问题。我们可以考虑一下现代医学这门在科学上已十分发达的实用技艺。用老生常谈的话说，医学事业的一般预设是这样一个声明：医学科学有责任维持生命本身，有责任尽可能减少痛苦。这种说法是很成问题的。医生利用他所能得到的一切手段，让垂死的病人活着，即使病人恳求医生让自己解脱，即使他的亲人以为他的生命已失去意义，他们同意让他解脱痛苦，并且他们难以承受维持这种无价值的生命造成的费用——或许病人是个不幸的精神病患者——因此希望他死去，也只能希望他死去，无论他们是否赞同这样做。医学的预设前提和刑法，阻止着医生中止自己的努力。这条生命是否还有价值，什么时候便失去价值，这不是医生所要问的问题。所有的自然科学给我们提供的回答，只针对这样的问题：假定我们希望从技术上控制生命，我们该如何做？至于我们是否应当从技术上控制生活，或是否应当有这样的愿望，这样做是否有终极意义，都不是科学所要涉足的问题，或它只有些出于自身目的的偏见。……

### 5. 学术与政治

　　最后，让我们来看看同我们最相近的学科：社会学、历史学、经济学、政治科学以及希望对这些学科做出解释的其他哲学领域。有人说，并且我也同意，在课堂里没有政治的位置。就学生而言，政治在这里没有立足之地。举例来说，如果在我过去的同事、柏林的迪特里希·舍费尔的课堂上，和平主义的学生围着讲台大声叫嚣，同反和平主义的学生针对福斯特教授的所作所为毫无二致，那么尽管这后一位教授的观点在许多方面与我毫无相同之处，我对这种事情依然会同样感到痛惜。但是，就教师而言，党派政治同样不属于课堂，如果教师是从科学研究的角度对待政治，那它就更不属于课堂。因为对实际政治问题所持的意见，同对政治结构和党派地位的科学分析完全是两码事。如果是在公众集会上讲论民主，他无须隐瞒自己的态度；在这种场合，立场鲜明甚至是一个人难以推卸的责任。这里所用的词语，不是科学分析的工具，而是将其他人的政治态度争取过来的手段。它们不是为深思熟虑疏松土壤的铧犁,而是对付敌手的利剑,是战斗的工具。与此相反,如果在讲座或课堂上,以这种方式使用词句,那未免荒唐透顶。例如,如果要在课堂里讨论民主,就应当考虑民主的不同形态,分析它们的运行方式,以及为每一种形态的生活条件确定具体的结果。然后还要将它们同那些非民主的政治制度加以比较,并努力使听讲人能够找到依据他个人的最高理想确定自己立场的出发点。但是,真正的教师会保持警惕,不在讲台上以或明或暗的方式,将任何态度强加于学生。……

#### 6. 价值多元性

我只想问一句:在讲授教会形式和国家形式或宗教史的课程上,如何让一名虔诚的天主教徒和一名共济会信徒得出同样的价值判断呢?这样的问题是不会有答案的。但是从事学术教育的人,必须希望并要求自己,以他的知识和方法,他对这两种人都会有所助益。诸位会十分正确地说,对于基督教兴起的事实,如果由某位对教义没有先入之见的教师来讲述,那么一个虔敬的天主教徒是不会接受他的观点的。诚哉斯言!但区别却在于:"无预设前提"——从拒绝宗教皈依的意义上说——的科学,不承认"奇迹"和"神启"。如果科学认可这种事,它便违背了自己的前提。宗教信仰承认奇迹和神启。"无预设前提"的科学对信徒的期待不多不少,只是要他承认,假如对事件的解释不需要那些超自然因素——经验解释必须作为偶然因素加以排斥的因素——介入,那就必须用科学所尝试的方式进行解释。信徒即使不违背自己的信仰,也可以做到这一点。

但是,对于那些不在乎事实本身,只以实际立场为重的人,科学的成就便是毫无意义的吗?大概如此。但无论如何,有一件事情是可以做的。无论是谁,只要他是一名正直的教师,他的首要职责就是教会他的学生承认"令人不舒服的"事实,我是指那些相对于他们的党派观点而言不舒服的事实。对于一切党派观点来说,都有些十分令人不舒服的事实,对我也是如此。我相信,如果从事学术教育的人,迫使自己的听众习惯了这样的事情,他所取得的成就便超出了单纯的知识成就。对于如此明白的事,或许没必要说些听上去虚张声势的话,但我甚至愿意不避鲁莽之嫌,用"道德成就"这样的词语去形容它。

到此为止,我只谈了避免把个人观点强加于人的实际理由。但可说的话还有不少。除非是在讨论达到预先设定的目标所应采取的手段,"从学术上"为实践方面的立场作鼓吹是不可能的,这有着极为深刻的原因。从原则上说,这样的鼓吹没有意义,是因为世界上不同的价值体系有着相互冲突的立场。我不打算赞同詹姆斯·穆勒的哲学,但他在晚年就这个问题所说的话却是正确的:如果从纯粹经验出发,必入多神论的领地。这样的表述有些肤浅,听起来诡诈难解,却包含着一些真理。……

#### 7. 教师不应是领袖

这些问题已足可让我们坠入迷途。但是我们的一部分年轻人还是会回答说：“不错，但我们来到课堂上，只是为了除分析和事实陈述之外，还能体验到一些别的东西。”这种说法的错误在于，他们对教授的企求超出了他的所有，他们所要的已不是教师，而是一位领袖。但是在讲台上，我们只能处在教师位置。……

各位同学！你们带着这些对领袖的要求，来到我们的课堂上，你们没有事先告诉自己，在100名教授中间，至少有99名，不但不是这个生活赛场上的教练，也不应当要求成为这样的教练，他们不能要求做行动领域的"领袖"。想一想吧，一个人的价值观，并不取决于他是否具备领袖的素质。无论如何，使人成为杰出学者或学院教师的那些素质，并不是在生活实践的领域——或更具体地说，在政治领域里——造就领袖人物的素质。如果一个人也具备后面这些素质，那纯粹是出自运气，如果教师感到他被期待着利用这些素质，那会是一种极为堪忧的局面。如果听任所有的学院教师在课堂上扮演领袖的角色，情况将更为严重。因为，大多数以领袖自居的人，往往是最不具备这种角色能力的人。最重要的是，不管他们是不是领袖，他们的位置根本没有为他们提供就此做出自我证明的机会。教授感到他有做年轻人顾问的职责，并享有他们的信任，他可以由此证明自己同年轻人私交不错。如果他感到，他的职责是介入世界观和政治意见的斗争，他大可以到外面去，到生活的市场上去这样做，在报章上，集会上，或无论他喜欢的什么地方。但是，在听众可能有不同看法却被责令保持沉默的地方，让他来炫耀自己信仰的勇气，这未免太容易些了。

### 8. 科学对信仰所能作的贡献

最后各位会提出这样的问题：即使如此，科学对现实的和个人的"生命"，能有什么积极的作用吗？这样我们就又回到了科学作为"职业"这个问题上来了。首先，当然有一些技术知识，利用这些知识的计算，可以对生活——包括外在事物和人的行为——进行控制。但是诸位会说，这仍不过是美国孩子的菜市场。我对此表示同意。其次，总还有些菜贩子做不到的事情，如思维方法，以及这种方法所必需的手段和训练。各位或许会说，不错，这不是蔬菜，但也不过是些加工蔬菜的工具。好吧，今天让我们就这样看待它。幸运的是，科学的贡献还不限于此，因为我们所处的位置，使我们还可以帮助各位达到第三个目标：头脑的清明。当然的预设是，我们教师自身便拥有这种清明。情况确实如此的话，我们可使大家明白，在实践方面，一个人基于对价值问题的考虑，可以采取这样或那样的立场。为简单起见，可以举社会现象为例。如果有人采取了如此这般的立场，那么根据科学的经验，他要想在实践中贯彻自己的信念，必须也采取如此这般的手段。而这些手段本身，或许正是你相信你必须予以拒绝的。面对这种情况，你必须在目的和无可避免的手段之间做出选择。目的能否"证明"手段合理？教师可以向你揭示选择的必然性。如果他打算维持自己的教师身份，不想变成煽动家，他只能到此止步。当然，他还可以进一步告诉你，如果你需要如此这般的目标,你也必须接受经验显示会出现的一些如此这般的附带后果。我们又回到了原来的位置上。但这就是任何技术人员都会面对的问题,他们在无数的具体情况下,必须按照利多弊少的权衡原则做出决定。唯一的不同是,就他而言,他只倾向于一件事情:目标。但十分显然,对于我们来说,只要我们所处理的是些"终极"问题,情况便不是如此。至此,我们终于看到了科学本身对清明的头脑所能做出的最后一个贡献,同时也看到了这一贡献的界限。我们可以并且应当告诉各位,从如此这般的一个世界观方面的终极立场,可以前后一致地(因此也是保持忠诚地)推导出如此这般的一个实际立场的意义。这种意义,可以从这样一个立场或若干个立场推导,但我们可以说,它不能从其他不同的立场推导。形象地说,你将侍奉这个神,如果你决定赞成这一立场,你必得罪所有其他的神。因为只要你坚持忠实于自己,你必然会达到这样一个终极的、有着内心意义的结论。至少从原则上说,这是教师可以办到的事情。作为专业学科的哲学,以及其他学科中那些本质上属于哲学性质的讨论,都试图达到这一境界。因此,只要我们对事情有正确的了解(这是必要的前提),我们就可以迫使,或至少协助一个人,对自己行为的终极意义做出说明。在我看来,这不是微不足道的事情,即便它只对纯粹的个人生活有益。如果教师取得这方面的成功,我甚至愿意说,他就是在服务于"道德的"力量,因为他创造了义务的意识、清明的头脑和责任感。我还相信,他越是本着良知,避免向他的听众灌输或推荐自己的立场,他的这项成就会越大。

　　当然,我这里所提出的设想,得自这样一个事实:从生命本身的性质来理解,它所知道的只有诸神之间无穷尽的斗争。直截了当地说,这意味着对待生活的各种可能的终极态度,是互不相容的,因此它们之间的争斗,也是不会有结论的。所以必须在它们之间做出抉择。在这样的情况下,科学是否成为人们的一项"职业",科学本身是否是一项有其客观价值的职业,再次成为一种价值判断,对此一问题,在课堂上也是无话好说的。对此做出肯定的回答,是授课的一个先决条件。从个人角度说,我通过自己的工作,对此有肯定的回答。……

　　今天,作为"职业"的科学,不是派发神圣价值和神启的通灵者或先知送来的神赐之物,而是通过专业化学科的操作,服务于有关自我和事实间关系的知识思考。它也不属于智者和哲人对世界意义所做沉思的一部分。这是我们的历史环境中无可逃避的事实,只要我们忠实于自己,我们便不可能摆脱这一事实。……

　　我们这个时代,因为它所独有的理性化和理智化,最主要的是因为世界已被除魅,它的命运便是,那些终极的、最高贵的价值,已从公共生活中销声匿迹,它们或者遁入神秘生活的超验领域,或者走进了个人之间直接的私人交往的友爱之中。我们最伟大的艺术卿卿我我之气有余而巍峨壮美不足,这绝非偶然;同样并非偶然的是,今天,唯有在最小的团体中,在个人之间,才有着一些同先知的圣灵(pneuma)相感通的东西在极微弱地搏动,而在过去,这样的东西曾像燎原烈火一般,燃遍巨大的共同体,将他们凝聚在一起。如果我们强不能以为能,试图"发明"一种巍峨壮美的艺术感,那么就像过去20年的许多图画那样,只会产生一些不堪入目的怪物。如果有人希望宣扬没有新的真正先知的宗教,则会出现同样的灵魂怪物,惟其后果更糟。学术界的先知所能创造的,只会是狂热的宗派,而绝对不会是真正的共同体。对于那些无法像一个真正的人那样,接受这一时代命运的人,我们应当告诉他,他最好还是静静地回到旧教堂那敞开的慈悲宽厚的怀抱之中,他无须按照惯例,公开承认自己曾经叛教,只要平和而简单地进去即可。教堂是不会难为他的。他如果想这样做,他就必须以某种方式做出"理智的牺牲"——这是无可避免的事情。如果他能真正做到这一点,我们不会因此而责骂他。因为从道德上讲,这种为了无条件的宗教献身而做的理智"牺牲",同有意躲避理智上的正直诚实,是十分不同的;后面这种情况,是在一个人没有勇气澄清自己的终极立场,便用软弱无力的相对理由来减轻自己的责任时,才会出现的。在我看来,这样的宗教献身,同那些学院里的先知相比,更值得尊重,因为后者没有明白表示,在课堂里,唯有理智的正直诚实,才是最有价值的美德。然而诚实也迫使他们指出,对于这么多期待着新的先知和圣徒的人来说,他们的境况,同以赛亚神谕所包含的流放时期以东的守望人那首美丽的歌所唱的完全相同:

  有人从西珥呼问我,守望的啊,黑夜如何。守望的说,早晨将至,黑夜依然,你们若要问就可以问,可以回头再来。

  听这话的那群人,询问和等待了已有两千年以上,我们晓得他们那令人战栗的命运。从这里我们应当得出的教训是,单靠祈求和等待,只能一无所获,我们应当采取不同的行动。我们应当去做我们的工作,正确地对待无论是为人处世的还是天职方面的"当下要求"。如果每个人都找到了握着他的生命之弦的守护神,并对之服从,这其实是平实而简单的。

(冯克利 译)

# 转变中的讲座制：德国大学教师的聘任、晋升与水准保持①

尤根·恩德斯

## 作者简介

尤根·恩德斯（Jürgen Enders），荷兰特文特大学高等教育政策研究中心主任。2011 年当选欧洲科学院（Academia Europaea）院士。德国卡塞尔大学政治学博士，曾供职于卡塞尔大学高等教育与工作研究中心。主要研究领域包括高等教育政策、学术职业、研究生教育。主要著作（含主编）有：《学术生活的变革：分析与比较的视角》（The Changing Face of Academic Life: Analytical and Comparative Perspectives, 2009）、《欧洲的学者：环境与条件的变迁》（Academic Staff in Europe: Changing Contexts and Condition, 2001）、《全球化世界中的高等教育》（Higher Education in a Globalising World, 2002）、《事业起航从博士开始？——博士的教育、职业发展和职业成就》（Karriere mit Doktortitel? Ausbildung, Berufsverlauf und Berufserfolg von Promovierten, 2001）。

## 选文简介、点评

尤根·恩德斯是欧洲高等教育研究界一位很有影响的学者，长期研究学术职业问题，在阿特巴赫主编的《国际高等教育百科全书》（International Handbook of Higher Education）中，"学术职业"一章就是由恩德斯负责撰写的。

在研究学术职业时，恩德斯特别强调制度的镶嵌性（institutional embeddedness），在他看来，学术职业的制度安排是与国家高等教育体系交织在一起的，因此不同国家的教师结构、学术职业生涯轨迹、工作条件都是有差异的。《转变中的讲座制：德国大学教师的聘任、晋升与水准保持》一文主要探讨的是德国学术职业的特点及其变迁。从比较的视角出发，恩德斯分析了德国学术职业的一些显著特点。

---

① ［美］菲利普·G.阿特巴赫.变革中的学术职业：比较的视角［M］.别敦荣，主译.青岛：中国海洋大学出版社，2006：19-37.

首先,德国与英美等国学术职业的一个显著区别是前者受到政府规则的影响较大,德国的大学教师具有公务员身份,因此其工作条件和工资都受到政府法律的规制。其次,从理想型的角度来看,德国的学术职业模型是讲座制(chair),美国、英国等国家的学术职业模型则是学系—学院模型(department-college model)。在讲座制之下,一般只有讲座的持有者是拥有终身制的,其他均为合同制的初级学术员工。由于升迁至讲席持有者的轨道很漫长,所以德国大学教师获得终身制也较晚,通常在40岁之后。德国学术职业晋升制度的优点是教授职位的高度选择性,有利于从大量应聘者中挑选出最优秀者担任讲席职位。但这一体制也有诸多弊端,如初级学术人员对教授的依赖,学术职业吸引力的下降,等等。

因此,尽管具有传统的一些优势,德国学术职业的相关制度也面临着改革的压力。恩德斯结合高等教育大众化、新公共管理主义等宏观趋势,对引入助理教授或初级教授职位、建立一套竞争性的以绩效为导向的薪酬制度等改革措施进行了比较深入的分析。

《转变中的讲座制:德国大学教师的聘任、晋升与水准保持》一文显示了制度分析和比较制度分析作为一种分析工具在研究学术职业问题时的有效性。通过阅读此文,读者可以对德国学术职业的特点及其变化获得全面、清晰的认识。

## 选文正文

……大学学术人员的条件和学术聘用的公务员制度是目前改革中最受关注的问题。改革的主题涉及了一系列问题,每一个问题都是十分重要的,事关德国高等教育的未来。

正如下文将要谈到的,学术人员的作用与条件对德国高等教育的形式与内在结构在许多方面发挥着十分重要的影响作用。因此,改革高等教育的总体结构必然包含了调整学术人员的聘用关系与条件,现在越来越多的人认为,这就是一条改革的途径。在德国高等教育中,学术人员的地位和作用具有三大典型特征:学术地位与国家有着紧密的关系;鼓励教授的世界主义倾向的聘用制度平衡了学校的等级制;教授与其他被称为非教授人员的教职员之间存在固有的鸿沟。这些特征长期为人们所讨论(并非现在才开始),并且被认为是高等教育系统整体改革的主要障碍。

### 学术人员的起源与概况

作为学术巅峰的德国教授的显赫历史是很多研究的话题,甚至在德国高等教育制度史中还有着神话般的描述。专制与自治学院的行会式起源,研究型的、研究与教学自由的、研究与教学相结合的洪堡理想经常为人们所引用,而且在其他工业化国家高等教育制度的发展中发挥了重要影响。19世纪各自治邦赋予其新办大学科学与研究自由的权利与教授教席（Ordinarius）（即正教授为国家公务员）有着密切的联系。每一个讲座教授都从邦政府获得分配给其研究所的经费，这是在大学任用他时就已经协商确定的。这样，邦政府就可以通过人事和资源将大学纳入自己的掌控之下。在20世纪初期，教授教席把讲座与研究所长合二为一，这一做法被认为有助于把洪堡概念中的小规模研究型的大学与自治邦的行政管理有机结合起来（von Friedeburg, 1989）。

传统的德国大学在教授职位之外还有两类学术人员：一类是非常任教授（Ausserordentlicher professor），他们任教于不很重要的学术领域，工作是有报酬的；另一类是编外讲师，他们获得了大学授课资格（Habilitation），所任职务介于大学教授和非常任教授之间，但是没有报酬。事实上，直到20世纪30年代，大学的学术人员中，除了教授之外，其他两类人员都是很少的。

第二次世界大战后，形势发生了显著的变化。自20世纪60年代初以来，高等教育系统迅速发展，在校生人数、教职员工数和大学数量都快速增长。这就带来了各学科和学术领域讲座数量的增加。而且，围绕一位教授组织研究所的原则也为许多教授共同主持的更大的机构所取代。对教学和研究的辅助人员不断增长的需求以及高等教育的社会环境的改善也有助于更多地设置非教授职位，扩大学术人员队伍，以聘用博士和博士后人员。

……1975年以后，高等教育系统人员的增加主要表现在签订了固定任期协议的攻读博士学位的人员和研究人员，这些人员都要承担学校工作。他们通过研究拨款获得外部经费支持。这些人员构成了高等教育领域一个相对灵活的人才后备军。

当前，德国高等教育系统共有337所高等学校，其中有91所大学——包括技术大学和综合大学（Gesamthochschulen）。另外有60所艺术、音乐、神学和教育类专门学院（Kunstund Musikhochsehulen, theologische Hochschulen, and Padagogische Hochschulen）。还有约140所应用科技大学（Fach- hochschulen）和30所公共管理学院（Verwaltungs fachhochschulen），这些院校以前是职业学校，20世纪70年代初期升格为高等学校。不过，就人员、经费和学生数而言，大学仍然主导着德国高等教育。德国大学的学术人员数量几乎是应用科技大学的8倍。所有大学生中近3/4的人在大学学习。

学术人员分为教授和非教授人员。教授在大学拥有很大的权力，享有崇高的声望和高度的自治权利。这一事实在很多方面表现了德国高等教育制度中教授和非教授人员之间的关系（Enders, 1996）。德国大学教授相对自治和独立的地位是由其享有终身任职权利的国家公务员地位来保障的。另外，由于来自大学内外的控制很少，所以，他们享有一种特权地位。教授的教学工作量因学校类型不同而各有不同，在综合大学每周8学时，而在应用科技大学则每周16—18学时。在其他方面，对教授的责任和任务、他们的时间安排以及他们必须花多少时间在学校等并没有明确的要求。尽管对教授职位的正式描述都是统一的。但实际上,教授们的工资水平却分为三等:即C2级教授、C3级教授和C4级教授。不同等级的教授不只在工资水平上有差距,而且能够支配的资源和声望上都有不同,其中C4级教授最高。……

在德国高等教育系统中,院校的分类对学术人员的结构有着明显的影响。由于应用科技大学没有招收研究生和授予博士学位的资格,其职能只是开展本科生教育,研究活动很少,且仅限于应用领域(几乎没有任何基础研究),所以这些学校只设立了比例很小的非教授职位来支持研究和教学。与此相反,综合大学设立的学术职位中只有30%左右是教授职位,70%左右都是非教授职位。由于大量聘用兼职人员和外部资源资助的合同制研究人员,所以,非教授人员的实际比例占到所有常任学术人员的80%。毫不奇怪,有估计认为,大学中4/5的研究力量和整个高等教育中2/3的教学力量都是非教授学术人员(Enders,1996)。90%左右的非教授学术人员都是按固定期合同制聘用的。总体上讲,大约3/4的大学常任学术人员都是签署了有限任期合同的非教授人员,只有1/4左右的人是教授和中级学术人员,他们都拥有公务员或公共雇员身份,持有非固定任期合同。

……

综合大学的非教授学术人员主要包括两部分人员:助教和所谓的学术雇员。助教是这样一批人员:他们都已获得博士学位,正在完成其大学授课资格研究,以达到担任教授所必需的正式条件要求;他们的人数占到全部常任学术人员的11%,且已经进入获聘教授职位所必需的序列,当然,也不能保证就一定能取得成功。助教是有限任期制的,最多6年他们就必须离开现职,到另一所大学去谋求教授职位。助教的责任是协助教授的教学和研究工作,但也要确保有足够的时间完成其大学授课资格研究。花在这一有难度且高度专门化的资格认定方面的时间在不同学科之间是各不相同的,但平均来讲,都要花6—8年时间。

另一部分非教授职位学术人员是学术雇员,他们是德国大学最大的学者群体,占到全部常任学术人员的64%左右。他们又可分为三类人员:第一类,也是最少的一类人员,是持有无限制任期合同的公务员或公共雇员,他们一般都获得了博士学位,其职责可以包括教学和研究。在多数情况下,他们的自主程度不及教授,不能承担研究生的研讨课或讲座。第二类人员是所谓的博士生人员,他们正在撰写博士学位论文(哲学博士),其职责可能与第一类人员相同,但他们的任职是有限期的,一般都是兼职合同。第三类人员是研究人员,他们受外部经费支持,持有限期工作合同。所有这三类学术人员都可以谋求更高的学术任职资格,但这却不包含在其工作任务之中。

20世纪90年代初期……除了这117000名非教授学术人员(包括初级和中级职位人员)在研究和教学上协助教授工作之外,另外还有近100000名兼职学术人员。其中,最少的一类人员是客座教授和名誉教授,他们的主要责任是教学工作。另一类人员就是所谓的只承担教学任务的人员,他们只是按时来授课。一般来讲,这类人员是签订固定期限合同的校外专家,或者是请来承担教学任务的研究人员。当这些兼职教师被看成是常任学术人员队伍的必要补充的时候,这些兼职人员既要协助教授做好研究和教学工作,又要承担导师或研究生助教的工作,这样一来,问题也就出来了。他们占了全部兼职人员的一半以上,而很大一部分这类短期合同是要用来让那些任职者完成其学位论文准备工作的。

**讲座制中的聘任与晋升**

高等院校之间在重要职位决策及其晋升阶梯方面存在显著差别。德国传统的做法是以讲座制维持大学内部高度的不平等,而在学校之间这种不平等性则表现得不是很明显。尽管有讨论认为学校之间的等级性越来越强,但与其他多数主要工业化国家相比,德国大学的标准仍然是比较统一的。不管怎么说,传统上学术人员的职位系列之间的差别与竞争要比学校之间的差别与竞争表现得更为明显,衡量具体职位的成功与否主要是看在该职位工作上取得的成果,而不是所在学校的声望,尽管后者也并非一个不相关的因素。……

当教授职位空缺需要填补时,就要根据政府制定的各种严格的规章制度启动招聘程序,以评估相应职位候选人的学术条件,防止晋升中任何可能的偏私。招聘程序主要包括以下几个步骤:职位描述;职位招聘广告;对应聘候选人组织校内外评审;招聘委员会选出三位候选人;教育部最终确定候选人,作出聘用决定,并与候选人进行"面谈";候选人、大学和教育部就工资与工作条件进行协商;最终聘请候选人。

不同类型的院校之间对学术人员的必备聘任条件要求是不相同的。就规定要求而言,大学层次的院校重视大学教学经历和代表研究能力的博士学位,以及至少五年的博士后研究经历,这一条主要看其大学授课资格。在应用科技大学,大学授课资格并不是聘任的必要条件,但要求五年的博士后专业工作经历中至少有三年是在学术界以外工作的。在前面提到的学术职业的三件大事中,应聘讲座是最重要的,这是学者个人大步迈向声望、权威、自主和工作保障的复杂的把关过程。

学术职业的第二个重要要求是大学授课资格,它表明应聘者具有担任教授的条件。如同博士学位论文,大学授课资格是应聘者具有熟练地从事研究工作能力的证明。教学能力则是通过向大学教师做任职讲座来评价的。该讲座是应聘者获得(venia legendi)聘用前取得大学授课资格的最后一项要求,获得venia legendi 聘用即表明他或她取得了作为编外讲师(private lecturer)独立地从事教学的资格。这也还只是一个非正式的职位,并不保证获聘者最终一定得到教授职位。

正如为了进一步的晋升而取得大学授课资格的结果是公开的一样,取得正式的和非正式的教授任职条件的途径也是公开的。有多种职业路径可以导致成为讲座主持人,但没有哪一种路径是关键性的。最近几十年来,有限任期的博士后助教职位也被作为通向取得大学授课资格和首次面试的职业阶梯的一个组成部分。还有其他一些途径,包括由研究拨款、奖学金及各种因素混合在一起所资助的职位。

这一职业阶梯为评价初级学术人员的学术贡献和才能提供了多种步骤和程序。在每一个阶段(博士阶段、博士后阶段、大学授课资格阶段、编外讲师阶段),初级人员工作的合同性质可以保证新人的进入和老人的退出。在德国高等院校,重要的学术工作任职决策都是在一个人的学术职业生涯的相对较晚的时候作出的。更有甚者,在讲座制中,填补一个讲座空缺的程序需要考核一大批校外求职者,从中选出最优者,而不是按照确定的标准通过同行评议从校内应聘者中选出(Sorenson,1990)。这样就有助于保持遴选过程的高标准,因为如果应聘者在一个竞争的环境中接受考察的时间越长,那就越能准确地考察其工作表现。另外,法律对首次教授聘任的强制性流动要求也使得德国高等教育中在院校之间存在相对较高的人员流动性。根据法律规定,初级学术人员不得在其任职的学校晋升教授职务。……

然而,不足为奇的是,这种学术职业制度的整体逻辑会使个人付出显著的机会成本,使学校付出大量的经常费支出成本。正因为如此,针对学术人员结构的改革尝试多种多样,分歧也是巨大的。

**关于非终身制系列的论争**

试图改变和改革高等教育中初级学术人员的境况和职业前景的努力主要围绕三个问题而展开:(1)初级学术人员对教授的依赖性;(2)在相对不稳定的职位上所耗费的时间过长,致使教授职位应聘者年龄偏大;(3)求职过程中的高选择性和职业产出的无保障性。

博士后职业阶梯结构的第一个问题是,对教授的过长时间的依赖性。什么是对博士生有利的,什么样的人还需要学习教学与科研技巧,这些问题都会成为对博士后十分不利的因素。没有教授的同意,他们不能自由地选择研究课题和教学内容。博士后要申请独立预算的基金,也常常需要得到其教授的正式支持。在任何情况下,如果一份研究申请报告出自一位非教授人员,它本身就是一个缺陷。这样一来,博士后人员在其创造力旺盛、精力充沛的阶段,因正式地和非正式地依附于教授而过多地受到了约束。这种依赖性在教授和非教授人员的聘任程序中已经是显而易见的了。由于内部晋升教授一般是不容许的,于是,地区性的学术职业的依附性便受到了重视,甚至成为不可或缺的。与教授的聘任是一种正式的多层次决策的结果,而且最后的决定权主要在教育部所不同的是,非教授学术人员的聘任是非常混乱的(Schimank,2000)。非教授学术人员职位通常都是由有关教授所了解的人充任的,而这些教授几乎是独揽聘任权力。……

在讨论博士后阶段所花费的时间长短和应聘者申请教授职位时的年龄问题的时候,两大结果是不得不考虑的:第一,是讲座制所要求的任职时间和职业阶梯。讲座制往往把学术职业的最重要的决策放到一个相对较晚的时段。第二,德国的博士后如果要想获得大学授课资格,必须花费数年之久才能取得。平均而言,他们取得这一职业资格的时候,一般都到了40岁左右,再花上两三年,才能最终成为编外讲师,进而去竞聘教授职位(德国科学委员会,1996)。

讨论所涉及的最后但并非最不重要的是,那些具备了申请教授职位的必要条件、充满渴望的应聘者所面临的"全得或尽失"的情境所带来的问题。由于内部晋升原则上是不容许的,编外讲师不得不到其他大学申请职位,与其他初级或高级应聘者通过公开的遴选过程竞争空缺的教授职位。于是,职业聘用结果就不是那么容易预测的,也不是那么能够为竞聘者所控制的。学术人员对其表现和行为结果的不安全感在这一阶段是非常普遍的。

自20世纪70年代以来,每十年就会有一次尝试,主要是通过立法改革初级学术人员的职业层次,建立新的学术人员结构模式,目的就是要在非教授学术职位方面找到高选择性与低稳定性之间的平衡。尤其是在20世纪70年代,助教被赋予了更大程度的独立性;设置了一些新的面向所有达到大学授课资格要求的学者的职位和面向终身教学人员的全薪职位。与此同时,非教授学术人员的参与性和影响力也增强了。随着高等教育的扩张和1968年学潮所支持的所谓的70年代民主改革的兴起,到80年代学术人员结构改革渐渐地被搁置一边了。这一时期再次强调了加强讲座对初级学术人员的直接指导(Kehm,1999)。另外,不同职级的教授之间的地位差别受到了更大的重视,而先前通过赋予学系更大的权力,这些差别已经得到了缓和。在20世纪60年代后期和70年代前半期,由于对大学授课资格要求的有效性的质疑和教授职位的持续增加,大学授课资格或多或少地不再被作为申请教授职位的必要条件。但随后出现的教授职位急剧减少的形势——在1980年到1985年间,达到大学授课资格要求的人中只有16%的人能够成功地获聘教授——导致了对大学授课资格要求的再度重视。

这期间,通过《高等教育总纲法》及各种修正案。德国试图建立起相对清晰的初级学术人员职位和职业阶梯结构(见图1)。决策者尝试通过确定学术人员职位的类型来弄清初级学术人员职业层次方面的问题。数量最多的非教授学术人员是有限期合同制雇员,他们的工作都是为了获得博士学位而非大学授课资格;无限期合同制学术雇员要参与研究与教学工作;而更高的职业阶梯却只有数量不多的助教能够享有。然而,事实已证明不可能通过这种方法来激励事业心和职业发展,除了造成初级学术人员职位内部更大的差别和使固定期合同制聘用合法化外,这种方法对学术人员结构的实际构成迄今没有任何作用。在一个等级制的结构中,可以发现相同层次的职位却承担着不同的责任,有着同样任务的不同职位所聘用的学者的正式资格中,所获得的学位是不同的。非教

第四编 知识、知识生产与学术职业

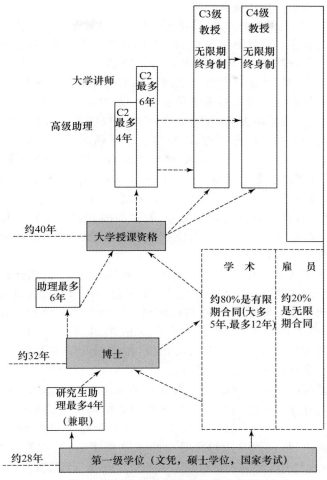

图1 通向大学教授职位的学术路径

资料来源：Enders(1996)。

注：对医学专业而言，助理最多10年；高级助理6年，大学讲师10年。对工程专业而言，高级助理最多6年。

授职位内部所存在的差别和混乱，使其越来越难以明确其通向教授职位的转折点在什么地方。在高等教育内部，资格阶梯应当是指向教授职位的，任何其他的最终结果都或多或少地是与失败相联系的。其结果就是那些合同制的学术人员拥有了一份杂乱无章的个人简历，而那些还在高等教育的中级职位上奋斗的学术人员则存在严重的自我认同问题(Joas,1992)。因此，毫不奇怪的是，非教授学术人员普遍存在的低工作满意度不是因为雇佣的合同性质，而在于职业前景不明朗和依赖于教授(Enders,1996)。

……

### 处于紧张状态的学术寡头统治

概而言之,传统的德国大学招聘、晋升和任用制度代表了整个高等教育系统的最核心的要素。聘任制度包含了主要的报酬和晋升政策,获聘为教授是终其一生的职业生涯的事,其他评价方式的作用都是次要的。而且,学术职业结构在不同层次的院校和地区性晋升之间发挥了一种平衡器的作用。最后,学术职业结构把高等教育与国家紧密地联系在一起,国家通过联邦高等教育法案规定总体条件、为现有职位拨付经费,以及控制院校的预算计划等对学术人员结构发挥了重要的影响。与此同时,院校自治也激励保护教授的利益,而其他力量,尤其是院校领导所发挥的作用是相当微弱的。教授在校内没有上级,系主任、校长与教授都是平等的同事(primi inter pari),不能干预教学与研究的核心活动。相反,教授层次之上唯一的正式权威是教育部。但它又与教授相距甚远,不可能监督教授的日常活动。另外,教育部的权力也受到法律的约束。宪法赋予每一个教授教学和研究的自主权也使教育部不能对教授的活动施加任何严重的控制。

对初级学术人员职业的关注过去是,现在依然是改革论争的主要议题之一,与此同时,20世纪90年代的一系列改革可能对高级学术人员职位及其特权产生了深刻的影响。对于教授,改革试图将其置于大学领导和教育部更严格的控制之下,降低聘任条件,进而强化问责、灵活性、绩效考核和激励。这场改革的重点是加强大学校长和学院院长的地位,制定新的学术人员工资规定,以及将资源分配与常规评估程序结合起来。

大学和教授的公共形象的改变影响到教授聘任与工作条件的改革。一个更大的背景是近期有关德国高等教育整体管理结构的讨论和改革建议层出不穷(Schimank,1995)。攻击教授已经成为德国大众媒体非常流行的话题,在大众媒体的攻击中,教授的典型形象是一个被宠坏了的、自我陶醉的、懒散的雇员,他们对德国大学糟糕的状况负有重要责任。尽管近期进行的一项关于职业声誉的调查表明,公众对学者和科学家的看法仍然是非常正面的(Noelle-Newmann,1999),但是他们在媒体中的不良形象仍然对近期的政策讨论产生了影响。

政府部门严密的政治管制和教授主导的学术寡头自治相结合的传统越来越多地被视为高等教育改革的主要障碍。有人主张应当转变为院校统筹,也就是以绩效为依据竞争资源,实施科层化的组织管理。这一转变反映了许多国家非常流行的公共管理的新概念(Brinckmann,1998)。正如上文所述,在传统的管理构架中,教授在其工作中享有很大的自治权利,而其工资水准与终身任职规定则是相当的。现在这些特点都受到了非议,改革的目标是加大竞争压力,强化对教授的科层控制。

1998年修订的《高等教育总纲法》通过弱化管制和实施绩效激励,迈出了增强德国高等教育的竞争性和多样性的第一步。为了增强德国高等教育的国际竞争力,采取了一系列的方法,包括允许高等教育机构授予学士和硕士学位,支持国际导向的课程学习模式以及引入学分制,等等。尤其是在应用科技大学引入文学学士学位和文学硕士学位,并继续尝试允许它们提供博士教育,这些将有助于提高这类学校及其学术人员的学术地位。

1998年修订的《高等教育总纲法》没有涉及学术人员的聘任与工作条件问题。与此同时,联邦政府和各邦一致认为,当前的高等教育人员结构应当改革,相关的公务员法案需要修订。其基本观点是通过引入激励机制来增强效率,提高质量,扩大流动。高等教育改革的根本目标是以加强教学为出发点,重新设计高等学校教师的职业路径,建立一套竞争性的、以绩效为导向的薪酬制度。德国大学校长协会和全国教育部长会议最后提出了各种方案。为了找到解决各种问题的办法,科学委员会成立了一个工作组,联邦教育部长于1999年设立了一个专家委员会来草拟方案。

系主任和校长的地位将在多个方面得到加强,包括管理教授的正式权力。这样一来,高等院校将越来越类似于一般的劳动组织,在这些组织中,其员工都是在管理人员的完全掌控之中。毫无疑问,在这种情况下,尽管教授在校内享有稳固的地位,但他们也认为他们对学校事务的影响力十分有限,进而批评大学的官僚行政管理。一方面,教授的这些态度反映了常见的学者与管理人员之间的紧张关系。另一方面,就国际比较而言,德国教授对学校的忠诚度是很低的,他们往往把自己看成是学科领域的世界主义者(Enders & Feichler, 1995b)。尤其是在努力加强高等院校的作用和能力的时候,这会成为一个焦点问题。

大学领导将负责开展对学术人员的定期绩效评估,该评估将决定分配给各系的资源、教授岗位和未来的工资水平,尤其是教授的工资水平。相比其他国家——比如英国——德国没有建立全国性的统一的评估标准。正式的学术人员考核或评估在德国高等教育中并不多见。直到20世纪90年代初期,只有少部分学术人员(主要是教授)被评估了(约占全部教授的13%~15%),而英国则达到了90%以上(Enders & Teichler,1995b)。不过,联邦各州或各高等院校分别进行了各种尝试。多数评估尝试都包括了自我评价、校外同行评议和绩效指标考察等多种方法。评估方法的运用将很可能导致建立针对学术人员的各种形式的终身后评议制度,并将影响到学术人员职务晋升的一般制度和薪酬制度。就其他一些改革而言,主要是针对学术职业的终身任职前评议(大学授课资格与首次面试)的,在这一点上,将通过终身任职前评议和终身任职后评议等多种方式取得某种平衡。

其他的一些改革措施都与教授的任职条件相关。对教授职位的永久性资源配给制度已经被废除了。从现在开始,这些资源只能按5—7年的时间配给,然后再根据绩效评估的结果重新分配。另一项可能增强教授的竞争压力的措施是把研究资源转变成为独立预算经费。这项措施可能使高级学术人员的角色更多地向项目管理者和专业项目申请人角色转换。

另一个突出的问题是学术人员的薪酬问题。现行的工资制度只有一项内容与绩效有关,即改革的目标是建立灵活的工资结构,包括一项与绩效无关的基础工资和多项绩效工资。实际上,大学可以根据具体的功能要求设计标准化的与绩效相联系的薪酬方式(由校长、院长和系主任等来实施),比如,激励在研究和教学方面取得突出成就的教师、在面向社会招聘中脱颖而出的优秀教师、在每一个5年期的教学与研究评估中都获得肯定的教师等。另外,绩效工资内容也可以通过与教师个人协商来确定,这样可以有利于聘任,还可能避免科学家或学者另谋他就。

改革的另一个重要目标就是使高等院校和非大学研究机构的学术人员聘任与薪酬制度现代化。《联邦雇员工资协议》(Bundes-Angestellten-Tarifvertrag,BAT)因其不能适应现代绩效导向的管理也招致了批评。在许多领域,根据《联邦雇员工资协议》支付薪酬在劳动力市场上是没有竞争力的,尤其是在要聘用特别优秀的人才的时候,更是如此。研究机构和高等院校缺少充分有效的方法使自身迅速适应新的情况,做出必要的薪酬结构调整。因此,联邦教育科学部与研究组织一道对改革的需要以及改革的重点进行了周密的研究。现在,联邦政府与州政府、与工会、与高等院校的代表正在开展进一步探讨,以明确先前同研究组织商定的重要目标的各种具体细节。

由于多种原因,教授作为公务员的正式地位目前还不可能真正成为讨论的问题,前面提到的专家委员会可能不会讨论教授在未来是否应当是雇员还是公务员的问题。在德国社会,传统上国家要给予经历了初级职务阶段或培训过程的公务员"终身聘用"的待遇,因此,学术人员的终身制仍然被许多人看成是整个公务员制度框架的一个重要组成部分,而不是"学术人员的例外制度"。从这一点来看,专业和个人的高度自治与雇主严格控制的缺失正是导致终身任职的学术人员(即教授)成为一批特殊人物的原因所在。所以,终身制问题没有列入德国学术人员结构改革的议题。不过,在欧洲范围内这个问题却是人们讨论的话题,有人主张废除所有公共领域的公务员身份,实行与私人部门或非国有部门相同的办法。因此,随着学术劳动力市场进一步的欧洲化,教授的公务员身份可能面临改革的压力。

回顾德国有关学术人员条件的各种讨论和近期进行的改革,可以发现,它明显地受到了所在地区改革的大气候的影响。事实上,什么样的改革动议将会在近期付诸实施,改革能够走多远,这些问题到现在还并不清楚。它们在很大程度上有赖于公众对所提出的改革建议的讨论结果以及议会的决策过程。不过,其核心焦点还是在于寻求一种新的高等教育的制度模式:使学校多样化和差异化,在有关各方之间重新分配权力。教授将丧失很大一部分传统的行会权力,而一种强调新公共管理的方法的时代思潮日益受到重视。

……

**比较研究的初步结论**

高等教育领域近期所发生的变革及其所面临的新挑战对学术职业产生了深刻的影响。在过去的大约20年里,学术职业似乎越来越处于一种为自身辩护的地位,有关研究文献也表明,学术职业已经具有了某种危机意识。对学术职业的关注显然与高等教育的大众化、为时甚久的向知识与信息社会和"终身学习"型社会发展的趋势有着密切的关联。高等教育的转型和知识的社会性质与作用的变化似乎与高等教育的变革及其与社会之间的关系的变化是相伴而生的,这些共同促成了学术人员制度及其身份、地位和作用的改革。

与许多其他工业化国家一样,高等教育由精英化走向大众化改变了德国学术职业的状况,诸如学术职业的使命与功能、中心与边界以及内部结构等。而且,欧洲高等教育由政府控制到政府监督、由官僚式控制到新管理主义的转变也使德国学术人员面临更加强大的外部环境影响。

在德国这样的国家,学术人员的招聘、晋升和任用是非常重大的事情,因为它们决定了高等教育的制度模式。在一定的国家,占优势的机制与高等教育系统的整体模式及其外部关系是交织在一起的,而有关学术人员评价和职务晋升的讨论却往往忽略了这一点。例如,只有在一个相对统一的高等教育制度背景下才可能理解传统的德国学术职业制度,在这样的背景下,院校之间的质量差异甚微。德国学术人员制度的特征就是学术人员之间地位的不平等性、学术职业阶梯等级森严且呈金字塔形以及内部具有高度的竞争性。在另一种类型的高等教育制度中,如果它采取的是更加多样化的、层次分明的院校模式和强调校内学术人员等级序列之间的竞争,那么,它就可能实行不那么森严的职业阶梯,学术职业内部可能采取比较学院式的方法。事实上,近期在强化德国高等院校的差异性与多样性的同时,人们也在反思学术职业与聘任制度问题,比如初级学术人员的合同制序列问题、大学授课资格问题、法律强制的院校流动问题(为了首次面试)、薪酬结构问题以及教授的评议方式问题等。这些问题都是目前改革的目标所在,其结果仍然是不确定的。不过,人们对终身制序列设计和后终身聘用评议制度日益增强的兴趣表明,在学术职业内部谋求一种新的平衡的努力已经开始了。

经典的德国讲座制的一个优点可以说就在于它保证了对应聘者进行更为严格的遴选,因为它使得应聘的人数更多,且应聘者需要经过更长时间才能获得应聘的资格。不过,高级和初级学术人员之间内在的冲突,以及在高等教育系统发展与衰落循环中初级学术人员职业的脆弱性,已经引发了很多改革尝试。这反映了在一个具有高度选择性的制度下,寻求一种能够令人信服地应付整个劳动力市场变化的、保持灵活性与稳定性的方法所面临的问题。过去数十年是德国财富不断增加、经济保持稳定的时期,多数行业的职业稳定性不断增强,因此,学术人员的结构也面临着建立更加常规的职业模式的压力。相反,在有的国家,由于其高等教育系统的学术职业阶梯更为常规化,因此,它们关注的问题是因越来越多的内部晋升和终身职位而造成的学术人员制度日趋僵化的问题。近期的高等教育改革讨论明显地受到了变革中的社会和经济环境的影响。虽然改革过程的结果尚不明朗,但我们认为,谋求增强聘任关系的灵活性和多样性的努力正为越来越多的人所认同。这些趋势对高等教育人事工作的影响在国际上也不乏表现,但其解决问题的方法可能会因不同国家学术职业阶梯,包括合同制系列、终身制系列或普通雇员系列等主要概念的不同而各不相同。

在不同的社会和不同的历史背景下,人们对学术人员的自治与高等教育和社会、经济的相互作用方式保持一定的平衡关系的看法是各不相同的。在一定时期,大学可能倾向于要成为象牙塔,而在另一些时期,学者独立的、批判性的工作可能面临威胁。大学学术人员的管理机制应当反映现实环境的要求。在关注效率、大学的作用受到优先重视的时期,就高等教育而言,重新审视其未来的社会作用就显得更为重要了。在任何情况下,关于学术人员条件的讨论都不能受公众期望、有关现代组织功能的思想或学者对工作的满意度的约束。其焦点最终必须回到学术职业组织对学术工作过程及其结果的影响问题上来。

与许多其他国家所面临的情况一样,在改革学术人员晋升和聘任问题的过程中,一个关键的因素就是高等教育领域现实的权力重新分配之争、未来国家的作用、学术寡头统治的地位,以及院校管理所表现出来的性质。在这里,当我们考察当前的变化的时候,还应当将传统的模式纳入考察范围。在那些传统上拥有强大而明智的政府、强有力的学术阶层和相对微弱的大学管理的社会,可能会欢迎权力分配、决策和管理结构调整的各种新模式,但在那些传统上国家的影响比较弱小和院校自治受到重视的社会,情况可能就不是这样。在德国,未来高等教育最重要的改革可能在于建立一种协商机制,包括高等教育内部正在形成的管理层、科学系统和国家官僚系统的战略政策制定层等有关各方。直到现在,学术职业的传统特征还没有被新模式所替代,而是在适应正在发生的变革,这种适应将导致学术职业内部出现某种"新的专业主义"(new professionalism),或者促成各种亚学术职业的出现。这样就有望通过适应新的情况和变革中的高等教育环境而找到超越衰败和传统主义的第三条道路。

(别敦荣 译)

# 专题拓展阅读文献

1. [英]杰勒德·德兰迪.知识社会中的大学[M].黄建如,译.北京:北京大学出版社,2010.
2. [英]托尼·比彻,[英]保罗·特罗勒尔.学术部落及其领地:知识探索与学科文化[M].唐跃勤,蒲茂华,陈洪捷,译.北京:北京大学出版社,2008.
3. [美]华勒斯坦,等.学科·知识·权力[M].刘健芝,等译.北京:三联书店,1999.
4. [美]华勒斯坦,等.开放社会科学[M].刘锋,译.北京:三联书店,1997.
5. [德]李凯尔特.文化科学和自然科学[M].涂纪亮,译.北京:商务印书馆,1996.
6. [英]C.P.斯诺.两种文化[M].纪树立,译.北京:生活·读书·新知三联书店,1994.
7. [法]利奥塔.后现代状态:关于知识的报告[M].车槿山,译.北京:三联书店,1997.
8. [英]吉本斯,等.知识生产的新模式[M].陈洪捷,沈文钦,等译.北京:北京大学出版社,2011.
9. [瑞士]海尔格·诺沃特尼,[英]彼得·斯科特,[英]迈克尔·吉本斯.反思科学:不确定性时代的知识与公众[M].上海:上海交通大学出版社,2011.
10. [英]彼得·柏克.知识社会史——从古腾堡到狄德罗[M].贾士蘅,译.台北:麦田出版,2003.
11. [美]阿尔文·古尔德纳.新阶级与知识分子的未来[M].杜维真,等译.北京:人民文学出版社,2001.
12. [法]雷蒙·阿隆.知识分子的鸦片[M].吕一民,顾杭,译.南京:译林出版社,2005.
13. [美]菲利普·G.阿特巴赫.变革中的学术职业:比较的视角[M].别敦荣,译.青岛:中国海洋大学出版社,2006.
14. [美]菲利普·G.阿特巴赫.国际学术职业:十四个国家和地区概览[M].周艳,沈曦,主译.青岛:中国海洋大学出版社,2008.
15. Arocena, R. & Sutz, J. Changing Knowledge Production and Latin American Universities[J]. Research Policy,2001,30(8):1221-1234.
16. Ken Hyland. Disciplinary Discourses: Social Interactions in Academic Writing[M]. New York: Longman, 2000.
17. Ronald Barnett. The End of Knowledge in Higher Education. Cassell,1997.
18. Burton Clark. Substantive Growth and Innovative Organization: New Categories for Higher Education Research[J]. Higher Education,1998,32(4):417-430.
19. Rosemary Deem, Sam Hillyard. Knowledge, Higher Education, and the New Managerialism. 2007.
20. Jacob, Merle. The Future of Knowledge Production in the Academy. Philadelphia, PA: Society for Research into Higher Education & Open University Press, 2000.
21. Gumport, P. J. Universities and Knowledge: Restructuring the City of Intellect. In S. Brint (Ed.), The Future of the City of Intellect[M]. Stanford, CA: Stanford University Press,2002:47-81.

22. Pierre Bourdieu. Homo Academicus[M]. Cambridge: Polity Press, 1988.
23. Finkelstein, M., R. K. Seal & J. H. Schuster. The New Academic Generation: Aprofession in Transformation[M]. Baltimore: The Johns Hopkins University Press,1998.
24. Musselin, Christine. The Transformation of Academic Work: Facts and Analysis. Center for Studies in Higher Education, UC Berkeley. 02-10-2007.
25. Rhoades, G. Managed Professional. Unionized Faculty and Restructuring Academic Labour[M]. Albany: State University of New York Press,1998.
26. Henkel, M. Academic Identity and Autonomy in a Changing Policy Environment[J]. Higher Education, 2005(49): 155-176.
27. Halsey, A. H. Decline of Donnish Dominion: The British Academic Professions in the Twentieth Century[M]. New York: Oxford University Press, 1992.
28. Clark, B. R. The Academic Profession: National, Disciplinary, and Institutional Settings[M]. Berkeley, University of California Press,1987.
29. Enders Jürgen, Egbert de Weert. The Changing Face of Academic Life: Analytical and Comparative Perspectives[M]. New York:Palgrave Macmillan,2009.
30. Tierney, W. G. & E. M. Bensimon. Promotion and Tenure: Community and Socialization in Academe[M]. Albany, NY: State University of New York Press,1996.
31. Metzger, W. P. Reader on the Sociology of the Academic Profession[M]. New York: Arno Press,1977.
32. Lipset,S. M. Academia and Politics in America. In Imagination and Precision in the Social Sciences, edited by T. J. Nossiter. London: Faber,1972.

# 第五编
## 高等教育组织与管理

> 有组织无政府的状态下的（大学）管理行为策略，与有明确的目标、比较确定的技术，以及更持久的人员参与情形下的管理行为策略多少有些不同。
>
> ——《有组织无政府状态下的领导》

## 专题导论

作为一个专门研究领域，高等教育制度、组织与管理研究起源于20世纪50年代。它从社会学、经济学、政治学、管理学等学科领域借鉴了理论养分来研究高等教育管理问题，陆续地提出了一些适切但彼此既独立又相互关联的理论模型，具有管理学家孔茨（Harold Koontz）所谓的学科"丛林"状态的特点。按照彼得森（Marvin W. Peterson）对于该研究领域发展阶段的划分①，60年代是"婴儿期"，相关研究文献凤毛麟角；70年代是"少年期"，人们试图建立相关的理论；80年代是"青春期"，开始确立自己的学术地位。对于90年代之后的发展状况，由于研究文献汗牛充栋，所以已无法做一个简单的概括，但是理论的发展仍然延续着过去的路线，在客观环境和主观认识两个方面作用下进行，人们试图在更加开放的学术视野中把握高等教育制度、组织与管理的复杂性和变动性。② 例如，在2000年出版的《高等教育中的组织与治理：美国高等教育研究学会系列文集》（Organization and Governance in Higher Education: ASHE reader series）中，就有一些论文从种族和性别的视角出发，对于组织问题进行分析，也有一些论文利用后现代的批评理论，研究组织问题。限于篇幅，后面这些内容没有被收录在该书中。

制度分析的目的在于认识高等教育系统的特点。世界高等教育是一个庞大的体系，目前高等教育的在学人数约为1.5亿，估计高等学校数为几万所。这数万所高等学校可以分为哪些类型呢？如何来认识不同国家高等学校的系统特征呢？美国学者克拉克采用韦伯的"理想类型"方法，构建了"三角形协调图"，从政府权力、市场和学术权威三者之间的关系，对于世界上高等教育系统做了一个比较分类。在这种分类体系下，美国高等教育系统属于"市场型"，欧洲大陆国家高等教育系统属于"政府控制型"，英国高等教育系统属于"学术权威型"，其他国家是介于上面三者之间的"混合型"。

可以说，克拉克描绘出了世界高等教育总体格局图，是我们分析高等教育制度的重要参照系。但是，他采用的研究方法是静止的，不能告诉我们某一个国家是如何在三角形中占据到了那个特定的位置，以及今后将会如何

---

① Peterson, Marvin W. Emerging Development in Post-secondary Organization Theory and Research: Fragmentation or Integration[J]. Educational Researcher, 1985, 14(3).

② Peterson, Marvin W. The Study of Colleges and Universities as Organizations. in Partricia Gumport(ed.) Sociology of Higher Education: Contributions and Their Contexts[M]. Johns Hopkins University Press, 2007.

变动。英国学者阿什比从生态学的角度出发指出，任何国家高等教育都是"遗传与环境的产物"。从历史发展角度看，现代大学组织起源于12世纪的欧洲，从那里开始向世界其他地方进行传播，并且受到各个国家社会环境的影响，形成了各个国家高等教育系统互不相同的特质。日本学者天野郁夫在分析日本高等教育特征时，就借鉴了阿什比的思想，他认为："日本大学的起源继承了欧洲大学的'遗传特质'，并在适应不同于欧洲的'环境'的发展过程中逐步形成了日本高等教育的特质。"从动态的角度来看克拉克的三角形协调图，其实从20世纪80年代以来，各个国家对其高等教育系统的改革一直没有停止过，在上述三种力量的作用下，各个国家高等教育系统在三角形图上的位置是处于不断变动过程之中的，总的变动趋势是，市场的影响力变得越来越大，新公共管理、治理、问责等不同术语就是市场化力量在高等教育政策领域的具体反映。

在制度分析的前提下，还需要对高等教育机构进行组织与管理分析。组织与管理分析的目的在于，认识大学组织或者高等学校不同于其他组织的地方。在高等教育组织与管理研究中，研究者经常采用"隐喻"（metaphor）方法或"模型"（model）方法。彼得森归纳和整理了研究中提出的各种大学组织模型，例如科层模型、学术团体模型、政治模型等，其中科恩与马奇提出的"有组织的无政府"和"垃圾桶"模型，最能够反映大学组织的典型特性。归纳各种模型，大学组织区别于其他组织的特殊性主要表现在以下几个方面：从产品属性角度看，具有准公共产品和连带产品的特点；从组成成员角度看，教师是专业人员，学术自由是职业人员的基本要求；从组织结构角度看，具有松散联结特性；从目标角度看，具有模糊性特点；从技术角度看，具有技术非进步性和成本最大化特点；从环境角度看，具有受制度因素影响大的特点。读者可以通过阅读本专题所选的文献，仔细品读各位学者对于高等教育制度、组织和管理的分析过程。

# 有组织无政府状态下的领导①

迈克尔·D.科恩　詹姆斯·G.马奇

**作者简介**

迈克尔·D.科恩(Michael D. Cohen,1945—2013),美国密歇根大学复杂系统、信息和公共政策领域 William D. Hamilton Collegiate 冠名教授。1972 年,他与马奇和奥尔森(Johan P. Olsen)共同提出了"组织选择的垃圾桶模式",是组织决策理论的一大创新。1974 年,他与马奇合著的《领导与模棱两可:美国大学校长》(*Leadership and Ambiguity: The American College Presidency*)一书是其代表作之一,也是高等教育研究经典著作之一。

詹姆斯·G.马奇(James G. March,1928— ),退休前为美国斯坦福大学 Jack Steele Parker 冠名教授,从事管理学、政治学、社会学、教育学方面的研究。他与赫伯特·西蒙(Herbert A. Simon)合作,共同创立了组织研究的卡内基学派。1958 年,他与西蒙合作完成的《组织》(*Organizations*)一书,奠定了组织领域的研究基础,他同时还是政治学制度学派的创始人。

**选文简介、点评**

《有组织无政府状态下的领导》一文节选自科恩与马奇两位作者于 1986 年合作完成的《有组织无政府状态中的领导》一书,被收编在《高等教育中的组织与治理:美国高等教育研究学会系列文集》(*Organization and Governance in Higher Education: ASHE Reader Series*,2000)中,并且被列为经典文献之一。与理性研究视角不同,科恩与马奇从"有限理性"视角看待组织和组织领导行为。如果说理性研究视角还比较适合简单系统的话,那么有限理性视角更加适合对复杂系统的研究。现代大学组织是一个复杂系统,科恩与马奇提出了"有组织的无政府"的概念,并用它来描述这种复杂性。这种系统有三个显著的特点:目标模糊、技术不确定和人员流动。复杂组织的决策过程不是"目标—手段"链之间清晰的线性关系,而是"垃圾桶"作用原理在发挥作用,即当问题、解决办法、参与者以及选择机会在特定的"场合"(垃圾桶)相遇时,决策过程就完

---

① Michael D. Cohen & James G. March. Leadership in an Organized Anarchy. In: M. Christopher Brown Ⅱ (ed.). Organization & Governance in Higher Education (5th). ASHE Reader Series[C]. Boston: Pearson Custom Publishing,2000: 16-35.

成了。作为领导这个系统的大学校长,不可能随心所欲和轻松地驾驭它,而应该采取非同寻常的领导方式。作者提出了八项领导法则:投入时间、坚持不懈、以地位换实质、为对手的参与提供方便、让系统超负荷运行、提供垃圾桶、低调管理、解释历史。如果说理性领导理论告诉校长们要不遗余力、勇往直前的话,那么科恩与马奇的建议则显得有些消极或狡猾,可以采取迂回、声东击西、虚张声势甚至是无为而治的战术。这篇论文的价值就在于为我们提供了看待大学组织和领导的一种新视角。当我们静下心来细细地品味他们对问题的分析过程以及将此理论与其他理论比较时,会发现,虽然它们有些偏离理想状态,但却与现实更为接近,至少是某些时候的某些情况。他们自己说,"有组织的无政府"和"垃圾桶"这两个概念的提出,既是基于事实分析,也是想象的结果。米尔斯提出"社会学的想象力",该文就是一个很好的实例。同时,它也是其他学科领域的学者涉足高等教育研究所取得的一个杰出成果。

## 选文正文

### 无政府状态的模糊处境

　　大学校长们面临着四种根本的模糊处境。其一是目标模糊。行动在什么意义上被认为是合理的?组织的目标是什么?其二是权力模糊。校长有多大的权力?他能取得什么成就?其三是经验模糊。从担任校长这一职位所经历的事件中,校长获得了何种经验?校长如何从这些经验中做出推论?其四是成功模糊。校长何时可以算是成功的?他如何评价作为校长的乐趣?

　　这些模糊处境对于大学校长们来说都是根本问题,因为它们涉及对领导力通行的解释的核心问题。当目标模糊时,普通的决策和智力理论就会遇到问题;当权力模糊时,普通的社会秩序和控制理论就会遇到问题;当经验模糊时,普通的学习和适应理论就会遇到问题;当成功模糊时,普通的动机和个人快乐理论就会遇到问题。

**目标模糊**

　　几乎任何一位受过教育的人都能以"大学的目标"为题发表一篇演讲,也几乎没人会主动去听这类讲座。在很大程度上,这类讲座和相关的文章都是出于好意的夸夸其谈,而少有可操作的内容。

　　试图形成关于大学目标之规范陈述的努力,往往产生出无实际意义的或含义不清的目标。它们无法通过以下一项或多项合理性检验。首先,目标是否清晰?能否定义出一些具体的程序来测量目标实现的程度?其次,目标本身是否存在问题?组织是否有实现目标的可能?是否存在失败的可能性?再次,目标是被认可的吗?大学中最重要的一些团体是否就这一目标达成共识?在多数情况下,目标的普适程度有助于获得更多人的认可,但却常常背离了有问题针对性的本质或目标的清晰性;目标的专向程度有利于测量,但却会降低认可度。

近期关于教育审计、教育中成本效益分析以及高等教育领域问责和评估的讨论,在解决这些规范的模糊性问题上并没有取得明显的成功,即使是在那些此技术已被认可为相对有效的实例中,情况也是如此。在我们看来,高等教育运筹分析迄今为止作出的主要贡献(也是重要贡献)在于揭示了现行政策的不一致性,以及在那些已形成了有广泛共识的明确目标的领域中做出了有限的改进。

同样,试图通过观察大学的行为来推断大学"真正"目标的努力也常以失败告终。他们无法通过以下一项或多项合理性检验。首先,目标是否唯一地与行动相一致?由行动归纳出的目标是否会导致所观察到的行为,且它是否是唯一导致此种行为的目标?其次,目标是否稳定?由过去行为所归纳出的目标是否能够可信地预测未来的行为?虽然通常可以由过去行为所显示出的倾向来设计一种关于大学目标的表述,但这种目标表述的预测力仍然欠佳。

由行为推断目标而出现的困难并非大学所独有。有显示性偏好的经济和心理理论家,激进的社会批评家和社会机构的功能主义者,也同样面对着这样的困难。通过理性目的模型和从行动中推断目的的方式,寻找人类社会行为的一致性解释,取得了一定的成功。但仍没有迹象表明,大学是其中的成功者,或有可能成为成功者。

试图在大学中制定一套得到认同且有一致性的目标,或通过大学的行为或活动推演出一套这样的目标,通常会表现出不一致的迹象。然而,揭示出不一致的现象并不意味着问题的解决。只有微弱的迹象表明,大学或其他有组织的无政府机构有意地通过减少模糊来应对这种目标模糊。这些都是缺少清晰目标的组织系统,组织目标制定和合法化的过程对于目标的不一致并非特别敏感。事实上,对很多目标来说,目标的模糊是由于我们坚持把目标看做是一所好大学所必备的属性而导致的。这种张力是缘于试图将一种由目标直接得出的行动模式强加给以另一种方式行事的组织。

大学校长生活在一个假定目标存在的规范情境和一个否认目标的组织情境之间。他们的使命在于,对高等教育目标做出定义或重新定义。他们组织评议会来审议学院的目标;他们为学院手册写介绍性说明;他们接受这样的推论:明智的领导以对目标的理性追求为先决条件。同时,他们清楚地了解,学院内部进行选择的过程往往不是根据所达成共识的方向。他们意识到一系列的行动就如同游戏生态一样,各有各的规则。而他们也要接受世界与模型不一样这个事实。

**权力模糊**

权力是一个简单的概念,对于社会事件的观察者而言,到处都渗透着权力。然而,像智力、动机或效用一样,权力这一概念有可能把简单和容易误导成同义反复。如果一个人做成了某事,则他拥有了权力;如果一个人有了权力,则他能做成这件事。

正如社会权力的研究人员早已认识到的,这样一种权力观的效用有限。这种简单的权力观所导致的两个问题是:无休止且大多数是无结果地探寻谁是大学中握有"实权"的人,以及同样徒劳地寻找组织内部"真正做出决定"的场所。这种权力模型被广泛地认同,以至于那些认为权力模型不正确的组织研究者有时被看做参与隐瞒"实权"和"做出决定的真正场所"的共谋者。在这种逻辑下,简单权力模型的真实情况已由其不恰当性很好地说明了。

正如对于组织中不同位置所具有的不同的潜能所做简短表述中所说的,权力有一定的效用。大学校长相比大多数人,甚至相比其他任何人,有更大的可能性来改变院校。然而,校长们发现,他们真正握有的权力比人们相信他们所拥有的要小;他们办事的权力在很大程度上取决于他们要做什么事;对合法权力的使用受到其他合法权力的制约;人们不会自动认可他们的权力;组织生活必需的琐碎细节使权力变得模糊不清(这多少与权力的扩散不同);他们的同事似乎乐于一边抱怨着校长的无能,一边又在埋怨校长的恣意任性。

权力的模糊,与目标的模糊一样,与校长有着密切的关系。校长们在受到模糊性困扰的同时,也导致了模糊情形的产生。他们享有津贴以及由这一职位所带来的声誉;他们享受这种喜悦,至少在一切顺利时是如此;他们宣布重要的事件;他们出席重要的场合;他们向公众演讲;他们接受并提高自己的重要性,如果有人不这样做,就会显得格格不入。校长们甚至偶尔在结尾中引用"责无旁贷"这句成语,来表示一种权力和权威,而不是一种管理风格和理念的宣示。

同时,校长也寻求公众对他们控制力局限性的理解。他们不愿意接受学生、立法者以及社区领导认为他们因为是校长便有权做所有事的观点,而以大学中其他群体对抗的权力和大型组织中存在的复杂的因果联系作为辩解。

各种情形的综合效果很容易给人们留下这样一种常见的印象,即在顺境中容易出现强势校长,而在逆境中容易出现弱势校长。与大学校长这一职位打过交道的人(例如校外人士)会倾向于夸大校长的权力。而那些需要在大学内部依靠校长的支持完成某项工作的人(如教育改革者),则倾向于低估校长的权力或意愿。

这种混乱困扰着校长,但同时也为他们所用。权力的模糊同时导致责任的模糊。对于组织生活中的一些事件的褒贬——正如政治和社会体系中经常出现的情况一样——常常是有争议的。有关责任的"事实"被无政府状态下的模糊弄得难以辨别;而等级管理责任制的传统神话则受到学院和大学非等级制管理的挑战。在校长权力的解释问题上,大学校长与公众之间存在分歧。结果是,在近几年的校园事件中,许多大学校长力图强调校长职位控制力的有限性;而在成就更加辉煌的日子里,他们则希望得到人们对他们所作出的贡献的认可。

当然,这一过程并不只包括校长。被社会认为同样有责任的还包括所有的参与者:教职员工、校董会成员、学生、家长、社区领导以及政府。校长们试图用权力来在历史大合唱中书写他们的历史,每个人都有自己的理由偏好对"谁拥有权力"这个问题做出不同的诠释。

**经验模糊**

大学校长试图从他们的工作经验中进行学习。他们观察行动的后果,并从中推断出世界的结构。他们利用得到的推论来改进未来的行动。

考虑如下简单的学习范式:

1. 在一定时间内,校长面临着一系列清晰但不相关的行动方案。

2. 在任何时间,他都有选择某一方案的可能性(且必然会从中选择一个方案)。

3. 校长观察显然是由他的选择所产生的结果,并依据目标对结果进行评估。

4. 如果结果与目标一致,校长就会增加在未来选择该方案的可能性;如果不一致,则会减少选择该方案的可能性。

虽然大学校长真实的学习过程必然包含更复杂的推断,但这样一种范式包括了大多数聪明人从经验中获得信息的一般过程。

在这一过程中产生了重要的学习。个人的经验来源于经验,并在反馈的基础上改进行为。如果校长所处的环境相对简单和稳定,且这种经历是比较频繁发生的,则他可以期待着在一段时间后获得进步(假设他有一些合适的标准可以检测目标与结果是否一致)。然而,如前文所述,校长所处的环境有两个明显的特征使得即使在目标明确的情况下,经验依然模糊。首先,环境是相对复杂的。结果很大程度上取决于校长行动以外的因素,这些因素是不受控制的,且大部分是无法被观察到的。其次,相对校长收集经验资料数据的速度而言,环境以更快的速度在发生变化。这些属性导致了错误学习的很大可能。

我们可以用人事政策领域一个类似的例子来说明这一现象。假设一名经理每年考核他属下的工作,并考虑如何处理那些表现欠佳的人员。他有两个选择:换掉表现差的员工,或者留下他并帮他改进。他根据自己对员工应对不同处置的能力的判断,来决定谁去谁留。现在假设,事实上员工的表现没有差异,观察到的差异完全是由随机因素导致的,经理应该从这种情况中学到什么呢?

他也许会意识到他过去是多么的明智,会发现他对于谁去谁留的判断相当准确。替补人员一般会比他们的前任表现得更好,那些留下来的员工通常会改进他们的工作。如果出于某种原因,经理一开始就相对"人性化",不换掉任何员工,他将发现最好的管理策略是提升现有员工的水平。如果他一开始就采取高压政策,换掉所有表现欠佳的员工,他将发现作风强硬是个好办法。如果他换掉一些员工,而留下另一些员工,他将发现人事管理的精粹在于对员工的判断。

虽然我们知道在这种假想的情况中,经理做什么都无关紧要,他将完成一些直接而且必然发生的个人学习。他将逐渐相信他了解并完全掌控情况。如果我们提醒经理,他有盲目学习的风险,他将感到难以置信。他所处环境中的一切都向他表明,他理解这个世界,尽管他的理解可能是错误的。

我们无须假定这个世界是全然无序的,就可以得到本质上相同的效果。只要习得经验的速度比现象的复杂性以及现象变化的速度而言更为和缓,由经验得出的解释也就比实际情况有更强的主观性。在这样的情境下,经验并不是一个好老师。虽然出于对习得经验的真实性的信任,使得从上述人事管理例子的多种策略中得出的结论十分糟糕,但经理显然就他对世界的理解有过高的自信。

大学校长对于自己关于大学生活、大学管理和他们所处的整体环境的解释,可能有比他们实际被授予的更大的信心。他们从经验中做出的推论很可能是错误的。他们从经验中获得的信心,很可能已经被周围人的社会支持以及人们对校长角色的社会期望所固化。结果就是,他们可能并没有意识到校长生活中普通事件之意义的模糊程度,可以与他们体会到的目的和权力的模糊程度相提并论。

**成功模糊**

管理的成功通常通过以下两种途径得到认可。第一,获得提升。管理人员借由被提升到一个更好的职位而知道自己是成功的,他通过其所拥有的或期望拥有的晋升机会来评估当前工作的成就。第二,通过被广泛接受的、可实际操作的对组织产出的测量。商业管理人员用其经营情况的盈亏表来评价自己的表现。

对于高层管理职位来说,这些成功指标的问题是有共性的。随着职位的升迁以及管理者年龄的增长,升职的可能性越来越小。评判成功的标准在测量上越发不精确,随着时间的推移越发不稳定,且越来越难以达成共识。管理者发现各种不可控因素所产生的影响足以盖过他采取的任何行动所产生的影响。

就大学校长而言,上述三个问题表现得更为突出。如我们之前所讨论的,很少有大学校长升到比校长更高的职位。确有一些职位提供给大学校长,大多数校长最终也会接受一个职位;但是通常校长所期待的最好的机会是一个体面的行政虚职。学术管理成功的标准有时是比较清晰的(例如,规模扩大、校园平静、学生和教师质量提高),但是相对准确的关于大学健康发展的衡量标准,既不会长期保持不变,也不会明显地受校长行为的影响。例如,在"二战"后一段时间,美国大学普遍重视规模的扩大,并将规模扩大归功于行政领导的创造性行动。当我们以怀疑的态度审视这种对增长伦理不加批判地接受时,我们已经开始对这段将大学规模扩大归因于一位明智的(或愚蠢的)校长或董事会之先见之明的简单历史进行重新解释了。

高等教育的急剧扩展,学生与教员战后复杂的关系和态度,以及政府对大学和学院科研资助的大规模增加,都不简单是克拉克·克尔和约翰·汉纳(John Hanna)决定的结果。回想起来,将这些事件主要归于大学管理者控制的结果也是不合理的。

当然,我们可以提出一个观点,大学校长应当习惯于成功的模糊性。就这一点而言,他的新职位不会显著地区别于他之前的职位。然而,他可能采取的视角会有所不同。之前成功在主观上对他来讲并没有什么歧义。他过去是成功的,晋升得相对迅速,他和他的同事倾向于将过去的成功归为他的管理才干、人际交往风格以及政治远见的结合。他将这些成功看做是他行动的自然结果。校长所表现出的诚实谦逊并不会掩盖他对自己能力的认识,校长一上任就已经意识到他是成功的,并且享受着这种成功。

晋升的动力并不会使他停留在校长的位置上。虽然,如我们所见,许多校长期望从当前的职位移动到一个更好的职位,但前景并不如所期望的那样乐观。目的、权力和经验的模糊使得成功和失败同样地难以捉摸。对成功的认定是不可靠的。校长不仅不确定他自己是否能够把大学引向别人信任的方向,也不能保证同样的标准在明天仍然适用。今天发生的事将被合理化为明天的期待,今天发生的事也将与昨天所期待的事有所联系。结果确实部分地源于目标,但是目标同样产生于结果,目标与结果两者相互独立。

实际情况是,校长有点像驾驶着一辆正在打滑的汽车的司机。他的判断、技巧和运气都可能对乘客生还的前景产生影响。因此,他责任重大。但是,他是被判处过失杀人,还是因其英勇行为获得奖章,在很大程度上都不在他的掌控之中。

对成功模糊的一个基本回应是,校长应在生活过程中寻找快乐。一个理性的人会寻找他工作的意义和成功的体现,然而这种体现很难在明确由某个人的行动所产生的、有社会效果的结果中发现,它通常发生在组织生活的互动中。乔治·雷迪(George Reedy)对不同的校长做了类似的观察:"那些试图通过减少工作量来减轻校长负担的努力,对这个职位并没有帮助。工作——尤其是仪式性工作——是校长每天唯一可以继续忍受的事。"

### 领导者对无政府状态的反应

大学校长所面临的不确定性,也是对所有有组织无政府状态的正式领导人生活的描述。对领导力的比喻以及我们个性化的历史(甚至包括大学内部机构的历史)的传统由于忽略了领导生活中基本的不确定,而使得领导事务变得不易理解。松散联结、边界不清的组织的领导人需要一套基本合理的观点。

这样一种观点首先是谦虚的。认为在执政期间的作为会显著地影响机构的长期定位或是他作为一名校长的声誉,可能是一种错误的观点。只要他的行

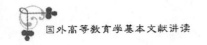

为没有违反一些相当明显的限制，那么广泛的社会事务或难以预料的工作职责变化就比他的个人行为更可能对他的声誉和任期产生影响。虽然大学图书馆或行政办公楼无疑会通过悬挂一位校长的肖像或牌匾来记下他担任过这一职位，但很少有校长能够在离任 20 年之后还被人们所不忘。而那些真正被人们铭记的校长，最可能是那些幸运地在大学兴盛和增长期任职，或不幸地在大学危急时刻任职的校长。

就这一点而言，校长的生活与我们大多数人的生活并没有明显的区别。但是，领导者这一角色区别于其他角色的是其带来的使人自大的无数诱惑。校长们很容易就认为，只要他们足够聪明、善学、反应快，就能永远稳坐宝座；容易夸大他们每天的行为对大学和他们自己影响的重要性；容易把每天都看做是在下一次选举中赢得选民支持的机会。

这是老生常谈了。人们的行为经常由于夸大其重要性而变质。父母过分相信他们在子女抚养过程中的重要性，教师过分相信他们在学生学习过程中的重要性，恋人过分相信他们在恋爱过程中对于对方的重要性，咨询师则过分相信他们在被咨询者自我发现过程中的重要性。

这样一种对行动后果英雄式的设想所导致的主要结果，就是对判断的不信任。当大学校长想象他的行动会对世界产生巨大的影响时，他们就会害怕犯错。当害怕犯错时，就会倾向于为他们的判断寻求社会支持，把选举与美德、官僚规则与公平混为一谈。这种把自己的每个决定都看得过重的观点，使大学校长像初生头胎的父母、没有经验的教师、恋人和咨询师一样，受到表现欠佳的困扰。

这种对行动后果英雄式的设想一个次要的但也很重要的结果，是对快乐的牺牲。为了维护自身的重要性，大学校长必须时刻保持清醒。出于我们之前详细阐述过的原因，大学校长很难通过展示行为的结果来确立行动的正确性。他们只能通过表面表现出的强烈程度来传递精神上的意图。同时，他还体受着抱负与现实可能性之间的巨大差距。维护公共形象的需要，以及他们自己强烈的期望，使得大学校长发现公众对职业的享受感，对他们来说常常是难以体会到的。

有组织无政府状态下领导的不确定性，需要一种多少与大多数关于大学校长的讨论不同的领导方式。特别地，我们认为整体来讲大学校长更应该认为他是在做有用的事，而不是努力去讨好政治党派或行政官员；更应该把自己的角色定位于能够在力所能及的适当程度上让大学在长远发展中有些许的提高，而不仅是满足人们当下的需要或解决当下的问题。他需要对托尔斯泰式的历史观以及这样一种观点所能带来的行动的自由抱有热情。世界是荒谬可笑的，因而大学校长的基本职责应当是追求美德。

校长经历是少数人生命中的一小部分。他们有一些权力，但没有魔力。他们在行动时可以带着相当程度的自信，即使犯错误，也没有多大关系。他们也应相信快乐与美德同在。

## 管理行为的基本策略

有组织无政府的状态下的管理行为策略,与有明确的目标、比较确定的技术,以及更持久的人员参与情形下的管理行为策略多少有些不同。然而,我们仍可以考察一位有目标的领导者是如何在一个无目标的组织中工作的。

必然地,任何对实用策略的描述都带有一点权术主义的色彩,以及随之而来的其他并发问题。有人认为,基于知识的策略有助于管理的实施;有人担心,实用策略会被误用于一些邪恶的目的;有人觉得,策略的效果可能会由于公开阐释而被削弱。

我们知道有这些顾虑,但并不完全认同。首先,我们不认为能发现一种能够明显突破人类能力的限制而颠覆历史轨迹的新的智慧。那种认为存在某种惊人有效的策略,有待于当代的马基雅维里们去发现的想法是不切实际的。其次,我们认为罪恶并不会因无知而减少。对恶意行为的顾虑确实存在(这已是老生常谈了),但这似乎成为某种维持现状的托词。我们希望那些想有所作为的人能找到一些有用的策略。再次,在所阐述的关于系统地改变成员在组织中相对地位的种种战略建议中,我们并没有得出什么要领。如果策略是有效的,那是由于它对组织的分析是正确的。其中所涉及的组织的特征并不会迅速改变。所以,我们并不期望公众对这些策略的讨论会改变它们的效果,或是明显改变那些当策略有效时可能从中获益的人(如学生、校长)的相对地位。

如我们将在本文稍后部分说明的,那种仅仅认为大学校长就是要完成他想要完成的事的领导观太过狭隘了。大学校长的主要职责是把目标视为只是部分可知的,引导组织以一种变化的和更复杂的观点来看待自身。然而,诱使大学完成某个个人想做的事,显然仍是值得关注的问题。如果校长和其他人想要在大学内有效地行使职责,他们需要了解大学作为一个解决问题、制定决策和标明身份的系统,试图影响决策结果的方式。

我们可以指出有组织无政府状态下制定决策的五大特征,这些特征对于在高校中实现目标的策略非常重要。

1. 大多数问题在大多数情况下对大多数人来说都是不重要的。组织内部待定的决定只吸引了组织内一部分参与者短暂的注意。对特定问题的关注程度,与问题内容的联系远不如这一问题与对个人和群体荣誉符号意义的联系那么紧密。

2. 整个体系有很大的惯性。那些需要组织内部协调才能开始的事,往往开始不了;而那些需要组织内部协调才能停下来的事,也往往停不下来。

3. 任何决策都可以成为几乎所有问题的垃圾桶。就某个特定决定讨论的问题,往往较少依赖于其中涉及的问题和决策,而更多地取决于问题与决策相交的时刻,以及是否存在其他解决问题的渠道。

4. 选择的过程极易超负荷。当系统的负载相对于其解决问题的能力逐渐增加的时候,组织内决策的结果往往会逐渐偏离正规的决策进程。

5. 组织的信息基础薄弱。关于过去事件或过去决策的信息往往没有保存下来;即使保存下来,也往往很难获得。关于当前活动的信息更是缺乏。

这些特征是十分明显且普遍存在的。它代表了在所有组织中都存在的,尤其在大学这类组织中经常使用的,为战略行动提供机会的重要方法,以一种适当的方式增强了参与其中的人的实力。我们为那些试图影响高校中决策制定过程的人提供八条基本的策略原则。

法则一:投入时间

我们所描述的这类组织和决策制定情境都受制于决策制定精力投入不足。精力是一种稀缺资源。如果一个人能够在组织内的决策制定活动中投入时间,他就可以有相当的权力对组织提出要求。大多数组织都想办法吸收那些有奇思妙想的人为组织献计献策;但是在适当的范围内,那些愿意投入时间的人会发现至少有三个原因使他们处于重要地位。

● 通过奉献稀有资源(精力)而奠定了向组织提出要求的基础。如果他愿意花费时间,则可以期待获得对于他认为重要的问题更为宽容的考虑。组织对某位成员提出策划最经常采取的回应是,让他领导一个小组对此开展工作。这既是对精力投入不足状况的确认,也是组织对其成员要求参与的一种回报。这种回报通常是组织必须允许提议者在对相关问题的界定方面有重要的控制权。

● 做决策前花时间做准备工作,可以使他在信息缺乏的情境下成为主要的信息源。在极端情况下,所提供的信息并不需要证明其有效性。以大学决策制定过程中对支持者(如董事会、立法机构、学生团体、少数族裔团体等)的想法的共同推断为例。这些论断很少是建立在站得住脚的证据基础上的,但由于准确信息的缺乏,使这样的论断可能成为组织的事实。更为普遍的是,决策的真实情况是由那些愿意花费时间收集点滴可用信息、检查他人对事实的判断并发布他们的发现的那些人所指定的。

● 在组织所关心的问题上投入更多的时间,在组织考虑一些对该参与者有重要意义的问题时,使得他有更多的机会参与其中。希望追求其他目标(如学业、研究、家庭、外界关系问题等)的参与者,减少了他本可以参加某项决策制定场合的数量,而能够投入时间的参与者将可以参与更多的场合。由于通常很难预测某个问题会在什么时候、什么场合出现(从而将个人的注意力集中在核心的时间和领域),因此提高出席的频率就显得相当重要了。

法则二:坚持不懈

如果认为今天被组织否决的提案在今后仍将被否决,那就错了。对一个问题或提案的讨论反映了不同群体和不同的关注。我们之前提到过,参与者的变化将导致组织关注问题的变化。与特定选择机会相关的人群和观点的特定组合,在某种程度上讲是偶然的,命运之神将来也许会考虑得更加周全。

同理,认为今天决策中取得的成功,明天仍将会自动实现,也是大错特错的。决策制定与决策执行之间的区分往往是错误的。决策不是一劳永逸地被"制定"出来的,而是不同群体在不同情境下一系列事件的综合结果,而且可能被后来的事件修正或推翻。花太多时间庆祝胜利的参与者往往会发现胜利是短暂的,把时间用来哭泣而不是重新再提出自己思想的失败者,只会发现永远都有哭不完的东西。而在各种不同环境下都能做到坚持不懈的人,则经常会得到有益的回报。

**法则三:以地位换实质**

正如我们业已指出的,大学或类似组织中具体的实质性问题,对于参与者而言,通常没有什么重要意义。一种典型的情形是,相当多的参与者个体或利益群体较少关注具体的实质性结果,而更多地关注结果对他们的自尊感以及社会对他们重要性认可的影响。这种重视程度的排序,既不令人惊讶,也并非正常无奇。如果大学治理中许多细枝末节的问题对大多数人的重要性胜于个人或团体的荣誉的话,那么这个世界才真是太奇怪了。

同样,大学校长也会更多地关注其职位所得到的正式认可。由于由校长自己来证明其实质的重要性是不适宜的,他们通常倾向于与其他参与者一起寻找能够证明其重要性的符号象征。

这样的自尊陷阱是可以理解的,但也是非常不幸的。那些至少能忘记部分自我重要性所带来的快乐,而以地位换取实质结果的校长,已经占据了有利的位置。领导者经常因一些他们没有管理也没有作出什么贡献的事而获得荣誉,他们发现完全可以通过让他人品尝胜利的滋味、享受参与的快乐、获得公共地位的提高,来完成一些他们想做的事。

**法则四:为对手的参与提供方便**

组织的高度惰性以及组织事件对组织控制范围以外流程的依赖,使组织的力量变得相当模糊。大学校长虽然拥有职位所带来的权威、地位和关注,仍然感到对大学缺少控制。大多数参与到大学决策制定过程中的人都对自己职权的有限性感到失望。

正式权力等级之外的人常把权力看做为职位占有者提供了更大的组织控制力。他们对变革的渴望比拥有正式权力的人要强烈得多。一个显而易见的解决方法是,使决策制定过程中的参与变得容易。真正授权意义上的参与将缓和反对派领袖反对的意愿。在一个以高惰性、低特色为特征的组织中,使对行动计划可行性的信念超越现实可能性是不明智的。从这一点看来,公共问责、参与者监督,以及其他扩大组织决策制定过程中合法参与范围的技术,都是把参与者的期望限制在合理范围内的重要手段。总体来看,在决策制定过程中持不同意见群体的直接参与,是比校长演说更有效的抑制不切实际期望的方法。

**法则五：让系统超负荷运行**

如我们已经提到过的，当系统的负荷超过其能力时，决策制定的模式就会发生变化。鉴于我们正在讨论的是精力匮乏（energy-poor）型组织，实现超负荷运行并不困难。在实际运行中，这意味着有多种组织行动方案；意味着要准备问题分析、事务讨论以及政治协商所需的多种资源。

在有组织无政府状态下，完全专注于任何一个方案都是错误的。对于任何一项提案，无论它是多么富有想象力，或被认为是多么重要，我们所描述的过程都有无数种方法让最聪明的行动也无从奏效。只有存在大量方案时，才不会出现类似的情况。习惯于提出许多方案，而又不完全专注于其中任何一个方案的人，可能难以使其中的某一个（很难预测是哪一个）奏效，但不会在每一个议案上都受阻。

这一战术与处理特价商品的推荐一样，为了促成更有利的交易，应当介绍特价商品的新的方面。这一策略的提出是建立在观察基础上的，提案带来的压力给组织增加了太多的负荷，以至于采取的很多行动并不有助于解决问题。如果决策失察或冒进，决策制定过程的主要控制权将落入两类人手中：一类是议案的提出者，他们在失察时为所欲为；另一类是全职的管理人员，他们被赋予在冒进时进行决策的权力。拥有项目的大学校长位于一个令人羡慕的位置上，他们既是议案的提议者，同时也是专职的管理人员。超负荷运行毫无疑问对他的项目非常有利。如果有积极的行动计划的话，大学中的其他团体也可能因超负荷运行而获益，只不过把握不太大而已。特别地，无法专职参与（无论是直接参与还是通过代表参与）决策制定过程、对管理持反对意见的群体，可能希望在使用超负荷运行这一战术时得到更多被选择的机会。

**法则六：提供垃圾桶**

在垃圾桶式的决策制定过程中完成一件事的复杂之处在于，任何议题都可能与其他各种事务纠缠在一起，因为这一议题摆在组织面前时，其他事务也同时存在。课程改革的提案成了人们关注社会公正的舞台，关于楼房建造的提案成了人们担心环境质量的场所，关于自行车道路的提案成了性别不平等讨论的辩论赛。

试图通过强制执行相关规定来应对这类问题是没有意义的。无论怎样，这些规定都是相当武断的。即使不武断，也仍然很难说服一个人，让他的问题（无论多么重要）不要提交讨论，仅仅因为它与当前的日程不相关。合适的应对策略是提供一些"垃圾桶"，各种各样的问题都可以倒进来。垃圾桶越显眼，就可以从其他的议题那里带走更多的"垃圾"。

使垃圾桶引人注目的核心过程，是赋予它优先权和显著地位。从大的范围来看，整体的组织目标或关于组织长期计划的讨论是最好的垃圾桶。它们足够笼统，可以容纳任何内容。它们的社会重要性显著，可以吸引不同类型的事务来强化它们的重要性。主动使用这项策略的人将努力推动对重要战略（或其中一部分）的讨论，以把无关紧要的内容从具体目标和具体工作中剥离出去。

从小范围来说，会议日程中的第一个议题会明显起到垃圾桶的作用。人们因地位分配——会议的一部分——而关注这一议题。日程中的任何一项议题都可能涉及一类与群体中某些个人相关的事，但第一项比其他议题更有这种可能。因此，有关严肃的实质问题的提案应被置于相对靠后的位置，放在涉及个人或团体尊严的重要问题已得到处理、大多数人已经得到了展现，以及对抽象问题的热情已经基本衰退之后。

垃圾桶策略在长期可能有重要的效果。尽管在短期看来，主要的效果是从短期的具体提案中剥离了一些问题，但是问题讨论和决策制定过程的区分意味着形成了在即刻决定的情境之外的基本的组织态度。问题的着手解决和对计划的讨论有助于为组织未来的运行营造一种风气。使用垃圾桶策略的校长，应当知道当下不相关的谈话是如何成为未来思想的限制的。这一策略也提供（部分是误导）了一种训练和选拔未来组织领导人的方法。那些在垃圾桶辩论中表现良好的未必是好领导，虽然他们常常被认为是潜在的领导者。最后，这一策略为组织提供了一个在实际中应对不稳定因素的缓冲，不稳定因素是由一些问题的出现和消除导致的，这些问题从一个组织转移到另一个组织。近年来，一些可能在其他社会机构中也有所表现的问题在大学中涌现出来。大学对于关注这些问题的人来说是可利用且能够利用的。虽然这给大学管理过程带来相当的压力，但由于这些问题可以被移置到与决策不相关的垃圾桶里，并一直放在那里直到它们被转移到另外的机构中去，因此问题带来的冲击被缓和了。

**法则七：低调管理**

如果把一个人放进一条小船，并让他寻找一条航线，他就可以有三种选择。他可以顺着水流和风向漂流，任凭它们把他带到任何地方；也可以选择一个目的地，然后不管水流或风向尽全力驶向那里；还可以选定一个目的地，然后利用舵和帆，借助水流和风向把他带到他想去的地方。总体来说，我们认为可以从第三种方法中看到明智大学校长的影子。

在高惰性系统中所采取的核心策略是利用杠杆原理，以小的行动产生重要的效果——让系统按照目标发展，只施加微弱的干预，使其不偏离指定的方向。从战术的角度来看，集中指导和控制的主要缺点在于，它需要无法达到的注意和精力。如果不在相当程度上借助"自然的"组织过程，我们所考虑的这类组织是无法按照管理者的意图行事的。恰当的策略是采取低调且间接的管理方式。

低调的管理比高调明显的干预能产生更好的效果。这类行为通常有以下两个主要特征：（1）它们对系统的很多方面产生轻微的影响，而不是对其中的一小部分施加强烈的影响。这种方式对系统中任意一部分的影响都足够小，以至于没有人会真正注意到影响的发生，或认为有必要明确反对这种干预。（2）这类行为一旦开始，就会持续保持活跃状态，而不需要组织更多的关注。若要从这种活跃状态平静下来，则需要组织采取积极的行动。

即使充满热情地描述各种哀叹官僚主义的组织模型,以及与科层生活相关的传统管理手段,人们多少会有些惊奇地发现,低调管理的主要手段仍是科层式的。签署文件向组织承诺这样一个简单的行为,就是一个例证。根据很多组织的官方规定,组织内的一些人被授权签署文件。根据我们的判断,大学校长倾向于小心谨慎地行使这一权力。通过签署文件,校长可以转移在系统内组织决策制定的负担。很多人都对在大学内组织各种团体和机构完成工作的困难发表过意见,但较少被注意到的是,想要阻止某项行动的人也面临着相同的问题。例如,机构的官方特许状通常有一些条例允许某个被期望发生的行为,而同时另一些条例可以被解释为禁止该种行为。如果克服组织惰性的负担落在反对派那边,校长对某项行动征求意见就更有可能获得组织中大多数人的同意。他通过采取行动转移了组织的负担。

主要的科层干预在于财务和管理控制系统。这些措施在学术圈通常被批评为既沉闷且压抑。它们的魅力在于遍布在整个系统中,以及所表现出的高度的随意性。例如,工商管理类学生已经注意到商业活动的很多重要方面都是由财务规则所驱动的。成本是什么?利润是什么?在商业活动和次级单位中成本和利润是如何分配的?对这些问题的回答远不是随意的,但是其中包含了大量任意性的元素,使得任何理智的商业经理都无法忽视财务规则对收益率的潜在贡献。资金流向、劳动力使用,以及组织结构,都对财务制度做出了回应。

在大学中也同样如此,虽然在方式上有些不同,因为经济核算的单一指标——利润,对于大学行政来说是不适用的。对于学生活动、教员活动和空间利用情况,大学有正式记录(统计项目)。近年来,随着大学先后由于婴儿潮和财政困难而处境艰难,这些统计项目的重要性日益明显。这些官方事实记录被写入报告中,进而渗透到各种决策制定的过程中。举一个典型而简单的例子,考虑把对教员教学量的统计从课时数改为所教的学分,会产生怎样的影响。或者,考虑在一所典型的美国大学中,在统计报告中将语言教学(学生数量、师资成本)与对用该语言写成的文学作品的教学区分开来,会产生怎样的影响。或者,考虑让大学里的每个下属单位都按照不同于当前主要是专制定价的价格来购买服务(例如,复印服务、计算机服务、图书馆服务),会产生怎样的影响。或者,考虑在一个大学下属单位内部允许资金从一个预算项目拨划给另外一个预算项目,所依据的贴现率取决于预算项目以及在预算年的时间点,会产生怎样的结果。再或者,考虑让学生在学费里支付一部分由所在院系规定的费用,这部分费用最后返还给院系,会有怎样的效果。

**法则八:解释历史**

在一个大多数问题不突出且系统内部事件的信息维护欠佳的组织中,对于发生着什么和发生过什么的定义就成了重要的策略工具。如果组织中的人更关注发生过(或发生着)什么,则对策略的限制就会较大。组织的历史会受到质疑和仔细的检查。如果组织中的人更开放地接受这样的观点,即大部分决策制定过程是资格认证,而不是由一个选择系统生成的,则会减少对历史解释的依赖。然而,实际情况提供了战术上的最佳情形。一方面,人们对于记录发生过什么(对实质的记录而不仅是状态术语)的兴趣是很小的。另一方面,人们对于历史与现实的相关性,以及以史为鉴合理性的信念,却是相当强烈的。

意识到易忘的事实,事件发生之后的记录应该足够长。记录应能为日后单独采取行动奠定基础——以集体行动的名义。一般而言,历史可以帮助组织中的参与者花费最少的时间,在尽量减小影响他们对组织理性形象的印象的情况下,从昨天模糊的决定中获得今天要采取的清晰行动。通过对过去不确定的创造性的把握,使组织的成规得到维系。

**校长与策略**

正如我们在一开始所看到的那样,实用策略,如果是真实的,将不可避免地被视为有些愤世嫉俗。然而,我们要写下我们自己的观点,即愤世嫉俗是旁观者所认为的。我们的同情和热情主要是针对那些有组织无政府状态下不显眼的成员的,是他们使这些策略成为可能。当然,我们所指的是大学中的大部分参与者,他们敏锐地意识到可以通过大学的策略操作所实现的目标,通常不值得他们付出时间和努力。策略的有效性是对他们勉强允许组织事务扰乱他们生活中的重要内容的奖赏。任何人只要想用都可以使用这些策略,大多数人在大部分时间里都有更有意义的事情要去做。

但是,校长作为一名专职工作者,正处于他们一生中最好的职位上,不太可能还有其他更有意义的事要去做。另外,由于这些策略的明显度低,以及对相互信任和成就认可的强调,它们无法满足校长美化自己的需求,或增加他们成为极少数能够连任更好校长职位的一员的机会。相反,这些策略主要是为这样的人提供了机会,他们对什么能让他们的机构变得更好、更有意义、更复杂,或更有教育性,有一定的构想,并且认为若是能带领机构朝着遥远的目标又迈近了一些,就可以满意地结束任期了。

……

(刘广宇 译 阎凤桥 校)

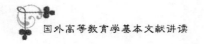

# 大学和学院组织模型:历史演化的视角[1]

马文·W.彼得森

## 作者简介

马文·W.彼得森(Marvin W. Peterson),退休前是美国密歇根大学教授,长期从事高等教育组织、管理和领导行为的研究。他曾经担任美国院校研究学会(AIR)、高等教育研究学会(ASHE)和大学规划协会(SCUP)主席,编辑过本领域多本有影响的学术论著,包括《高等教育治理、管理和领导的重要研究资源:文献导引》(Key Resources on Higher Education Governance, Management, and Leadership: A Guide to the Literature,1987)、《高等教育中的组织与治理:美国高等教育研究学会系列文集》(Organization and Governance in Higher Education: An ASHE Reader,1991)等。

## 选文简介、点评

《大学和学院组织模型:历史演化的视角》一文选自帕特丽夏·冈波特(Partricia Gumport)主编的《高等教育社会学:贡献与背景》(Sociology of Higher Education: Contributions and Their Contexts,2007)一书中彼得森教授所撰写的一章。作为该领域的知名学者,彼得森每过几年都会写一篇综述性文章,对于研究领域的发展状况及今后的发展方向做一个系统的总结和预测。

该文是他最新的综述性的论文,回顾了大学组织模型是在什么社会背景下被提出的,以及人们为什么会在不同背景下提出不同的模型来。通过建立模型来研究大学组织的做法,源于20世纪50年代,这得益于社会学和其他学科对于高等教育研究的贡献。当然,高等教育研究也反过来对其他学科的发展提供了有益的参考。比如,克拉克(Burton Clark)关于"组织传奇"的研究,维克(Karl Weick)对于"松散连接系统"的研究,迈尔(John Meyer)和罗万(Brian Rowan)对于制度现象的研究,都是源于对大学系统或教育系统的研究,促进了整个组织研究领域的发展。从20世纪50年代以来,研究人员陆续提出了一些高等教育组织模型,用它们来解释美国大学和学院的组织行为。该文认为,"变

---

[1] 本文节选自美国斯坦福大学 Partricia Gumport 教授主编的《高等教育社会学:背景与贡献》(Sociology of Higher Education: Contributions and Their Contexts)一书,该书由约翰·霍普金斯大学出版社出版。

化着的环境"是大学组织模型提出的原动力,由于组织环境的变化,一方面学校管理者必须予以应对,另一方面改变了人们对于高等教育的看法。于是,大学组织模型的提出,既是解决客观实际问题的需要,也是人们的主观认识。研究人员提出的各种大学和学院组织模型,是从不同的侧面反映环境对大学组织的不同影响。由于大学组织面对的环境越来越复杂,人们对于大学组织的复杂性也认识得越来越深入。

中国高等教育研究人员可以参考组织研究的这种方式,提出适合本国情况的大学组织模型。

## 选文正文

### 一、引言

本文将评述高等教育研究者在过去五六十年里发展出来的各种大学和学院的组织模型。之所以聚焦于组织模型,出于可行性和关联性两个方面的原因。第一,对于大学和学院的结构、过程、功能、内部关系以及与外部环境之间关系的研究,是一篇文章无法讲清楚的。将焦点放在模型上是将大学作为一个组织加以理解的核心。这里,我只论及将大学和学院看做是一个完整组织的模型,而不包括组织以下的层次(系、办公室等),也不包括大学内部的参与者群体(如教师、学生、管理人员等)或者跨院校的组织关系(协会、联盟、系统等)。第二,社会团体的组织性质是社会学研究的核心内容。搞清楚应用于高等教育领域中的各个模型是如何出现的,对于我们理解高等教育属性是十分有用的。在下文中,我们将会看到,大学和学院模型采用了跨学科研究方法,而不仅仅限于社会学的研究范围。

所谓"模型"(model)不仅是研究组织问题的一种方法,而且也是学者们为理解或解释大学和学院结构及其运行方式而提出的一套理论概念体系。一个模型就是一系列概念或建构(construct)①和关系,它们可以被研究者定义和系统地考察。研究者可以考察一个模型是否与真实的组织行为相吻合,或者判断在众多模型中,哪一个模型最有利于理解组织现象。

基于这样的考虑,撰写本文有三个目的。第一,追述20世纪50年代后大学和学院组织模型的提出过程。在此之前,几乎没有什么有关大学和学院组织特性的正式研究,也没有从理论概念角度出发进行的研究。那时对于大学和学院组织特性的考察采取了类型描述方法。从"二战"结束一直到1970年代,美

---

① "建构"与"概念"(concept)类似,是对研究对象的抽象和概括,但是建构不像概念那样能够被清晰地定义和测量。在社会科学研究中经常使用建构,如质量(quality)、效益(effectiveness)、行业(industry)等。——译者注

国高等教育系统(特别是公立高等教育系统)有了很大的发展,学校的数量、规模以及类型增长很快。之后,我们经历了增长、约束、危机和挑战等几个阶段。在这个过程中,我们提出一些模型来解释或帮助理解大学和学院是如何运行的。

第二个目的是分析影响这些组织模型提出的因素,并且提出一个有助于我们理解这些模型发展过程的概念框架。高等教育从1950年代到1970年代的扩张吸引了社会科学领域的一批研究者,他们通过建立模型的方式来研究大学和学院这种重要的社会组织形式。在1970年代之后,高等教育的发展速度放慢了,大学和学院面临着一些新的挑战,这时又有一些不同的组织模型被提了出来。

本文最后一个目的是考察社会学以及其他学科对于高等教育研究的贡献。我们将会看到,大学和学院的组织模型反映了多种学科的综合贡献。确实,我们常常很难将社会学的贡献与其他学科的贡献分离开来。

## 二、简要的历史回顾:院校类型发展与组织研究的必要性

### (一)早期发展

对于大学和学院组织的简要回顾是有意义的。我们知道,美国殖民地时期的学院采取了英国的住宿学院模式和苏格兰自主办学思想下的独立董事会制度。在弗吉尼亚州,托马斯·杰斐逊设计了综合公立教育系统,其顶层是公立大学。在19世纪出现了其他类型的学校——公立赠地学院、私立教会学院、军事院校、技术学院和其他多种形式的私立院校。艾略特(Charles Eliot)在1869—1909年担任哈佛大学校长期间创立的大型复杂大学,成为20世纪公立和私立研究型大学的楷模。哈佛大学提供本科生和研究生教育,创立了学院和学系结构,将科研与教学结合起来,增加了专业学院的数目,新建了一些管理机构。尽管美国在20世纪之前就创立了上述各种高等学校,但是大学和学院没有成为多数研究文献的主题,研究者仍然仅仅是从结构类型上对它们进行描述,也没有在理论概念上取得什么发展(院校历史研究除外)。在20世纪上半叶,美国又创立了初级或社区学院,但是仍然没有从组织角度对其进行研究。

### (二)挑战

到20世纪中期,社会对于大学和学院组织形式和运行规律提出了挑战,并且产生了系统地研究它们的需要。五位敏锐的观察者强调了研究大学和学院的实际需求及其重要性。1928年,怀特海观察到,在大学中"核心事业仅靠管制是不够的"。鲁道夫(Frederick Rudolph)在其历史研究著作《美国大学和学院》一书中总结到,高等教育变化的特征表现为"放任自流、缺少应对以及变化意识较弱,在人们还没有观察到时,变化事实上已经发生了"。1965年,耶鲁大学德高望重的校长布鲁斯特(Kingman Brewster)说:"制定战略(更不用说计划了)

的主要麻烦在于,几乎所有的教师都是无政府主义者,深刻的思想、艺术和行动必须具有创造性。创造性是无法预测和计划的。"任何论及大学和学院的研究者都会得到同样的警告。

**(三)组织研究**

尽管有上述这些警告,但是将大学作为一个组织进行研究,后来变得越来越普遍。在1950年代之后,有两名学者对于此类研究数量增加趋势的观察为本文的撰写提供了素材。在1960年代早期,加州伯克利大学高等教育研究中心主任麦克康纳(T. R. McConnell)和密歇根大学高等教育研究中心主任亨德森(Algo Hendeon)分别阐述了有关大学和学院组织与管理的理论文献及研究工作。

十多年后,我在《教育研究评论》(Review of Research in Education)第二卷中对于有关"高等教育组织与管理"的研究文献进行了综述。我当时一共收集了500多篇论文,它们多数发表在1950年代后期,其中约有200篇属于研究论文。从中可以看出,尽管文献数量有限,但是这个领域的研究质量似乎在不断地提高,它从包括社会学在内的其他社会科学领域吸引了一些研究者来从事相关研究。在十年后另外一篇题为"组织研究进展"的论文中,我提到该领域研究性的论文已经超过了1000篇。①在对理论基础和研究进行评述的基础上,我将1963年之前麦克康纳和亨德森所描述的研究阶段称为"幼儿阶段",将1974年之前的研究阶段称为"少年阶段",将1985年之前的研究阶段称为"青年阶段"。今天,要想全面收集有关高等教育组织的研究文献是本文无法胜任的。因此,本文只能聚焦于高等教育机构和中学后教育机构组织理论或概念模型,而不是所有有关大学和学院组织运行的研究。

**三、组织模型和环境:权变视角**

克尔(Clark Kerr)回顾了他的职业生涯以及他在卡内基高等教育委员会任职期间研究高等教育过程中的体会,他发现高等教育的环境发生了革命性而非渐进性的变化。20世纪60年代后期,组织行为研究者在研究组织时,开始由过去封闭系统视角转变为开放系统视角。高等教育研究学者在1970年之后用组织理论模型研究高等教育问题时,也随即采取了开放系统的视角。当我们步入21世纪时,几乎没有任何人怀疑环境的变化是无处不在的,院校被环境塑造着,或者院校要进行自我调整以适应外力。

开放系统视角反映出环境影响和塑造高等教育机构的本质,在对于促进大学和学院组织理论和模型建立因素的考察过程中,我采取了权变(contingency)的视角。组织理论和模型是一种工具,可以用来理解和解释大学和学院是如何

---

① 该文被翻译发表于《北京大学教育评论》2003年第4期。——译者注

对环境挑战作出回应的。

图1揭示了本文的分析框架及其主要构成元素。外部社会力量被看做是"变化着的环境条件"。这些条件被看成是影响框架中其他两个元素的第一驱动力,受影响的两个元素分别指直接影响大学和学院的"学校管理挑战"以及"我们对主要行业的概念"。因此,"变化着的环境条件"可以被看做是直接通过"学校管理挑战"或间接通过"我们对主要行业的概念"影响或塑造着大学和学院的运行机制。环境对于大学和学院产生的影响以及大学和学院对于来自环境和行业挑战的应对,需要我们提出新的组织模型来解释。

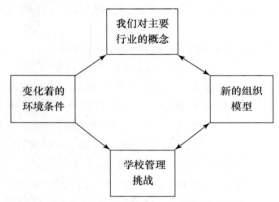

图1　决定新兴组织模型的影响因素

在该分析框架中,需要对"行业"(industry)这个建构进行一些解释。在组织研究文献中,行业一词是容易被理解的。它是指一些组织的集合,它们利用或需要相似的资源,或者吸引相似的客户,提供类似的产品和服务。行业建构在定义组织的市场和竞争领域(或者其中一个部分)以及确定政府对行业控制或管制形式时非常有用。①行业本质及行业内组织之间的竞争程度是由以下五个因素确定的:第一,新的组织进入者对于行业造成的威胁;第二,供应商讨价还价的能力或对于关键资源的控制;第三,购买商品或服务的客户所拥有的讨价还价能力;第四,新组织提供的替代产品或服务所产生的威胁;第五,行业内核心技术的变革。从上面我们可以清楚地知道,高等教育或中学后教育也可以被看做是一个行业。

在下面的讨论中,我对于1950年代后不同时期的主要环境条件进行了区分,考察了它们对于行业产生的影响,重新定义了不同时期的行业性质,归纳了这些条件和行业变化对学校所形成的主要挑战,然后考察了不同时期出现或流

---

①　从上面的定义可以看出,这里的高等教育行业与我们国内目前讨论的教育产业化具有不同的含义,需要读者特别注意。——译者注

行的组织模型,从中可以弄清楚这些组织模型是如何有助于我们理解学校挑战和行业变化所引起的大学和学院的变化。在文章的最后,我讨论了这些组织模型的历史演化及其本质(参见图2)。

### 四、从传统到大众高等教育:从稳定到扩展(1950—1972年)

……

### 五、中学后教育行业:制度变化的时代(1972—1995年)

……

### 六、中学后知识行业:转型时期(1995年之后)

中学后知识行业这个建构试图反映中学后教育行业发生的变化。在信息时代或知识时代,中学后教育行业特征明显(参见表1)。它比技术进步更加复杂。技术进步使得信息传递更加便利,从而对于大学的教学能力产生了深远的影响。除此之外,在过去十年里,还有其他一些环境变化或条件变化,这些变化有可能继续进行下去,从而深刻地影响着中学后知识行业以及每一所高等教育机构。

表1 组织模型的历史演化:中学后知识行业时代(1995—2005)

| 主要的环境压力 | 主要的学校挑战 | 出现的组织模型 | 文献和作者举例 |
| --- | --- | --- | --- |
| 条件:<br>迅速变化,动荡,高的期望,无法预测 | 院校再设计:<br>再定义,再定位,再组织,更新 | 适应(Adaptive) | Gumport & Sporn (1998)<br>Sporn (1999)<br>Gumport & Pusser (1999) |
| 压力:<br>多样化,通讯技术,新型学习市场,质量,经济生产力,全球化,资源约束 | | 背景(Contextual)<br><br>创业(Entrepreneurial)<br><br><br>虚拟(Virtual)<br>联盟(Alliances),<br>合作伙伴(Partnership)<br>合资(Joint Venture)<br>跨国网络(Networks Cross-National) | Peterson(1997)<br><br>Slaughter & Leslie (1997) Clark (1998)<br><br>Carchidi & Peterson (1990)<br>需求:未来的模型 |

（1）环境条件。多数观察者都认同，有七种环境条件影响着中学后教育行业，它们分别是：对多样化的要求、通讯技术革命、对学术质量的关心、对于经济生产力的关注、开拓新的学习市场、全球化发展趋势，以及持续的资源约束。上述环境条件变化不仅发生在美国，通过对有关全世界高等教育面临的主要问题的文献考察，在过去五年时间里，在包括发达和发展中国家在内的十个国家的专业工作领域，多数国家的环境条件发生了变化。本文的篇幅不允许我对每一种条件变化作充分的讨论，即使如此，多数读者也是能够理解这些变化的。更为重要的是，每一种变化都会影响前面提到的影响每一种行业的所有五个因素，即新的组织进入者带来的威胁、客户讨价还价的能力、消费者讨价还价的能力、替代服务的可获得性以及行业核心技术创新。

多样化是指一种压力，这种压力要求增加面向弱势群体提供的服务，其中包括录取来自不同种族、社会和经济背景的学生，并且使他们能够顺利地毕业。多样化的定义维度在不断地增加。新的接收少数民族学生的学校、新的入学需求、新的教育需求和方法、新的少数民族协会和政治压力集团正在出现，它们影响和改变着中学后教育行业的性质。

通讯技术是指在计算技术、通讯和信息数据库交互发展方面快速的创新和扩张。这不仅影响到我们教学、学习和研究的核心过程，而且也决定着我们开展这些活动的形式，通讯技术导致新的虚拟学校或工作系统的产生，并且使全球性的教学和研究联系成为可能。要求不同知识传授方式的学习者会使用通讯技术，使用该项技术的教师应该具有教育设计者所具备的新技能。来自于通讯、计算甚至娱乐行业的新组织参与了中学后教育和学习方案的设计和实施。

质量是指社会对于学术评价和学生学习、教学和课程设计、教师生产力、课程和教学绩效问责的要求越来越高。这已经影响了我们的教学方式以及认证形式。由此在大学内部诞生了专门履行这些新功能的机构，这也影响了大学与州政府之间的关系，在规划和资源分配过程中，经常要考虑质量因素。对于大学来说，质量要求是一种压力，并且丝毫没有削弱的迹象。

新型学习市场是指非常规学生对于中学后学习机会需求的增加、想获得高级学位的人对于继续教育需求的提高以及对于职业发展或培训需求的提高。它主要包括对于特殊项目有兴趣以及有特殊学习需求的非传统学生，通常要求对他们采取新的教学模式。新型学习市场很大，许多营利性院校、培训和发展公司以及商业和政府组织外展的培训项目很想进入这个市场。它们是专业教育机构的竞争对象，或者是潜在客户和合作伙伴。

经济生产力是指学校面对着学生就业市场的压力，面对着提供社会可以应用的研究发现的压力，面对着直接为地区、州和国家经济发展提供研究和服务的压力。学校和教师面临着将教学和科研工作与生产需求更直接地联系起来的挑战。这导致学校创立或扩大科学园、技术转化能力，并且将它们作为新兴企业的孵化器。这种变化激励中学后教育机构与政府和私人企业建立新的合作伙伴关系,甚至培育新的企业。这些活动已经成为比较具有创业特性(entrepreneurial)的学校的新的资金来源渠道。

全球化不仅是指跨国师生交换项目,教学和科研关注国际和全球性问题,而且指越来越多的各种跨国和国际合作形式。一些学校已经将办学范围扩展到其他国家,一些学校与外国高等教育机构建立国际合作伙伴关系。通讯技术的问世使得学校可以在不离开自己校园的情况下,开展国际性的教学和研究合作。有一位作者将这种情形称为"公民社会",即通过现代通讯技术把大学教师、政府政策制定者和企业代表联系起来,针对国际问题共同开展工作。

资源约束是指在大多数高等教育机构中,维持学术项目和活动所需要的成本与开设新项目和改进质量所需要的成本共同作用的结果,使之对于资源提出了不断增加的需求。在院校成本支出不断提高,联邦和州政府提供的经费资助不断下降,学生及其家长支付能力有限,学校之间在争取基金会资金、个人捐赠、合同和其他资金时竞争程度越来越高的情况下,多数学校将面临资源短缺的问题,在应对这些压力的过程中,大学必须不断地开发新的资金渠道。

(2)中学后知识行业的出现。这些环境压力明显地改变了决定行业特性的五个因素。中学后知识行业的图景"隐约地透过玻璃"依稀可见。很清楚,潜在的学生群体(消费者)发生了变化,它包括更多具有特殊需求和兴趣的少数族裔学生和重新开始学习的成人学生,后者在对特殊教学项目的需求以及教学方式的偏好方面,甚至具有更大的多样性。我们的财政经费来源和关键的资源(提供者)是有限的,可能对特定的项目、服务或教学方式有更大的需求。随着信息时代以及新客户和新的教学方式的出现,非高等教育组织开始进入一个新的行业(新组织或替代服务),为中学后教育和服务提供了竞争者或者潜在的合作伙伴。新的通讯技术(核心技术)允许我们改变过去的教学形式,满足当前以及未来学习者的需求,建立新的研究合作伙伴关系,提高我们开展虚拟学习和研究的能力。

在从传统高等教育向大众高等教育、再从大众高等教育向中学后教育过渡之中,影响行业特性的五个因素中有两个因素发生了变化。正如本文所分析的,在当前这个时期,影响行业特性的所有五个因素都受到环境力量的影响,我们的行业开始变成一个中学后知识行业。各种教育机构都得到了发展,包括传统的院校、营利性院校、商业组织和政府机构提供的培训计划、虚拟机构及其教学形式、为特殊人群提供服务的新学校、提供中学后教育服务的通讯、信息和娱乐公司、新的学校合作形式、合资机构以及开展中学后科研和教学的国际合作形式。中学后知识行业竞争性很强,要求我们传统的高等教育机构和营利性院校在新的领域以新的方式既相互竞争、又相互合作。

(3)院校挑战。当我们进入大众高等教育阶段时,院校面临的主要挑战是应对学生规模的扩大、混乱和少数族裔学生的需要。当过渡到中学后教育阶段时,我们首先要面对的问题是入学需求的下降、经济衰退和资源约束,其次是解决质量、入学和公平等问题。当我们步入中学后知识行业时代,需要解决问题的数量和难度远远超过了以往任何年代。首先,大学和学院要理解和重新定义新行业的属性——多变的市场、消费者及其支持形式、新的教学和研究形式、提供中学后教育服务的新型组织以及竞争和变动的行业。它们需要在办学使命、确立与提供中学后教育、学习经验和研究资助的组织和其他非高等教育组织关系方面,进行重新定位。在这个过程中,它们需要重新组织学术和管理结构,使之与变化的使命、外部环境和内部组织关系相一致。它们也需要调整学术人员所扮演的角色,重新创造一种适合当代学术工作的新的组织文化。

事实上,它们需要重新设计学校,进行一次组织上的转型。对于学校来说,这是一次综合的和巨大的挑战,不可能在短期内完成。这种状况既取决于新的中学后知识行业的性质,也取决于行业的发展速度。

(4) 综合模型。毫不奇怪,面对着如此的环境压力、新兴的中学后知识行业模式以及学校面临的复杂挑战,研究者提出了四个新的组织模型,或者说对于之前的组织模型进行了重新修正,其中三个组织模型(适应模型、背景模型和创业模型)是对1980年代和1990年代战略选择模型的深化和完善。所有三种模型都关注学校的总体变化形式,与战略选择模型之间存在着不同之处。在战略选样模型中,学校采取理性方式对待环境,确定自己的市场位置,制定应对措施,通过理性选择程序(目标—重点—项目—资源)来适应环境的需要;与此不同,三种新的组织模型采取了体现制度理论思想的分析方法,来理解大学如何对于外部环境的变化作出反应。面对变动的环境,大学采取了更加主动的立场,积极地介入其中:(或者甚至试图改变它),或者经历一次宏观的或转型式的变化。所有这些组织模型都采取系统视角看待大学组织及其环境,借鉴了制度理论中的分析方法,结合了早期组织模型中有用的方面。

冈波特和斯波恩在其《院校适应:对管理改革和大学管理的要求》一文中,考察了环境扮演的角色以及大学管理如何适应之。她们关注环境中各种力量之间的关系、环境对于学校的需求、环境对于大学组织的影响以及大学组织作出的应对措施。她们通过这项研究提出了组织适应的模型。她们借鉴了几个"组织—环境"模型[种群生态、制度理论或同型(isomorphism)、权变、资源依存和战略选择],来理解一个组织如何适应外部环境的变化,并且使这些变化合法化。在《适应性大学》一书中,斯波恩研究了六所美国和欧洲大学,这些大学经历了很大的变革以应对环境的变化,斯波恩选择组织适应视角,并且结合了其他组织模型中一些有用的东西。斯波恩借鉴她本人与冈波特合作开展的研究工作,通过提出七个命题和两种学校状态,扩展了组织适应理论或模型,她赞成大学采取大规模的调整以适应变化的环境。

背景模型是一种学校应对中学后知识行业出现时自身发生剧烈变化或转型的策略,中学后知识行业至今并没有得到清晰的定义,它变化迅速,难以预测。与冈波特和斯波恩有关组织适应的研究相似,背景模型也借鉴了制度理论。但是,背景模型更加强调"行业"这个概念,并把它作为社会环境与院校管理挑战之间的一种中间过渡。该模型认为,前面讨论过的七种社会力量和新兴的中学后知识行业都迫使学校发生巨大的变化。在这种环境条件下和处于目前这种变化阶段,大学和学院面临着四个挑战,即重新定义行业以及它们在其中所扮演的角色,重新确定或修改自己的使命以及与外部组织之间的关系,重新组织学术和管理结构、功能和过程,更新或重建学术组织及其文化。要想实现这些变化,就要采取一个理性化程度较弱的计划或变化过程。该组织模型的提出是基于对经历剧烈或转型变化组织的考察。它提出了以下学校变革活动:从中学后知识行业中获得新的洞见或预见新的可能性,提出实施变革的方案或把握变革的总方向,加强基础设施建设以支持组织变革,提供激励措施鼓励教职工参与学校的变革,在组织内部和外部利用信息和通讯技术以监控和辅助组织变革的进行,并将成功的做法整合到学校组织内部来。

克拉克提出的创业大学模型是适应模型和背景模型的一个变种。克拉克在《建立创业型大学:组织上转型的途径》(*Creating Entrepreneurial Universities:Organizational Pathways of Translation*)一书中,提出了创业大学模型和大学如何在新的中学后知识行业时代自我变革的方法。在五所欧洲大学转型案例研究基础上,他提出创业型大学的五个要素或特征,它们分别是:坚强的领导核心、与环境发生联系的外围单元的发展、自由支配资金机制(或自主地获取和分配资源)、核心机构处于激发状态(学术单元为应对外部环境,采取有重点选择的发展方式)、创业性的理念或一套组织价值观。尽管克拉克研究的对象是欧洲大学,但是其研究视角同样适用于冈波特和斯波恩所考察的部分学校。斯劳特和莱斯利(Sheila Slaughter & Larry L. Leslie)在完成了一项关于一所研究型大学内部学术机构行为方式的研究后,撰写了《学术资本主义:政治、政策和创业型大学》一书,该书勾画了这些学术机构如何受创业和资本主义行为的驱使。[61]虽然这该书并没有提出一个独立的组织模型,但它是采用多种组织模型分析大学行为的一个很好的例子。他们把大学内的学术单位看成是彼此松散联结的、有组织的无政府。她们采用资源依存理论考察这些学术单位与研究资助环境之间的关系,借鉴制度理论帮助解释学术单位是如何建立以下信念的,即什么使得学术单位的学术声誉以及维持和提高其地位所需要的资源获取的重要性合法化的。

第四个模型是虚拟大学或学院,它目前还不够完善。卡慈迪(D. M. Carchidi)和彼得森在考察这些新型组织时,在具有虚拟教学系统组织、虚拟组织和管理形式以及兼而有之的组织三者之间,作了重要的结构上的区分。卡慈迪在一项包括多种不同形式的虚拟组织的研究中,对于上述区分进行了详细的阐述。他采用开放系统视角和制度理论方法,并且借鉴了适应模型和资源依存模型,考察了新兴的管理模式。虽然已经取得了一些进步,但是虚拟大学模型还有待进一步完善。

在这个时期,学者及其从事的理论研究工作再一次反映了社会学和其他学科在其中所扮演的角色。克拉克和冈波特是社会学家,斯波恩具有商业管理的学术背景,莱斯利是经济学家,斯劳特是政治学家,卡慈迪和彼得森具有组织行为研究的学术背景。每一位研究者采用了多种不同的组织视角和组织模型。大学和学院组织研究明显地变成了一个跨学科研究领域。

### 七、权变视角:影响组织模型的提出

本文为大学和学院组织模型的建立提供了一个分析基础,有助于解释不同的组织模型是怎样被提出的,可以为我们今后思考和提出新的组织模型提供一定的指导和参考。很清楚,在过去 50 年里,大学和学院所处的环境发生了急剧的变化,变化的环境对于组织及其所在的行业产生了直接的影响。图 2 勾画了一个一般分析框架,以便理解组织模型的提出是如何受环境条件和行业概念的不同影响而变化的。

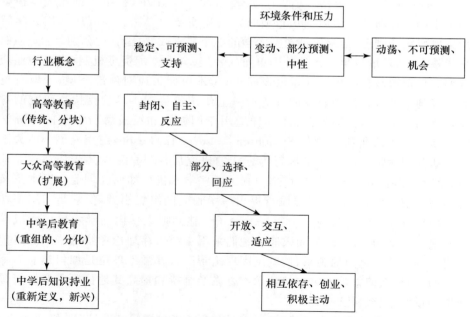

图 2 权变视角:决定组织模型的行业环境条件

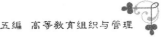

### （一）早期模型：1950—1972 年

每一代学者和高等教育领导人都认为，事物是在不断变化的。通过历史可以看出，这个时期社会环境是相对稳定的，具有一定的可预测性，并且有利于高校的发展。在1950年代和1960年代，尽管资金供给滞后于入学人数，但是大学和学院获得的资源（入学人数和资金）却快速而稳定地增加。高校获得的资源具有可预测性，事实上，预测是这个时期进行学校规划的主要方式。公众和公共政策部支持高等教育的发展，例如《杜鲁门委员会报告》、《退伍军人法案》和州政府提供经费资助，以支持建立新高校，扩大已有高校的在校生规模。

1950年之前传统高等教育的概念以及这个时期出现的大众高等教育的概念很容易为人所理解。我们可以把大学和学院按照类型进行划分（研究型大学、综合学院、文理学院、社区学院，在公立和私立高校之间有一些差别），或者按照竞争关系进行划分，尽管院校之间的竞争程度远比1950年之后院校之间的竞争程度要弱许多。

在这样的环境下，我们早期提出的组织模型（科层和社团或学院）基本上把大学和学院看成是一个封闭系统，它们具有很大的自主性，仅对外界变化作出反应。公立院校对于入学需求增加的压力和可能作出回应，院校的规模有所扩大，特别是发生在社区学院。随着院校规模的扩大，管理的科层化程度有所提高，教师人数有所增加，以满足学生规模的扩大。

1960年代末和1970年代初，美国社会出现了多次混乱局面（越南战争、自由言论运动和民权运动），高等教育是无法不受外部事件影响的。环境因素变得越来越侵入到高校内部，可预测性变得越来越弱。公众对高等教育的支持热情比以往有所减弱，公共政策制定者要求高校具有良好的秩序并加强控制，只有这样，政府才同意对扩大大众高等教育规模和增加少数族裔学生入学机会提供持续不断的经费资助。

组织模型有选择地部分反映了新的环境和行业变化。虽然组织传奇模型和早期的政治模型采取了开放系统的视角，考虑了外部变化的影响，但是它们主要还是关注组织内部的运行方式。松散联结模型和有组织的无政府模型也反映了外部条件的影响，但是重点仍然放在规模不断增加以及学术单元越来越多样这些大学组织的复杂性的方面。

### （二）外部模型：1972—1995 年

随着大众高等教育的推进，到1972年时，高等教育外部环境变化的迹象已经表现得十分明显，大量的适龄学生进入大学，少数族裔学生入学需求提高，经济衰退对于高校财政状况产生约束。1972年颁布的《高等教育修正案》开创了中学后教育时代，营利性院校从此被纳入中学后教育体系中，改变了学生资助分配形式，使得中学后教育行业更加分化、更加竞争（参见图2）。这个行业由于社区学院和营利性院校的加入而得到扩大。对于学生竞争的趋势使得高校要更加明确：哪些人是自己想要吸纳和服务的学生群体以及谁是自己的竞争对手。高校变得更加具有市场导向性。在1980年代期间，对提高教育质量和公平性的社会压力以及大学经济上所处的艰难局面，更加剧了高校受外部环境因素的影响。高校面临的挑战不再是管理问题，而是学术问题，学校主要关注的不再是以前的效率和生产力指标，而是效益指标。环境不仅是变化的，而且学校越来越难以准确地预测学生人数和可以获得的办学资源。公共政策对于高等教育的立场发生了变化，从支持转变为中立。

这时提出的组织模型充分地考虑了高校面临的挑战，它们都是从开放系统的视角出发，关注组织与环境之间的关系。市场模型、资源依存模型、战略模型、矩阵模型、文化模型以及将制度理论重新引入组织分析，均强调组织与环境界面的交互性，开始意识到院校不仅要应对新的行业格局、外部力量和所面临的挑战，而且要适应它们。

### （三）适应和积极应对模型：1995—2005年

前面已经讨论过，在这十年时间里，环境是影响高校条件和压力的源泉。变化的条件导致中学后知识行业概念的提出，这对于大学和学院来说，不仅意味深远，而且具有现实的挑战性。我们可以用动荡或者急剧变化来描述这个时期环境的特征。对于高校管理而言，收入和学生人数变成了主要的不可预测因素。行业的内涵、竞争和合作格局处于变化之中，我们无法完全清楚地认识它们。公众对于高等教育的期望在提高，而学校可获得的资源却在减少，因此开拓新的资源渠道、尝试新的活动计划对于高校的生存和发展变得至关重要。这要求高校抓住一切机会，适应市场的需求。这时高校要解决的现实问题是重新设计学校结构和进行宏观或转型变革，而不是战略回应。

在这种背景下，另一些组织模型被提了出来，它们之间具有密切的关联性。适应模型、背景模型和创业模型均反映了环境塑造大学和学院组织这个思想。这些模型与十年前提出的模型在看待环境立场上有所不同。之前，我们把学校与环境之间的关系看成是相互作用，高校适应环境需求。新的模型在看待高校与环境之间的关系时，更加强调互相依赖性以及学校的主动性，即学校或者改变自身，或者寻求参与机会，或者从自身利益出发，改变环境中的某些要素。它们也更加强调大学组织的创业行为。

### （四）需求：未来的模型

也许，我们可以利用这个"环境—行业"分析框架对组织模型提出的影响，来预测一下未来组织模型的可能发展趋势。我们正处于21世纪头十年中期，在十分易变的新兴中学后知识行业的情形下，下一个组织模型将会是怎样的，这目前并不清晰。但是，从我们已经观察到的组织模型发展格局来看，有几个新的可能性是值得理论研究者注意的。前面已经提到，虚拟大学和学院组织模型并不完善。大学和学院不但在同类组织中建立起了一些新的联盟关系、合作伙伴和合资关系,而且也与政府和商业公司建立起了同样的关系。这些可能是建立新的组织间关系模型的现实基础,或者是关注克拉克创业组织模型中诸要素中的一个——改进组织外围单元的建设。在具有不同性质大学系统的国家中开设的跨国和国际性大学和学院的组织特性以及合作伙伴关系或合资关系特性,值得关注。我们如何理解与非高等教育机构、政府和企业建立合作伙伴关系或合资关系的大学组织呢?新兴的个体网络松散地组织成为一个公民社会,在复杂社会问题学习和研究领域中有没有大学和学院的参与,同样需求关注。网络组织的思想可以作为一种工具,帮助我们理解许多新型的组织间关系。由于学校处于永远变化的环境之中并位于中学后知识行业领域,所以我们仍然有必要通过建立新模型的方式来理解变化中的学校。

### 八、一些历史演化的洞见

在过去50年中,研究者提出了许多高等教育组织模型。回溯组织模型的历史演变过程以及影响它们的力量,我们可以得到一些洞见。

#### (一) 模型的可借鉴性和可积累性

高等教育组织模型具有两个显著的特征。第一,多数模型是从其他学科领域学习和借鉴过来的。这些模型不但是从其他学科中的概念和理论推导而出的,而且在引入高等教育研究领域之前,它们就先在其他非高等教育组织领域被提出和界定。事实上,它们的理论基础是从其他学科有关决策的概念中借鉴来的,唯一一个主要在高等教育背景下提出的组织模型是科恩和马奇关于有组织无政府的组织模型。

第二,不同模型之间是不能彼此相互替代的。多数模型是针对大学和学院组织的某些行为特征而独立提出的,这些模型的使用和效果具有累积性。没有哪一个模型已经失效了,也没有哪一个模型可以从理论模型库中被排斥出去。科层模型经过演化已经发展成为我们目前经常使用的"正式—理性"模型(事实上,我认为它是一种扩展,但是在前面没有谈到这一点)。学院模型和社团模型仍然被广泛地使用着。对于其他多数模型来说,情况也是如此。当这些模型被建立起来时,它们抓住了学校对于一些外界挑战的回应特点,至今仍然是有效的。我们建立的组织模型从关注组织的某些具体方面,发展到把整个组织当做一个系统来看待,或者把组织与环境联系起来加以考察。最近提出的许多模型结合或综合了其他模型的成分(例如,伯恩鲍姆1988年提出的控制论模型,加姆伯特和斯波恩1999年提出的适应模型)。

#### (二) 社会学的贡献以及跨学科研究的兴起

很显然,早期的科层和社团组织模型都是社会学的衍生物。在接下来的时间里,高等教育组织模型也都受到社会学的影响。或者有人会说,组织研究属于社会学研究的范畴。但是,高等教育组织研究也从其他学科领域学习和借鉴了许多有用的成分,比如人类学、组织和社会心理学、政治学和公共管理、商业管理、运筹学、信息科学和生物学等。也许更为重要的是,组织行为研究领域的出现正是跨学科合作研究的结果,这是来自不同学科领域有志于研究组织现象的学者之间的合作。早期研究高等教育组织问题的学者具有多学科的背景,许多近期研究者、特别是在高等教育研究领域接受过训练的研究者,也具有多学科教育的背景。因此,现在我们越来越不宜说,组织模型是建立在社会学基础之上。

### (三)内部—外部—系统模型

显然,早期的科层或学院组织模型是从内部和封闭系统的视角来看待大学和学院组织的。但是,到1970年代初,采取开放系统的视角在组织研究领域得到了普遍的认可。事实上,从1975年以来,所有的组织模型都明显或不明显地采取了开放系统的视角。最新提出的组织模型同时明确地承认组织和环境的合法性和重要性。

除了研究重点从内部转向外部之外,组织模型还把关注重点从组织的具体方面和运行机制转向更加开阔或系统的研究视角。例如,科层模型关注理性过程和结构,而后来提出的组织传奇模型、有组织的无政府模型或者文化模型则试图考察组织的其他方面。即使是各种"组织—环境"模型开始时关注组织与环境之间的特定运行机制,而后来的模型则扩大了研究范围,将各种不同的组织与环境之间的关系加以考察。例如,资源依存模型通过资源流动这个侧面关注组织与环境之间的关系,稍后的战略和矩阵模型试图在组织理性运行机制的范围内扩大考察的关系范围,而最近提出的适应、背景和创业组织模型试图从系统的视角来考察环境和组织。

### (四)制度理论、后现代和系统整合框架

本文在前面已经提及制度理论、后现代主义和系统框架这三种知识对于高等教育组织行为分析所产生的影响,但是并没有把它们当做是三种组织模型。今天,这三种知识被广泛地借鉴和运用,原因在于它们不是关于组织如何建构和运行的具体模型。每一种知识都是分析大学和学院组织的一种方法。

制度理论系统地考察社会背景和环境力量是如何导致同型或者新的结构和过程的合法化。它常常采用定性方法,利用其他模型来帮助理解合法化过程。巴斯特多(M. Bastedo)最近有关董事会的研究工作以及加姆波特和斯波恩对于管理形式变化的考察就是很好的例子,他们在分析和解释研究对象时也借鉴了其他组织模型。制度理论是非常有用的分析方法,但是它缺少其他组织行为模型中概念所具有的特定性。

利用鲍曼和迪尔《重新构造组织》再版一书中提出的系统和综合框架,是借鉴其他组织分析模型的一种方法,但其本身还不能算是一种模型。例如,他们把结构(科层或理性)、人力资源(人)、政治和符号(文化)模型当做是不同的视

角或框架,来理解每一种视角或框架在综合分析组织运行过程中是如何发挥各自作用的,但并没有提出一种特定的模型。其他研究者,如博奎斯特试图整合几种不同的模型,为文化模型提供一种更系统的分析方法,但是他本身并没有提供一种清晰的模型。

对于社会学家、其他领域的社会科学家、组织研究学者以及那些把组织行为当做是一个研究领域的研究者来说,后现代理论并没有什么新奇之处。后现代理论强调采用不那么理性和正式的方法来理解组织,关注话语分析,以揭示组织生活中出现的意义和关系。高等教育组织研究并没有像其他专业研究领域那样,对后现代理论进行充分的讨论。后现代理论隐约地与文化模型中所采用的方法有所重叠。今天,它已经成为一些具有思想性讨论话题的焦点,如布洛兰德(Bloland)对此问题的论述或者"后现代主义与高等教育"一文中所涉及的内容,它在涉及领导和决策等高等教育组织运行机制问题或权力本质问题研究方面,具有隐含作用。但是,在将后现代理论转换成反映高等教育组织本质方面,仍然是一片空白。如果认为后现代理论可以变成一种组织模型,可能正好违背了后现代理论的精神。

### 九、对于高等教育组织模型中权变方法的总结性思考

本文提出了一个框架,试图帮助理解过去五十多年时间里多种高等教育组织模型的发展过程。权变分析框架认为,环境力量和条件不但形塑着高校,而且形塑着高等教育行业。这两个方面向大学和学院提出了学术和管理方面的挑战。院校结构、过程和其他运行机制如何受制于这些挑战并应对它们,是我们提出新的组织模型的动力,这些组织模型有助于解释或理解院校变革及其新的运行机制。社会学虽然不是这些高等教育组织模型的唯一贡献者,但却是其中许多组织模型的理论基础,也是采取权变方式考察大学和学院组织模型的基础。

(阎凤桥 译)

# 高等教育权力的整合[①]

伯顿·R. 克拉克

**作者简介**

　　伯顿·R. 克拉克(Burton R. Clark,1921—2009),美国教育社会学家,当代最杰出的高等教育学者之一。他曾作为一名军人赴欧洲战场参加第二次世界大战,复员后到洛杉矶加州大学学习,获文学士、哲学博士学位(社会学)。他先后在斯坦福大学、哈佛大学、伯克利加州大学、耶鲁大学任教,1981年回洛杉矶加州大学担任 Allan M. Cartter 高等教育教授,1992年退休。克拉克研究领域十分广泛,在社会学、教育社会学特别是高等教育社会学、比较高等教育、高等教育组织与管理领域卓有成就。主要著作有:《开放型学院》(*The Open Door College*,1960)、《特色学院》(*The Distinctive College*,1970)、《高等教育社会学的发展》(*Development of the Sociology of Higher Education*,1973)、《意大利的学术权力》(*Academic Power in Italy*,1977)、《高等教育系统——学术组织的跨国研究》(*The Higher Education System: Academic Organization in Cross-national Perspective*,1983)、《高等教育新论——多学科的研究》(*Perspectives on Higher Education: Eight Disciplinary and Comparative Views*,1984)、《高等教育百科全书》(四卷本,任第一主编)(*Encyclopedia of Higher Education*,1992)、《研究生教育的科学基础》(*The Research Foundations of Graduate Education*,1993)、《探究的场所——现代大学的科研和研究生教育》(*Places of Inquiry, Research and Advanced Education in Modern Universities*,1995)、《建立创业型大学——组织上转型的途径》(*Creating Entrepreneurial Universities: Organizational Pathways of Transition*,1998)、《大学的持续变革——创业型大学新案例和新概念》(*Sustaining Change in Universities: Continuities in Case Studies and Concepts*,2004)等等。克拉克曾多次获得美国、英国教育学术团体的奖励,并入选美国国家教育研究院会员。

---

　　① [美]伯顿·R. 克拉克. 高等教育系统——学术组织的跨国研究[M]. 王承绪,等译. 杭州:杭州大学出版社,1994:153-186. 原书第五章标题为"整合"。原书为:Clark, Burton. The Higher Education System: Academic Organization in Cross-National Perspective[M]. Berkeley: University of California Press,1983.

## 选文简介、点评

在伯顿·R.克拉克的众多理论、概念和模型中,最具有原创性的是"学术寡头"、"冷却功能"和"高等教育权力三角协调图",其中前两个概念分别是在对意大利大学学术权力和对美国社区学院进行研究的基础上提出来的。在他的大量著述中,影响最大的是1983年出版的《高等教育系统——学术组织的跨国研究》一书,"高等教育权力三角协调图"即出自该书。这该书和这一模型奠定了克拉克在高等教育研究领域的顶尖地位。克拉克把高等教育系统看做是由生产知识的群体构成的学术组织,这种组织以知识特别是高深知识作为操作材料,其基本要素包括工作、信念和权力;围绕工作及与之密切相关的信念形成了各种权力关系,权力之间存在一定的冲突,因而需要协调。在十年出国考察的基础上进行比较,并参考大量的研究文献,克拉克将他以前提出的从国家权力到市场的高等教育权力连续体改写为政府、市场和大学三角协调图。三角形的内部的各个位置代表政府、市场和学术权威三种成分不同程度的结合,每一个国家都处在这个三角协调图中的某个具体位置。克拉克还认为,在整合高等教育权力的过程中,包括官僚制协调、政治协调、专业协调和市场协调四种模式。克拉克本人比较推崇市场协调模式,但他认为市场协调必须与其他协调方式结合起来。1996年,克拉克对"高等教育权力三角协调图"进行了反思,指出他在20世纪80年代初提出的这一模型"主要关注宏观趋势和结构,忽视了微观动力和决定因素"。在全球化进程加速和深入发展的背景下,"高等教育权力三角协调图"受到了同行的挑战。2002年,西蒙·马金森和加里·罗兹(Simon Marginson & Gray Rhoades)指出,当代高等教育由于受到全球化的影响,克拉克局限于民族国家内部的分析框架已经难以反映出影响世界高等教育系统的基本力量。2002年,他们在《高等教育》杂志发表论文,提出"全球—国家—地方解释模型"(Glonacal Agency Heuristic),在认可克拉克关于政府、大学、市场三种力量互动的观点的同时,强调全球、国家、地方三个层次的各种力量相互作用,共同影响高等教育,并不限于国家层次和单个国家内。但是,"全球—国家—地方解释模型"较为复杂、晦涩,高度抽象而又简练的"高等教育权力三角协调图"仍然是比较高等教育研究领域最经典的分析框架。克拉克从纷繁复杂的高等教育现象中抽取出"理想类型"的理论创新方法值得借鉴,但这一理论创新是建立在长期艰苦的探索和扎实可信的研究的基础上的。

## 选文正文

在一个无限复杂的世界,高等教育系统在整合方面遇到许多难以简单地描述和解决的困难。高等教育的任务激增,信念繁多,各种形式的权力往不同的方向牵拉。但是,每一种情况总在各个部分出现某种秩序:许多学科把来自四面八方的教学人员联系起来，各个大学象征性地把许多专业结合起来，各种地方的和全国的行政机构提供统一的法规和条例。各种官僚的、政治的和学术权威的国家权力形式都为全体的整合起着作用。但是，许多权力模式，即使分成若干国家类型，总还有很多遗漏。在巴西、日本和美国，统治高等教育中各种关系的一大部分制度，并不是由行政官吏、政治家和学术权威制定，而是由类似市场的相互作用产生的。其他许多国家的高等教育系统，在较小的程度上，也显示出市场的作用。这种实现秩序的无意的努力，和阻碍联合的比较有意的积极性交织在一起。联系的基础要求对学术活动得以安排的各种形式进行更多的分解和重新组合工作。

我们开始在最简单的基础上建立三个理想的类型——国家体制、市场体制和专业体制，这三种体制结合起来，为比较各国的高等教育制度提出两维和三维的空间。然后指定每个主要整合模式可以沿着前进的几条小道，这就使各个系统具有更大的复杂性。既然国家机构甚至在形成高等教育的市场方面也成为中心的工具，我们的分析就着重国家和市场的结合，进而分析各国对国家机构有支配能力的主要利益集团。最后，讨论国家控制的限度这一重要问题。近代国家不断地在学术系统犯错误。本章结尾将回顾 20 世纪所进行的强迫性控制连锁的种种努力，指出它们自拆台脚的性质。

## 第一节　政府、市场和学术权威

让我们设置一个维度，表示高等教育系统的各部分从紧密向松散的联系。联系紧密的一端是一个一元的结构，高等教育系统的所有单位是一个一元的结构，高等教育系统的所有单位是一个包括一切的正规结构的组成部分，具有共同的目标。沿着这个连续体往下移动，我们发现一个联邦的结构，各单位有着原来不同的目标，但又为共同的目标保持某种正式的联系。再沿这条线下移，是一个联合的结构，在这样的结构中，不相同的目标至上，以致各部分之间只有非正式的或准正式的协作。在连续体的远端，是一个"社会选择"的结构，在这样的结构中，没有包括一切的目标，由各自治组织独立地进行决策。

社会选择这个概念与中央决策相反，这是班费尔德（Edward Banrfield）提出的。

> 社会选择……是两个或两个以上的当事者——他们将被称为"有利益关系的各方"——的行动的偶然的副产品。他们有着共同的意图，他们在进行选择时相互竞争，或不顾彼此的利益。在社会选择的过程中，每个人追求达到各自的目的；一切行动的总和——即一切行动共同产生的情境——构成这个群体的结果，但这个结果并非有人计划作为一个"问题"的"解决办法"。它是"结果"（resultant）而不是"解决办法"（solution）。

结果和有计划的解决办法是同等的。它们都来源于利益集团,都可能导致新的可行的结构,成为永久的解决办法。例如,像前面所指明的,美国研究生院的兴起和扩散,作为支持科学研究和高层次训练问题的一个解决办法,绝不是一个由中央计划的解决办法,甚至显然也不是一个小的领导集体间达成的默契。它更多地是一种社会选择,是根源于各自治院校间竞争的相互作用和自愿模仿的结果。

这个连续体的两端,稍加改变,以便更有效地论述各国的大学和学院,可以看做纯粹的国家管理和市场体制。这两种体制的对立,林德布洛姆(Charles E. Lindblom)曾经从社会的高度进行论述:

> 在历史上,国家政治经济制度服从政府控制(governmentalization),它的另一选择就是市场。正如各种等级的、官僚的和政府的体制由权力关系产生,市场体制由简单的交换关系引起……交换不仅是改变事物所有权的方法,也是控制行为和组织人与人合作的方法。

各国高等教育系统在依赖权力和依赖交换之间存在巨大差别:高等教育系统的结合愈松散,对交换的依赖愈大。

例如,该书第二章所确定的四类高等院校,可按依赖形式,依次排列。第一种模式是一元的和统一的政府管理;第二种模式在一般控制上是一元的,但割裂为若干独立的部门;第三种模式是一种由分裂的政府权力和多重的部门利益构成的比较松散的安排,逐渐变成邦联,如加拿大;第四种模式包含很多社会选择或市场型的相互作用。这样的连续体,政府体制的范围逐渐缩小,市场型相互作用逐渐增加,在这两种体制之间有各种结合如联邦(federation)、邦联(confederation)和联合(coalition)。因此,具有这种广泛意义的市场,它是与非政府型、非控制型同义的。

我们可以用图表明六个国家的高等教育系统在这个维度上的位置,把这些国家安置在一个有限的连续体上,而不问各国之间在这个维度上的确切间隔:

```
瑞典   法国   英国   加拿大   日本   美国
─────────────────────────────────────────
一元的和统一的政府管理            市场体制
```

在这六个国家中,瑞典具有范围最广和最严密的政府协调体制,有高度发展的计划能力和中央国家机构,整合成一个比较小的系统。法国也具有这样一个政府体制,但是由于多重机构和部门而造成某种不一致现象和由于高等教育规模较大和较复杂而造成更大的松散现象。英国从 1965 年以来沿连续体从右向左移动,从具有强有力的市场因素的联合体制,走向比较严密的联邦式的联系,然后到具有范围广的国家结构的重要因素,但仍处于连续体的中央。加拿大大量地保持邦联甚至是联合的体制,各省的权力竭力反对国家体制。日本1000所高等院校相互影响,具有广泛的市场特征,但是国家的影响比美国大。美国高等教育制度仍旧是最具自主选择和市场交换特征的制度。

沿着这个连续体,可以向左移动或向右移动。第二次世界大战以来,特别是20世纪60年代和70年代,已经看到从松散的安排到更加严密和范围更为广泛的正规体制的一般的转移,甚至美国也没有避免这种转移,因为高等教育的扩张所引起的费用和复杂性,加强了克服混乱现象、恢复秩序的需要。首先,在50个州,过去20余年来,正规的协调机构有了质的变化。其次,在全国,高等教育系统的协调工作也有很大改进。但是,已经是一元化的高等教育系统常把改革看做脱离严密控制的运动——例如,瑞典、法国和意大利使政治权力分权化和/或分散行政权力。此外,一个国家,如各省企图脱离国家的统一,如加拿大,对于具有松散结构的近代国家力图增加政府的协调工作这一规律,也许仍旧是一个例外。

第三个可能性是由我们前面讲过的国内有声望的学术权威进行协调。一个国家的高等教育系统可以主要由学术权威担任协调,不管协调的好坏,而不是通过政府官僚的命令或市场型的相互作用。例如,意大利的国立高等教育系统严厉地阻抑市场关系,把各大学的主动性和各大学之间的竞争降至不重要的地位。同时,因为联合政府比较软弱,国家官僚政治比较平庸——特别是教育部——政府权力的作用基本上是虚假的官僚政治,在表面上政府控制的背后,资深教授掌握了主要权力。在欧洲大陆各国,地方赋予讲座教授权力,在负责全国财政、人事、课程和科研的团体中进行控制。在某些问题上,这种控制由一小部分寡头行使职权,就像超级巨头集合在中央的各种委员会,或者保持非正式的接触。在另外一些问题上,特别是按学科划分的专门领域,例如科研经费的分配,小组控制更具多头政治性质。以上两种情况,负责的"当局",不是市场机制,但是掌权的是教授而不是官僚。

由学术权威进行的某种协调工作,在所有国家高等教育系统中都存在。这种协调工作在讲座制的高等教育系统最为突出,因为很大权力集中在地方个人,相当于成千个部分的小垄断集团,通过各种方法,从单纯地位膨胀到稳定参与中央的各种委员会,造成各种条件,把一部分人推到国家权力的地位。行会和官僚政治的结合本来是矛盾的,因为讲座的权力使正式的结构出现分裂。于是,以讲座的权力为基础的代用机制的时机成熟,这种机制将以不同的方法使各部分协力同心。因此,一批资深教授的广泛权力,甚至在强大而有能力的官僚政治前面,一直是传统的法国学术生活的显著特征。德国的教授在全国、省和地方三级,在科学委员会、西德大学校长会议、大学联合会以及德国科学研究联合会的各学科委员会等团体中有强有力的集体发言权。

各国不是严格作为政府体制来组织的高等教育系统,可能大量地依靠学术权威能采取多种方式联系个人、群体和院校。当高等院校主要由政府提供经费时,教授通常首先寻求从国库给各院校特许的自主权,直接地和不加干涉地一次总付补助金,过去承担的义务和预算保障适当的总额。但是,一旦可以达成某种正式的协调,事实上各处都做到这一步,通常第二种选择是有一个缓冲机构,这个机构"了解高等院校","同情它们的需要",并为它们向政府讲话。大学的教授基于专长和代表性,提出一个有说服力的理由,认为应该为这种机构配备各学科和院校内外有影响的人士。英国大学拨款委员会就是一个典型的例子。该委员会主要由著名的大学教授组成,长时期来为世界各国所取法,做出接受政府补助而并不从政府官员接受命令的一种有效的方法。

这种中间机构,虽然并非唯一的具有这种巨大学术影响的工具,却是先后为各国所采用,在高等教育的不同部门和政府的不同层次实施的一种主要方法。例如,在澳大利亚,大学拨款委员会这种英国的传统已被采用,适应比较扩大的联邦的背景,在全国和州两级都为三个主要的高等教育部门设立了中间机构。在全国这一级,在20世纪70年代,大学部门有澳大利亚大学委员会,另有高级教育部门的高级教育委员会和继续教育部门的继续教育委员会,这三个委员会于1977年在新设的第三级教育委员会之下改组为三个领域的法定的委员会。

特别在第二和第三个部门,在州这一级产生许多平行的机构,共有六套机构。特别在州这一级,各个部门和它们各自的委员会都有一个背景,它们在历史上是政府各部产生的,又和政府各部相互影响。不久以前,除新南威尔士州以外,各州有一所大学直接和州政府有联系,而师范学院、科技大学、技术学院、农学院和类似的院校一般受某一州政府的教育部直接管理。在各高等院校和有关的政府各部之间成立了专门委员会作为缓冲机构,最近的改革,建立范围比较宽的委员会,企图重新组合政府部门的办学。澳大利亚人口不足1500万,只有六个州,但并不缺乏中介机构!

因此,在历史上从联邦的、联合的或市场的环境中发展起来的高等教育系统,可能很广泛地发展缓冲型的学术权威影响。在官方高层的真空,至少由专家占据以做出某种决定。在由部一级控制的高等教育系统,缓冲机构比较少。在这些国有化的高等教育系统中有两种主要的可能性。一种可能性是中央的文职官员将亲自掌握权力,负责领导整个高等教育系统。行政权力委托给在实地进行工作的擅长的官员,例如,传统的法国由县一级负责监督的模式。另一种较大的可能性是权力将进入资深专家学者之手,他们以与他们的管辖相宜的方式深入和围绕政府有关各部。

随着学术权威有无限权力或潜在活动,我们这个从政府权威到市场的连续体可以重新改为政府、市场和学术权威呈三角形的协调模式。三角形的每个角代表一种模式的极端和另两种模式的最低限度,三角形内部的各个位置代表三种成分不同程度的结合。例如，我们在三角形内部安排我们前面排列在连续体上的六个国家，并展开概念空间，增加苏联和意大利，作为更接近两个极端的例子（见图1）。

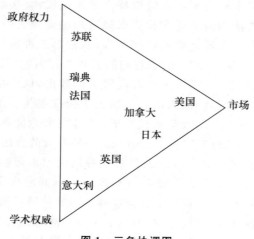

图1 三角协调图

苏联是政府权力胜过学术权威与市场相互作用的最纯粹的例子。瑞典保持相对地接近政府协调这一极，因为过去20多年来，瑞典增强了政府官员和有关的利益集团的力量，压倒大学教授的传统的强大力量和特权。1980年时，瑞典的学术权威特别感到受到政府和校外集团的摆布。法国的位置稍远离国家协调这一极，更倾向学术权威这一极，因为虽然法国有一个强有力的有权能的教育部，但是历来的情况是，在中央官员的正式的最高权力与大学人员的能力之间处于平衡状态，足以避开、重新制定和削弱政府所强加的规章和政策。意大利更接近学术权威这一极，因为意大利的有声望的和强有力的全国性的学术权威，传统上胜过比较软弱无力的官僚机构。这四个国家中没有一个国家的市场在高等教育协调中发挥重要作用。

英国的位置相当接近学术权威统治，因为大学拨款委员会和全国学位授予委员会等中间机构发挥广泛的作用，资深专家学者在这些机构中居支配地位。20世纪60年代中期以来，政府权力显著增加，英国审慎的协调工作仍然是官方和专家协调的结合。比彻（Tony Becher）、恩布林（Jack Embling）和柯根（Maurice Kogan）对英国高等教育的研究表明："中央政府在全面形成英国高等教育系统方面起着决定性的作用。"英国高等教育系统的全面形成既没有交给市场，也没有凭学术方面的判断。但是，由于特定传统的尊重院校自治和个人的学术自由，政府"羞于"提出国家的目标，而各种中介机构，虽然越来越被看做政府机构的许多部分，仍保留"学术方面的判断"，大量地陷入"资源方面的决策"。目标的不明确和这些中介机构的自由意味着国家的"协调计划"一般地说是软弱的：英国的全国性协调，与欧洲大陆国家的教育部的力量和作风相比好像是含蓄、隐藏和不明确的。

加拿大在这个三维概念空间中的位置接近英国，有一点较弱的学术权威影响的传统。如果我们暂时从中央下降到省一级的政府——加拿大最强的省一级的监督——那么就发现省政府的官员对省的高等教育系统行使相当官僚主义的影响，特别在魁北克和阿尔伯塔。日本的高等教育系统有一定的复杂性，难以简单地确定一个位置：一方面，全国性的协调工作基本上正式交给文部省的官员，而不交给类似英国大学拨款委员会的机构；另一方面，日本的讲座制度，和一定的日本小集团忠诚和凝聚性的特征相结合，给予资深教授强有力的权力基础。东京大学和京都大学的塔尖地位，也给这两所大学的学者以全国性的影响和特许的自主权。

美国体制差异很大，资深教授在全国和州一级很少协调作用。美国教授缺乏欧洲和日本教授的权力基地，他们在控制的上层结构的高层缺少代表人物，美国教授可能控制他们的系，他们的多系科学部、学院和专门学院，甚至偶尔在整个校园可能具有重要的协调作用（例如在伯克利加州大学和洛杉矶加州大学的强有力的学术评议会）；但是，在研究委员会以外，在较高层次的管理方面，他们代表人数不多、力量不大。确实，甚至在研究全国高等教育问题的非官办的委员会如卡内基高等教育委员会也是由代表重要部门和院校的行政人员而不是由教授充任。

在这个三角形设想的整合模式中，多数国家的高等教育系统的大部分公开活动位于三角形中点的左边：公开的斗争是在政府官员与教授之间展开。市场或者不被看做一种协调的形式，或者被看做产生不可靠的和不良的结果，就负责的教授和负担政府的政治和行政责任的官员来说，他们的假设是应该有个权力，有人负责。但是政府官员在这场战斗中并不是自动的胜利者，不是在不平等的竞争中不费力的胜利者。他们的确用许多方法走向控制——通过对设备的定位和扩充的政府控制，部门预算，协调机构的行政人员配备和立法的专业评价。但是，正如该书第四章所强调的，目前越来越需要专家参与做出有权能的判断，教授有着强大的反击基地。因此，在许多次要的领域专家参与同行评论的需要以及专家委员会"指导"的需要，无论在全国和地方都将增加而不是缩小。各国高等教育协调需要全国性的专家学者。

## 第二节 整合的过程

各国高等教育系统的这三种广泛的整合方式中，每一种整合方式在内部性质上都有相当大的差异，当每种整合方式和其他整合方式结合时，将形成不同的方式。每种整合方式各有其一定的动力，特别是各种整合方式的发展过程。探索这些过程就是更加深入地钻研每种整合方式的自然复杂性，摆脱对高等教育系统整合过程的任何简单的解释。在实践中，矛盾是正常的，我们一旦放弃只包括教育部和正式委员会的简单的"协调"概念,进展到各种组织、群体和个人一致行动的比较宽广的各种方法的范围时,在推理过程中,矛盾也就变成正常的了。

把政府权力分成官僚制的和政治的各种成分,这迟早是必需的一步,整合的自然过程可以分为官僚、政治、专业和市场四个方面。

### 一、官僚制协调

该书第四章在高等院校和高等教育系统的层次上发现的一般官僚制现象,最近几十年来,经常在高等教育上观察到的至少有五种发展途径。

#### (一)分层(layering)

官僚制的协调方式通过增加政府的或半政府的正规协调而得到扩充。实行地方分权的高等教育系统增添新的高级层次,实行中央集权的高等教育系统则引进更多的中间层次。美国和澳大利亚主要在新的或纵向扩大的行政上层结构中增添高层次的协调;瑞典已经实行中央集权,引进了地区委员会:这种途径可以称作"分层",这是政府管理中可以注意到的作为改革的永久结构性影响的一种现象。改革必然带来改组,"改组常常导致分层——一个行政梯队堆上一个行政梯队,不停地探索协调、对称、逻辑和全面秩序"。

分层使行政金字塔更高了。分层的目的是为比较庞大和/或比较复杂的高等教育系统提供纵向的联系机制,使高等教育系统的顶层、中层和底层相互之间更多接触。同时使高等教育系统内外有更多的有关人士有机会参与高等教育工作,例如美国联邦政府官员参加高等教育系统的工作,瑞典的非专业团体参加地区高等教育工作。各国对"协调"的共同理解,都向这个方向推进工作,设想一种对称的责任制金字塔(symmetrical pyramid of accountability),最终达到全面的秩序。但是,分层可能产生没有预料到的和不良的重大后果。增加的分层曲解顶层和底层之间的沟通,增加参与人员和观点,从而使管理工作更不一贯和可靠而不是更加一贯和可靠。在顶层的少数职位非常吸引人,而现有大量"低级"职位不那么吸引人,因此引起在中层和下层丧失人才和首创精神。例如,美国公立大学最高职位变得不那么吸引人,因为在他们上方还有三至四层管理机构,如设立多所分校的大学总校管理处、州管理委员会、州政府监督,以及各种联邦政府规程。最重要的是,目前通过分层所进行的改革,不管它们的直接的意向和结果如何,都有助于建立庞大的指挥结构,这些指挥结构变得僵硬,抵制未来的改革。分层是通过官僚制的方法进行改革的矛盾的核心:这种改革愈多,将来愈少能富有意义地进行这种改革。

#### (二)扩大管辖权

官僚制发展的另一途径是单独地和联合地扩大各行政机构管辖权的范围。现有的教育部被赋予更多的责任或攫取更多的责任;增设司局;半政府性质的委员会变得更加全面,取代各种专门委员会或高踞各专门委员会之上。中央机构管辖范围的扩大是普遍性的,各国先后努力把许多过去分散的领域凑合在一起,以应付使人手足无措的各种任务所带来的混乱现象。有关公众责任制的思想是支持这种扩张的基本力量。

比较广泛的管辖责任,使行政金字塔变得更加宽广,结构更为巩固。在日本,文部省的管辖权,扩充到庞大的私立大学和学院部门,使私立高等教育部门在很大程度上成为一个半公立的部门。在美国,联邦政府的许多部,随着它们企图监督正当开支,在成百所大学和学院设立了管理机构。在澳大利亚,1977年新成立的超级委员会囊括过去三个比较专门的委员会的领域。在瑞典,中央机构的管辖权不断扩大。在英国,要求设置一个超级大学拨款委员会的压力在增长。

有许多通过官僚制进行的改革在结构方面产生两种结果,一是分层的行政梯队,二是扩充行政的管辖权。

**(三)扩大编制**

从事高等教育业务的行政人员的数量有了增加。分层和扩大管辖权一般地引起人员的扩大,但是,这种简单地扩大人员编制的情况,也发生在旧机关。这种官僚化的途径实际上到处都有,在某种程度上,数一下行政人员的人数,就能观察到这种现象。在瑞典,20世纪40年代中期,中央负责高等教育的工作人员就是教育部的少数人,大学总长办公室只有文职官员三人。20世纪60年代后期,大学总长办公室只有官员17人。但是,到20世纪70年代中期,教育部的行政人员增至25人以上,大学总长办公室已增至170人。总长办公室人员的增加不仅由于高等教育系统的扩张(从20世纪40年代中期至20世纪70年代中期,学生人数增长10倍),还由于有意改变了总长办公室的性质,从由各大学校长选举产生的"各大学的代表",改变为由内阁任命的"一个正式的国家机关","完全符合一般瑞典国家机关的模式"。在英国,大学拨款委员会的行政人员从20世纪50年代早期的6人,增加到1975年的140人以上。大学拨款委员会的这些永久工作人员,很多是在目前教育和科学部任职的文官。在法国,教育部由负责高等教育的司,发展成"部中之部",引起连续几次结构改革,想把事情整顿好,包括成立一个完全分开的部,任用了几百名专业人员。

**(四)行政专门化**

行政工作的专门知识和技能在增加。在擅长的工作岗位,从国家工作人员和院校行政人员,发生从非专业性人员向专家的转化,非专业性人员为以行政为生涯的人所替代,他们是各行政领域的专家,任期长,采用聘任制而不是选举产生。协调机构的构成也转变到更多地依靠专职的永久人员,而较少依靠兼职的临时一般性人员,英国的大学拨款委员会就是一例。随着行政工作的专门化,行政方面的证书和经验对进入正式的协调工作职位变得更加重要。于是,一个独立的行政阶层发展了一种独立的文化。

行政工作的专业化,在美国,在院校这一级特别坚定。但是,在英国,观察家注意到在大学管理方面"更加重视副校长、行政官员和委员会的作用",伴随而来的是教授权力的相对下降,隐隐出现一种可能性,"在关键的决策领域","专业教授"将为"专职的专业官员"所取代。在院校一级以上的许多协调分层将会强烈地出现这种专业化。因为高级行政人员需要能应用于许多较大和较复杂的高等教育系统的技能,和适应从高层观察的思想。在法国和意大利教育部(或高等教育部)的典型的官员在他日常工作中简直不能遇到教授和学生,因为他或她在空间上和他们分开,即使在饮咖啡的休息时间,也只和其他行政人员往来。因此,越来越走向"非学术性的"学术行政人员的高等教育系统出现了难题:高等教育系统的高级行政机构难以接触教授和学生的思想和工作,这些中心高高在上,布满了专家,他们对教学或科研很少或丝毫没有经历。

### (五) 扩充条例

为使高等教育系统内部人员行动一致,设计了许多正式的条例,这些条例的增加是通常所谓官僚政治的一种普遍现象。条例可以有各种类型:有些条例企图指导或"预先形成"决策,如预算类目,有些条例旨在检查工作人员服从已有政策和决策情况,如审计和督导方面的办法。

这种官僚制协调的途径比较容易在不同国家和一定时期大体上进行计量,因为这能从行政法规和委员会规程的索引、页码和卷数看出来。例如,意大利有关高等教育的国家法律和规程,在20世纪60年代中期就需要20页800条索引指导读者阅读1000页规范。但是,执行条例是另一件事。执行条例较差的国家,如意大利,行政结构可以是虚幻的官僚政治,是纸老虎。无论如何,在近几十年来,很少高等教育系统没有看到越来越多的法律和行政法规的网络。来自政府行政本身内部对这种倾向的主要对抗力量是努力减少细枝末节和拓宽法规范围。例如,不是通过专门立法而是通过广泛的"结构"法律,包括更多活动而较少细节。可以制定广泛的程序条例,规定谁参加,通过什么渠道进行工作,而不直接规定很多交流和行为的内容。

分层纵向地伸展行政的上层结构;扩大管辖权横向地加深行政的上层结构;扩大编制使行政的上层结构充实更多人员;行政专门化使这个结构充实更多专家;条例泛滥保证这个规模更大,人员配备更好的结构将有大量规程。这些过程,分别地和联合地增加行政官员的协调作用。结果,中央各委员会、专门委员会和理事会的行政官员以及教育部和教育局的行政官员更能参与制定政策和执行政策。

官僚制趋势的力量,受一个国家与另一个国家、一种背景与另一种背景不同特点的影响,特别是在行政组织和国家执行机关的文化方面。在有些情况,一般在比较不发达的国家,国家官僚体制比较被动和温和,在另一些情况,通常在最发达的国家,国家官僚体制是武断的,增加的规程超过立法和积累的自主权力。高等教育系统,随着它们被唆使进行现代化,变得有效和有计划,就从温和的官僚体制走向武断的官僚体制。

## 二、政治协调

如果官僚制的协调道路在近几十年来表面上增加力量最大,政治的手段并不落后,该书第四章表明,政治权力是高等教育系统内和高等教育系统周围合法的权力形式,在广大地区作为官僚制形式和专业形式的基本替代形式。主要具有政治性质的整合途径,是加强各个派别的代表性并使之定型化的整合途径,从长期合法化有权控制的整合途径到新近要求发挥作用的一些方式。因为这些问题不如官僚制为人们所了解,我们需要予以更多的注意。

### (一)上升的政治优先

正规的政治和政府的各种渠道:政府各部、议会、利益组织、大众传播媒介、选举和舆论,把高等教育看做一个值得注意的问题的程度有所增加。公众对高校入学机会比较广泛的兴趣,激烈的学生不满和造反事件,政府有时对科学生产率和有用的人力的兴趣,以及经常发生的费用上涨问题,使立法者和行政部门的最高层变得更加注意。选举人希望知道立法者对入学机会问题的立场。立法者和行政首脑被迫提出缓和或压制学生不满的政策和法律。依靠科学和技术的政府各部的军事领袖和其他人员要求注意大学的科学能力与国家福祉之间的联系。高等教育的预算常常成为政治问题,因为接受高等教育的人数大量增加,高等教育的费用飞跃增长。学生骚动有起有伏,但是高额费用永远在增加,使高等教育年复一年地更加成为一个政治问题。……

### (二)政治卷入的深化

由于高等教育问题表现出作为争端的高度重要性,它们比较容易流经正式的政府政治渠道和它们在其中生存的有关的政党结构。由于这些工具使它们对这种问题的处理制度化,它们又转过来有助于提高高等教育问题的地位。立法机关的更多的委员会和更强有力的委员会,把高等教育安排在它们正式的议事日程上。国家首脑和他的内阁,任命的教育部长和他的僚属,负起较多的"责任",从而变得更加专断,更具侵入性。于是法院跟着就来,许多国家都是这样,因为人们要为立法机关通过的法律和行政当局采取的行动寻找司法的解释。正式的政治渠道的更多使用显然包括相关法令的出现和强化。……

### (三)内部利益的强化

近数十年来,很多比较明显的高等教育的政治化已包含内部利益的代表问题。更多利益集团,在高等教育系统的许多层次,从基层工作的单位到高层,吵吵闹闹要求"参与"决策。在扩大的竞争中,代表的方法已经从非正式走向正式,从软弱走向强硬。

……

### 三、专业协调

该书第四章描绘了根源于专长的权力作为个人的、学院的、行会的和专业的形式的共同基础。莫迪（Graeme C. Moodie）在讨论英国大学中"学术统治的幸存"时写道："广义地说，在大学内部，流行的观点可以概括为'知识即权力'。意思就是，在任何领域决定权应该为有知识的人共享，知识最多的人有最大的发言权，没有知识的人无发言权。"因此，虽然大学高层次的委员会和理事会的非专业性成员也许能正确地判断财政、建筑和公共关系的问题，官僚也许能正确判断某些一般行政的问题，教授应该判断他们专业方面的问题和一般与学术工作有关的任何事情。大学教授，如同所强调的，在许多高等教育系统还把地方权力变为全国性的权力，从而全国性的教授成为官僚和政治家的可尊敬的反对者，插手决策的工具。什么是扩大这种形式的影响和协调的途径呢？

#### （一）学科专长的扩充

在全国高等教育系统的结构中，权力被往下拉向专业的基地而不是官僚的或政治的基地，因为各级操作单位的成千个判断越来越需要建立在教授们的不断增加的深奥知识的基础上，每一个系能要求作为特定学科或专业领域的有权威的单位，这种权力使各个部分获得中心地位，在那里，知识就是权力。下层结构的强大力量，和全国系统的上层结构比较，是一种值得注意的现象，这种力量来源于学科专长的坚决的扩大，因此也是专业权力的扩大。

……

#### （二）中央学术团体的扩充

由教授和/或院校代表组成的中央机构的数量和力量以及这些机构的协调能力都有所增长。这种现象在科研的资助方面最为显著。事实上在每一个开展大量科研工作的国家，科研经费的分配极大地受到参加中央各科学理事会和委员会的学术显要同行评议的影响。比较常见的是，每一学科和次级专业的成员在全国性的学术联合会中联合起来，以加强他们自己内部的联系并在较大的场合集体地行动。这种分部门协调的方式，随着各种联合会设立总部办事处，配备专职干部和政治说客，逐渐变得更加强有力。教授们从事这种加强专业协调的工作，一部分是对付官僚制协调模式和政治协调模式发展的一种防御行动和抵制力量，一部分是对相邻领域的活动的一种防御行动。……

#### （三）教师利益组织的加强

诸如联合会和协会等全面的大学教师团体的力量有了增加。旧时的地方学术团体已经为与全国性的教授组织有联系的新的组织形式所取代或补充，如全国性联合会的地方分层的学术评议会。高等教育各部门的教师，他们在历史上曾经很少影响，现在特别抓住联合会组织作为增加权力的一个方法。教授联合会代表广大学术上的劳动力同高层行政和政治权力当局讨价还价，从而在工业领域,特别在决定就业和工作的条件方面作为协调工具。

总之,专业协调生存了下来。在学术界,专业协调富有活力,没有被政治家和官僚搞得精疲力竭。尽管有各方面的反对,专业协调被专业知识的力量向前推进。随着各学会成员彼此密切联系——在各学科内部和学科之间,在院校内部和院校之间,在部门内部和部门之间——并在整个高等教育系统寻求盟主权。专业的协调没有官僚的协调和政治协调这两种形式显著,但是它总是工作着而且是常常有力的。

### 四、市场协调

作为一种理想的模式,第四种协调模式和官僚的、政治的和专业的协调模式根本不同,后三种协调模式都有正式的场所。市场协调的工作没有上层结构的好处;无规章的交换把人员和部门联结在一起。前面提到过,政治经济学家已经用现代的术语解释过市场相互作用调节个人、集团和组织的行为的许多方法。不需要滑到有"一只无形的手"这样神秘化的东西来引导人们促进比较大的目的。"一切社会控制都具有自动的、非故意的和无意识的成分",在市场生活中,人们是深思熟虑的和有意识的;但是他们的行为完成协调的功绩,这些功绩他们不一定意识到,也不是有意的。例如,市场体制的协调功能是不断地进行职业的再分配,消费者的偏爱与职业的偏爱进行和解,改组劳动力,从一个领域到另一个领域,从一个专业到另一个专业。当学生回避希腊文和拉丁文时,将要成为希腊文和拉丁文教师的人被"鼓励"成为别的什么人,甚至社会学家。"交换"是和有权威的命令相反的相互作用的基本形式,它可以看做组织人们合作的一种方法。

林德布洛姆的"三种市场体制"的公式表明我们可以在中学后教育中有效地进行探索的主要市场模式即消费者市场、劳动力市场和院校市场。

#### (一)消费者市场

消费者市场是人们正常用金钱交换所需要的物品和服务的地方。在教育上,学生给学校缴费是最清楚的例子:当我们听到学费这个词时,我们就在消费者市场面前。当政府授予一个个学生奖学金和其他形式的财政资助,学生能选择在不同的大学花这笔钱时,政府就在利用消费者市场,当政府按各校吸引学生的人数拨给各校经费时,政府就是间接地利用这种市场。中心特点是消费选择,在有些高等教育系统,这种选择非常广泛,不仅因为出现了多样性,还因政府的政策使学生缴费非常低,或者给学生补助金到他们喜欢去的学校去花。选择可能非常广泛,在有些高等教育系统,允许各院校互相竞争,争取学生,提出"产品分化"主张作为吸引消费者的方法,从而在市场的一部分建立可靠的资助基地。当然,由于学生最初选择学习领域,后来又在各学习领域之间转移,所以在各校内部以及各校之间产生用户至上主义。如果学生能选择他们的主科,没有定额限制,并(或)能容易地转系,那就选择非常宽阔,甚至在"国家高等教育系统"进行选择。甚至在最社会化的高等教育系统,学生具有某种独立自主表决的能力,在大学内部和各大学之间,从没有吸引力的部分转到有吸引力的部分,从而促进一个组成部分而损害另一个组成部分。

消费者市场到达通常认为在官僚、政治家和教授之手的决策领域这样重大的程度,表明学校的预算完全受到所谓"招生经济学"的严重约束把财政资助和入学人数联系起来。……

因此,每当我们注意到未来的大学生支付高等教育费用的能力增强时,消费者市场已经扩充。每当学生选择高等教育部门、院校或学科的能力增强时,消费者市场已经加强。这种形式的市场肯定已经扩充,作为近几十年来大量入学人数增加和更加复杂的高等教育系统的一个协调力量,控制一切交易,为学生做出一切决定。而且,这样做将是"不民主的"。所以,增加消费者的主权是市场型协调得以扩充的基本方法。

(二) 劳动力市场

劳动力市场是人们为金钱而献出他们的才能和精力的地方。因此,在高等教育系统内部,教授和行政工作人员就构成这种市场,这里还是这样,这种形式的市场在有些高等教育系统使用多,在另一些高等教育系统使用少,但是这种市场总是在某种程度上存在。国家分配人员到学术岗位,什么地方都不会完全排除教授和行政人员的选择。但是,在选择的程度和范围以及流动的程度方面有着巨大差别,这些差异不仅由高等教育系统的统一性、行政机构的限制和政权控制的坚定性来决定,而且由学术巨头控制的程度和在各院校终身就业的文化传统来决定。传统的教育系统中的学术巨头,每个人控制一种人员安排和制度,例如在意大利,他们常常极大地阻碍年轻教授从一地到另一地的自由流动。日本长期甚至终身任职的传统减少了日本教授的流动。与此形成对照,在英国、加拿大、澳大利亚以及美国,劳动力流动很大,这些国家的高等教育系统,各校雇佣自己的教授,而且强调个人成就作为聚集的声望的基础。虽然 20 世纪 70 年代经济萧条和人才供给多使年轻学者的劳动市场受到严重衰减,但是在大多数有着专职教师的各国高等教育系统中,美国无疑仍旧是学术劳动力流动的极端例子。

学术劳动市场的共同安排的效果是巨大的。这种共同安排的效果和院校市场的效果交织在一起,正如我们后面要强调的,在院校市场,声誉就是通货。高质量的科学研究这类功能似乎大量地有赖于这种市场运转的方法。比较科学社会学中最有力的假设仍是本-大维(Joseph Ben-David)和兹洛佐威(Abraham Zloczower)于 1962 年提出的一个假设:这就是,地方分权的、竞争性的国家高等教育系统比中央集权的、非竞争性的高等教育系统更有助于科学进步,主要因为前者给予有前途的年轻学者从较少吸引力的环境转移到更有吸引力的环境，发展他们的思想。在许多国家的高等教育系统，科学生产率是唯一希望的结果，但是这似乎是深受学术劳动市场结构影响的非常重要的结果。

### (三) 院校市场

院校市场是各事业单位彼此相互影响而不是与消费者或雇佣者相互作用的场所。这种市场形式在企事业可以彼此自由买卖，从而产生大量不规则化的交换的经济组织显得比较突出。计划经济试图废除这种市场模式。学术系统并不直接类似，因为在学术系统没有零售商、批发商和制造商忙碌地相互交战。各院校之间的关系主要地由它们消费者和内部劳动市场的性质以及各校当时所处的地位来决定。声誉成为主要的交换商品；相对的声望不仅指导着消费者和工作人员，而且指导着各学校，受到高度重视的院校可能身处整个高校结构的顶端，当它们居于整个结构的顶端时，通常引起为院校模仿和会聚的学术趋势的潮流，这种潮流还大量地指导着消费者和工作人员的选择。无论哪里都可能有一些学术趋势走向一些院校和部门，它们较高的声望带来各式各样较高的报偿：较好的工作条件、较高的个人声誉和比较丰富的资金。

各院校常常试图在消费者市场开辟一个受保护的合适的地位，整个部门在这个市场以有计划的、半指导的和无计划的方式相互作用。日本政府计划由少数帝国大学高踞所有其他大学之上，这种做法实际上给它们对消费者市场的最精选的部分接近垄断的地位。但是日本政府也允许私立部门的存在，于是，在二次世界大战以后，允许私立大学担负起扩充比较容易进入的高等教育的责任，通过竞争吸收消费者的高需求。因而，消费者市场通过计划、指导和无控制的竞争相结合的方法分成公立和私立两部分以及低一级的公立和私立部分。国家通过操纵各校声誉明确地和有力地造成消费者市场的一些范围，东京大学列为第一，京都大学列为第二，但是另一方面，留出市场的大块份额公开，通过竞争决定。与此相对照，大多数欧洲国家，实际上国家想办法不让私立部门存在，建立公立部门垄断，然后设法在若干部门内部，甚至在整个高等教育系统，通过学位授予的国家化以及建立有关的专业和课程使公立院校的声誉均等。院校之间的市场型相互作用受到强力压制。

……

鉴于国家高等教育系统受到提供"更多和更好的"高等教育的压力，很可能出现分化，使私立高等教育部门获得一个"残余市场"；如果公立高校提供"更好的"高等教育，大部分"更多的"高等教育很可能进入残余市场；如果公立高校提供更多的高等教育，残余市场就和要求更好的高等教育的呼声起共鸣；如果公立高等教育部门既不提供更多的高等教育，又不提供更好的高等教育，那么政府官员和广大消费者很可能支持在残余市场竞争的新老院校。……

最后，高校市场在庞大的包围着的国家高等教育系统内部不一定全部时间是比较受压榨和控制的。逐渐加强的中央集权是可以广泛地观察到的，但是也发生逐步的不引人注目的分权,中央集权制国家的学生已经注意到这种政权很可能遭遇到渐进的分权,因为它们试图管理的部门规模和复杂性都增加了(例如苏联经济的工业部门)。斯梅尔塞(Neil Smelser)从对美国加利福尼亚州公立高等教育的研究中引出结论说:

> 当一个系统发展,变得更加复杂时,如果日常权力继续归于中央机构,它就逐渐地变得难以管理;虽然最终的权力可能还继续属于那个机构,它变得必须把操作权力下放下层。但是,分权常常落后于发展的现实。

普伦福斯在20世纪70年代末注意到,在70年代,欧洲大陆各国的高等教育系统,由于国家政策变得越来越全面和雄心勃勃,操作权力的地方分权已经是很大的。中央不能坚持它对比较小而简单的系统所能实行的统一控制。一个计划的或无计划的系统,权力悄悄地溜到操作的组织,重新加强市场力量,加强半自治的事业单位在为工作人员、顾客、财力和声望的竞争中的相互作用。

这种"市场潜行"在高等教育中的发生,限度较低,因为高等教育的任务深奥复杂,整个事业模糊不清。没有一个中央集团能有足够的了解,有效地协调这样多各自根本不同的任务和问题。在中央没有一个集团具有严密统一控制的工具,如果不是由于事先的考虑。单凭经验就很明显。我们指出过,甚至像瑞典高等教育这样规模小而重视计划的系统也会离开中央管理,努力加强区域的和地方的适应性。在瑞典通过公告实现的事情,在比较大和复杂的国家高等教育系统常常通过非官方的趋势来实现。无论哪里,大学和学院可能悄悄地脱离对系统的正式控制,把协调工作委托给比较宽松的联系,甚至交给市场的相互作用。

市场协调表达一种倾向根本不同于政治的和官僚的形式。当一个活动从市场环境转移到国家控制时,它就是倾向聚集。事情必须加起来。在政府内外产生一种期望,有人会深思熟虑地把事情拉在一起,否则就加以系统化。当一个活动在市场保持下来,或者悄悄离开到一个比较像市场的环境,它就是倾向分散。事情并不是合成一堆,在一个地方;它们必须处于零星的状态。"系统"是完全不同的问题,官员和大学教师并不是唯一受到这些根本不同的倾向影响的人。例如,学生抗议聚集在国家高等教育系统内。它朝权力所在的地方出发,那是全国的中心。抗议的领袖强烈地倾向于想改变整个正规系统,抗议是分散的,比较集中在地方,加热和冷却,不相连贯。从而,国家系统促进学生的阶级意识,市场系统则抑制学生的阶级意识。

……

(王承绪 译)

# 高等教育管理行为的性质

戴维·D.迪尔

## 作者简介

戴维·D.迪尔(David D. Dill,1940— ),退休前是美国北卡罗来纳大学教授,从事高等教育政策、公共政策和政策伦理方面的研究。他的研究兴趣集中在对于学术质量的规制、高等教育市场、高等教育政策工具等方面。主要著作有:《高等教育中的市场:修辞还是事实?》(Markets in Higher Education: Rhetoric or Reality? 2004)、《公恶、私善吗? 对于高等教育市场化效果的评价》(Public Vices, Private Virtues? Assessing the Effects of Marketization in Higher Education,2011)等。

## 选文简介、点评

迪尔撰写的《高等教育管理行为的性质》一文,最初发表在1984年《教育管理季刊》(Educational Administrative Quarterly)第三期上,后来被收编在《高等教育中的组织与治理:美国高等教育研究学会系列文集》(Organization and Governance in Higher Education: ASHE Reader Series,2000)中。在这篇评述性的研究论文中,迪尔提出一个重要的问题,即学术组织管理的本质是什么? 自从大学组织研究出现以来,这个问题一直是研究人员无法回避的一个问题。存在着两种截然不同的理论观点:一种观点认为,大学组织与其他经济组织没有什么本质的差别,两者在管理行为方面是基本相同的;另外一种观点则认为,大学组织具有其他组织所不具有的特点,所以大学组织的领导方式不同于其他组织的领导方式。这个问题不仅是一个理论问题,而且也是一个经验问题,需要用经验资料对理论进行检验。

迪尔对1974—1983年期间的重要研究文献进行了全面地收集和仔细地分析,采用凯兹(Katz)和明兹伯格(Mintzberg)的管理行为分类方法,分别从人际交往技能、概念技能和专业技能三个维度出发,对有关研究进行了评述,发现从

---

① David D. Dill. The Nature of Administration in Higher Education. In: M. Christopher Brown II (ed.). Organization & Governance in Higher Education (5th). ASHE Reader Series[M]. Boston: Pearson Custom Publishing, 2000: 92-110.

总体上看,科恩与马奇提出的"模糊模型"比其他学者提出的"理性模型"更适合于美国大学的情况,特别是研究型大学的情况。个人、学科和学校的传统、信念和价值,在学术管理工作的作用,比一般管理学文献所阐述的作用要重要。大学组织的管理行为具有一些特征,比如系主任和院长不愿意将全部工作时间用于从事管理,而愿意管理工作和业务工作"双肩挑";横向同行网络关系对于学术管理人员比对其他组织的管理人员更加重要;学术管理较多地依靠直觉,不倾向于采用定量方法或其他管理技术;学术管理行为受不同利益团体影响。但是,他也提到,对模糊模型的计算机模拟结果显示,当组织资源的冗余度降低后,决策行为方式会发生变化,因此迪尔认为,有必要不断地用新的经验数据去检验理论模型。商业组织管理行为中强调的"创业性"(entrepreneurship),在迪尔撰写该文时显得并不太重要,但是克拉克在1998年出版的《建立创业型大学:组织上转型的途径》一书中把它作为一个重要的概念提了出来。这是随着环境变化,大学管理行为发生变化的一个例证。

该文另外一个有意思之处在于,作者区分了研究管理行为的两种不同方式:一种是心理学方法,另外一种是社会学方法。两者存在着明显的不同。前者倾向于将管理行为简化为一些变量之间的关系从而进行研究,侧重于精确地测量行为变量。相反,社会学方法则忽视个体行为,关注组织的结构,有利于从总体上把握组织行为,但是却难以测量和进行精确的经验分析。

## 选文正文

第二次世界大战以后,美国高等教育的迅速发展产生了一些明显的结果。美国成为世界上拥有最多高校教师和学生的国家,有关高等教育的研究和相关文献也日益增加。在这些文献中,不少作品涉及仍然不太成熟的高等教育管理领域。这篇评论关注的焦点在于这些高等教育研究文献中的一个方面,即对管理行为的研究。

……

## 分析框架

"管理行为"是指那些在组织内部占据管理职位的人的行为。在该领域中,传统研究集中于对领导者的特质和个人或组织的决策模式的研究。传统研究同样涵盖了管理行为中的计划、协调和控制等诸如此类的规范和惯例,尽管这方面的研究仍很少。由于研究管理行为的传统视角已经被近年来的观察法所取代,所以,这篇评论的研究分析方法结合了凯兹(Katz)的一般意义上的管理技巧框架和明兹伯格的基于经验分类的研究方法。凯兹认为,成功的管理呈现出三类技能:人际交往技能、概念技能和专业技能。安德森(Anderson)提出,如果将凯兹的分类与明兹伯格的管理行为相结合,可以加深对管理行为的理解(见表1)。

表1 基于凯兹和明兹伯格的管理行为框架

| 凯兹 | 明兹伯格 |
| --- | --- |
| 人际交往技能 | 同事关系行为 |
|  | 领导力行为 |
|  | 冲突解决行为 |
| 概念技能 | 信息相关行为 |
|  | 决策制定行为 |
|  | 资源分配行为 |
|  | 企业家行为 |
|  | 内省行为 |
| 专业技能 | 技能相关行为 |

来源:Adapted from K. Anderson, *Management: Skills, Functions, and Organizational Performance* (Dubuque, IA: W. C. Brown, 1984).

凯兹将人际交往技能解释为管理者处理与领导、同事和下属关系时所使用的策略。这些策略的使用与管理者的管理水平高度相关。在明兹伯格看来,人际交往包括:(1)同事关系行为,比如如何增进组织内部的交流、如何增进网络信息沟通、如何与同事协商和沟通;(2)领导行为,与管理者如何有效地与下属成员沟通有关;(3)冲突解决行为。概念技能是指,面对组织的多样化活动,管理者进行协调和整合的能力,这种能力在当代学术术语中又被称作"战略思考"(strategic thinking)。明兹伯格将概念技能归为五种行为模式:(1)信息处理行为或监控个人信息网络以接收、提取和同化外部信息,并与管理者脑中的"图式"进行交流;(2)在模糊的、不确定的情境中进行决策的能力;(3)资源分配行为,或在竞争性的环境下组织的关键性资产(时间、金钱、技能)的分配行为;(4)与管理者发现那些可以促进一项事业的机遇和挑战有关的企业家行为;(5)与管理者对工作的理解、工作对个人影响的感知以及从洞见中学习的内省行为。

在凯兹看来,专业技能包含两个方面的内容:第一,技术或管理的专业知识(比如,预算和会计方面的知识)。第二,管理者个人首要具备的专业知识和技能。对于学术管理者来说,专长就是学术专长,即在学科领域的专门知识,以及教学和科研领域的能力。明兹伯格对管理行为(比如,冲突解决行为、决策制定行为和资源分配行为)的分类与凯兹的技术技能是有关联的,在本文中,技术技能指的是专业人员的技术。凯兹和明兹伯格都认为,随着一个人等级和地位的提高以及承担责任范围的扩大,技术技能的重要性逐渐下降。然而,学术管理的与众不同之处在于,作为管理人员的组织成员,当他们占据管理职位时,他们会通过教学和从事科研活动来保持他们的专业知识和技能。因此,研究高等教

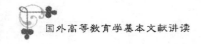

育管理领域中的技术层面的学术技能与管理行为的关系具有特殊的意义。

然而,这并不意味着,对高等教育管理行为的研究会平均地分配在上述这些不同的类别当中,或在每一个类别当中的研究结论会十分清晰。有些类别很可能并不具有什么研究价值,甚至,有些材料或许仅被依据逻辑而放在不同的分类当中。即便如此,如果能够依据上述模式进行研究,那么,高等教育领域中管理者应该做什么的知识或许可以被规范化,也可以更有效地勾画出相关研究和实践的内涵。

管理时间的分配和沟通模式的相关知识的产生,是对明兹伯格和其他管理工作研究者的重要贡献。本研究将从介绍学术管理者的相关研究开始,在接下来的部分中,将按照上述管理行为的分类对已经发表的研究成果进行综述。所以,首先讨论的是管理者如何分配他们的时间的问题,这在高等教育领域中并不为人熟知。接下来依次讨论与人际交往技能、概念技能和专业技能相关的技能和行为。

## 学术生涯的时间管理

明兹伯格对于大型组织中五位管理者的研究表明:管理者处理了大量的工作;他们的管理工作具有多样、分化和简洁的特点;这些工作主要是通过言语交流进行的。对大学校长、院长和系主任的时间分配的相关研究,也得到了类似的结论。

科恩和马奇对全国范围内大学校长的调查研究发现,大学校长的平均工作时间为每周 60 个小时,这项研究与路易斯和达尔(Lewis & Dahl)在明尼苏达大学小规模调查研究的结论相一致。在该研究中,路易斯和达尔发现,院长和系主任平均每周工作时间为 55 个小时。正如科恩和马奇所指出的那样,调查结果中显示的平均周工作时间与日常报道中显示的平均周工作时间是一致的。较之于其他领域管理者的工作时间,学术管理人员的平均工作时间是比较长的。

科恩和马奇在大学校长研究方面的数据与一般管理者具有可比性。比如,大学校长花费相同比例的时间在办公室(大约 30%)、在与大学相关的场所(约 60%)、在大学之外的场所(约 22%)。这与明兹伯格对于经理人员的研究发现十分相似。从他们与不同团体的接触时间来看,大学校长与企业高管们的时间分配方式也十分相似。对大学校长而言,大约三分之一的时间用于与校外组织进行联系,不到 10% 的时间与校董之间进行联系,超过 50% 的时间是用于与下属进行联系(如学生、教职员工和行政管理者)。尽管大学校长与很多人交往,但他与行政人员的接触时间多于其他任何一个团体。

大学校长、院长和系主任与其他领域的管理者也具有相似性,这种相似性表现在,他们花费大约 25% 的时间独处,超过 40% 的时间在开会,会议通常与两个及其以上的人进行。同样地,任何背景下的管理行为都是反应性的,也就是说,管理者参与的会议大部分是由其他人发起的。

学术管理者的研究揭示了在不同院校和不同管理层面的一些有趣的差异和相似之处。例如,规模较大的高校校长更倾向于在大学里独处,花费更多的时间和"学术"管理者在一起,并且处理不同团体中的成员关系。相反,据报道,院长和系主任只花费45%的时间在管理工作上(在路易斯和达尔的研究中,包含的系主任要多于院长)。在科研上,大约花费9%的时间,在教学上花费16%的时间,在学校服务方面花费超过20%的时间。路易斯和达尔也发现,管理者认为,他们的主要压力来源于管理职责,消除主要压力将意味着自愿地提高每周用于管理工作的时间。这与韦斯伯德、劳伦斯和钱恩(Weisbord, Lawrence & Chains)的研究结论相一致,他们的研究表明,在大型的医疗机构中,科研、教学、护理和部门管理的功能是相互冲突的。

总之,学术管理者的生活是繁忙的、反应性的,在这样的生活状态下,他们大量地使用言语技巧,尤其在会议当中。研究发现,全职管理者(比如,校长)和兼职管理者(比如,系主任)由于角色不同,所以存在着可以观察到的差异。学术研究者如何分配他们的时间?他们在和谁交往?这些都是有趣的问题,然而,他们到底在做什么?他们的管理行为到底具有什么特点?在下文中,将根据上述框架对已有研究进行分析和讨论。

## 人际交往技能

在对管理行为的诸多研究中,人际关系和人际交往技能被一致认为是至关重要的因素,尤其是当一个人在组织中上升到更高的职位时,这项技能就显得更为重要了。明兹伯格通过对管理者如何开始与他人建立联系、如何有效地维持与同事或其他横向的关系这一行为的观察,阐明了这项技能。换句话说,明兹伯格(以及其他研究者)所认为的领导行为,是管理者与其下属之间的垂直关系。从这个意义上来说,领导力意味着动机、培训、帮助和处理自主与依赖关系的人际过程,问题解决行为则被描述成试图调节个体间的冲突和决策或解决困扰。

### 同事关系行为

科恩和马奇认为,大学校长在与处理同事关系方面花费了大量的时间。他们认为,校长花费超过三分之一的时间与校外人员交往,近30%的时间与非下属成员的组织成员(校董、学生和教职人员)交往(在科恩和马奇对于纽约州包含社区学院院长的研究中,显示了同样的结果)。大量的外部交流显示出,高层次的管理者变得十分独特和孤立。伦斯福特(Lunsford)说,"大学规模的扩大和专业化的不断发展,进一步加剧了管理者与大学生活的距离,其结果使得他们的权威更加含糊不清"。在对伯克利加州大学的民族志研究中,伦斯福特发现，一些核心价值和信仰加剧了这种分离，相对于企业管理者而言，这种分离对学术管理者来说是更大的问题。这些核心的价值是对于专门研究特殊品质的信念、学术自由的信念、共同做出学术决策的信念、区分学术权力与非学术权力的信念。怀特森和休伯特（Whitson & Hubert）对全国范围内较大规模的公立大学系主任的调查研究发现，决策制定的权力反映出权力的区分。研究表明，系主任在个人决策、团队员工选择和评估、薪酬决策、成员的解雇和连任、复职和资金的管理方面，比其他组织或个人有更主要或更大的影响力。教职人员在招生政策、院系学术标准、筛选和录取研究生方面，有更大的影响力。而在评选终身教职和晋升的事务上，系主任和教职人员有着同等的发言权。伦斯福特进一步指出，学术信仰、组织扩张和不断增长的管理职责共同导致了高水平管理者的孤立。伦斯福特的分析表明：管理任务的专业化，协会联系的性质（与教职人员和学生的联系较少，与校董、校友、立法机构成员的联系较为紧密），管理权威的可见性和声望，传达消极信息的压力，共同导致了一种十分不同的孤立的管理文化。

伦斯福特的研究表明，这种分离的结果导致了管理者必须花费时间来建立沟通和支持的渠道。这些渠道包括与机构内的教职人员和学生进行频繁和非正式的交流（比如，通过教授一门课的方式来保持联系，或者通过任务小组的方式使教师着手解决管理层面出现的问题）。另一个可能的方式是，通过选择教职员为特别的助理。斯金格（Stringer）在对一所较大的公立院校的研究中发现，这些特殊的助理"同事"在所有的助理中是最有影响力的"助理"。正如斯金格所言，管理者与助理之间的关系是"同事"：他们参与了所有的基本政策的讨论，并与管理者进行频繁的非正式交流。正如斯金格指出的，这类职员在高等教育中扮演着独特的角色。

在高等教育管理者对同事的时间投入方面，以往研究和本研究都表明：建立同事关系是学术管理者工作的重要组成部分，同时，由于存在着分离的潜在可能，建立同事关系也是管理者行为中至关重要的组成部分。然而，关于管理者是如何发展和维护其关系网络的研究微乎其微；学术管理者通过与同事磋商而获得所需资源，而如何有效地向同事和专家咨询并充分利用这些资源，这方面的研究也十分不足。

**领导力行为**

科恩和马奇的研究表明：大学校长大量的时间是用于与直属下属如校长助理以及学术和非学术管理者的联系上，事实证明这些精力的投入是影响校长工作业绩和群众满意度的重要因素。彼得森曾询问中西部四年制公立学院院长，什么是影响他们成功的关键事件。结果表明，无论是有经验的校长或是新任校长都一致认为：员工工作中的问题和下属管理者工作的无效性（如：下属在决策方面的能力不足，在一些问题的处理方面仍需校长进行必要干预）是制约他们工作效率的主要因素。所罗门和泰拿尼（Solmon & Tierney）在对全国高等教育工作满意度的研究中发现：过分强调领导和下属间的职权关系与满意度呈负相关；相反，重视与下属的人际关系对满意度有正面影响。考虑到领导行为的重要性，高等教育管理者如何在如此复杂的情况下进行工作呢？

在这方面，对大学系主任的工作已做了大量的研究。霍伊特和斯潘格勒（Hoyt & Spangler）从四所大学中收集了样本，用于研究系主任管理工作重点和员工对其工作表现的评价之间的关系。人事管理——包括教师招聘，教师工作责任划分，科研奖金激励机制和教学工作，教师积极性的维护，教师职业发展——体现了九种积极工作关系中的六种。卡尔特里恩和格卢克（Coltrin & Glueck）、格卢克和索普（Glueck & Thorp）对密苏里大学以研究为主导的院系进行了研究，其数据分析结果显示，教师对领导工作满意度的积极影响因素有：领导者对道德行为的重视、在研究项目中给予教师帮助、能够准确流利地与教师交流、愿意代表教师利益。也有证据表明，院长和系主任通过讨论而非正式报告的方式参与研究活动，这种方式会提高教师对其工作的满意度。相反，试图限制教师的项目选择权不利于工作满意度的提升。当被问及领导者的作用时，教师一致认为理想的领导者应该是"资源提供者/协调者"，即："促进者"或帮助解决问题的人，或努力为教师的学术活动提供资源的人。在教师看来，系主任试图奖励他们的工作时，他们会更加努力，同时，对系主任的满意度也会提高。然而，在领导者的领导风格与教师的出版行为之间，没有观察到有什么直接关系，尽管之后的重新分析促使卡尔特里恩和格卢克质疑"理想的领导风格"是否在院系之间存在差别。

这个问题已经在许多相关研究中提及过。诺伊曼和鲍里斯（Neumann & Boris）发现理科院系（如物理和化学）的领导风格更倾向于任务导向，而文科院系（如社会学和政治学）的领导风格则呈现人本管理和任务导向两个特点。与之相似，格鲁诺（Groner）运用"费德勒小组氛围量表"（Group Atmosphere Scale of Fiedler）测量了领导和教师的关系。他发现，领导与教师关系的质量与他们是否能感觉到在共同掌控着院系的命运呈显著正相关。但是，对社区学院和综合性大学的研究表明，领导和教师的关系也与工作任务是否明确相关（即，院系在多大程度上具有典型特征）。更具体地讲，在综合性大学里，教师研究兴趣的异质性和多样性与领导—教师关系呈显著负相关。

对于系主任角色研究的传统观点认为，他们的角色具有双重特征，即：对上级而言，他们是经理人角色；对下级而言，他们则是学术上的同事。卡罗尔（Carroll）运用卡恩等人（Kahn et al.）的模型对佛罗里达大学系主任的冲突性角色进行了研究。他发现，在某种情况下，管理者觉察到来自不同个体的冲突性期望，从而对他的管理地位产生影响。这常常被报道，并且对系主任的工作满意度产生负面影响。正如卡罗尔指出的那样，角色冲突似乎主要源于上层和下属之间的层级关系。

克雷格和孟德尔(Craig & Mendel)运用"领导者行为描述问卷"(Leadership Behavior Description Questionnaire)对系主任进行了两项研究：一项以某高校为样本，另一项以体育教育学院为样本。他们发现，大学的系主任着重关心教师的积极性，另外，教师的积极性与院系规模呈负相关。院系规模可能是制约管理风格的重要因素。米尔纳、金和彼茨尼(Milner, King & Pizzini)在研究中发现，无论是理想中的领导力还是现实中的领导力，管理风格都不存在显著的性别差异。相反，教师却对不同性别管理者的反应存在一定的差异，他们趋向于认为与其相同性别的管理者考虑问题更加周全。

总体而言，当从领导力的视角进行观察时，上述研究为我们提供了较为适度的视角。然而，与明兹伯格所强调的一致，本研究将领导行为定义为领导与下属之间的关系性行为。从这个角度看，以往的研究表明，领导与下属关系的改善有助于提高双方的工作积极性与满意度。同时，本研究也指出，领导与下属关系的性质可能由于院系规模、类型以及领导和教师性别搭配的不同而有所不同。但无论如何，关于院系领导行为的研究结论是否普遍适用于其他学术层级尚不明确。而比较明确的是，以往研究受条件的限制，今后的研究有必要在高等教育整体组织机构内，对领导者行为进行全面研究。由于研究变量的特殊性和潜在的复杂性，要求研究者考虑到变量的多样性，同时对已知的变异来源进行有效的控制。与之相反，在领导力研究方面，目前趋向使用的相关关系研究方法，因其依赖于现实中领导者的惯常行为而受到质疑。

**冲突解决行为**

管理者调解和解决冲突行为的研究仅有两个。霍布斯(Hobbs)运用关键事件法对存在学术争议的管理问题进行了研究。这些研究涉及学校学术管理者、教师、教师以外的专业技术人员、助理人员、社区和机构组织人员。在任何情况下，在上述所有的研究类别中，尽管冲突的性质各不相同，然而，管理者都采用尽量避免冲突或对冲突保持沉默的方式，冲突问题都尽可能地进行私下处理。非教职人员间的冲突多为利益方面的冲突；教职人员和管理者之间的冲突多体现在价值观方面；管理方面的冲突处理多采用折中的方法或技巧。有时在策略性价值方面也进行折中处理。其他群体中的管理者处理冲突的折中行为无显著特点。霍布斯认为，对于管理者的角色来说，折中行为更具有地方特色——人们更熟悉它，它更具有合法性。管理者也利用第三方介入到冲突解决的行为当中，在危机之后，他们通常不是以调解人的身份而是以干预人的身份对冲突问题做出判断，并为将来的互动建立相应的参考指标。这种介入的方法在助理人员的冲突解决中很常见。在这些案例中，管理者使用了新的方法来解决冲突。对于除教师外的专业技术人员，管理者在优先考虑组织内成员的同时，努力平衡冲突双方的利益。然而，也有一些学者怀疑，这种干预本身就是冲突产生的一个方面。管理干预的特殊技巧取决于具体的时间和管理者的意图："我在观察一位第三方的管理者时发现,他知道何时行动,何时停止行动,他时而倾听,时而开玩笑,时而提出问题,但也有的时候他会说'停止,就这样,不必再继续了',事情就这样停止了。"与这种广泛干预的个人风格相反,霍布斯未发现管理者使用诸如"劳资协调委员会"这样的准法律手段进行干预的迹象。

在学术医疗中心,韦斯伯德、劳伦斯和钱恩的研究支持了霍布斯关于冲突管理的观点。他们发现,通过商议和折中的方式从而使自己的利益最大化,是院系之间、管理者和教师之间解决冲突的最受欢迎的模式。其次,通过协调或让教师就各自存在的差异进行讨论从而解决冲突,而并不直接解决实质问题的模式,也十分受欢迎。韦斯伯德、劳伦斯和钱恩认为,这些模式与在工业化的背景下通过对抗、逼迫或玩弄权术进行冲突管理的模式十分不同。

关于冲突解决行为的研究并不多。高等教育现有的关于同事关系行为研究、领导力行为研究和冲突解决行为研究的部分结论,与明兹伯格的研究结论相一致。这些行为是管理技能的重要组成部分。研究者对这些行为性质的研究,有忽略或通过方法的简化从而进行肢解的倾向。在霍布斯的关于管理行为的其他研究报告及粗略的观察中,这个问题已经被鲜明地呈现出来。

## 概 念 技 能

概念技能包括管理者在模糊的情景中,收集和运用不同类型的信息进行决策的能力。这些决策具体表现为资源分配(如,资金、空间和管理者的时间),明兹伯格在这方面提供了不同的视角,他发现,概念技能也包括管理者识别出改革的机遇从而获得对管理角色本身的洞察力。从本质说,这些都是管理者的认知和创造性行为。

**信息相关行为**

芬克尔(Fenker)曾设计了一份用于研究大学管理者的问卷,并发放给一所大学的教职人员进行测试,在对反馈的问卷进行分析后发现,通过因子分析归纳出四个影响因子,其中一个因子是信息/交流。该因子包括管理者在发布重要信息之前的相关信息的积累。通过观察,伦斯福特发现,尽管信息是十分重要的,但这些重要的信息通常来自非正式渠道。学术管理者的等级划分,意味着在他们当中存在着严格的团体划分。所以根据以往教师的经验,他们很重视政治信息、非正式组织的态度及他们的学术知识。相反,对于管理者而言,每天需要处理的管理信息却各不相同。奥斯丁和克里斯蒂安(Astin & Christian)对他们的日常管理的数据信息和实际数据之间的差别进行了比较研究,研究结果发现,管理者所掌握的注册学生数、员工数、资金和预算数与实际数据存在6%—8%的误差。其中,发展部主任所掌握的信息与实际信息的误差最大,学术管理者所掌握的信息误差最小。校长对学生信息的掌握最为准确,对教师/

员工信息的掌握最不准确。并且,他们一直过高估计其收入来源,这一点被奥斯丁和克里斯蒂安视为"一厢情愿"。伦斯福特主张,管理者运用他们的政治主张和个人经验来解释和定义机构"社会整合的神话"。这些整合将松散的社会组织整合在一起,促进其成员使命感的形成。帕特里克和克鲁格斯(Patrick & Caruthers)对全国高校校长的调查研究支持了伦斯福特的采用民族志方法研究的洞察力。大学校长把组织力量传播给内部成员、校董和公众作为当前的工作重点,这在校长中基本上达成共识。然而,他们并不会优先考虑数据和分析报告所得出的研究结果。亚当斯、凯洛格和施罗德(Adams, Kellog & Schroecher)的研究发现,当管理者为决策制定提供信息时,他们提供的信息通常十分有限。这些信息充其量会涉及:截止日期、报告的格式说明、个人或小组的责任。他们很少会提供所需的最终产品的模型或假设、限制性因素和实施工具等。总之,在传统的管理背景下,当管理者认为信息至关重要时,他们有时会对这些信息作非常规的处理。

  与管理相关的管理行为,尤其是基于计算机信息系统的管理行为,引起了研究者的特别注意。怀亚特和泽克豪泽(Wyatt & Zeckhauser)对六所不同规模的公立和私立大学分别进行了深度访谈。访谈结果发现,管理者对定量信息和管理报告的态度表现为:他们更注重个人背景、学科规范和先前经验的功能。院校的规模似乎也与这些数据呈正相关。这些非量化背景的管理者倾向于持有一种"技术神秘感"的态度,对于那些可能增加管理信息的改良措施,他们提供的信息常常不切合实际。使用中的管理信息系统常常是手工的、特殊的、临时的——信息往往存在于个体的头脑中,而没有用固定的程序书写出来。中央信息系统常被质疑过于滞后,无法满足要求,难于理解,或缺乏重要数据。鲍德里奇(Baldridge)在一项比较研究中发现,报告中包含了大量的无用信息(或非重要信息)。如果管理者必须停下来去做转化原始材料的工作的话,那么就会在很大程度上减缓决策的过程。同时,鲍德里奇发现,使用数据的价值在于促进"重点信息"的分析——即,将以往研究中被忽视的数据突出出来。怀亚特和泽克豪泽的研究结论为:使用已有信息的困难导致了三种管理行为方面的回应:第一,使用目前最为引人注目的信息;第二,邀请那些能够理解并且可以转化已有信息的人进行翻译;第三,创造区域性或本土性信息系统。

  对一些特殊类型的定量信息的研究得到了相似的结论。大量的数据是可以获得的,但这些数据主要用于工作的需要和对外的报告。管理者对信息的应用(如,设置招收每个学生的成本)是最少的,相关管理分析技巧(如,长期资金预算)也很少使用。总之,亚当斯、凯洛格和施罗德认为,出于应用性而非有效性因素考虑,是导致这些结果的原因。

  费尔德曼和马奇对学术管理者与信息有关的管理行为发表了一些见解。他们的观察结果与前文综述的学术管理者的信息应用情况相一致,即学术管理者重视与决策不相关的信息——他们收集信息却不运用信息,他们收集报告却不阅读报告,他们先付诸行动而后整理信息。费尔德曼和马奇认为,这种行为可以被理解为一种信仰所产生的功能,即学术上追求理性和理性话语,在生活上也追求理性决策。因此,在展现信息使用方面也体现理性选择和个人及组织的能力。这种存在于象征性和真实情景之间的辩证法,是由管理者的个人经历和教育背景以及学术机构的组织特性所决定的。正如明兹伯格在商业组织中所发现的,大体上,他们忽视了在那些设计和开发信息系统的人中所体现的管理工作的真实的本质特征。

**决策制定行为**

决策制定行为的研究可分为三个方面:决策制定的场所、决策制定的影响源和实际决策制定行为。

在对一所加拿大社区学院的研究中,希伦和弗里森(Heron & Friesen)发现,在决策制定过程中,结构化和非集权化的现象同时存在。也就是说,随着院校的发展和成熟,院校内各组成单位的规模和在决策时使用规范性文件的比例上升。但在这些院校中分权决策的比例也在逐渐上升。伴随着学术研究的细化(就像通常那样),这种机构膨胀的情况就尤为真实。与之相似,罗斯(Ross)通过对国家数据集的分析发现,组织的复杂性和一些与管理设备有关的因素,如管理中计算机的使用和组织中研究办公室的出现,都导致了管理决策的分散化。罗斯进而得出结论:文化——是受院校历史影响的地方传统、信仰和价值观,对于决策制定的场所而言,文化可能比结构性变量的预测效果更好。这些研究能够帮助指出领导者在进行决策时对决策场所的简化或两极化的思维倾向的不足之处。换句话说,一个大型管理机构或高度结构化的行动与权力的分散化并不必然矛盾。

在管理决策制定的影响因素的研究中,影响决策的类型因管理者立场的不同而有所不同。在公立大学,尽管教师、院长、系主任以及中层管理者对决策有主要影响,虽然他们在很多决策中都部分地相互影响。人口因素、诸如国家的地域、土地的种类、规模以及双方已有的协定,也对决策制定模式产生影响。麦克劳林、蒙哥马利和索伦斯(Mclaughlin, Montgomery & Sullins)认为,这些影响的模式和校长的决策有关。当教师最具影响力时,校长的决策通常以教师为导向。相反,校长管理下的院系在做决策时并不主要以教师为导向。影响决策制定的个体差异方面的研究并不多见。沃克和劳勒(Walker & Lawler)在对加利福尼亚一所公立大学的研究中发现,大学中有一个专门的组织负责协调政治导向、劳资谈判的预期及保障谈判结果的实施。因此,部分人从政治态度上强烈反对劳资谈判。然而,对性别差异的两项调查研究发现,女性和男性管理者的决策行为不存在显著的性别差异。总之,研究发现,组织内的层级水平、影响力的分布、人的观念和态度都与决策制定行为相关。

在对部分社区学院、四年制高校和一所综合性大学的管理者进行的研究中,泰勒(Taylor)提供了为数不多的直接针对决策制定行为进行的研究,并运用著名的维罗姆-耶顿(Vroom-Yetton)模型作为决策风格模型。研究结果显示,管理者在三分之二以上的时间里选择了鼓励教师参与的决策风格。与此同时,他们也注重决策的"质量"而不单单注重决策是否被接受或被执行。然而,泰勒的严谨分析并没有揭示问题的性质与优先选择的决策风格之间的关系。当需要更多的信息时,当决策的委托对成功至关重要时,当拒绝决策可能引发高度冲突时,或者当公平成为突出问题时,在这些情境中,管理者常常选择独裁的决策方式。泰勒的研究显示,支持教师参与决策反映的是系主任的思想意识上的回应,这和通过缜密考虑的决策制定风格是相背离的。正如伦斯福特所认为的那样,管理者似乎认为,大学是被共享的或普遍认同的价值观所统领的,这些共享的价值可为艰难的决策提供指导方针。因此,管理者可作为机构的慈善家的代表进行决策。院校的利益就像公众的利益一样,被视为等同于决策参与者的利益,从而成为决策的基础。其结果使学术管理者在进行决策时依赖于协商的神化,而并不把它当做合法的力量加以利用。当泰勒的研究与伦斯福特的研究相结合时,就显示出什么是理想的决策方式,什么是切合实际的二者之间的辩证关系。二者之间的距离很可能因院校的历史文化和教师社会化程度的不同而有所差异。

也有一些研究关注于与实体部分如预算和项目评估的决策行为。摩耶和克雷特罗尔(Moye & Kretlow)在对全国部分院校主管财务的副院长的决策行为进行研究时发现,通常采用的商业技术在项目评估决策或资金投资决策方面几乎没有用处。当下需求——通常被表述为学术需求而不是资金评估技巧,不仅被当做重要的,而且被视为唯一的标准。亚当斯、凯洛格和施罗德在对一些规模较小的院校进行深度研究时也得到了相似的结论。在教师岗位分配、学校目标设定和预算的确定方面,决策通常是反应性的,而不是可预见性的。这类决策的特点是对扩大规模的需求作出反应,而只有在需求很大时才进行目标设定。这再次说明,在保障决策制定的过程中,并没有发现使用相关的技术设备。至少在整个20世纪70年代,决策制定一直表现为只顾眼前的情况,其最终制定的结果取决于周围的环境和协商的影响。

从某种程度上来说,决策制定行为的研究与科恩、马奇和奥尔森开发设计的著名模型"垃圾桶"(garbage can)模型的研究是一致的。在这个模型中,大学决策通常并不解决实际问题。在这种情况下的选择更有可能是逃避性的或疏忽大意的,而且,决策的重点既不倾向于重要问题,也不倾向于非重要问题,而是倾向于那些中等重要的问题。问题、选择机会和决策者三者之间的匹配,在一定程度上是由问题本身、问题的相关性和决策者的能力所决定的。然而,决策的选择易受时间控制的影响,同时,它更侧重于当下问题并考虑整个组织的承受能力。例如,科恩和马奇认为,院校规模大小、财力状况、院校变化和因变化而导致的财政缺口等是影响决策风格的因素。上述文献回顾为我们提供了动态的垃圾桶模型的详细见解。在决策制定中忽视一些重要现象的倾向十分明显,因此,在决策时,应充分考虑到人口、影响力、个性、信仰和技术手段等因素的影响。

**资源分配行为**

明兹伯格的资源分配行为包括了所有的分配行为——管理者的时间分配、责任授权的分配和资金的分配。正如前文中所提到的时间相关行为,学术管理者分配给不同群体、不同活动和媒体的时间与一般管理者的时间分配是十分相似的,即他们将大量的时间分配给其他管理者(如同事和下属)、各种会议、协会工作以及言语交流的媒介,尤其是通过电话进行沟通和信息交流。分配给学生和教师及管理者自身单独工作(如读书和分析研究活动)的时间较少。一个很重要的事实是,学术管理者在分配时间时十分关心其他人员的需求。尤其在院系一级,最具特点的时间分配模式是,与从事管理和行政工作不同,学术管理者将大部分的时间分配给了学术工作(平均在 45%—50%)。尽管这种行为随着管理层级的提升而逐渐减少,但在学术上的不间断的时间分配或许可以解释管理者在管理上的诸多不满和压力,同时也可以解释常见的高等院校缺乏管理的问题。这似乎也影响到了下属的行为。格卢克和西奥普的研究表明,教师对系主任花费太多时间在研究工作上表示不满,进而影响了他们之间的关系。

目前,并没有对授权行为的直接研究,尽管先前对系主任决策的分权化和参与式决策的研究可以从这个视角进行论述。然而,在文献整理的过程中,发现有大量的关于财政资源分配方面的研究。在全国高校校长的研究样本中,帕特里克和卡鲁瑟斯(Patrick & Carruthers)发现,财政资源分配和再分配是目前两个最先发生变化的行为。摩耶和克雷特罗尔的研究报告显示,设备分配通常是基于校长的"希望清单"。虽然院校的空间标准已经确定,但研究发现,在计算时,没有院校将设备成本纳入项目研究或使用成本收益折扣的方法。与此相似,在教师岗位分配的单位成本和弹性预算方面,亚当斯、凯洛格和施罗德发现资源分配没有考虑到班级规模和教学工作量的标准。

一系列相关研究表明,管理者的资源分配行为是在管理者对自身影响力和权力的感知的基础上进行的。结果显示,在所有主要的研究型大学中,诸如工作量和学生数量的普遍标准在与许多其他从属单位的权力的测量方法相比时,在教师岗位和自主资金的分配上并没有明显的优势。对这个模式的最新测试发现,由于发展较快的组织会吸引外部资金,一个组织的发展模式的状态会直接影响到组织的影响力。高速发展的院系具有高度的一致性,所以,在争取内部资源方面可形成强大联盟。吸引资金、签订合同和增加学生注册人数的能力,成为了考察管理者分配稀缺资源的实际行政工作标准。最后,在资源紧缺时期,能力作为更重要的标准预示着,为决策及分配模式开发更为普遍的可接受标准可能导致管理行为走向反面。

管理者对他人需求的应急反应、管理者相对缺乏的基于资源分配决策的独立标准或价值观,以及管理者避免应用管理技术或专门知识进行决策的过程,都是令研究者十分感兴趣的话题。

**企业家行为**

明兹伯格的创造行为/企业家行为与项目管理过程具有隐喻的相似性。通过对组织的调查,管理者发现可供改进的机遇与挑战,进而启动计划改进项目并予以实施。其中,有些项目是管理者个人监督实施的,如关于教师年龄分布的研究;其他项目分配给教师实施,但管理者仍保留检查和质量监控的职责。在明兹伯格的研究分析中暗含着两个至关重要的假设:(1)管理者持续不断地参与开发和实施项目,同时兼顾多个项目;(2)像研究与开发项目一样,许多改进的项目最终以失败告终或导致无法实施的结果。这些源自于管理者日常工作中的见解对那些学术管理者具有表面有效性。帕特里克和卡鲁瑟斯在全国高校校长调查中发现,与报告和数据分析的结果相比,高校校长更认同管理改革中特定的优先次序,并十分重视管理改革的发展过程。然而,这篇评论并不直接论述创造行为/企业家行为。在某种程度上,这可能由于方法论或概念的偏见,组织的变革通常被解释为对外部环境变化的反应。例如,曼斯和马奇(Manns & March)发现,斯坦福大学在资源的可获得性变化与院系课程变化之间存在着可测量的关系。但是,由于方法和变量选择的限制,在院系水平上,并没有十分清晰地表明这个过程到底是如何实现的。同样地,萨兰西克、斯托和庞帝(Salancik,Staw & Pondy)在研究组织外部环境变化与系主任变更的关系时认为,组织变动大多是由于外部环境的变化而引起的,并不是由于管理者的个人能力或性格特点所致(尽管这些特点和能力没有被测量,因此也无法在研究中进行控制)。明兹伯格认为,管理者是组织变革的动因,而流行的观点认为,外部变化是组织发展的动因。显然,两种观点之间是相互冲突的。所以,这种方法和理论上偏见可能导致的结果是:学术管理者在高校中以企业家的方式开始改革时,他们对所使用的改革方法缺乏相应的知识和了解。这个问题将在下文进行探讨。

**内省行为**

明兹伯格认为,管理者需具备能够全面理解自己所做工作的能力,他们应该对自己对组织的影响力保持警觉,并且具备从内省中进行学习的能力。阿吉里斯(Argyris)与明兹伯格的研究相类似,他参考了前人对学术管理者的部分研究成果,并在此基础上,设计了组织学习的模型。他认为,学术管理者应该具有自发地采取专业化的行动来反省自身工作的能力,因为管理者未来工作中所遭遇的困境,要求管理者对现行的价值观念及深层的实际政策进行审视。阿吉里斯认为,这会产生双路径的学习效果,这种学习对于未来将会起到至关重要的作用。他由此提出了服务于职业及管理教育的双路径学习理论。

毫无疑问,学术管理者并没有受到专业化的管理培训,并且后续一系列的研究表明,专业人员并不能从研讨班和职业教育培训中学到知识;相反,他们的学习更多地来自自身的工作当中。在工作环境的背景下来研究学术管理者学习和内省行为的有效模式,将对高等教育领域有很高的价值。遗憾的是,这方面的研究还十分不足。路易斯和达尔的研究显示,院长和系主任在管理中或是否定,或是抵制,或是不能完全地理解自己的管理责任。最大的压力就是源于这些管理者,因为他们好像不愿意分配足够的时间来满足管理工作的需要。这意味着,他们对自身工作所需的知识,目前工作对他们的要求,以及他们对自身偏好的理解都不够充分。麦克劳林、蒙哥马利和索伦斯发现,系主任对谁具有影响力的认识与他们的职业目标之间存在一定的关系,如果管理者认为他们自己控制着主要决策权,那么他们将花费更多的时间对院系的发展壮大及人事工作和项目开发进行指导,并且,他们对管理工作也会具有强烈的愿望。相反,如果他们认为自己受控于人,那么他们将花费更多的时间去做学生工作和联络工作,参与教师活动,希望能够回到他们当中去。与之相似,所罗门和泰拿尼发现,那些旨在使教师接受管理权威的奖励制度并没有提高教师对管理工作的满意度,这样做的结果反而使得教师认为工作没有挑战性、管理者在决策上没有自主性、工作本身缺乏多样性。虽然这项研究与反省行为有关,但是它对管理行为的性质没有提供有价值的见解,因而没有太大的启发意义。

## 专业技能:技能相关行为

明兹伯格认为,可以将管理行为从专业相关行为中剥离出来。在专业相关行为中,管理者实现了从诸如教学和科研等专业活动到管理活动的转变。但是,在学术环境中,这种转变很少能够完全实现。事实上,大多数学术管理者仍承担着学术责任。管理者在专业相关活动上的时间分配,以及时间分配与管理压力和管理满意度的关系问题,已经在前文进行了阐述。一个最基本的问题是,学术技能或学术背景与人际关系、观念行为和总体管理成功与否之间的关系问题。例如,在相关背景下进行的研究——如研发组织——认为科学的专业知识是管理有效性的重要预测指标。最近发表的有关计算机模型的逸闻显示,资深学术管理者的学科背景对于当前计划和管理技巧的成功实现有着至为重要的影响。不足为奇的是,尽管本文呈现的许多研究把学科或领域当做影响教师行为、院系领导风格和集中分配行为的变量,但是没有研究对管理者的技术和专业技能与职业行为之间的关系进行直接的测量。这似乎有些奇怪,因为确有关于不同学科之间教师行为之实质性差异的具有很好的效度的研究。这些研究指出,专业技能或学科背景与管理行为之间的关系可能是高等教育管理研

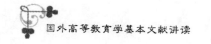

究中成果丰富且十分重要的组成部分,且对管理部门的选择、培训和发展具有实际意义。

## 讨 论

上文利用凯兹和明兹伯格的框架,对过去十年高等教育中有关管理行为的研究进行了分析。下文将探讨一些更宽泛的问题,包括作者可能的偏见、本领域研究的方法问题以及对未来研究的启示。

高等教育领域现有的研究指出,学术管理者在时间花费和分配方面的问题对于一般管理者而言并非没有代表性。学术管理者(1)持续不断地进行大量的工作;(2)执行多样化的、分化、简洁的工作;(3)喜欢处理当下的、详细的和临时的事件;(4)表现出对言语交流媒介的偏好(电话、会议和简单讨论);(5)建立起非正式的信息系统。与其他组织中的管理者不同,学术管理者在扮演管理者角色时,更倾向于保持实质的专业学术活动。他们也不愿承担全职的管理责任,对于院长和系主任来说,尤其如此。人际技能和凯兹所说的概念技能在学术管理中扮演着很重要的角色。有关人际技能的研究已经在领导技能方面进行过论述。考虑到组织结构及其学术组织的信仰系统,为信息和相互影响力所建立的横向的同事关系网,对学术管理者比对其他管理者更为重要。遗憾的是,缺少对这一主题的研究。与此同时,对冲突协商和争议解决,都需要给予更多的关注,霍布斯在这一领域中已有一些卓有成效的研究。在概念行为的分类上,大量的研究关注于信息处理、决策制定和资源分配行为,但仅有很少的研究关注学术管理者的企业家行为和内省行为。由于管理者的角色一贯提倡对变革的管理,缺乏有关学术管理者如何实际地管理变革的研究,是令人震惊的。

本文作者开始做出的评论有一定的偏颇——学术管理活动并不是一个十分明确的过程,它高度依赖于影响力和权力,且受制于学术文化的信仰和价值观。如果还有其他的话,现有的研究分析也会使这种偏见加强。首先,可以很明显地看出,正如实践表明的那样,非正式的影响力、会谈和联系网络是学术管理十分重要的组成部分。其次,对信息相关的行为、决策行为和资源分配行为的研究结论为我们提供了一些信息,学术管理是高度直觉化的活动,存在着不重视使用量化数据或现有管理技术的倾向,并且受制于多方利益群体的政治影响力。再次,传统、信仰、个人价值、准则和习俗似乎发挥着更为重要的作用,而不仅仅体现在现有的关于管理的文章中。简要地说,马奇和他的同事所提出的垃圾桶决策模式以及有组织无政府状态的理论框架已得到了现有的管理行为研究的支持。

无论如何,得出这些概括化的结论应该持十分谨慎的态度。相对于理性模型来说,尽管这些模糊的模型和影响力可能与已有的数据更加契合,目前的理解更多的是基于历史的证据。进一步来说,那些显著影响管理者行为当下模式的环境因素也在逐渐发生变化,或许是戏剧性的变化。以往对管理行为的抽样研究为在不同环境下的管理行为模式提供了依据。比如,科恩、马奇和奥尔森所模拟的垃圾桶模型预测了随着时间的推移管理的决策行为模式将会做出调整(即进行组织学习),并且随着组织冗余资源的减少而变化。换句话说,经常用最新的经验数据去检验理论模型,是十分重要的。

  总之,不足为奇的是,已有的研究促成了一种观念,即对管理行为更好地理解十分有利于改进管理工作:(1)比如,管理工作中设计出的复杂信息系统,由于没有充分考虑到学术管理者的需要和工作习惯,它并没有产生较大或是较直接的影响;(2)进一步说,由于人类需要寻求意义,保留创造力和学术信仰是学术管理活动中十分重要的部分;(3)对于管理效力来说,在依赖于自由人才的自治力、创造力和有主见个体的组织中,人际关系和技能是组织管理中非常重要的部分。基于此,我们可以合理地推断,在学术组织中,管理行为可能会根据新的环境而发生改变。然而,对这一过程的理解则往往产生于对学术管理行为、管理技术和管理结构关系的研究。

  这种研究综述的方法论是值得特别注意的。第一,取样的策略差别明显。一些研究在这方面过分关注于单一院校、精英研究型院校。另外一些研究则主要关注组织群,如私立文理学院、公立大学或社区学院。总的来说,研究似乎过多关注于规模较大的研究型大学,而且已出版的研究中对于小型或社区学院管理者的管理行为的研究并不常见。虽然对此已在上述的分析中一一呈现,但就这一方面的特征却很难确定。一项在该领域得到一致认可的研究表明,高等教育体系由于组织、管理类型和院校层次的不同而存在差异。研究证实了制度类型、水平、区域、规模和文化都会对管理行为产生影响。这也就证明,个案研究可以对后续的研究提供可试验的模型。马奇和普费弗以及他们的同事的研究,也已经表明这一方法的价值所在。然而,在本文的研究回顾中,多半的研究并没有意识到他们研究所关注的焦点以及取样过程的缺陷,对院校类型的相关研究也没有引起足够的重视。如此看来,今后对于高等教育领域中管理行为的深入研究,应对测量和控制不同组织机构间的误差予以足够的重视。

  第二个需要特别注意的问题是,在一些研究中所使用的概念框架。部分研究倾向于采用心理学模型,这类模式把行为研究归纳为与其相关的变量间的关系研究,或者采用社会学的分析方法,这种方法趋向于完全忽略个体行为。当然,这种选择从根本上说有很重要的原因。心理学的方法强调测量的精确性和预测的可能性,但通常在整体理解上存在部分欠缺。同样,对社会学的逻辑,马奇在研究中给出了很好的诠释。他在研究中发展了托尔斯泰式(Tolstoyan)学术管理者的观点,他认为,出色的学术管理者不太可能产生于这种类型的组织。学术管理是一种微调的艺术,在这个过程中,一种大的、缓慢变化的力量决定着事态的进展。但心理学和社会学的两种视角,都对理解管理行为有一定的限制。框架的运用和心理学观点的精确性导致研究者忽略了重要的人际交往过程。比如，管理者建立和维护信息网络的方法和这种方法产生的影响，一直被传统的管理研究者所忽略，直到在明兹伯格和他同事的观测研究中才开始逐渐被重视起来。甚至今天，在这个领域中依然没有什么有价值的研究来阐述这种关系的重要性。虽然社会学观点提供了一种面对管理成就的谦逊态度，但是它在促进知识发展方面与之前的方法一样无能为力。如果管理工作的作用仅仅在于微调和微小的变化，那么管理行为该怎样得到改善呢？关于管理者的研究一再表明，管理行为是一种专业化的行为。所以，阐明管理行为的性质及其在不同背景下产生的后果，将有重要的理论价值和现实意义。除了几项研究之外，在实践中的管理行为行动方面，几乎没有研究能够提供有价值的见解。这些批评并不是为特殊的方法论找借口，而是为了寻求更具创新性的应用以及促进研究者在学科和方法之间的交流。

## 总　　结

　　本研究通过对过去十年高等教育领域管理行为的探讨，填补了1974年彼得森对该领域研究状况评述之后的空白。然而，本研究由于数量和方法上的局限，目前仅针对在高等教育领域中的对管理工作的一些看法，同时也在研究和实践层面提出了有参考价值的建议。

　　学术组织和管理的本质凸显了人类行为、信仰和价值观的中心地位。尽管组织结构和管理技术也十分重要，但由于缺乏对管理行为的理解，有关机制和过程的研究并不会对理论和实践有太大的贡献。相反，相关学术组织研究中最有影响力的研究对人类行为、文化和意义在组织发展中的地位做了很好的阐释（例如，克拉克、马奇、里斯曼、维塞）。与此同时，从事商业组织学习的学生强烈呼吁企业家能力、组织文化、人力资本发展和人际交往的重要性。

　　这篇文章基于对近年来高等教育领域中管理行为的研究进行整理，试图提供一种整合性的理解。在此时评估目前的研究状况对于提高实践和研究都是十分必要的。怀特海认为，科学家探求真理不是为了获得知识，他们获得知识是为了探求真理。

（许锐　译　阎凤桥　校）

# 高等教育制度论:日本模式的摸索[①]

天野郁夫

**作者简介**

天野郁夫(Amano Ikuo,1936— ),日本神奈县人,日本教育社会学、高等教育学研究领域的代表性人物。一桥大学经济学部毕业,东京大学教育学博士。历任名古屋大学副教授、东京大学教育学院院长暨教授、日本国立大学财务经营中心研究部主任暨教授,现任东京大学名誉教授、一桥大学经营协议会会长。曾兼任日本教育社会学会会长、日本高等教育学会创任会长、日本大学审议会委员、日本经济审议会特别委员、日本国立大学法人评估委员会专门委员等职。主要著作包括:《变革时期的大学》(1980)、《日本高等教育结构》(1986)、《近代日本高等教育研究》(1996)、《日本教育体制》(1996)、《日本高等教育体系——变革与创造》(2003)、《大学改革——秩序的崩溃与重建》(2004)、《学历社会史——日本近代教育史》(2005)、《教育与选拔的社会史》(2006)、《大学改革的社会学》(2006)等。

**选文简介、点评**

过去一百年间,欧美学者在高等教育研究方面处于主导地位,关于高等教育的理论、知识和文献大多出自欧美国家。由于语言和传播范围的限制,欧美以外国家和地区高等教育学者和研究成果的国际影响相对较小。在这方面,天野郁夫及其高等教育"二元双层结构"是一个例外。天野郁夫是日本高等教育研究界的代表性学者,长期从事教育社会学研究和高等教育研究,提出了"二元双层结构"是日本高等教育制度基础的理论。这一理论是现代日本高校的分类理论,在日本国内和国际上都产生了重大的反响。从明治维新时期移植欧美大学模式并参照本国"环境"因素创建近代大学起,日本高等教育制度就形成了独特的官立高校与私立高校(二元)、大学与专门学校(双层)的"二元双层结构"。大学与专门学校之间在学制、师资、生源、经费、特权、声望等方面均存在着明显的差距,这种差距同样存在于官立学校与私立学校之间,院校的社会声望排序与其等级相互对应。这种结构逐渐得到了强化,造成了日本高等教育制度的等

---

① [日]天野郁夫.高等教育的日本模式[M].陈武元,译.北京:教育科学出版社,2006:163-185.

级性、僵硬性,并且使得高等教育制度缺乏多样性。这种僵硬的、等级性的高等教育制度,在资源有限的条件下,有效地推动了日本快速的近代化。但是作为一种制度,这种模式又存在显著的不稳定性。由于日本基本继承了"二战"前的高等教育制度结构,这种不稳定性延续到战后,并且随着高等教育规模的迅速扩展,不稳定性日益显露并得到强化,潜藏着巨大的教育危机和社会危机。为了推进高等教育多样化,日本在"二战"后进行了一系列改革这种僵硬的等级性高等教育制度的尝试,但遇到了重重阻碍。天野郁夫从历史和比较研究的视角,对日本高等教育制度为什么缺乏稳定性进行了系统、透彻的分析,认为高等教育制度的等级性与僵硬性是导致缺乏稳定性的根本原因,如何构建新的制度结构仍然是日本高等教育不能回避的课题。日本于20世纪90年代开始摸索,2004年正式启动的国立大学法人化改革,赋予国立大学以法人地位,改变国立大学的政府机构性质及其教职员工的公务员身份,是改变高等教育资源配置结构,构建更加多元、平等、开放和有活力的高等教育制度的一个重要举措。在借鉴阿什比、特罗、本-戴维和克拉克等人理论的基础上,天野郁夫对日本高等教育制度进行系统深入的解释,提出"二元双层结构"的日本模式,成为非欧美国家高等教育学者理论创新的一个典范。

## 选文正文

### 一、问题的设定

**危机的性质**

在追溯日本近代高等教育的发展过程时,可以发现,在其间重复涌现和探讨了各种各样的改革构思。在高等教育制度的生成期,围绕高等教育的应有形态进行争论是理所当然的事情。然而在此后每隔5—10年的短时段,社会各界围绕高等教育改革展开重复性争论的现象,则清晰地反映了高等教育在日本整个教育体系中处于不稳定的地位。而这种非稳定性即便在经历一个多世纪后的今天,也未发生根本性的改变。

为何日本高等教育的制度结构呈现出如此非稳定性特征?仅就20世纪70年代以后的改革争议而言,用马丁·特罗提出的"过渡期"理论来阐释这个问题也并非不可能。依据特罗的现代工业社会中高等教育的"制度—历史"理论,当时的日本高等教育正处于从精英阶段向大众化阶段的过渡期,与其他接近过渡"门槛"的高度工业化社会相同,制度改革被视为亟待解决的课题。然而如果我们把不断兴起的改革争论作为制度不稳定性的标志,并将此定义为日本高等教育为期一个多世纪的发展特性,那么仅仅依靠"过渡期"理论能否对此现象提供有效的阐释呢?

高度工业化社会的高等教育,目前均面临着过渡期特有的改革问题,同时也面临着严峻的发展危机。借用一位比较教育学者的话来说,"将来的历史学家在追溯20世纪50年代至70年代间高等教育的发展历程时,他会发现在这个发展过程中存在着三大政策性课题,即:(1)规模扩大;(2)高等教育机构或制度的局部性变革;(3)高等教育系统的整体性改革"。从20世纪50年代开始的高等教育规模的急速扩张,对吸纳日益增多的学生"容器",即传统大学或高等教育制度提出了实质变革的要求。而正是这种要求引发了此后激烈的学生运动的爆发,并成为改革争议的导火索。对于这一点,以特罗为代表的比较高等教育学者已形成了一致的见解。

不可否认,这种基于全球视野的发展阶段理论,的确成功地、鲜明地把握了宏大历史发展进程以及其间发生的过渡或转型性问题。但是,该理论并不能具体说明在各个工业化社会中大学或高等教育制度所面临的问题和危机的具体特性。特罗提出的从精英到大众、从大众到普及阶段过渡的"制度—历史理论",在作为分析框架,用于解释特定社会或制度的层面所出现的问题时,显然过于宏观。

**"遗传与环境"**

毋庸置疑,构成高等教育制度核心的大学(university),是在中世纪欧洲的特定历史时期作为独特的社会制度产生并发展而成的。随着新大陆的发现、东亚地区的进入、工业化发展,也就是说在欧洲文明圈扩张与影响力增大的过程中,大学逐渐演化为一种普遍性的存在。目前,虽然几乎任何一个独立国家都拥有大学,但需要留意的是,大学从欧洲世界向非欧洲世界的移植与传播,并非完全延续其原有的形态和功能范式。起源于欧洲的大学在非欧洲社会的新环境中,具有了与母国(欧洲)的大学不同的形态和功能。阿什比用生态学理论生动地说明了这种大学的移植与变革的现象:"与动植物相类似,大学是遗传与环境的产物。例如,美国大学遗传了欧洲大学的特质,产生了'盎格鲁-德国'的杂交品种。但是,美国的环境又把大学改变成为一种新生品种,而这种新型大学目前正在被世界各国所移植。"

大学是"遗传与环境的产物",如果将美国大学理解为"杂交品种"和"新生品种",那么我们又该如何界定日本大学?日本大学是否也是"杂交品种"和"新生品种"?借用阿什比的表述,在大学不断"进化"的历史进程中,从欧美各国移植过来的大学,虽然其基本性质受到"遗传特质"的制约,但在适应日本的"环境"过程中,大学已形成了日本特有的形态和功能。而基于全球视野的发展阶段论所缺乏的正是这种分析高等教育多样性的分析框架。清晰解读日本高等教育所存在的问题及其不稳定性,所需要的是深入考察高等教育个体特质的分析视角。

### 等级性与僵硬性

昭和四十五年(1970年),日本正处于大学学生运动的高潮期。当时来到日本的 OECD 教育调查团指出,"日本的大学危机既存在与其他发达国家相同的经历,又体现了日本特质"。针对所谓"日本特质",调查团指出"日本高等教育制度呈现出极其显著的等级性,存在缺乏'灵活性'的弊端。但需要指出的是,这种在高等教育研究者中已达成共识的等级性与僵硬性两大特质,并非日本高等教育特有的属性。众所周知,特罗在分析欧洲各国的"精英型"大学制度时,也指出其存在着无法对需求或各种变革力量做出灵活应对的僵硬性。至于等级性结构,也可以从极具代表性的美国案例中发现,这是大众化阶段的高等教育所共有的特征。究竟什么是日本的特质?答案是日本高等教育将僵硬性与等级性这两大特质并存于一个系统之中、将两者密不可分地结合在一起的"组合方式"。

日本高等教育系统由 400 多所大学(和 500 多所短期大学)构成。高等院校在师资、生源质量、设施设备、教学研究、社会声望以及各种资源配置层面上具有丰富的多样性,并与此相对应,高等教育体系形成了具有尖锐顶部与庞大底层的金字塔状结构。日本高等教育的独特性在于,构成金字塔的大学上下层级之间缺乏流动性,并且即便高等教育经历了快速的规模扩张和多次制度性变革,但其等级性结构和形成这种结构的大学间的序列性在一个世纪里基本没有发生任何改变。换言之,这种被视为大众阶段高等教育制度所特有的等级性结构,在日本近代高等教育初创期以及此后的精英阶段就已经形成了"雏形",并在此后的高等教育的发展历程中被逐渐强化和制度化。

因此,正如 OECD 调查团所指出的,日本高等教育危机的主要根源之一在于其僵硬性和等级性的制度结构,而且如果该特质的"雏形"形成于近代高等教育的初创期,那么要弄清当前大学危机的基本性质,则需返回到制度初创期,认真探讨阿什比提出的"遗传与环境"的问题。其原因在于,日本大学的起源继承了欧洲大学的"遗传特质",并在适应不同于欧洲的"环境"的发展过程中逐步形成了日本高等教育的特质。

## 二、"雏形"的建立

### 模式的移植

日本近代高等教育初创期的 19 世纪下半叶,是欧洲统一世界崩溃,中世纪以来的传统大学在民主国家建立与工业化发展的新环境适应过程中,逐渐分化成各种各样变种的时期。根据阿什比的研究,1850 年仅当时的英国就存在五种大学模式。高等教育制度的创建,一方面需要从这种多样化的欧美大学中选择适应日本环境的模式,另一方面需要让这种大学模式所包含的欧洲"遗传特质"适应新的环境,形成独特的"变种"。高等教育制度的创建正是在解决上述双重课题的过程中不断发展而成的。

然而在现实中,在明治初年的高等教育初创期,大学模式的选择和移植并不是在充分的比较和探讨的基础上,在有计划的过程中逐步完成的。其根本原因在于,当时的日本并没有对西欧制度的大学理念形成正确的理解。相反,日本需要的是在何种模式下才能最有效地培养具有战略重要性的人才、快速推进国家近代化。在这种极为现实的方针指导下,有目的性地从多样化的欧美大学模式中进行有选择性的移植。东京大学的法学、理学、文学三个学部源自英美(盎格鲁)模式,医学部则采纳了德国模式。而其他官立学校,如工部大学校借鉴了欧洲的高等工业学校模式,札幌农学校采用美国的赠地学院模式,驹场农学校最初采用英国模式,此后又转变为德国模式,司法省法学校则按法国模式开展法学教育。上述混乱的状况清晰地反映了,日本高等教育的选择性移植是在"理念空白"的状态下完成的。不仅如此,这个时期,政府对私立学校的设立采取自由放任的态度,强调"不论何种学校,人人皆可设立之"。因此,在这样的背景下,从美国式的学院或教会学校到以官立学校为模式的培养各种专门职业人才的私立学校,高等教育机构的形态可谓"百花齐放"。

这种混乱与摸索的阶段终于在明治十年代末落下帷幕。明治19年(1886年),以远赴西欧特别是留学于近代大学雏形的德国大学,直接学习西方大学理念的一代人为核心,开始在日本建立以欧洲大陆更具体地说是以德国大学为参照模式的帝国大学。帝国大学尽管带有鲜明的西方遗传特质,但同时也是在适应日本环境中创造出来的具有日本独特性的大学,进而形成了以帝国大学为顶点,并保留至今的日本高等教育的等级性结构。但要真正理解这个形成过程,需要首先考察尝试与探索时期的主要环境因素。

**环境因素**

日本近代高等教育的建立得益于支撑规模发展的两个决定性条件。第一,如上所述,从快速推进近代化的需求出发,高等教育的发展前提在于,国家对学习西方学术的人才的强烈需求。第二,日本社会已经形成了已接受良好基础教育并具有积极的高等教育升学动机的社会阶层。尽管传统的社会阶层的形态和内涵各异,但受过高水平教育的士族阶层和富裕的农民阶层当属这样的社会阶层。因此,日本高等教育从它建立初期就已经具备了促进规模扩张的牵引性因素和推动性因素,即作为牵引性因素的人才需求与作为推动性因素的升学要求。

但是,对以上述两大因素为媒介整合而成的高等教育系统而言,可利用的资源是极其缺乏的。首先,在当时的日本,并没有形成在"大学"应该传授的西方学术研究的和传授其所需要的教学人才的储备积累。不仅如此,虽然作为教学对象的生源是充足的,但学生缺乏学习西方学术所需的基础学业能力,特别在语言能力方面显得尤为不足。因此,高等教育不仅需要借鉴欧美各国的发展模式,同时需要聘请欧美学者,将欧美语言作为教学用语,并在专业教育之前,对学生实施长时间的以外语为主的预备教育。这一切不但增加了教学成本,而且使原本就已存在的资金不足问题显得更为突出。

在这样的条件下,如果想要优先培养、供给战略重要性人才,在短时间内实现近代化(富国强兵、文明开化)的政策型课题,采用倾斜性资源配置与投入成为最有效率的选择,的确,在现实中,日本政府有意无意地通过如下的政策选择,使资源的倾斜性投入付诸实施。

第一,政府一方面对私立学校的设立采取自由放任的态度,另一方面创办少量的官立学校,并集中资金予以投入。在近代化的初期阶段,政府财力的总体储备水平很低,由于中央政府事实上是唯一的资金提供者,这意味着官立学校与私立学校之间,在以资金为主的各种资源方面存在着悬殊差距。官立学校聘请欧美教师,利用公费向学生提供充分的基础教育,并以欧美语言作为教学用语开展高水平的专业教育。但这对大多数私立学校来说,都是不可能做到的事情。从当时私立学校之首的庆应义塾(庆应大学前身)要求政府提供资金遭到拒绝的事例中可以发现,政府对私立学校没有提供任何财政资助。

第二,在官立学校系统内部也推进倾斜性资源配置。由于聘请欧美教师、以欧美语言作为教学用语的课程成本太高,无法满足培养大量人才的需要,因此政府让上述高水平课程的毕业生担任教师、采用了开设以日语授课的速成课程或学校的运作方针。例如,东京大学医学部开设的别科医学可谓此类办学模式的典型案例。此外,对于有3名以上医学部正规课程毕业的医学士担任教师的府县立医学校,政府赋予其毕业生可免试获得医师资格证的权利。此后,这类雇用日本教师以日语传授西方先进技术,并在短时间内培养大量人才的速成课程成为日本高等教育机构的独特类型,即专门学校的雏形。而与此同时,几乎所有的私立学校雇用官立学校毕业生担任教师开展教学,从这方面来看,私立学校与专门学校之间存在着趋同性。

### 帝国大学的建立

由此创办的官立学校与私立学校,高水平·正规课程——简易·速成课程,这种二元多层的结构性特征,以及与此相应的资金、教师、学生等资源的重点性、倾斜性配置模式,这一切原本就是改革尝试与探索的产物,因而它存在着转化为不同的制度结构的可能性。正因为如此,官立学校、私立学校的二元结构虽然得到保留,而以欧美语言传授高水平课程与用日语传授简易性课程的多层性结构,随着毕业生培养规模的增大,前者的办学模式被逐步缩小以至于废除,后者则被逐步扩大,并最终被整合成单层性结构。但是这种选择结果并不是采用单层化的发展路径,此后帝国大学的建立,则成为高等教育二元多层性结构制度化的决定性因素。

随着近代化发展所产生的紧迫的人才需求暂时告一段落,政府开始感到需要超越这种培养人才的专门职业教育,创建崭新的、综合性的、象征国家威望的大学体系的必要性。这种新型大学是在高水平教养教育（通识教育）的基础上实施专业教育，以高级行政官僚为代表的精英人才的培养机构。另一方面，新型大学又必须是能与西欧大学并驾齐驱的、具有高水平科研能力的"国家的大学"。明治十九年（1886年），在主要官立学校合并基础上创建的帝国大学，正是响应这种国家的强烈期望、肩负着国家威望和命运的大学。

虽然帝国大学的法、医、工、文、理、农的学科设置充分体现了"日本特征"，但基本上可以看做是"德国模式"的高等教育机构。在创办"国家大学"之际，政府是有意识地选择了德国模式。但这种选择并不是把整个高等教育制度完全转化为以同类型、同水平的综合性大学占主体，以各类专门学校为互补的德国模式。其原因在于，在资源有限的情况下，政府无法创建大量的以德国大学为参照模式并在学术水平上不逊色于德国大学的高等院校。在明治时期，日本政府创建的帝国大学仅有4所。

帝国大学在创建初期，已实现了教职员工与教学语言的本土化。但帝国大学入学者必须在入学之前，在作为大学预科的高等学校接受过以西欧语言为主要教学语言的高水平的教养教育。以往的"高水平课程"几乎原封不动地为"高等学校→帝国大学"这种新的培养特权精英的课程所继承，并且政府集中投入资源，努力扶植。

创办肩负国家威望的大学的这种努力，在短时期内结出了硕果。例如，在明治二十年代中期，相关人士称，"日本大学已达到与英美大学并驾齐驱，甚至超越了德国大学的水准"。虽然有夸大之嫌，但这个时期的日本帝国大学已经逐渐巩固了其作为国际性大学共同体成员的地位了。然而，作为国内唯一的综合性大学，帝国大学在校生数仅为高校在校生总数的20%。从数量来看，高等教育的主体是在质量方面与帝国大学处于隔绝水平的各类官、私立高等教育机构，正是这些曾经是简易、速成的课程或学校、被通称为专门学校的高等教育机构，适应了由于升学需求与人才需求而不断引发的规模扩大的要求。

**专门学校的制度化**

与创建帝国大学同步，日本政府努力完善那些直接接收中等学校毕业生的商业、工业、医学等单科性官立专门学校的办学条件。这其中也包含了以安特卫普（Antwerpu，比利时城市名）高等商业学校为参照模式的东京高等商业学校那样的欧美模式移植型学校。但这些学校的多数承袭以前简易、速成课程的特征，并不要求学生具备高水平的外语能力。相对于帝国大学的六年制课程而言，这类学校是以3—4年短期课程为主的专业教育机构。这些官立专门学校与帝国大学相比，虽然只获得有限资源中更小的份额，但设置数量十分有限，政府逐步提高其办学水平与地位，创造出在官立学校体系内部使综合性大学与专门学校并存的德国式结构。但是，与德国模式不同，日本在院校数量上占主体的是专门学校。

政府一方面对官立学校采用明确的指导方针,另一方面对私立学校继续采取自由放任的政策。与其说大多数私立学校是依据特定的欧美大学模式,还不如说是以官立学校为模式,并主要由于经营方面的各种条件限制,逐渐形成了独特的组织结构。其经营特征可归纳如下。

第一,除学生缴纳的学费以外,几乎没有其他可依赖的资金收入来源。这是因为,私立学校不仅没有来自政府的财政资助,也没有形成向其提供资金的社会组织,如宗教团体、企业家、慈善家、财团等。即便有,其比例也是极其微小的。

第二,在其他主要资源,如具备教师资格的教师和生源方面,私立学校也并不充足。帝国大学毕业的高素质教师大都被官立学校吸收,而大多数资金缺乏、社会威信较低的私立学校只能聘请少数帝国大学毕业生作为兼职教师。此外,正规中等教育的毕业生几乎都进入了官立学校,私立学校只能接收其中学业能力较差的学生,以谋求自身的生存与发展。

第三,私立学校只能享受到政府给予官立学校各种特权中的极小部分。这些特权包括免除兵役、各类国家考试的考试资格或免除考试等。但是,这些无条件给予官立学校的特权,在附加严格条件的基础上,只赋予了其中一部分给私立学校。而是否享有这些国家决定的特权,对于完全依赖学生缴纳学费办学的私立学校来说,不仅左右着其发展前景,甚至经常成为影响学校生存的致命性因素。为此,私立学校一方面要努力争取这些特权,另一方面,除设置面向中等学校毕业生的正规课程外,还设置几乎无入学选拔考试的简易课程尽可能地多招学生,并全面依赖兼职教师,用低廉的教学成本提供高等教育机会。

尽管这些私立学校也被称为专门学校,但与单科且以职业技术教育为目的的官立"专门学校"不同,它们是开展法、经、文等文科类教育的复合型教育机构,在组织功能和组织形态方面,与从19世纪中叶开始步入大学之路的美国学院极为类似,但却是日本独特的高等教育机构。

私立学校的特征在于机构质量的多样性。相对于以帝国大学、官立专门学校等既有高等院校为参照模式,不断增设同类型、同水平的官立学校而言,私立学校在资源竞争中,不断提升办学水准,并朝更高层次的方向发展。从这个意义上来看,私立学校的发展体现了美国模式,与借鉴德国乃至欧洲模式的官立学校形成鲜明的对照。用阿什比的说法,日本高等教育制度呈现"德国与美国模式并存"的结构特征。

### 三、阶层性结构的形成

**二元双层结构**

明治十九年(1886年),与帝国大学创建同步,日本高等教育制度形成了官立学校与私立学校、大学与专门学校的二元双层结构。图1(Ⅰ)就是这种结构的概念图。官立学校直接与中等学校形成衔接关系,但却分割为专门学校与帝国大学的双层体系。而私立学校则全部是专门学校,而且相比于接收中等学校毕业生的"本科",无入学选拔考试的"别科"学生占在校生数的绝大多数。为此理所当然地,帝国大学、官立专门学校、私立专门学校的序列也是院校各自社会声望的排序。大学与专门学校之间除了课程年限不同以外,在教师、生源质量、资金、特权等方面也存在着明显的差距,这种差距同样也存在于官立学校与私立学校之间。而所谓社会声望的排序与这种差距相互对应。

如上所述,这种多层次结构虽然适用于倾斜性资源分配机制、满足日益增大的升学要求与人才需求,但另一方面这种结构明显地缺乏稳定性。

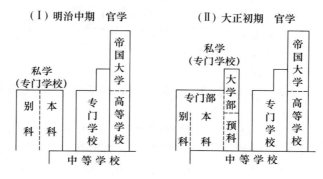

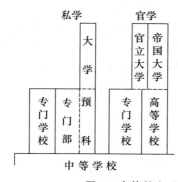

**图 1　高等教育系统的形象图**

第一,位居金字塔状多层次结构的顶端、与德国大学具有同等水准的帝国大学,由于其水平太高,反而遭到社会批评。对于与其他高等教育机构处于隔绝状态的帝国大学,从明治二十年代初,社会各界就开始批判其是导致激烈的考试竞争以及整个教育制度的各种扭曲或问题的根源。在这样的背景之下,废除帝国大学或把之升格为研究生院,取而代之将专门学校大学化的构想曾多次出现在日本高等教育改革的舞台上。

第二，由于资源局限和依赖学费收入的经营状态，使得处于金字塔底层的私立学校与帝国大学、官立专门学校之间，在教学科研质量方面存在巨大的落差。提高占高等教育半壁江山的私立学校的办学水平，缩小其与官立学校的差距，是政府所面临的重要的政策性挑战。当然，努力提高办学质量的私立学校自身也开始强烈要求政府在法律上赋予其大学地位。

在整个战前时期，使得日本高等教育长期处于动荡状态、导致不稳定的根源基本为上述两方面的力量。近代化初期的"环境"因素生成了顶端与底层之间差距显著，带有严重倾斜性的金字塔状的高等教育制度。而且，这是一种可谓二元双层结构的，即官立学校与私立学校、大学与专门学校各自处于相互隔绝状态的高等教育制度。而正是这两方面力量将这种隔绝性结构转化成更为连续性的结构，缩小了金字塔的顶端与底层之间的差距，并使在数量上占多数的官立、私立专门学校真正成为日本式的大学。

**改革动向**

在上述这两方面力量的推动之下所启动的高等教育改革或改革构想的主要内容如下。

（1）明治二十六年（1893年），面对社会对帝国大学的过度追求学术水平、导致入学考试竞争激化或课程年限实质性延长的批判，文部大臣井上毅提出把帝国大学从学校系统中独立出来，改组为"研究生院"，同时把作为大学预科的高等学校重组为专业教育机构，并将此转化为新型"大学"的构想。但该构想由于遭到帝国大学的强烈反对，最终并未付诸实施。

（2）明治三十六年（1903年），政府制定并颁布了《专门学校令》。在此之前没有任何有关私立高等教育机构的法律。被统计为专门学校的各类教育机构中，包含了教学水准下至接近"各种学校"[①]的教育机构、上至可称之为大学的教育机构，呈现出极为多元化的内涵。而该法令的目的在于，一方面确定专门学校的设置基准，保障私立学校的办学水平，另一方面在于限制私立学校日益高涨的升格运动。根据该法令，只有满足一定的最低办学基准的私立学校，才能被认可为专门学校。只有私立学校中设有一年半预科课程的大学部，办学实力较强的教育机构，才被赋予"大学名称"[参见图1（Ⅱ）]。

（3）即便如此，长久以来存在的基本矛盾并未得到完全解决。在明治四十年代至大正初年间高涨的学制改革背景之下，文部大臣高田早苗于大正四年（1915年）提出了无论学校的办学性质为官立、公立还是私立，将所有专门学校大学化的"大学令案"。但是该法案不同于井上毅的改革构想，完全没有涉及帝国大学的地位，对于当时已经增加至4所并已确立其作为培养精英机构之社会地位的帝国大学而言，已经难以指望将之废除或升格。这种不触动帝国大学，

---

① 日本专门学校中较低层次的学校类型。——译者注

只是赋予专门学校以"低水平大学"法律地位的改革构想,最终也未能付诸实施。

（4）经过这样曲折的历程,承认在帝国大学以外设立官、公、私立大学的大正七年(1918年)颁布的《大学令》,成为终于付诸实施的改革策略。根据该法令,在保留多层次高等教育结构的同时,在私立专门学校中开辟了一条新的发展渠道,即增加各类资源积累、通过开设大学部提升办学质量,并将部分被赋予"大学名称"的学校进一步升格为正规大学至于官立专门学校,政府允许其中部分具备出色办学水平的学校升格为单科性官立大学。上述改革的结果导致,日本高等教育系统转化为如图1(Ⅲ)所示的制度架构。

（5）然而上述改革在保留多层性结构方面,存在着根本的局限性。改革的结果是,日本随之出现了10多所官立单科性大学和20多所私立大学,但并没有缩小金字塔顶端与底层之间的距离,相反却导致使金字塔内部的阶层性进一步复杂化。也就是说,金字塔使官立与私立两大部门处于上下关系,并在高等教育体系内部使"帝国大学—官立大学—专门学校","私立大学—私立大学专门部—专门学校"的这种多层性结构进一步得到强化。

（6）尽管大正时期高等教育机构大量增设,但在日益严峻的入学考试竞争的背景下,进入昭和时期后,日本高等教育爆发了新一轮的改革争论。严重倾斜的金字塔状高等教育制度作为考试地狱的元凶,成为社会强烈指责的对象。与上次改革争论相比,虽然这次争论的改革提议主体不同,改革构想更加多样化,但多数改革方案均要求整合分化的高等教育制度。阿部重孝等提出的教育改革同志会案(昭和十一年)作为其中的改革方案代表,要求将大学、高等学校、专门学校重组或合并为与中等学校直接衔接的,学制为3—5年的大学校。但还没有等到学制改革争论形成结论,第二次世界大战爆发了,问题的解决只能被迫拖延至战后。

**资源配置结构**

由于上述原因,在高等教育舞台上反复登场的制度改革构想最终都未能转化为现实。这深刻地反映了突破既有制度框架的困难性。明治十九年(1886年),在帝国大学与专门学校、官立学校与私立学校的二元多层性结构下,政府力图通过倾斜性资源配置机制实现两大任务:其一是建立与西方大学并驾齐驱的大学,其二是创建满足强烈升学需求与人才需求的高等教育系统。这是极其高效但同时又具有高度不稳定性的制度架构。正如以上所述,其不稳定性的根源在于,金字塔内部常常存积了要求向上移动或缩小上下层级间差距的能量,并且高等教育的阶层性结构,引发了以进入金字塔顶端大学为目标的、激烈的升学考试竞争,导致整个教育制度出现各种扭曲。而它之所以高效,原因在于阶层性人才培养结构完美地应对了以快速实现近代化为目标的社会人才需求。

但是,阶层性金字塔状高等教育制度的不稳定性也并不是必然的。这是因为,取得蓬勃发展的高等教育制度反而理所当然地具有阶层性结构,发展的动态性并不意味着制度的不稳定性。日本高等教育制度的不稳定性在于,阶层性结构建立在围绕各类有限资源的竞争基础之上。例如,针对最重要的资源——资金,政府把经费集中投入到官立部门,特别是帝国大学,而忽视了私立学校。随着工业化发展以及民间财富的积累,政府以不断增设官立学校、以创办费捐赠的形式攫取民间财富,但却不允许私立学校把民间财富作为资金来源。

在师资方面,政府将官立学校教师作为"政府官僚",提供优厚待遇,甚至将帝国大学毕业生送往海外留学,努力确保官立学校师资的优秀性。与此形成鲜明对照的是,在困难的经营状况下,私立学校不但无法以高薪酬吸引帝国大学毕业生前来任教,而且必须全部依靠自己的资金,将本校毕业生送往海外学校,由此培养教职员工。此外,官私立部门之间的竞争在制度方面也存在着严重的阻碍。在大正七年之前,只有帝国大学才具有大学地位,不论专门学校抱有多强的升格意愿,也不论其已具备作为大学的实质性内涵,专门学校升格为大学的渠道还是被堵死的。在国家的大力支持和保护下,享有各种特权的帝国大学与专门学校之间、官立学校与私立学校之间存在的不完全性竞争状态被制度化了。

在这种状况下,学业能力出色、具有强烈社会上升流动欲望的学生,执著地追求进入官立学校、大学乃至帝国大学。战前,与帝国大学衔接的高等学校或官立专门学校吸引了大量的考生,实施严格的选拔考试,而私立学校在选拔入学者时则几乎等于免试入学。由此可见,作为大学资源之一的生源,也是在不完全竞争状态下被配置的。

**阶层性结构的强化**

即便在允许专门学校升格为大学的大正时期改革中,这种阶层性高等教育结构也没有发生任何动摇。这是因为,虽然随着官、公、私立大学设立的认可,原本仅允许帝国大学独享的特权开始逐渐被其他大学所享有,但各种资源配置结构并未出现根本性变化。

只有在升格大学时,私立大学才能得到部分来自政府的创办经费资助,但这并不意味着以官立学校特别是以帝国大学为主体的资金配置结构的改变。大正时期,多数新设官立学校的创办经费几乎完全依赖地方政府、慈善家或企业的捐赠,并与私立学校竞争。虽然随着帝国大学毕业生的增加和私立学校办学实力的增强,私立大学和专门学校也开始拥有专职的教职员工,但与官立学校相比,在质量上依然存在明显差距。不仅如此,学生中以官立学校特别是帝国大学为奋斗目标的升学追求也基本上没有发生变化。与吸引近10倍报考志愿者的高等学校和名牌官立专门学校相比,私立学校中,除为数极少的几所大学和医学专门学校例外,事实上基本不存在升学选拔。

即使这些资源配置的流向发生若干变化,也无法根本改变"资源积累"(办学条件)的差距。不必说"传统"这个无形的资源,在充实的设施设备、高水平的教职员、拥有权力或财富的校友集团等,这些影响各高等教育机构的社会威信或发展前景的资源积累方面所存在的巨大差距,被原封不动地在官立学校与私立学校之间保存下来。例如,社会精英辈出率、教职员中拥有学位者数、图书馆藏书量等办学水平指标,均显示出官立学校与私立学校、大学与专门学校之间的巨大差距,而这种资源积累差距又影响着新一轮资源的流向和配置结构,导致差距的再生产。

通过各大学或专门学校毕业生就业机会的等级结构,高等教育阶层性结构得到了外部的支撑。学历主义的官僚制组织无条件给予帝国大学法学部毕业生以高级官僚地位,这种模式随着工业化的发展,也逐渐地普及到民间企业。与此同时,帝国大学毕业生也进入了以往由专门学校或私立学校毕业生占主体的民间企业,并确立了以他们为最顶端的学历主义秩序。以大正时期某企业为例,该企业对文科毕业生的起薪为:帝国大学或商科大学 80 日元,早稻田大学或庆应大学 75 日元,官立高等商科学校 65—70 日元,私立大学 65—70 日元,私立大学专门部 50—60 日元,呈现出绝妙的阶梯状。这种依据所毕业院校在阶层性高等教育结构中所处的不同位置,而决定毕业生的收入、社会地位、声望等报酬体系对以生源为主的各类资源的流向产生了重要的影响作用,并推动高等教育阶层性的进一步强化和再生产。

### 四、"二战"后的高等教育改革

#### 新制大学的建立

如上所述,在"二战"前重复出现的高等教育制度改革构想中,其共同点在于都希望废除大学与专门学校间的阶层性结构,创建真正的日本式大学。从二元多层的高等教育制度的"数量"结构来看,新型"日本式"大学主体应该是专门学校。在施行前的大正四年(1915 年),专门学校毕业生占日本高校毕业生的比例超过 80%,即便在《大学令》施行后的昭和十年(1935 年),该比例也达到 65%。

这种在近代化初期,由于"环境"因素所形成的二元多层、以专门学校为主体的高等教育制度,在日本战败后,成为依据占领军指示的学制改革的环节之一,在短时间内经历了根本性变革。在"六三三四"这个新的学制体系下,原来已分化成帝国大学、官、公、私立大学、高等学校、专门学校、实业专门学校、高等师范学校、师范学校并各自形成独特的升学体系的高等教育机构,全部被合并为新型四年制(部分为二年制)大学。昭和二十一年(1946 年)仅 48 所的大学数量,到昭和二十五年(1950 年)迅速增至 201 所。

正如这一数字所显示的那样,构成新制大学的主体是以专门学校为主的,在阶层性高等教育制度中处于低层的多样化学校群,在这个意义上可以说,"二战"后的高等教育改革的确实现了战前改革构想所勾画的理想图景。但如果从战前的改革构想来看,不可否认的事实是,本次改革可谓过度的并且改革方式过于一刀切的改革。这也成为新制度建立后不到五年,改革争论再度出现的最大原因。

但是,"二战"后改革的最大问题在于,几乎原封不动地继承并保存了战前僵硬的阶层性结构。在战败后的国力凋敝与混乱时期,在没有充分准备的情况下强制性推进的这项改革,可谓新瓶装旧酒。在这场改革中,变化最大的是官立学校体系。在设有帝国大学的都道府县以外的39个县,政府依据"一县一大学"原则,将同一县内的高等学校、实业专门学校、师范学校、官立大学等合并为单一型国立大学。但是,将包括官立学校在内的所有高等教育机构合并成新制大学的过程,并不是在由阶层性高等教育结构所制约的各类资源的再配置中进行的。新制大学是在完全地继承前身院校既有资源的前提下建立起来的,而且,政府对纠正资源的倾斜性配置结构几乎没有采取积极的政策措施。

### "遗产"的继承

昭和二十五年(1950年),70所新国立大学大致分为两类群体:一类是以旧制帝国大学为主的"二战"前设置的大学群体,另一类是把同一县内的官、公立学校合并成立的所谓"地方国立大学"。尽管这两类大学群体均为四年制国立大学,但不仅在继承来自战前的资源积累方面存在着巨大差距,特别是在重要资源,即资金分配方面,倾斜性配置结构依然被制度化。

在平等的新制度背景下使得资源配置差距合法化的依据在于,是否设置研究生院。战前,第一类群体的国立大学就已经被赋予了设置研究生院的资格。在这些为数极少的大学院大学中,教学科研的基本单位采用讲座制,与采用学科目制的地方国立大学相比,前者获得极其有利的教师编制和预算分配。在战后财政困难的情况下,倾斜性配置有限的资金或许是难以避免的。但其结果却使得从战前继承下来的官立学校内部的阶层性结构原封不动地保存,并被进一步扩大。而且,在战后近30年的今天,政府仍然严格限制学科目制大学升格为讲座制大学或研究生院大学。战前的差距在依然没有缩减的状况得以延续。

由于战后改革,政府在制度上废除了对私立大学的控制,并在重新颁布的《大学设置基准》的背景下,确定大学设置的自由化,多数私立专门学校在这时期非常容易地升格为大学。昭和二十一年(1946年),私立大学的数量为27所,但昭和二十五年(1950年)就扩增到105所。并且,私立大学获得了资源竞争的自由。

但是,这一切并没有从根本上动摇国立大学与私立大学间存在的资源配置的僵化的阶层性结构。最主要表现在,政府资金被继续投入到国立大学,私立大学不但无法得到政府的财政支持,而且除学费收入以外的民间资金也无法指望。对于私立大学而言,唯一的转机在于,与战前不同,虽然升学需求增加,但由于政府严格控制新设国立大学数量和招生规模,私立大学能够获得更多的生源。吸引大幅超过入学定编的考生的私立大学,不断扩大招生规模,而且这时期也新办起了许多私立大学。

在这场围绕日益增大的升学需求者而展开的市场竞争中,办学历史悠久的大学,即位于私立学校体系的阶层性结构顶端的私立大学明显处于有利地位。这是因为资源积累、社会声望基本与大学的创办历史呈函数关系,往往办学历史悠久的大学越能招收到更多更优秀的生源。在拥有学费收入以外的财源的私立大学中,短时间内能够在这个金字塔中向上提升的学校并不是没有,但这毕竟是极少数,大多数私立大学都是依据创办历史的长短处于金字塔的不同层次,新办的私立大学常常必须从最底层开始。在私立大学体系内部,也稳定地保持着以旧制私立大学为顶端、以"二战"后设立私立大学为底层的金字塔结构。

### 五、新制度的探索

**改革争议的再次爆发**

将制度上多样化的高等教育机构整合为单一型四年制大学,"二战"后高等教育改革的意图在于构建仅由新制大学构成、分权化的富有竞争力的高等教育体制。在占领军的强权指导之下,人们期待这场以美国学校体系为参照模式的改革,能够使得日本高等教育体制也类似于美国,形成富有弹性的结构特征。虽然这样的期待最终未能实现,但将国立大学管辖权下放至各地方政府的构想、大学资格认证制度的引进等,可谓在一定程度上体现了这种改革理念。从理论上而言,在分权化并且富有竞争力的制度下,战前在高等教育机构间存在的被制度化的"被迫的多样性"应该转化为"选择的多样性"。

但如上所述,作为制度改革结果的"现实"与改革的"理念"之间存在明显的差距。改革的目标在于,形成以资金等各类资源的自由竞争为基础的大学间组织形态和功能的多元化。然而作为改革的产物,现实却出现了极度被制约的竞争,由此导致的大学组织形态和功能的单一化,以及与此相印证的大学间教学研究质量与水准的多样化。准确而言,这种多样化的实质只是大学之间的差距化。正是这种理念与现实的差距,组织形态、功能的单一性与质量的多样性之间的落差,成为不久之后改革争议再度爆发的根源。

战后制度改革争议的导火索是,昭和二十六年(1951年)"政令改正咨询委员会"提出的教育制度改革方案。这个在新制大学制度确立仅三年后就被提出的改革方案,虽然在原则上维持"六三三四"新学制,但在高等教育方面提出将大学划分为学制四年以上的普通大学与学制2—3年的专修大学。同时将普通大学进一步区分为:(1)以学术研究为主要导向的大学;(2)实施高水准的专门职业教育的大学。将专修大学区分为:(1)开展工、商、农等学科的专门职业教育的大学;(2)师资培养的大学。这一改革方案基本上可以看做是旨在回归战前由不同组织形态和功能的、多样化的高等教育机构构成的系统。例如,就国立大学而言,改革方案提出把设施设备、教职员等办学条件难于达到应有水平的大学改为专修大学。

此后,对这种依据大学的组织形态和功能截然有别并由多种机构类型构成的高等教育制度进行改革的构想也多次被提出。例如,日本经营者团体联盟于昭和二十七年(1952年)发表《关于对新教育制度再探讨的期望》,批评了新大学制度,并以产业界中存在认为"传统的大学、专门学校独立存在的旧高等教育制度更好"的意见为由,要求废除现行大学制度的不彻底的单一性,使得各院校能够发挥各自特长,对高等教育制度进行根本性改革。此后日本经营者团体联盟还分别于昭和二十九年、三十一年、三十二年、三十五年多次提出对大学制度改革的要求。

**对"多样性"的要求**

产业界的这种改革构想,容易被理解为旨在回归"二战"前的高等教育系统。但是,随着经济恢复以及随之而来的高速发展,大学升学率不断提高,高等教育发展已接近了从精英阶段向大众化过渡阶段过渡的"门槛"。这一时期的改革争议也出现了新的发展趋向。作为文部大臣咨询机构,中央教育审议会于昭和三十八年(1963年)提交的咨询报告《大学教育之完善》可以看做是改革趋向转变的象征。具体而言,经过战后15年的发展,日本已基本确立了以四年制大学为主体的新大学制度,高等教育的入学机会也从极少数被选择的人群向能力、特性等呈多样化状态的各社会阶层广泛开放。在这样的现实中,如何保障高等院校的组织形态与功能的多样性,成为高等教育发展的新挑战。

面对这种新的要求,中央教育审议会提出了所谓"类别化"的改革构想。依据审议报告,现行的大学制度仍由研究生院、大学、短期大学三类高等教育机构构成,但明确了各类机构的性质和办学目标:(1)研究生院的办学目标为开展高水平的学术研究和培养研究者;(2)大学的办学目标为培养高级专业人才;(3)短期大学的办学目标为培养专业人员和推进现实生活所需技能的高等教育。同时,根据各类机构功能的不同,提出设立如下各类型的高等教育机构:(1)在所有学部之上设博士课程的研究生院大学;(2)不设立学部的研究生院大学;(3)仅设硕士课程的大学;(4)仅有本科学部的大学;(5)两年制短期大学;(6)将大学前期两年与高中3年合并的五年制高等专门学校;(7)培养音乐、美术等专业人才的四年制艺术大学;等等。

此后,在昭和四十六年(1971年)的中央教育审议会咨询报告《关于综合扩充、完善今后学校教育的基本措施》中,被进一步推进的这种"类别化"改革构想,并不是偏离了高等教育的现实结构,而是进一步认同了高等教育的现实结构。随着入学率的提高,以组织形态和功能的单一性为前提的现行大学制度,已无法应对学生的能力、需求以及社会要求的日益多样化。目前,近 400 所大学在教学科研质量、组织形态和功能方面都呈现出显著的多样化趋势。鉴于此,应该让这种潜在的多样性得以制度化,以谋求有效的制度运营和资源分配。这就是中央教育审议会咨询报告的基本思路。

但是,由于这种改革构想否定了"二战"后改革理念所强调的,即作为自由、主动竞争的产物之"选择的多样性",承认了作为"差距"存在的"被迫的多样性"现象,并谋求其制度化,因而难免会受到社会的质疑与批评。在多数大学之间的确存在多样性,但是这种多样性的实质为,不同大学在教学科研质量方面的差距,而所谓的大学组织形态和功能的多样性最终也只能建立在这种质量差距的基础之上。同时,这种差距与资源的非竞争性和倾斜性配置性结构紧密相关。对中央教育审议会咨询报告持批评立场的、日本教职员工会组织的教育制度研究委员会,在其报告书《寻求日本教育的改革》中指出:不应该通过制度框架来谋求所谓的"自上而下"的多样性,而是应该首先推动资源配置的平等化,并在此基础上追求有竞争性的、主动选择的"自下而上"的大学组织形态和功能的多样化。同时,该报告把这种以平等化为前提的多样化称之为"个性化"。

**三种改革构想**

正如马丁·特罗所指出的,大众阶段高等教育制度的特征在于高等教育机构的多样性。对于已经进入大众化阶段的日本而言,不论是"类别化",还是"个性化",人们在希望推进高等教育多元化发展方面已达成了共识。

但是,对于日本而言,这种多样性与大学间僵化的等级结构密不可分,并且大学的组织形态和功能的多样性与其教学科研条件差距的多样性互相并存。如何改变这种现状,不同的改革构想间存在着尖锐对立。但不同改革构想都不约而同地指出了,日本高等教育面临的最大危机在于,战后新制度继承了战前遗留下来的传统的等级结构。为了改变这种状况,使"选择的多样化"成为可能的、开放的、富有弹性的高等教育制度结构,首先必须改变以经费为代表的各类资源配置结构。究竟如何推进这种变革,在这方面不同改革构想存在着分歧。

昭和四十六年(1971 年)的中央教育审议会咨询报告,力图在大学"类别化"的框架内,通过国、公立大学的法人化,院校间转学的自由化,教师的任期制,加强政府对私立学校的财政资助等方式,实现制度的弹性化和多样化。这可以看做是"由政府引导的多样化"。对此,日本教职员工会在其报告书中强调,"大学教育的个性化只有在所有的大学的教学研究处于平等的条件下才有意义"。同时在报告书中指出,为了将所有大学建成"富有个性的区域综合性大学",必须废除"现存大学之间存在的,如讲座制与学科目制的歧视,国、公立大学之间的歧视,性别歧视等种种歧视"。对于中央教育审议会咨询报告提出的"在政府的指导下,逐步改变资源配置结构,同时实现流动化与多样化"的构想,日本教职员工会组长指出,如果各类资源无法完全平等地配置,就不可能实现大学组织形态和功能的多样化，即所谓的个性化。

与上述两个改革构想同期发表的 OECD 教育调查团报告书《日本的教育政策》，与中央教育审议会咨询报告相同，在强调国、公立大学法人化改革的重要性的同时，指出资金配置结构的变革是突破高等教育金字塔的最重要的战略目标，在大幅增加资金投入的同时，建议将竞争机制引入配置过程。借用该书的译者深代惇郎的话说，在这个基于"古典民主主义信条"的理想主义改革构想中，可以发现战后的大学改革是美国式"竞争的多样化"理念的再现。

**变革的可能性**

在 20 世纪 60 年代末的世界性大学改革的风潮中出现的这些改革构想，最终没有一个能够以原封不动的形式实现的。尽管有部分付诸实施的改革，但都未能动摇僵硬的高等教育金字塔。在这个意义上说，日本高等教育制度依然存在着不稳定性，隐藏着危机。

从 19 世纪开始的多样化的欧美大学模式的移植，在新的"环境"因素下，形成了日本独特的二元双层高等教育制度。这种僵硬的、等级性的高等教育制度，在资源有限的条件下，有效地实现了快速的近代化，可谓日本式"杂交品种"。但是作为制度，这种模式又难免存在显著的不稳定性。由于基本上继承了"二战"前的高等教育制度结构，这种不稳定性又延续到战后，并且随着高等教育规模的急剧扩大，从精英阶段到大众阶段的过渡，以要求制度变革的形式，这种不稳定性得到了进一步的强化。

现在日本高等教育面临的危机，基本上具有上述性质。这种危机动摇了曾在"二战"前发挥过作用的高等教育制度结构，只有变革才能摆脱危机。以上所介绍的改革构想，无论选择哪种改革路径，在对具有近一个世纪历史传统的、独特的高等教育制度进行变革时，都只能选择在局部的、轻度的、渐进的过程中推进。如何构建新的日本式制度结构，这依然是日本高等教育难以回避的课题。

（陈武元　译）

# 专题拓展阅读文献

1. [美]伯顿·克拉克. 学术权力：概念、模式和观点. [加]约翰·范德格拉夫等. 学术权力——七国高等教育管理体制研究[M]. 王承绪，等译. 杭州：浙江教育出版社，2001：185-218.
2. [美]伯恩鲍姆. 大学运行模式——大学组织与领导的控制系统[M]. 青岛：中国海洋大学出版社，2003.（学术组织的控制、管理和领导问题）
3. [美]苏珊尼·洛曼. 对大学的达尔文医学诊断[M]//[美]罗纳德·G. 埃伦伯格. 美国的大学治理. 沈文钦，译. 北京：北京大学出版社，2010.
4. [英]迈克尔·夏托克. 成功大学的管理之道[M]. 范怡红，主译. 北京：北京大学出版社，2006.
5. [日]天野郁夫. 日本国立大学的法人化：现状与课题[J]. 鲍威，译. 北京大学教育评论，2006，4(2)：93-109.
6. [德]鲁道夫·施迪希伟. 德国大学的制度结构[J]. 北京大学教育评论，2010，8(3)：40-50.
7. [德]海因兹-戴特·迈尔. 高等教育制度变迁中的制度创立者、机遇和预见[J]. 侯龙龙译. 北京大学教育评论，2006，4(1)：158-172.
8. Baldridge, J. Victor, Curtis, David V., Ecker, George P. & Riley, Gary L. Alternative Models of Models in Governance in Higher Education. In: Governing Academic Organizations. McCutcham Publishing Corporation, 1977.
9. Birnbaum, Robert. The Latent Organizational Functions. Journal of Higher Education, 1989, 60(4).
10. Brown II, M. Christopher. Organization & Governance in Higher Education (6th). ASHE Deader Series. Boston: Pearson Custom Publishing, 2010.
11. Clark, Burton R. The Organizational Saga in Higher Education[J]. Administrative Science Quarterly, 1972, 17(2).
12. Duryea, E. D. Evolution of University Organization. In: James A. Perkins (ed.). The University as an Organization. The Carnegie Foundation for the Advancement of Teaching, 1973.
13. Keller, Goerge. Higher Education Management: Challenges and Strategies. In:. International Handbook of Higher Education (Part One). Dordrecht, Netherlands: Springer, 2006: 229-242.
14. Peterson, Marvin W. Emerging Developments in Postsecondary Organization Theory and Research. Educational Research, 1985, 14(3).
15. Sporn, Barnara. Governance and Administration: Organizational and Structural Trends. In: James J. F. Forest & Philip G. Altabch (eds.). International Handbook of Higher Education. Dordrecht, Netherland: Springer, 2006: 141-157.

# 第六编

## 大学、政府与市场

> 政府和大学各自负有承认对方的责任,负有对社会福利履行各自特殊和不同义务的责任。
>
> ——《政府与大学》

## 专题导论

大学、政府与市场的关系,是高等教育中的一组极其重要而又错综复杂的关系。大学与政府、市场之间具有天然的联系,自产生之日起,大学的举办者、管理者就要与政府、市场打交道。古今中外大学的举办模式多种多样,或由政府举办,或由政府以外的团体或个人举办,或由政府与民间合作举办;大学的资助模式不尽相同,经费或来自政府,或来自民间,或采取多元化混合资助模式。大学不可避免地要接受政府的管理,完全自治的、不受政府监管的大学是不存在的。与此同时,大学不可避免地要受到市场的作用,区别在于,在有些国家如美国的大学运行主要受市场调节,在有些国家如计划经济国家的大学运行受市场的影响比较小。

虽然大学、政府与市场三者之间构成了一组相互关联、彼此难以剥离的关系,但在实际的研究过程中,人们往往重点分析其中的一对关系,如政府与大学的关系(或政府与高等教育的关系)或市场与大学的关系,或多或少地兼及另一对关系。一些观察家对大学与政府的关系或大学与市场的关系提出了自己的看法,后来出现了一些零星的研究或相关研究成果。对大学与政府关系的系统研究始于20世纪70年代,对大学与市场关系的系统研究则还要晚一些。

1977年,加拿大学者约翰·范德格拉夫等出版《学术权力——七国高等教育管理体制比较》一书,对六个西方国家和日本高等教育系统的学术权力关系进行了国别研究和比较研究,重点分析大学内部以及政府与大学之间的权力关系,并涉及大学与市场的关系。翌年,美国学者胡克(S. Hook)与两位合作者出版《大学与政府:政府在高等教育中发挥什么作用?》一书,首次对大学与政府的关系进行了专门论述,重点分析政府在高等教育管理中扮演的角色。社会学家爱德华·希尔斯的名篇《政府与大学》即出自该书,阐述了政府与大学之间合理分工、政府与大学关系保持平衡的必要性,对以政府增加责任、加强问责、削弱大学自主权为特征的政府与大学关系失衡状况进行了批判性分析。在大学与政府关系研究方面,尼夫的"评估型政府"理论、尼夫和范富格特(Neave & van Vught)的政府管理高等教育两种模式论也产生了重要影响。前者提出西欧国家的政府通过评估形成了全新的高等教育调控合作模式,后者在对三大洲政府与高等教育的关系进行比较研究后归纳了政府管理高等教育的两种主要模式,即"政府控制模式"与"政府监督模式"。

在高等教育规模扩展、政府公共经费紧缩的背景下,大学不得不转向市场,寻求新的、多元化的经费渠道,市场对大多数国家大学的影响日益增强,对大学与市场关系的研究也随之增多。在这方面,澳大利亚学者西蒙·马金森、日本学者金子元久,以及美国学者德里克·博克(Derek Bok)、大卫·科伯(David Kirp)、罗杰·L.盖格、希拉·斯劳特(Sheila Slaughter)及其合作者拉里·莱斯利和加里·罗兹等都出版了重要的研究成果。不过,这些学者对大学与市场关系的理解存在较大的差别,特别是对高等教育市场究竟是什么可谓见仁见智,有人将其理解为高等教育中的选择与竞争机制,有人将其理解为高等教育中的商业行为,有人将其理解为"准市场"。

最早系统地对大学、政府与市场的关系进行综合论述的学者是伯顿·R.克拉克。克拉克采用韦伯的"理想类型"方法构建了"高等教育权力三角协调图",从政府权力、市场与学术权威三者之间的关系对一些主要国家的高等教育系统进行了比较分类。"高等教育权力三角协调图"成为大学、政府与市场关系研究的经典模型,后来的研究者在分析三者关系时大多援引这一分析框架。随着全球化的深入发展,2002年,马金森和罗兹对这一分析框架提出了质疑。他们在认可大学、政府与市场三种权威及其基本关系的同时,提出要在全球、国家、地方三个层次分析影响当代高等教育的各种主要力量及其复杂关系,不能局限在单一的国家层次上。此外,在对大学、政府与市场三者关系进行综合论述的文献中,亨利·埃兹科维兹(Henry Etzkowitz)的三螺旋理论和丹尼尔·舒古伦斯基(Daniel Schugurensky)的高等教育重建观颇具特色。前者认为,在知识经济和知识社会中,大学——产业——政府三者之间的相互作用是促进创新的动力,大学的作用得到增强,在创新中处于核心地位。后者认为,在全球化时代,大学、政府与市场的关系正在发生变化,大学受到政府与市场的双重挤压,逐渐从自治模式走向他治模式;大多数国家的大学抵制他治模式,追求自律与他律的平衡。

总之,大学、政府与市场的关系并不存在统一的模式,在不同的国家,政府、市场对大学的作用差异悬殊,大学自身权力的大小也不尽相同。大学、政府与市场之间需要保持平衡,大学要有充分的办学自主权,政府的角色要适当,市场的边界要合理。

# 政府与大学[1]

爱德华·希尔斯

## 作者简介

爱德华·希尔斯(Edward Albert Shils,1910—1995),美国杰出社会学家,生前任芝加哥大学社会学系教授,一度兼任伦敦政治经济学院、剑桥大学教授。1962年创办致力于科学、政策和高等教育的季刊《密涅瓦》(Minerva)。1983年获国际巴尔赞奖。希尔斯深受韦伯、曼海姆等德国社会学家理论的影响,学术视野广阔,著述甚丰,代表性论著包括三本论文集《知识分子、权力与其他问题文集》(The Intellectuals and the Power and Other Essays,1972)、《中心与边缘:宏观社会学文集》(Center and Periphery: Essays in Macrosociology,1975)、《呼唤社会学与其他有关知识追求的论文集》(The Calling of Sociology and Other Essays on the Pursuit of Learning,1980),以及《论传统》(Tradition,1981)、《社会的构成》(The Constitution of Society,1982)等专著。希尔斯在芝加哥大学执教60余载,培养了许多后来成为著名学者的学生,包括菲利普·G. 阿特巴赫等人。希尔斯毕生关注的主要问题为高等教育和科学,在他逝世后几位学生整理了他的一些教育论文,先后出版论文集《教师的道与德》(The Calling of Education: The Academic Ethic, and Other Essays on Higher Education,1997)和《学术的秩序:当代大学论文集》(The Order of Learning: Essays on the Contemporary University,2006)等。

## 选文简介、点评

作为一个社会学家,爱德华·希尔斯高度关注高等教育、科学和知识分子问题。他是一位传统主义者,在长期的学术生涯中,对大学自治、学术自由、精英教育、同行评议、教学与科研相结合等大学传统深信不疑,对政府加强干预和问责的趋势深怀忧虑。希尔斯1978年发表的《政府与大学》一文,是其高等教育代表作之一,深入系统地阐述了他对政府与大学关系的观点。希尔斯认为,

---

① [美]爱德华·希尔斯. 学术的秩序——当代大学论文集[M]. 李家永,译. 北京:商务印书馆,2007:208-237. 原文见:Edward Shils. The Order of Learning: Essays on the Contemporary University[M]. New Brunswick: Transaction Publishers,1997:175-204. 原文最早收录于S. Hook于1978年主编的《大学与政府》(The University and the State)一书。

人类活动可以看做是一个三角,一种活动致力于维持生理有机体的正常运转,一种活动致力于理解和阐述人类和宇宙存在的谜团、意义和规律,一种活动致力于管理活动、颁布规则和维持秩序,这三种活动之间存在合理的劳动分工。与此相应,大学与政府的活动分别属于其中的第二个角和第三个角,有各自的存在理由。大学存在的主要理由在于它促进了对世界、人类和人类活动的更深层次的理解,并且严格地培养从事这些活动的年轻一代。大学是有教养社会的一种制度性组织,专门从事高智力知识技能的生产和传授,内在地具有自治的倾向。大学与政府之间的平衡、大学自治和学术自由是社会长远利益的需要,也符合政府的长远利益。但是,希尔斯"在广泛的历史背景下并以对当代形式的新的理解"审视美国和欧洲的大学后,不无忧虑地发现大学与政府之间的这些传统模式出现了紧张关系,大学与政府间的不成文契约趋于瓦解。政府与大学关系失去平衡的原因在于,政府要求大学承担更多的任务,通过问责加强了控制,削弱了大学自主权。希尔斯对此表示反对,他的基本立场是,政府必须摒弃大学是政府和政治领域的延伸的信条,充分保障大学的自主权,在合理劳动分工的基础上重建政府与大学之间的"章程"。希尔斯的观点可以从他同时代的学者处得到印证。希尔斯的这篇论文发表的当年,伯顿·R. 克拉克撰文指出美国高等教育与政府之间的关系改变了,高等教育"移进政府之中,成为政府的一个构成要素、公共行政的一个部门"。20 年后,克拉克进一步发现,在世界各地不断强化的问责制使高等教育界屈从于科层控制,削弱了院校自主权。希尔斯不仅是一个传统主义者还是一个理想主义者,他的观点并不为当时的政府决策者和多数大学所认同,但他始终坚守传统的大学理想,维护学术自由、大学自治等高等教育核心价值观。与大学相比,政府始终处于强势地位,经常表现出干预大学内部事务的意图和行动。就此而言,希尔斯关于政府与大学的系统论述是值得深思的,这也是该文发表以来一直受到关注的主要原因。

## 选文正文

人类活动可以看成是一个三角。其中的一个角是那些致力于通过满足对食物、住房和衣服等等的实际需要来维持生理有机体的正常运转的活动。他们在这一方面的活动包括采集和耕种植物、开采矿产、狩猎野生和可食用的动物、饲养家畜以作为食物、利用其拉力、利用动物皮毛以及纺纱、织布等。这些活动容易形成专门技能、协调能满足这些实际需要的劳动分工,尽管常常不是以直截了当的方式。第二个角的活动,致力于理解和阐释人在地球和宇宙上的存在的世事变化和谜团,理解和评价控制人类的个人和集体活动与成就的原则与力量。试图发现存在的大大小小的意义与规律以及试图理解世界与人以及他们的历史的活动,也通过统一体中的劳动分工,被组织成能够形成专门技能和凝聚力的复杂的制度形式,并且这些活动通过深刻而微妙的传统得以维系。第三个角包含那些允许和主管生理、认识和精神需要的满足、通过控制冲突和颁布规则来维系和加强秩序的集体特征。这包括家庭、村庄、部落、自治城市、民族和国家。

政府——立法者、公务人员、法官——大学、宗教、土地、建筑和机器的所有权、学术专业以及军队等共同构成了作为一个松散聚结的社会的中心。它们被注意和遵从；它们占据人们的思想，激发人们的抱负；它们行使权威，并在资源与报偿的分配上发挥着支配作用。

这一中心的各个组成部分的聚结，从来不是完全和谐或者很容易地达到稳定的平衡。每一个构成部分都有通过长期的传统形成的和在专门化的机构中培育起来的自身的价值模式。这些传统在其目的上不是互相排斥的。这些传统包含着不完全相同的目的，尽管它们在某些特定的方面并在有的时候互相兼容，甚至互相肯定。在这一中心内，各个组成部分处于上级与下级的关系、一致的关系、妥协的关系和冲突关系。

……

在20世纪30年代之前的四分之三个世纪中在大多数西方国家、此后在其他一些国家普遍存在的大学与政府之间的有效平衡，现在似乎在承受着压力。

大学与政府之间的关系，必须放在广泛的历史背景下并以对当代形势的新的理解予以重新审视。现在迫切需要重新考虑它们彼此之间负有什么责任，考虑任何一方对其自身的特质所内在具有的，并且不一定与另一方的价值相协调的价值负有什么责任。这样做的目标应该是形成"一个基于各自的理念的大学与国家的章程"。

一

政府和大学各自负有承认对方的责任，负有对社会福利履行各自特殊和不同义务的责任。政府与社会的范围不一样；社会的福利，即使在福利国家，也不总是政府决定要争取达到的福利，社会各个阶层的目的和价值，从来没有得到政府的彻底保护或追求，尽管某些偏执的政府自诩能够做到并确实在这样做。政府有很多具体的目的，通过服务于构成社会的个人和机构的目的和价值以及通过服务于社会及其文化的内在价值，政府将这些具体目的合法化。一个政府可以保护社会的组织架构，可以让社会的组成机构追求它们各自特殊的目标。但是，政府也有它们自己的目的，这些目的的结果可以为某些特定的群体带来利益或实现某种特定形式的社会。在促进这些它们自己的目的的过程中，政府会试图让社会的组成机构顺从它，使它们朝着实现这些目的的方向发展。

大学的价值内在地体现于它们作为大学的存在中。那些不是带着有意要摧毁大学的目的而进来的人，接受信奉这些价值的义务。构成大学的活动中固有的基本义务是相信某些认识信念的价值高于其他信念，获得知识的某些形式的价值高于其他形式。大学的使命是培养、扩展和传递人类的想象、推理、记忆和观察能力所能使之达到尽量合理的知识。如果它不这样做,就没有资格成为一所大学,即使它顶着大学的名称。从这一目的中,大学派生出其他的活动,如在某些要有效地工作这种知识就必不可少的领域从事的专业培训。不论大学的许多成员是如何投身于"服务"和"实际的适切性",有一种特定的、普遍的、难以理解的特性是大学一般想要具有或声称具有的。这一特性就是促进获得和更广泛地拥有关于"严肃"问题的真理——确凿和重要的知识。

……

但是,从实用和大众的观点对大学理想的批评和大学内部背离这一理想的很多现象,并不能废除大学除了很多其他事情以外,还是一个培育这一理想的场所的实际存在。最受尊敬的大学和坚持这一理想或与此相联系的标准的大学成员所做的事情,其他学校无法以相同的程度做到。它们促进了对世界、人类以及人类活动的更深层的理解,它们培养学生做这些事情,并按照这种理解的最高水平培养年轻人。这是它们的一个主要的存在理由,并且也是它们受到如此多的人尊敬的原因。这是它们在经费上得到支持的一个主要原因。

现在,这种构成大学本质思想的学问,确实不是总能在大学里得到践行。没有培育这种学问的大学得不到尊敬;最积极和最投入的学问生活曾经存在于私人学者,存在于修道院或宫廷。

现在很少有私人学者了。现在很少有宫廷了,它们也不是学问的主要资助者了,而修道士阶层,即使在知识上是积极的,在学问领域也只是非常小的部分。就其目前的复杂程度而言,难以设想科学和学术可以作为业余事业来开展。它们与昂贵的设备、大型图书馆、研讨班、学生、研究助手和同事紧密地联系在了一起,已经没有可能回到原来的形式。目前形式的学问需要大学。如果大学排除了它,它就会衰微,大学自身也会变得与过去一个半世纪中比较好的阶段很不一样。

学问是一个出现在任何分化的和有文化教养的社会中的现象。它是人类社会生活的自然属性,就像个人有机体中的言语功能一样。与人类的经济生活一样,它已经有了一个制度性组织,这种组织以一种任何个人不借助于机构和传统都无法做到的方式发挥职能。这种职能有自己的需要和规律,就像一个经济体系有自己的需要和规律一样。它内在地具有自治的倾向,但它不是并且也不可能完全自治。

二

大学现在不是、过去也从来不是自我支持的机构。它们从来没有从它们的服务中获得过足以维持自身运转的报偿。尽管大学由于培育、追求和传递有关最基本、最严肃的问题的知识而受到极大的尊敬,但如果不是还向从中得到支持的社会提供了某些服务,它们就不会在过去的几个世纪中得到那么多的支持。它们提供的服务就是培养年轻人直接从事某些职业和行使某些职责。

有些实践活动具有知识和技能的高智力成分，必须通过系统、专业的学习才能掌握。医学和法律实践——传统的需要有学问的职业——就是这些职业中最早的和最重要的。灵魂的治愈和为灵魂的救赎做准备也属于此类——这是一个实践和精神在此交汇的职业。在19世纪和20世纪的发展历程中，具有高智力成分的职业不断增加，传统的学问性职业所吸收的科学知识大大扩展。从军需和武器的制造注入了越来越多的科学知识这一意义上来说，战争变得更科学化。工业和农业将科学知识融入生产过程。政府管理据称也更科学化了。所有大型组织必要的档案保管和财会事务，已经具有更科学的特点；社会工作、图书馆管理、犯罪侦察和警察的其他工作，也具有了19世纪中期所没有的智力成分。建筑、道路、机器和工厂等的设计与建造，同样受到科学的影响。它们的实践所需要的和它们的代言人所期望的从业者所必要的知识，就是大学发现和教授的那些类型的知识。

从事这些新的或次要的职业的人，随着这些职业的数量增加而增加了，而且它们被认为比过去对社会更为重要。它们的从业者当然认为自己比过去更重要，更有资格得到他人的尊重。这一想法的两个重要理由，一是他们的实践以科学知识为基础，一是他们从大学获得这种知识、并由大学提供保证。大学赋予他们一种能力来证明一种职业及其从业者的地位，而且，很多人认为他们本身就有独特的资格来这样做。但实际情况并不总是如此。

大学在社会中受到敬重，是因为它们是关于"严肃"、根本问题的知识得以发现、阐释和教授的所在。它们还由于一个循环过程而受到敬重，因为它们是与权威和正义、秩序、生命、死亡等"严肃"问题紧密相关的专业和职业的源头。结果，大学受到敬重不仅因为它们通过理解严肃问题的本质而成为与这些问题的联系纽带，而且因为通过培养社会现职人员——及其后代——它们与所在社会最受敬重的作用联系在了一起。

## 三

在过去，大学得到教士的部分支持，是由于它们是为了对世界的高级层次的正确理解而从事培养活动的机构或由于它们对教会的服务，这种理解是基督教文明的核心。大学得到王公贵族的部分支持，是因为它们培养律师、公务人员、医师，为国家、社会和教会服务的神职人员——后来又为高级中学培养教师——所有这些都是王公贵族及其政府为了良好的社会秩序所需要的。大学得到国家和私人，包括教会资助者的支持，还因为这种学问受到尊敬。在美国，州立大学之所以得到民众和州政府的支持，包括了所有这些原因。此外，它们受到尊敬，是因为它们比欧洲大学能为更多的人提供获得学问和进入比较优越和报酬比较高的职业的机会。支持大学的这些不同理由能够共存，因为在同一所学校中可以同时追求各自的功能。大学可以同时满足追求学问的需要和它们所处的社会对学问的需求。大学所培育的这两种学问之间有时存在着矛盾，尤其是在大学的实用性学问比在其他地方受到更多注意的美国。

大学和政府之间有一种不成文的和没有明确表达出来的约定,维持着两种学问之间的平衡。大学为某些职业提供培训服务,这些培训服务政府认为是必要的和合乎它们自己的目的的,它们也提供另外一些服务,这些服务由社会作为监管者。与此同时,它们也以客观冷静的方式培育严肃的学问。政府——和说英语国家的私人资助者——由于这些原因支持大学,尽管它们最重视的是面向实际知识性职业的训练。毫无疑问得到普遍认可的一点是,除了培养年轻人准备从事需要学问的职业和为教会、国家和社会服务外,大学还有另外的任务。本来意义上的学问被视为具有本质上的价值,就像宗教知识和礼仪被视为具有本质上的和不容置疑的价值一样。大学既有收获也有付出。它们付出的,是由于它们所具有的独特的高级知识而所能付出的服务。

大学被置于一种类似于教会的地位。它们被看做是某种不同于企业或自愿的社团组织的东西。它们明确地不同于政党或政治、组织。在某些重要的方面,它们被从社会的日常生活中分离出来,它们不是公共政策的工具。在它们服务于有利于公共政策的目的时,它们受到欢迎和尊重;但没有人可以强制它们这样做。

……

## 四

在整个西方世界,政府与大学之间的这些传统模式出现了紧张关系。最近认知上的扩展趋势,伴随着这样一种信念——但不是这种信念导致了这一扩展——即系统的、建立在经验基础上的科学学科的知识,就像在大学追求和传播的知识,对于政府、军队、私人和公共企业、学校和许多其他机构追求它们的目的具有工具主义的重要性。政府由于民众的愿望和同意而获得了前所未有的更大的权力,并且它们也相信自己的能力。民众中也产生了对高等教育的更大要求,将其视为获得更高的文化和社会地位、获得更多的经济报偿的途径。西方国家的政府承担起了实现这些远大志向的责任。研究与教学活动的增加,加重了大学和政府的财政负担,政府总体上说对于增加预算的大多数需求是有求必应。所有这些带来的一个结果,是大学变得更为引人注目,政府现在要比过去在大得多的程度上意识到它们的存在,对它们有更多的要求。其中一个结果就是政府对大学的事务要比过去关注和上心得多。

……

一所大学的资本远不止是它的物质设备或它的图书馆;它也远不止是大学的学术人员带到工作中的知识和技能的积累。它包括对发现的热情、道德上的正直诚实、区别判断的能力、对重要问题的认识、它的成员具有这些问题的解决办法的可能性。这是一些个人的品质,但这些品质的牢固持久取决于一个学术共同体的存在,它存在于作为一个整体的一所大学的各个系和学院,存在于整个学术界——一个国家内部的学术界和国际学术界。这些学术鉴别力的精练,取决于同事和学生不仅在个人专业领域,而且在更为广泛范围内的志趣相投。

诚然,由于具有相似观点和倾向的他人的存在而产生微妙的学术成果令人不好理解。但正是这种情况的存在使得这些倾向和观点保持着机敏和持之以恒。既是教师又是研究人员的学者的共同体,是由这些机敏和持之以恒的倾向与观点所构成。既是教师又是研究人员的学者的共同体,是由这种相互影响和由于这种相互影响形成的认同感所构成。正是这一学术共同体及其传统,将物资设备、图书馆、实验室和个人成员综合起来使之成为一所大学。这是大学尽其所能在知识的追求上和将年轻人引入学术与道德文化上做得如此成功的因素之一。

因此,在为了某项研究而签订一份契约和给予一份经费时,政府所获得的不仅是得到了它支付给大学的经费的特定个人的特定活动。政府将经费或合同给了某些个人,但受益于其他许多年轻的和年老的科学家和学者、教师和学生的存在,他们在其生命历程中以个人或集体的方式维持并不断更新着渗透到每个大学成员中的氛围。没有严格的标准,没有机敏的好奇心,没有对发现的极端重要性的意识,一个科学家或学者,即使具有大量的"相关文献"的知识和极好的推理能力,也不可能有多大的成就。这些意向必须保持得坚定、富有生气。要获得这些并使其保持如此高的水平,具有相似的坚定性和富有生气的同事和学生的存在至为重要。当然不是所有的同事和学生都具有同样的重要性;那些甚为优异者更能感染其他人;也总是有些人采取抵制的态度或者听不进别人的话。但是,比较好的和不那么好的大学之间的区别,在于前者的后一种成员的比例比较低。

即使对于那些严格从经济学角度考虑问题、认为应该保持最低的资本、明智的投资政策预留出的利润应该足以维持资本的传承以能在未来得到利润的人来说,以上所述也合情合理。这些考虑只不过是表达出这样一种观点,即市场为一种商品定出的价格,必须包含对这一商品的生产过程中消耗的资本的偿还和补充;否则,这一商品就会在市场上消失。提高价格也不会让这一商品重回市场,因为它是在长时间内发展起来的,刻意的政策不可能使它得到重新的开发。只有它的存在条件能够维持,它才可以得到维持。它的发展和当前的存在,是外部状况与内部的过程和传承协调一致的结果。这是具有有益环境的自治的结果。

承认大学是自身具有特定的和自治传统的高深学问的机构,这样的政策会促进政府的长远利益——也是社会的长远利益,如果我们假定政府和社会的利益一致,尽管这一点绝不是不证自明的。这样一种政策承认大学的使命是发现和传播新的和重要的知识,教育资质甚高的年轻人吸收这种知识,培养他们从事有效的实践所需要掌握的专业知识,以及培养年轻人领悟和寻求新的知识。

这种明智的政策会承认，履行这些主要的使命的一个前提，是大学内部存在崇尚这种学问活动的内在价值的精神。从根本上说，正是在这样一种环境下，知识的实际应用和为了实际目的的新知识的获取所必须具有的学术上的好奇心才能得以培育和保持。

这些是一所大学的根。一个希望可以继续采摘果实的政府，会想方设法不让这个根枯萎；大学与政府之间一种恰当的劳动分工，应该能使大学履行其特殊的使命，而不是仅仅作为完成政府的临时、或者甚至是长期的要求所规定的任务的工具。

大学还有一个使命，不能靠履行对政府与社会的责任来完成。这就是理解具有多样性的世界这一责任。关于这一点，我指的主要不是对当代世界或现代社会的理解。……大学是那些不懈地寻求对世界秩序的理性理解与领悟的人士之所在，是那些以这种寻求为其生活不可缺少的组成部分的年轻人之所在。不是每一个人热切地希望过这样一种生活、或者有人没有能力过这样一种生活这一事实，并不是对其价值的批评。不是所有的学术中人期望或能够过这样一种生活这一事实，不是对大学的理念或在大学的理念中具有核心作用的学术精神的批评。不是每一个人在乎或者有能力成为一个有创造力的艺术家或作家、或者重视这种艺术家或作家创造的作品这一事实，不是对艺术或文学的批评。一个没有艺术的社会、或者一个对某种没有实际作用，但优于娱乐消遣的艺术和文学采取漠视态度的社会，是一个贫乏和没有价值的社会。对一个漠视对于世界的有秩序的和理性理解的成就的社会，同样也可以这样说。

寻求增进对世界的理性理解和寻求获得有实际功用的理解发生在同一地点、同一机构中，这一巧合有时使得人们难以区分大学的这两个重要功能。同时，后者对前者的依赖性，使之有必要将其看做不同的事物。一项明智的政策是要注意到前者与后者同样必要，并且没有前者后者就不能存在。这应该成为国家和大学章程中最重要的一条。

五

在对大学的支持上，美国联邦政府除了从中获益外，对以上所谈全然不顾。它"购买"具体的服务：特定的研究项目和特定的"培训计划"。它为设备和物品支付费用。它还可能为它所使用的空间和与项目有关的管理支出支付费用。它没有支付为创造和维系高水平的学术士气所包含的成本，或者说没有支付创造和维系学术精神的成本，而在目前的状况下学术精神是理解其发展的一个前提。目前，政府不用付费就获得了这些利益。政府盘剥大学而不对其提供资源；确实，它在耗尽大学。"项目拨款"和"合同研究"制度，在大扩展时期瓦解了美国的大学。它导致了个人的自我中心、对大学的要求和个人对作为其中成员的义务的漠视，或者像某些社会学家所说的，导致了"将个人的专业认同凌驾于对所在学校的认同"。

美国联邦政府通过其支持大学特定活动的方式,已经在将大学的核心部分当做一种"免费的好处"来对待。它没有为其"承包者"或其"主要研究者"从他们作为大学的和作为全国与国际大学共同体的教师和学生所获得的东西支付费用,没有为他们在服务于政府和社会中所利用的知识支付费用。

联邦政府没有为它所获得的东西中最基本的部分支付费用,这就是大学献身于对严肃问题的基本知识的发现、阐释和教学的长期传统所产生的影响。正是大学的这一内在生命力、这种对作为具有本质价值的知识的献身精神,对于追求具有实践上的重要性的事物的知识赋予了学术上的意义。没有这种大学内在的传统所维系的强烈的学术素养和献身精神,就不会有具有实践目的的研究中所体现的科学上的诚实、严格作风和学术上的敏感性。

## 六

我在开篇时谈到"一个适合于各自理念的大学与国家的章程",国家的理念是关注和保护社会的良好秩序,这包括其成员的物质利益、他们通过勤勉的有报偿的就业对自己和家人的支持,他们各自之间以及他们与当局之间的关系上的公正,等等。政府不是社会中的一切,它不是社会的"终极目的"。它不是宗教,不是大学,宗教已几乎完全被剥夺了提供福利服务的权利,与此相反,大学则被赋予了由政府的目的所要求提供具体服务的越来越多的任务。

为了理解自然与人类的秩序及其机制的学问的培植,同宗教信仰一样,没有被宣布为"私人的"事务。但是,它被经济学家们粗暴地归类为一种消费者的德行。其他一些想抬举它的人将其归类为一种具有美学意义的德行,就像芭蕾舞或表演弦乐四重奏一样。还有人将其贬为"精英主义"或者是"象牙塔"的占据者的没有实际用处的投入。政府对其自身拒绝予以承认,并且只是支持"与国家的需要相联系"的某些研究项目和培训计划。

就政府并不是免费使用某种最有价值的东西而言——州政府和私人捐赠者承担了资金成本——它是"赚了便宜"。它没有为其得到的东西支付费用;它相当苛求,获得了比其支付的多得多的东西。它耗尽了大学的学术资本,而没有对其提供补充,使大学的境况比以前更加不堪重负。它毫无顾忌地饿着下金蛋的鹅,想当然地认为有人会孵化出更多的鹅,并会喂养它们。它还在走得更远,坚持大学在任用人员时必须考虑候选人的种族和性别,而不是注重学术标准的优异。结果,大学的学术资本更加枯竭。

欧洲大陆的大学没有遇到这一问题,因为它们的政府承担了大学预算的主要部分。但是,它们遇到的来自政府的危险,与美国大学并没有什么不同。在瑞典,中央政府打算将大学变成与劳动力市场结合在一起的机构。按照政府的意图,它们的功能将是为特定的专业和职业培训学生。学问之府第实际上将关门大吉。在明确剥夺大学的自主权、使之屈从于大概可以预测的将来对从事某些特定专业和职业人员的需求方面,欧洲大陆的其他大学还没有走得这样远。

一些欧洲国家的政府对大学知识传统的持续性的最大打击是在新的大学立法中规定,在学术人员的任用上让在学术和知识上不具有资格的人士参与商议和决策;在美国,在追求平等和公正的过程中,在人员任用上联邦政府将性别和种族作为强制性的予以考虑的标准,而欧洲大陆国家的政府则轻率地实施了政治标准。它们以民主的名义如此行事,帮助非学术人员、主要是学生进入了管理机构,这些人的兴趣即使不完全是、也主要是在政治方面。结果,尤其是在联邦德国,一些大学任用的教学人员,其兴趣和目的主要在政治方面——通常有激进的倾向——而不是在知识和学术方面。如此一来,大学的内部生活就变成了政治舞台的延伸。

这样,政府与大学之间的关系就以不同的方式失去了平衡。大学在不同程度上被迫放弃作为学问机构的特性,正在变成其重心远离学术领域的政府和政治利益的工具。

现在需要一个新的"章程",重申大学和处于社会中心的世俗权威机构的权利和义务。新"章程"的条款必须以普通形式的语言来表达。目前,它甚至不会被期望明确地表达出来,即使这样做是可行的。我要从消极地接受这样一种观点开始,即事情将永远不会回到从19世纪末到第二次世界大战这一时期的那个样子。必须承认,政府和私人机构将继续认为科学知识对建立、评价和实施他们的政策有重要意义。在可预见的将来,政府不可能让它期望的所有科学研究在政府研究机构中完成。即使它能够和希望这样做,它也还是不能够舍弃大学所特有的针对基础性的重要问题从事高质量研究的能力,以及将这种研究的结果和从事这种研究所必要的精神传授给年轻人的能力。此外,大学将继续依赖于政府提供财政支持来做它们希望从事的研究。除非研究能够变得像一个半世纪之前那样花费低廉——这是极不可能的——否则,大学将依然依赖于政府,并在比较低的程度上依赖于私人企业和个人来支持进行科学研究。"废除国家科学研究制度"(disestablishment of science)将会使科学家们还会像今天这样得到捐赠,但完全解脱了对政府和工业界的任何义务并能同样自由地追求仅仅是他们感兴趣的任何东西。这样做的可能性,小到了可以忽略不计的程度。

因而,在可以预见的将来,大学将有义务从事很多政府有利益所在的研究。大学将继续有义务为无论是传统的还是某些新出现的专业培养年轻人,这些专业对真正的科学与学术知识,比如大学具有独一无二的资格所提供的那些知识,具有真正的需要。同时,大学应该从接受公务人员或立法人员设计的"应急项目"合同的压力中解脱出来,这些项目用来为某些短时间内的问题、或者为某些不能明确地"解决"的问题或在短时间内肯定不能解决的问题在短时间内提供明确的解决方案。政府应该克制自己,不要插手学术人员的任用机制。

"政府与大学的新章程"不会是全新的东西。"旧章程"中的很多内容应该得到保留或恢复。旧有模式的某些特点在很少有人意识到发生着什么事情的情况下就被取代了。无论学者们还是政府,都必须再一次承认,大学有其与政府不完全一样的目的,这些目的自身与政府的目的同样有价值,但对于实现政府支持的目的,它们也是必要的前提条件。

政府必须摒弃大学是政府和政治领域的延伸这一信念。在这一绝对关键的问题上,如何恰当地确定两者之间的关系并非易事。将大学的恰当领域与上述领域完全分离开来是不可能的,也是不合时宜的。但是,将大学广泛地同化到这些领域的做法、或在美国、瑞典或其他欧洲大陆国家能够看到的朝着这一方向的发展趋势必须终止下来。它必须终止下来,因为这一趋势总的发展方向是明确的。在包括英国在内的所有国家,政府已经越来越把大学置于从属的地位。但是,大学的从属和政府的侵入的具体形式,各国之间不尽相同;它们因大学与国家的早期章程的不同而不同。一份新的章程,除了一个共同原则的导言,可能每个国家必须有一个单独的文本,将各个国家的传统和实现这些原则的特定背景考虑在内。

这个章程的原则,就是在一个良好的社会中培育追求目的的多重性的过程中劳动分工的原则。它不应该是为了实现单一目的而组织的劳动分工。一个良好的社会有多种不完全相同、甚至不相互和谐的良好目的。在追求若干个目的的机构的责任中,其中最重要的一个责任是理解其他机构的存在所具有的内在目的。这里有必要选取《马太福音》第 12 章第 21 节所确定的原则,即"上帝的归上帝,恺撒的归恺撒"。这一原则赋予大学的任务,是要恰当地找出哪些责任的组合属于大学,哪些不属于大学。它对政府和社会赋予的任务,是确定什么是它有权要求大学和从大学得到的,什么是它必须承认属于大学自身的。

(李家永　译)

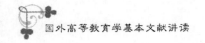

# 质量、效率与企业化的形成：1986—1988年西欧高等教育新趋势概述[①]

盖·尼夫

**作者简介**

盖·尼夫（Guy Neave,1941— ），英国人，荷兰特文特大学高等教育政策研究中心教授。他在威尔士担任10年历史教师后，转行从事比较教育和教育政策研究，先后担任爱丁堡大学研究员和阿姆斯特丹大学、伦敦大学教授。曾任国际大学协会（IAU）研究主任、美国国家教育研究院外籍会员、美国高等教育研究协会荣誉副主席、欧洲院校研究协会（EAIR）主席、《高等教育政策》杂志（*Higher Education Policy*）主编。1975年开始以英文和数种欧洲文字发表教育研究成果，包括《质量、效率与企业化的形成：1986—1988年西欧高等教育新趋势概述》(1988)、《被缚的普罗米修斯：西欧政府与高等教育关系的变化》(*Prometheus Bound: The Changing Relationship between Government and Higher Education in Western Europe*,1991,合编)、《高等教育百科全书》(1992,与伯顿·R. 克拉克合编)、《教育之国》(*The Teaching Nation*,1992)、《政府与高等教育的关系》(*Government and Higher Education Relationships across Three Continents: The Winds of Change*,1994,合编)、《高等教育与民族国家》(*Higher Education and the Nation-State*,2001)、《持续的问题，不变的视角：跨越半个世纪的大学愿景》(*Abiding Issues, Changing Perspectives: Visions of the University across a Half Century*,2010)等等。

**选文简介、点评**

过去三四十年，评估成为越来越多的国家和地区一种重要的高等教育管理方式，出现了各种各样的高等教育评估。评估在中国高等教育管理中也越来越常态化，各种针对学科、研究基地、实验室、课题等的外部检查和评估层出不穷，高校内部也组织对教师的教学和科研进行评估和考核，数年前教育部通过高等

---

[①] Guy Neave. On the Cultivation of Quality, Efficiency and Enterprise: An Overview of, Recent Trends in Higher Education in Western Europe, 1986—1988[J]. European Journal of Education,1988, 23(1-2):7-23.

教育教学评估中心组织的大规模本科教学评估更是让人记忆犹新。政府为什么要对高等教育进行评估？怎样对高等教育进行评估？评估产生了什么样的影响？这些问题引起了学术界的密切关注。尼夫1988年发表的论文《质量、效率与企业化的形成：1986—1988年西欧高等教育新趋势概述》是解释高等教育评估的原因和动力的一篇经典文献。以西欧几个主要国家的经验为例，尼夫从国际比较的角度对西欧高等教育管理改革的模式、动因和价值观等基本问题进行了深入的分析。尼夫认为，评估型政府的兴起标志着西欧高等教育、政府和社会之间关系发生了重要变化，形成了一种全新的高等教育调控合作模式。在大众化、财政紧缩和新自由主义的背景下，评估成为政府管理高等教育的重要工具之一，促使政府与高等教育的关系得到重建。政府在保持了过去强调过程、按目标配置资源、检验结果是否符合预定目标的先验评估（包括战略评估和常规评估）的同时，明显地转向强调结果和产出的后验评估。通过加强评估，评估型政府减少了对高等教育的直接干预和控制，以"遥控"方式实施宏观政策管理。每个国家的高等教育评估的模式差异悬殊，为了组织实施评估，有的国家组建了新的机构，有的国家则对原有机构进行功能定位，增加了评估功能。尼夫还认为，高等教育评估不只是一个技术问题，背后潜藏了深刻的信念和价值观，具体说就是市场、竞争和效率。高等教育大众化和社会价值观变化，构成了20世纪80年代西欧国家评估型政府兴起的两大原因。

尼夫的这篇论文产生了重要的国际影响，是高等教育评估研究领域的经典之作。这篇论文还具有较广泛的解释力，能够解释20世纪七八十年代西欧国家社会保障、医疗保险等政策领域的一些新趋势，受到其他学科学者和政界人士的关注。在发表这篇论文的10年后，尼夫撰文反思他的评估型政府理论，对评估型政府的后果进行了仔细考察，认为评估型政府反映了一种通过设计比以往高等教育评估模式更为精致和广泛的判断方式来促使高校做出更有效和迅速反应的努力。

## 选文正文

## 引　论

……在过去两年，世界高等教育领域也发生了变革。对于质量、效率和企业化的追求——这些目前都是政府"新的管理哲学"。但是这不仅仅是政府所关注的内容，任何一个有责任感的人都会讨论这个问题。我们都很欣赏这个哲学，就如同我们对美味食品和曼妙身材的喜爱一样。作为抽象的原则，它们是无懈可击的。但是在个体层面，它们往往在操作、立法和经济方面会产生争议，而恰恰是各种制度安排组成了国家系统高等教育。在这点上，这种亲密的一致性的精神开始变弱，同时新的社会道德——旨在取悦于每个人——并不是总能取悦那些受到最大影响的人。

当然,过去两年学生抗议也在逐渐增多,这些抗议多是就政府政策的某些特定方面来进行,比如法国和西班牙的学生反对不断提高的入学选择标准,在这场大规模的反对浪潮影响下,主管高等教育的部长被迫辞职。在比利时和葡萄牙发生了如同法国和西班牙的其他零星的抗议活动以反对不断增长的学费。然而,尽管学生抗议活动声势浩大,并没有减缓整个变革的脚步,在过去的两年中,改革的轮廓越来越清晰。

在过去两年里逐步变得清晰的是:最初根据经验所制定出的这种应对20世纪80年代初所出现的财政紧张的这种短期政策,将成为长期的战略规划。这种规划呈现出多种形式,但是就其本质而言,主要表现在两个方面:一方面体现为高等教育与政府之间的关系,另一方面体现为高等教育与社会的关系。前者可以用"评估型政府的兴起"(rise of evaluative state)来解释,后者试图楔入一种"竞争伦理"(competitive ethic)这一外在方式来驱动高等院校和高等教育系统的发展。

## 评估型政府的兴起

从某些方面来说,评估型政府并非一个新的概念。自从政府承担给高校财政拨款,制定高校行政部门发展的法规和管理架构的任务开始,评估就已成为政府责任中重要且不含糊的一部分。但是,我们需要区别以下两种形式的评估,即为维持系统所做的评估(简称"系统维持评估")与为战略变革所做的评估(简称"战略评估")。前者是评估相对常规性的功能,与年度预算有关。在一些中央集权国家,如法国、西班牙、荷兰和瑞典,这种评估常常是在国家教育部内进行的;在瑞典,还在国家大学和学院委员会(National Board of Universities and Colleges)内进行。总之,在这些国家,中央政府对高等教育负有直接的责任,在经费、人员等资源的分配上,政府会对整个高等教育系统的需求进行分析,从而使高校有能力实现政府设定的各项目标。同时政府在学生总数、不同学科领域的分布以及研究重点上也会做出相应的规划。可以确定的是,常规评估并非完全由教育部或国家的其他类似机构负责。在多数情况下,如果评估是教育部或大学拨款委员会提出的,那么其结果往往是由财政部来执行。因此,高等教育领域的评估并非仅限于与此直接相关且具有主导作用的中心管理部门。其他部门同样可以以自身的视角参与评估。……

……这些精选的例子虽然有所不同,但它们有一个共同的特点,即"战略评估"和"常规评估"都以"先验"(priori)为基础。也就是说,政府以合理的预期来设定目标和配置资源,且设定的目标和分配的资源主要关注的是教学、学习和个人抱负的"过程"(process),关注的是高校以此方式制定自己的目标并最终产生与最初建议相呼应的"结果"(product)——学生规模及他们获取教育资格的种类。

从这个观点看，战略评估通过对已有体系目标的审视来修正现有体系中所存在的明显的缺点，进而进行相应的变革。因此，当现有的规则出现问题时才会运用战略评估。从其介绍的改革的观点来看，这种评估方式在改革之初就已存在。评估型政府的兴起伴随着两种在评估时间、目的和定位方面的主要变化，不但涉及政策制定而且涉及"政策支持"。第一个与"常规评估"和"战略评估"相联系。第二个则是明显地转向后验评估（posterior evaluation）。

反过来看，后验评估设法去评估目标在多大程度上得到了实现。它不是预先设定条件，而是通过评估"结果"来确定整体目标已实现的程度。它并不像先验评估那样认为将目标与资源有效地结合起来就能实现预期的目标。相反，它所提出的假设是，当资源配置是根据一种制度安排所达到的具体指标的程度来进行时，最终目标才能实现。后验评估是通过对"结果"的控制而不是对"过程"的控制来发挥作用的。通过"引导"高等教育朝向"国家优先事项"，实现从对过程的控制向对结果的控制的转变，这是推动高等教育大众化以来最重要的发展。首先，它代表了关注焦点的转变，宏观的考虑与高等教育和社会经济有关的各种输入因素，这一关系主要涉及高等教育供给和入学机会、社会平等与公平以及在高等教育从精英阶段向大众阶段转变过程中的一些突出问题。其次，后验评估主要考虑高校所培养出的学生的质量即是否满足国家经济的需要，所以它认为高校的培养目的不是为了满足个人的需求而是为了与市场的需求相一致。再次，它提供了一种强有力的工具，使得公共政策有可能对各院校的反应"做出应对"。

如果说后验控制体系能够应对20世纪70年代西欧在高等教育改革方案执行过程中出现的所有问题的话，那确实有些言过其实。但我们完全可以说，将战略评估、常规评估联系起来，将二者与有条件资助观念结合起来的做法，一定会大大减少英国、荷兰、瑞典、芬兰等国家的反对者的人数。这也许可能引起一些至今尚未发现的效果，但是即便如此，一种全新的调控合作模式已引起我们的好奇：它是如何产生的呢？

## 评估型政府的动因

正如其他政策方面的变革一样，评估型政府的出现也不是一蹴而就的。它的产生也并非经过了明确的计划、清晰的预测、有效的管理。相反，它的产生更像是伴随着对诸如社会经济、意识形态等问题的短期内持续增长的回应。此外，因为评估型政府的概念植根于当前的社会实践、观念和价值观中，因此我们可以从部分概念中理解它或者在早期的概念和描述中解读它。最后，尽管这一概念是了解当前高等教育发展趋势的关键，但它并非只限制在高等教育的范围内，它还延伸到社会政策的其他领域，如社会保障、医疗保险等。然而在这些领域中评估型政府所发挥的作用或程度则因国家而异。简而言之，评估型政府是目前法国、荷兰、瑞典和英国高等教育政策改革的核心,但这一发展趋势并不仅限于高等教育内部。然而,由于我们中大多数或多或少地参与到高等教育当中,因而对它在高等教育体系中的应用更为熟悉。而高等教育仅仅是受评估型政府这一模式直接影响的诸多社会制度中的一员。

那么,关于评估型政府我们需要理解的有哪些呢?对此有多种答复,其中最重要的在思想方面。但是这其中所涉及的思想有很多。它们互相共存但又常常彼此排斥。一方面,评估型政府被当做政府官僚化管理中的一种替代手段。通过转向对高等教育系统产品的评估(英国和荷兰政府所通常采取的方式),我们可能会略去个体院校履行国家政策情况的细节以及对它的进一步控制的探究。强调在产出阶段对质量的控制给个体院校带来了极大的自由。这种反官僚主义的思想意识就如同杜兰德·普瑞堡格尼(Durand Prinborgne)文中所描述的那样:新自由主义意识形态在法国也出现了。另一方面,个体院校层面更大的自主权并不一定会导致大范围的分权。例如,在法国和西班牙分权管理和地方自治权的扩大被看做是国家整体政策的一部分。……因此,对于那些建立在分权管理体制下的高校体系来说,评估型政府的建立有助于该体系朝更集权化的模式发展;而对于建立在集权管理体制下的高校体系来说,评估型政府的建立带来了更为灵活的体制与更大的分权。

这些明显相对的事实表明由于各个高校情况不同,因此没有一种完全统一的发展模式。同时在解决迄今为止存在于管理方面的难题时,也存在着一定的限制,即该给各个高校留有多大的空间来自主进行,这也就是克拉克所谓的"中层协调"(mid-level)即个体院校是如何立足自身来协调与整个高等教育体系的关系的。评估型政府是一种合理的规划,是对中央和地方机构的职能所做的宏观层面的重新分配,这样一来,中央通过政府报告书中包含的更少但又更加精准的方式来保持对宏观政策管理的控制:高等教育系统使命陈述,输出产品质量操作准则的规定。相应地,这些因素构成了一个宏观的结构,在其中政策得以控制,中层水平的院校通过制定合理的规划来实现在此结构中的协调。在英国等国家,这种处于中层水平由国家发展的结构被看做是一种束缚而不是自由,我们对此也不会感到惊讶了。简而言之,评估型政府的出现是对法国社会学家米歇尔·克罗齐耶(Michel Crozier)十年前所说话的回应,他说:"我们不能通过政令改变世界。"然而我们可以明智地应用经济学家的才能和技巧以及会计的灵魂来改变世界!这并不是说对高等教育控制和政策体系的合理化就意味着政府对高校的管理的日渐苍白,它毫无疑问是令新自由主义者感到满意的却难以预测的事。它不是空洞浮夸的细节描述,而是对策略高屋建瓴、清晰透彻的有效概括。

的确,对该结构重新定义的过程以及通过远程"掌舵"高校的政策制定的形式可以看做是私有化的一种——这是由沃尔福特(Walfrod)近来提出的观点。

这一理论背后蕴含着这样一种假设：高等教育（至少是在英国）受到类似的支配，就如同将国家的财产整体卖给国家某个特殊部门，即变成持股的"民主"国家。这种假设是个非常有趣的见解，它可能会混淆——或者说有意的混淆了——"所有"与"控制"的概念。……

## 评 估 程 序

然而，如果对外界变化做出调节的机制不是完全以正式的法制过程进行，而是作为在由立法的框架内进行的自我维持操作的话，就需要一种具体的结构将机构评估和国家政策引导联系起来。过去两年，西欧关于评估的机构主要有两种形式，一种是新结构的出现，另一种是旧机构功能的重新定位。其中最突出的是在1984年成立的法国国家评估委员会（Comité Nationald'Evaluation），它承担着评估各高校表现的使命。这一实体相当于国家同行评议机构，它主要由高校教师组成，直接向总统报告而不是向教育科研部长报告，这一细节具有重大的意义，标志着国家大学的评估工作超越了政党政治。西班牙的大学校董会也具有相似的功能，任务主要在课程评估和国家职位安排方面。正如普罗德（Perod）的文章表明，评估型政府在西班牙的发展没有在法国的发展那样显著。但是尽管如此，西班牙大学理事会（Consejo de Universidades）——它在部分程度上类似于行将消失的英国大学拨款委员会——它的出现代表了一种独立于教育部之外的专门的中介机构，这一机构承担着协调高等教育与人力市场需求的具体责任。大学理事会通过主席——通常就是部长自己——与教育部产生紧密联系。

在荷兰，评估型政府的出现是通过重新明确了已有机构——具体来说是总督查（General Inspectorate）——的地位和功能。之前，荷兰检查委员会的事务除了高校的日常开支、教师的培训费用之外，还包括高等职业教育。在1985年，作为重新整合后的机构的一部分，检查委员会的管理事务已经延伸到高校各部门，同时重新明确了它在中央政府服务体系中的地位：它已不再是教育部服务部门的一部分，而是已经逐步的独立——它现在直接向部长报告。从大学的角度来看，检查委员会正处于自我重组和与大学创建联系的过程当中。在英国，评估机制的进行过程是更加分散的，它不集中于任何一个机构。相反，它通过加强已有评估功能的机构进行。……

评估型政府的表现形式采取了多种路径和程序。正如我们所看到的，有些形式是需要设立特定的国家机构来进行，这些机构的唯一目的是通过对高校的评估来判断高等教育的目前情况和未来潜力。这一模式在法国清晰可见，同时联邦德国在国家评估计划书中对这一模式表现出极大的兴趣。在西班牙和荷兰，评估形式就是对已存在的机构功能进行加强。在荷兰，正如范富格特（Van Vugh）和马森（Maassen）所指出的那样，自下而上有着类似的过程。尽管战略计划是处于政府和个体制度安排之间运作的一种新的框架,但是它确实也在院校水平上发生着变化。在英国能看到两个层次的类似过程:其一,研究领域和资金分配领域评估功能的加强。其二,由自上而下发起的,自下而上的蕴含在高校自身的评估当中,该战略性计划是从各个制度安排到大学拨款委员会的。

这样的发展也许可以被解释为高等教育管理系统重新定位推动力,该推动力较之之前来说更为广泛,它组成了评估型政府的内涵,同时从"过程评估"、"输入评估"转向"结果评估"。评估型政府在不同的框架和渠道下实施,同时处于中心地位、负责实施的主体也有所不同。正如保尔(Bauer)所指出的那样,这一过程是极其重要的。个体院校在评估过程中所持的信心和评估是否有专业的人员参与有关。简而言之,评估型政府是通过扩充同行评议体系——完善国家政策的有力方式——来评估呢;还是恰好相反,即对于专业人士的看法给予足够的重视。这一问题的答案在很大程度上取决于评估过程中技术的应用——它会对政治功能产生更为微妙的影响;同时取决于是否就评估所给予的众多意见达成共识;还取决于调整相关的标准从而适应于政府所谓的"新的现实"。两者在一定程度上需要政府与社会来协商安排。前者将其集中于半独立机构,后者将其直接置于行政范围之内。在法国出现的是前一个过程,而在英国和荷兰出现的是后一个过程。这两种形式在院校水平层面的"自我评估"得到某种程度的缓和。但是,依据资源分布和后验评估之间建立联系来重新设置协商范围的同时,我们改变了不同需求之间竞争的焦点。这些需求包括学术需求和政府优先安排的事项。除非评估机构把评估过程看做是合法的,否则就会带来新的混乱。

## 院 校 领 导

扩大的中心评估机制的建立,评估高校表现指标的增多,高校质量评估指标的精心制定似乎都需要制度层面的相应改变。因此,评估型政府的出现不仅仅影响了高校与外部社会的关系。因为它需要多种多样的新信息,同时通过信息的搜集与个体院校层面的使用进而产生新的结构与模式。除此之外的事实是(尤其在实行高度中央集权的国家行政管理体制的系统中)更多的责任将委托给中层机构。……

## 评估型政府的伦理

各种管理、控制和评估体系看似是技术层面的,但也表达出一些潜藏的信念和价值观。其中一些信念和价值观已经被简化为技术性的目标。例如,提高资源、环境、资金和人力的利用率,提高毕业生人数,或者引入符合特定群体需求的学习和技术。这些通常被看做判断评估型政府的产生是否合理的最终依据。当代的讨论多集中于这些方面,其中要注意的一点是这些并不是新的概念。从高等教育开始到打破精英教育的培养模式,或者更早,它们一直是决策者持续关注的领域。当然,我们可以说不论政府在评估型政府出现之前的意图是什么,它们还是没有能力去执行这一系统,或者至少在执行时不是那么迅速。因此,评估型政府本身是对方法的调整,以实现过去没有完全实现的目标。

......

　　正是由于这一点,评估型政府的伦理道德问题被提出来。评估型政府的策略似乎具有技术性,但其实是对社会价值的重新定义。向市场开放,培养个人主动性和进取心,在个人和机构内部灌输竞争伦理,这些都是推动机构和国家更新的动力。把它与资本国王路易菲利普在一个半世纪前提出的"致富"(enrichissez-vous)口号相比有些不敬,这是巴尔扎克人间喜剧中声名狼藉的角色都不愿欣然接受的口号。在高校中存在的各种竞争和优势不比商业中存在的少。相反,他们有时在这世界都存在,只是形式不同而已。即便如此,由范富格特和马森(Van Vught & Maassen)提出的社会达尔文主义作为机构和个人试金石的产生并非没有危险。当然,社会所需的技术水平和类型大范围的变化是社会本身无法预测的。通过培养学生对市场的敏感性,可以把应对这种变化的责任完全交给学生个人。那些不愿意根据市场变化进行自我调整的学生将会受到一定的危害。政府在任何地方强调用思想意识的杠杆提高修读理工科学生的比例,大学的任务也主要在此,政府造成的这一压力也存在一定的危险性。在英国,将学生引向科学技术课程的目标从48%提高到52%,其凸显出这一政策执行的情况。从这个角度看,有太多的标准来评估高校的效率,而忽略了高校不仅仅是向工业界输送人力的机构这一点,而且在欧洲许多高校,科学技术只有少部分学生在学习。另一个方面,即科学价值观在培养有意识负责任的公民中发挥着重要作用,一个国家政治体系的稳定依赖于公民社会责任感和社会凝聚力,由于工业结构的变化,社会收入差距越来越大。

## 结　　论

　　评估型政府的兴起标志着西欧高等教育、政府和社会之间关系的重要变化。从历史的观点来看,它迈出了重大的一步,它超越了现存的行政管理模式——这些模式可以追溯到过去的七十年或者甚至像法国、西班牙那样的国家都可以追溯到拿破仑时代。当然在不同国家,评估型政府的发展模式是不同的。目前,走在前面的包括荷兰、芬兰、瑞典和英国等国家。虽然就目前来看,法国和西班牙的推动程度较低,但如果仔细探究的话,可以看出评估型政府在这两个国家仍就稳步推行。尽管有人把评估型政府的产生看做是一场革命,这一观点是否准确我们另当别论。但目前为止就革命所包括的对已有实践的观察、根据不同的实际情况做出相异的论证等要素来看,我们可以说评估型政府的兴起具有"革命性"。

评估型政府触及高等教育功能的几乎所有重要地域——资助,基于高校表现的财政预算,中央行政部门监督力度的明显下降,权力、责任、领导力等方面深刻的变革——学术自治的特质等变化都更为明显。这些要素都是社会要求高校承担的,但是评估型政府还有其他的目的——它有间接的策略。这一策略包括更为广泛的社会推动从而应对科技变化的挑战,同时将必要的组织合理性纳入相关组织中。有些人把后一种更微妙的变化进行了多样化的解释,例如高等教育的私有化。还有些人则给这一现象更具体的表达,并试图为高校寻找模式,这个模式可以看做是与当前形式有关的纳入特定机构和个体的模式。美国大学模式是呈金字塔和军团式的。一些政府企图通过使用这种模式从而使得有限数量的高校——研究型大学——合法化。比如英国咨询委员会最近向研究委员会提出的建议。其他政府试图提高高校从个人捐助者、基金会、工业界等第三方吸纳资金的能力。法国更设定了高中毕业人数达到75%的具体目标——这与美国高中毕业生人数一致。

这些非语境化的观点发表起来容易,但总体来看,它们是一种非量化的表述,并且表达的模糊性体现了变革的心理。美国高校模式或者高校私有化是伴随评估型政府产生而出现的。他们体现了社会的动态变化,在这个变化当中机构的目标是随着个体消费者对于产品的需求而变化的。知识的消费是由市场引导的不是由市场决定的。学生要求根据自己毕业后的职业规划来选择相应的学习课程。而欧洲学校体系根据学生之前的表现和成就安排来挑选学生。

不论这意味着什么,都需要从比较的角度进一步的研究。评估型政府就其涉及范围而言是一次重大的变革,其重要性堪比是25年前推动大众高等教育。正如我所说,评估型政府的产生得益于一些短期的、具有纽带作用因素的影响——财政支出、经济变化、国家和国际层面上对于人力资源调整的需要(针对教师和学生流动的欧共体中的伊拉斯谟计划、技术教育和培训计划就是由于这个因素产生的),但还有一些基于更加长期的考虑。高等教育中的大学部门和非大学部门都在扩大,需要更加复杂的整体系统,传统的控制、目标设定、调节方式在速度和准确度上不足以应对这种要求。因此,从这个角度看,评估型政府的兴起可以看做是西欧在对大众高等教育进行调整过程中迈出的重要一步。

(马鉴　译　蒋凯　校)

# 高等教育国内与全球竞争的动力学[①]

西蒙·W. 马金森

## 作者简介

西蒙·W. 马金森(Simon W. Marginson,1951— ),英国伦敦大学教育学院教授,原澳大利亚墨尔本大学教授,主要研究领域为高等教育政策与管理、国际与比较教育、全球社会学、教育政治经济学分析、澳大利亚教育。1978—1991年任澳大利亚联邦研究人员,1993年后任教于墨尔本大学、莫纳什大学。其成名作为由博士论文改版的著作《教育市场论》(Markets in Education,1997),主要著作包括《澳大利亚教育与公共政策》(Education and Public Policy in Australia,1993)、《澳大利亚企业型大学的权力结构、管理模式与再创造方式》(The Enterprise University: Power, Governance and Reinvention in Australia,2000)、《创造力与全球知识经济》(Creativity and the Global Knowledge Economy,2009,第二作者)、《全球创新:知识经济时代的空间、流动与共时性》(Global Creation: Space, Mobility and Synchrony in the Age of the Knowledge Economy,2010,第一作者)、《想象力:知识经济时代想象的三种模式》(Imagination: Three Modes of the Imagination in the Age of the Knowledge Economy,2010,第二作者)。担任15种杂志编委、Higher Education 联合主编,发表论文、书籍章节和学术评论两百余篇。

## 选文简介、点评

该文为马金森2006年发表于《高等教育》杂志《高等教育国内与全球竞争的动力学》一文的节缩版。高等教育作为全球知识经济时代竞争的一个重要和核心行业,一直以来学界关注的是国内竞争,但在全球化深入发展的时代,跨境高等教育日益重要,高等教育的国际竞争及其与国内竞争之间的关系更加凸显。此文正是基于这种考虑,重点阐明了全球化进程中的国内竞争与国际竞争,以及它们之间的依存关系及互相作用的机制。

马金森创造性地运用赫希(Hirsch)的地位产品理论和布迪厄(Bourdieu)的权力场域来分析国内和全球高等教育的等级结构及其竞争规则。国内不同层

---

[①] Simon Marginson. Dynamics of National and Global Competition in Higher Education[J]. Higher Education,2006(52):1-39. 因原文篇幅较长,本文译自经作者删节的文稿。

次高等院校的竞争不同于全球市场上的竞争,但两者会出现重叠和互相渗透。国内的精英—大众二元体系的院校之间,具有不同的发展理念和竞争规则。精英大学以追求学术地位和研究表现为首要目标,其对国内市场的垄断地位体现于它们的排他性和封闭性,即因为历史累积的优势地位,不断生产其声望,吸引一流师资,获取丰厚资源,招收高分学生,这些使其地位不断得到巩固。因此,新兴大学很难跻身精英大学之列,世界各国的精英大学往往也是历史最为悠久的大学,如美国的常青藤联盟、英国的罗素集团、澳大利亚的"砂岩大学"、中国的北大清华。这些名校往往从政府、校友、社会等各种途径获取了充裕的资源,不断再生产其优势地位。学生进入这些院校获得更富有价值的学位,即学术出生和身份"符号"。无论是精英大学,还是优秀学生及其家庭,互相维护和生产在社会上的优势和垄断地位,这样社会资本、文化资本和经济资本的再生产得以实现。而大众化层次的院校往往致力于最大限度地满足市场上教育需求,通过不断的积累教育资源和商业化运作,在市场竞争中自生自灭。

在全球市场上,高等院校分为五种类型:即世界精英大学、面向出口的研究型大学、面向出口的教学型大学、服务本国的研究型大学和地位较低的全国或地区院校。这五类院校遵循不同的竞争原则,满足各自的市场需求。

英美精英大学(博士授予大学和美国文理学院)既垄断国内市场,又占据了全球市场的优势地位。这主要是基于目前世界各国高等教育的不均衡发展,以及世界体系中知识和科研发展的既存结构和游戏规则,如英语作为世界语言的优势地位、英美和教育发达国家对全球人才的集聚作用、英美等发达国家拥有世界上大多数的科研和教育资源并具有完善的知识生产和人才培养体系和机制、国际组织的运行机制由发达国家所掌控等等。当然,世界一流大学的各种排名、模仿和各国政府对高等教育的投入和控制也起了推波助澜的作用。马金森通过数据和实例系统阐明了市场竞争的残酷,所谓"赢家通吃"、"赢者所得为输者所失"、"零和游戏"等新自由主义倡导的竞争原则。当然,他也认为"高等教育的全球等级结构并非固定不变的,而是处于不断的变化和流动之中"。只不过,美英这种垄断地位不会无缘无故消失,世界高等教育的国家之间和院校之间的更加均衡发展,以及更为公平的竞争还需要待以时日,需要新兴国家综合实力的提升和本国高等教育水平的进步,更需要互利互惠型高等教育合作的推行。

## 选文正文

当今世界,高等教育处于信息开放的环境之中。每天,在与其他国家的交流和碰撞中,国家边界常常被跨越,人们的身份认同时刻被建构和重建。于是,我们开始设想高等教育作为一种全球体系的格局:它不是统一的"全球体系",而是各种复杂元素的组合:(1)语言、思想、知识、资金的全球流动和交流网络,以及院校间的各种相互作用。(2)由历史、立法、政策和财政所规定的各国高等教育体系。(3)在地方、国家和国际三个层面同时运作的高等教育院校。这并不是一种完美的整合形式,而是以不平衡和变化莫测的参与和交流模式为特点,其中包含许多自治和分离的空间,以及各种稳定和不稳定的层级结构。合作和竞争使各院校间的关系结构化。各院校具有繁复的相互影响,同时存在固有的差异,但是境内和跨境的运作模式却有着惊人的相似之处。这种捆绑的、复杂的、层级的、断裂的、竞争的产品生产和主体发展不断改变着全球体系。它具有特定的规则、话语和交流方式,正如布迪厄(Bourdieu,1996)所言构成了一种"权力场域"(field of power)。

当我们考察这一复杂领域时,任何归纳无不片面。我们可以选择一个特殊的视角来阐述整体。本文重点探讨高等教育的国内和国际竞争。这里的竞争既指经济竞争的形态,也指社会竞争的模式,并运用科层和权力的概念加以阐释。本文将全球竞争和国内竞争作为两个不同的竞争场所进行研究,同时探讨两者的重叠区域。主要考察对象为研究型大学。

……

## 一、国内竞争

### (一)高等教育中的地位竞争

在每个国家的高等教育系统(或国家市场,如美国,一个规范的国家市场也是一个国家系统),学生、家长和毕业生雇主通常根据院校和专业来判断学位价值的高低。一些国家的学位等级比其他国家要森严,并且在某些地方更加残酷,但却无处不在。赫希认为高等教育是作为一种"地位产品"在运行。其中,一些高校的位置可以提供更好的社会地位以及终身发展的有利机会。当然,位置并不是学生选择高等教育时所关注的唯一方面,但它却比教育质量更为重要。大多数情况下,我们知晓院校的声誉但并不知道其教学质量如何。但讽刺的是,一些人可能认为这种断言是不能接受的。但严峻的考验是:如果在一所不太重视本科生教学的知名大学和一所声誉稍低但提供更高教学质量的院校之间做出选择,几乎每个人都会选择知名大学。这似乎与以"学生中心"的质量保障和消费者市场不吻合,但却是事实,也有研究对此加以证实。如摩根(Moogan,1999)等人发现,在英国大学声誉比课程质量更能影响学生的选择。弗兰克和库克(Frank & Cook)1995年对美国学生的一项调查发现,在全美法学院排名中,普林斯顿大学名列第十,但事实上普林斯顿大学并没有法学院。在澳大利亚,詹姆士(James,1999)等人在研究未来本科生选择大学的影响因素时发现,"在选择大学时,申请者集中关注想读的课程和院校的声誉,并且'课程入学分数'和'大学入学分数'在学生心目中成为质量的代名词"。申请者对某一具体课程的教学质量和终身受益知之不详。他们都在做出个别化的选择,把高等教育视为竞争性市场。在一定程度上,经济学家的理解是正确的。但是这些学生的心理预期不是取决于人力资本理论中教育投资的个人收益率,也不是筛选理论中学位而非教育的可贴现回报率。某些更持久的因素在起作用,比贴现结果还直观:这就是相对优势。

在1976年出版的《增长的社会限制》(*Social Limits to Growth*)一书中,赫希分析了地位市场的动态发展模式。弗兰克(Frank,1985,2001)和盖格(Geiger,2004)关于"赢家通吃"市场的观点论述了美国高等教育的地位竞争。书中,赫希强调了地位竞争的零和原则。精英学位和其他地位产品(status good,即位置产品)赋予一部分人以各种优势,恰恰是建立在剥夺其他人的优势之上。赫希认为"赢者所得正是输者所失"(1976)。在一国之内——虽然正如以下讨论的,"一国之内"是一个重要的条件——在某一个价值层面上,地位产品的绝对数总是有限的。这种地位产品数量的扩张不可能不降低单个产品的价值,类似于如果每个人都可以读医学专业并成为一名医生,医学就不再是一个带来高收入高地位的专业。高价值地位产品数量的绝对限制导致了高价值院校数量上的绝对限制以及享有声望的院校规模上的限制。这点至关重要,意味着一流的博士授予大学不能为了满足潜在的需要而无限制地扩大生产,变成索尼公司和星巴克咖啡厅那样,否则将遭受存在理由的痛苦拷问。它们需要收入,按可获利的模式来安排收费制度,使慈善和科研经费最大化,并且出售非核心服务。但收入仅是实现最终目的——即学术和社会地位——的手段。而学术和社会地位是通过消费者偏好和科研声誉来显示的。基于收费的教育系统经"价格标尺"确认,后者不仅将位置(position)商品化,而且将价值商品化。

盖格认为"声望应该反映质量,但不仅仅如此。作为消费者意识的功能之一,声望受很多因素影响,包括选择性院校如何营销以及媒体对它们做出何种评价。特别是排行榜提升了声望的影响力,创造了'地位市场'……。在这场竞争中,地位市场是选择程度、成本或排名的尺度"。

综合研究型大学的特点是教学与科研有机结合。这种结合将整合其不同的使命,塑造院校文化。特伦兹尼和帕斯卡仁拉(Terenzini & Pascarella)1994年的研究显示,缺乏明确的证据表明大学的科研水平与本科教学质量之间存在一致的正相关。这不足为奇。"科研与教学相结合"的特点不是由每个领域的专业工作,而是由地位造成的。在一流大学,科研地位和学位地位相辅相成。研究表现突出的大学往往拥有一流的师资来吸引优秀的学生,而这些学生大多数家庭殷实。这些对学生具有强烈磁力的院校不断提高声望,借此来提高学费收入和筹集各种公共和私人资助,以此聘请待遇不菲的师资并支持研究项目。一般认为,研究表现是可见的,并可用某些常用方法进行测量(如出版量、项目资金、博士招生申请人数等)。同时,它吸引跨境师资,提升大学在全球范围的竞争力:合作项目、资金竞争、吸纳捐赠、吸引国际学生。一流的研究设施使得大学配置最优质师资集中于优势领域,并在国内和国际上居于领先地位。然后,院校的领导地位随之而至。科研为院校提供物质资本和符号资本。后者有利于维持研究型院校的领先地位。科研的首要因素是基于日常的物质条件,虽然所谓的教学生产力不是这样的。

……

**(二) 院校分割**

院校之间的垂直分割是地位竞争的一个必然方面,因为地位产品的生产必然致使竞争产生垄断和市场封闭。无论是否收取高额学费,大学市场从来就不是一个自由竞争市场。在精英院校,消费者入学竞争越激烈,大学越发认为没有必要以传统方式迎合消费者的需要,即降低价格或者提供更多/更好的服务。倘若声望得以维持,消费者就会慕名而来。因为如果学生对他们无法见到名牌教师而不满,门口不乏排队入校的学生。市场营销往往被人低估,实际上它瞄准的是象征神圣的标志(哥特式建筑、学者);尽管消费者文化也会对学生中心的观点产生共鸣。这种对"消费者"的敏感性可见一斑。然而,一旦大学获得精英地位,其竞争便异常激烈并是封闭的,地位本身循环产生学生偏好和研究资源,大学地位的再生产仅仅需要通常的谨慎原则。因此,我们发现在市场顶层,无论系统采用高收费高资助,还是自由收费政策,高等教育位置等级较之其他产业部门是非常稳定的。在澳大利亚,所有精英大学都是1958年以前建立的。在美国,精英大学普遍在1930年之前建立。

在等级的底层,竞争法则却不同。无论营利与否,无论在何地,院校都必须努力满足数量需求,并获得收益。它们全力扩招并提升知名度,即使取得成功,也是暂时的和有争议的。因为这些院校缺乏提高研究能力的资源。毫无疑问,教学是其核心功能。菲尼克斯大学能够稳定提高的部分原因就是全力克服这种不利因素,以扬长避短。从最乐观的情况看,当公共经费削减/超级营销和竞争成本削减不损害项目质量的时候,在令人敬佩的教学努力中尽力结合院校使命和专业文化,包括为高等教育中利益代表不足的社会群体开设项目。但这类院校的办学质量从未获得充分承认。在地位市场上,所有人心中的"质量"都本能地集中于享有盛誉的大学,教学型大学的课堂教学质量被较低的社会地位所掩盖。而对于居中的大学,集少数高价值稀缺资源和低价值入学机会于一体,难以在竞争中向上攀升,因为获得声望的院校总是有限的。它们成为"第二选择"的生产者或专业户。新兴研究型大学竭尽全力想挤入最高层次,模仿最高层次的项目和气质。但在地位市场上,后来者往往被拒于门外。通常,它们为年轻教师和创新项目广开方便之门,但一旦这些人和项目获得成功,往往被精英大学挖走。

因此,高等教育地位市场被分割成垂直层级。表1呈现了国内高等教育市场的典型分割。顶层是以稀缺性和排他性为特点的高价值地位竞争。底层是容量庞大的基本高等教育,特点是国家投入不足,产生于商业或准商业市场,具有位置填充的扩张主义色彩以及低价值的单位位置。顶层生产精英高等教育；底层锁定为大众高等教育。稀缺性和排他性的互动形成了精英—大众的两元主义，进一步导致了垂直分层。……底层和中间层次院校发现，即便它们竭尽全力，要跨越层级还是困难重重，特别是渴望进军顶层的前进更是阻力重重。

表1 国内高等教育系统中竞争的典型分割

| 层次 | 特点 |
| --- | --- |
| 层次 I：<br>一流研究型大学 | 具有自我再生产能力，享有盛誉，具有优异的研究绩效和学生质量/学位地位。受地位吸引力/积聚，而不是收入本身的驱动。规模上非扩张性。对社会地位和权力具有无限野心。资源富足。相对封闭型。 |
| 层次 II：<br>雄心勃勃的研究型大学 | 努力挤进层次I，但难以突破。其最好的学生和师资流失到层次I。为了创收，许多进行有选择性的商业活动，但不像商业性大学那么高效。资源稀缺。半开放型。 |
| 层次 III：<br>教学型院校 | 学生规模大，受经济利益驱动。一些是营利性私立院校，一些是带有商业活动的公立院校，试图扩张。资源高度稀缺，在市场压力下趋于超级营销并考虑成本/质量。开放型。 |

## 二、全球竞争

### （一）全球市场

尽管大多数学生都是在本国接受高等教育，但出国留学的学生却日渐增加。2001年，OECD国家共有158万名国际学生，占其在校生的5%。当然，OECD国家中各国的国际学生人数不同。其中1/3进入了美国，1/4在其他英语国家，包括英国、澳大利亚、加拿大和新西兰。法国和德国也是教育的主要出口国。……

跨境教育主要表现出三种流动趋势（OECD，2004a）。

首先是OECD国家之间，特别是欧洲范围内的学生流动。其中许多为短期交流项目。多数支付低于全部成本费，除了流入美国的学生外，几乎都回到本国。

其次是亚洲新兴国家的学生流向英语国家、西欧和日本。2001年，71.6%的亚洲学生流向了英语国家。高等教育的学位项目主要是围绕这些学生展开国际竞争。其中以全成本收费的商业性跨境教育的增长最为迅速，如英国和澳大利亚。国际学生大多数为自费，投资于促进其社会地位流动以及身份改变的地位竞争。许多毕业生进入了流动性强的职业，如商科、IT和科研等领域。这些职业都需要相应的英语技能。此外，地位竞争不仅包括国外学位，还涉及外语、国外生活经历、移民机会，所有英语国家都鼓励外国留学生移民。

最后为进口国之间的跨境教育。目前两种形式的跨境高等教育正处于迅速发展阶段。一是位于新加坡、马来西亚、中国等地的国外大学分校与当地私立高校合作办学,当然英国、美国、澳大利亚、法国的一些大学也建立了独立的分校。另一种是远程教育。这类教育主要以网络形式,与当地教育中心建立联系。在线远程教育的发展并没有像英语国家大学期望的那么快,因为非 OECD 国家的 ICT 能力有限,出口国提供的课程在语言和文化上没有因地适宜地满足当地的需要,而且在线学位的地位低于面对面传授模式的学位地位。但是在将来,这种形式的跨境教育会日渐重要。

**1. 全球学生流动**

在高等教育中,"国际化"将国际参与规范化,将其定为以文化相互尊重为前提的双向流动。但事实并非如此。学位项目的全球竞争表现为地位产品进出口市场上的竞争,以单向的学生流动和不均衡的文化转换为特点。一些国家以教育出口为主,另一些以进口为主,还有一类国家如日本、部分欧洲国家的教育进出口较为平衡。图 1 显示了全球学生流动的模式。图中表明美国高等教育具有磁石般的吸引力,其中学生选择研究显示,学生对美国高等教育,特别是精英大学持有强大而普遍的需求。同时,亚太地区表现出巨大的外国教育缺口,不仅受国外教育的地位优势驱动,还受本国优质教育资源和教育机会不足的驱动。在全球前五位教育进口国中,有四个属于亚太地区国家,即中国、韩国、印度和日本。另外,马来西亚、印尼、新加坡等也居于前 20 位进口地区之列。

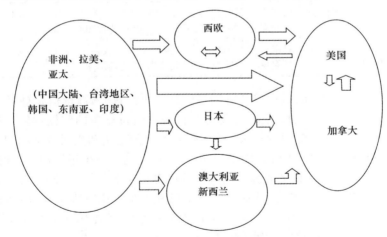

**图 1　全球高等教育市场的学生流动**

资料来源：Marginson, S. (2004). Competition and Markets in Higher Education: A 'Glonacal' Analysis. *Policy Futures in Education*, 2(2): 203.

在地位竞争成为支配模式的地区,流动主要是单向的。另一方面,欧洲国家之间的跨境活动显示全球流动不一定是市场驱动,还可能是互利互惠的模式。同样,尽管日本国内高等教育系统是高度竞争且私立部门在规模上占主导地位的,但日本政府将国际教育视为教育国际化的手段,而不是以商业营利为目的,日本的本国学生出国留学与国际学生留学日本,主要为中国和韩国学生,发展较为均衡。

……

### 2. 全球竞争的分割

如同国内竞争,全球竞争也受到因地位市场的排他性逻辑而产生的精英—大众两元模式的推动。而且这两种分层模式相对稳定。第1层(国外精英高等教育)处于传统的地位竞争之中。学生为进入广受欢迎的大学而展开竞争与投资。第3层(国外大众高等教育)受营利驱动,大肆扩张并进行商业化运作。居中的第二层是变化不定的中间院校,如地位不太显赫的研究型大学(见表2)。

表2　全球市场中的高等教育等级分布

| 大学类型 | 特点 |
| --- | --- |
| 第1类:世界精英大学 | 美国的博士授予大学和英国的著名大学。重视声誉,不以营利为首要目的。声誉基于科研和学位的全球影响力。 |
| 第2类:面向出口的研究型大学 | 英国、加拿大、澳大利亚、欧洲和日本的研究型大学。在国内追求盛誉,但面向国外提供营利性学位项目。 |
| 第3类:面向出口的教学型大学 | 在教育出口国中,这类院校地位较低。在全球市场上进行商业化运作,并迎合低成本低质量的国外教育需求。 |
| 第4类:服务本国的研究型大学 | 仅在本国享有声望,一般是研究型大学。与第二类院校在本国展开竞争(但无法与第一类抗衡),教育出口功能较小。 |
| 第5类:地位较低的全国或地区院校 | 只限于参与国内竞争和满足地方需要。无教育出口功能。数量最多的一类院校,特别是在教育进口国家。 |

然而,在供给方面,国内竞争有别于国际竞争。首先,高价值全球教育不是由颁发"全球学位"的院校供给,而是由提供国内地位竞争的院校供给。外国学生要经过学术和社会能力的选拔:美国州立大学的学费和生活费是中国人均收入的八倍(IDP,2001;World Bank,2004)。但和国内学生不同的是,外国学生(优秀博士生除外)除经济收益以外,并不获得地位收益。出于相互交流的需要,精英大学需要全球参与,然而国际学生对其声誉来说不太重要(虽然研究生是教学和研究的重要生力军)。其次,比起国内竞争,商业化对于全球竞争更为重要。它将吸纳大多数的国际学生。

### 3. 第一世界市场

第1类是由英语国家,主要由美国的著名大学构成。以超级价值教育地位产品为特点的全球一体市场是全球化时代的显著特点。这一市场由以家族命名的大学主导,如哈佛、斯坦福,还有麻省理工和牛津等。在网络环境中,一流大学势头强劲。作为极具影响力的理想楷模和实践领导者,它们从全球招募一流师资。只有极少数的国际学生能够进入这类大学,他们行使了强大的符号权力。除英美国家以外,全球市场不能代替国内市场,而是国内市场服从于全球市场。在国内竞争之外,它创造了一个比国内所有位置更高的学生地位等级。全球地位价值的形成与国内竞争的价值形成相似,通过学位/品牌地位与科研表现/声誉的有机结合实现。实力雄厚的研究型大学也是对国际学生具有强烈吸引力的大学。

……

这个单一的全球市场以博士教育为代表,以最先进的形式整合了全球竞争。全球最好的研究生,包括许多来自本国研究培训机会充裕的国家,进入美国顶尖大学和英国的牛津、剑桥、伦敦大学、伦敦大学学院以及英国其他一流大学的"全球研究生院"。在此,市场竞争是经典的位置匹配游戏,院系为争夺最优秀的学生展开竞争,而学生努力进入最喜爱的院系。在这个层面上,地位稀缺并设有奖学金,而不像 MBA 学位以资本主义的形式在市场上不断扩张。在美国政府的支持下,美国大学争夺最优秀的学生。这些学生为大学的研究创造价值,并被聘为低薪的助教。一半以上的美国理工科博士毕业生都是国际学生(OECD,2002)。

**4. 商业性国外教育**

在全球竞争市场上第二、三类大学主要受商业供给的支配,然后根据供给者的层次(硕士、本科、职业教育)分层并被纳入全球教育等级结构。虽然对于精英研究型大学,商业供给扮演着次要的角色,其他大学却纷纷接收外国学生进入全费课程学习,包括四年和两年制的美国院校、许多英国研究型大学以及继续教育院校、澳大利亚和新西兰的所有大学。一些西欧国家、马来西亚和新加坡也在致力于开发英语课程,以获得一定的资金流动。这里不再有单一的全球市场,没有统一而界限分明的社会结构,而是各院校都同时可能属于不同类型。首先,国外教育主要发生在国家系统之外的各个区域。其次,学生选择意向的研究表明,在顶层以下,院校的"品牌"效用远不如国家的"品牌"效用。……

收益而非地位在驱动着商业市场。1995 年至 2000 年间,澳大利亚政府的高等教育生均投资降低 30%,英国降低 17%,而加拿大因留学生数量增长而相对减缓,只降低了 2%(OECD,2004a)。学费收入的供给动力和地位产品的需求动力相匹配。这就解释了市场爆炸式增长的原因。商业市场能够以资本主义方式进行扩张,原因是对于第一类高校,国际竞争和投资并不像国内竞争那样受到种种限制。在国内,无论是哪种院校,高价值地位产品的数量总是受到绝对的限制。这阻碍了高收费高价值位置的发展,制约了生产此类商品的院校数量,扼杀了享有地位的教育。对于第二、三类高校,只要跨境教育能够创造地位产品,以及国外教育能够促进国内外的社会流动,就不会受到这些限制。留学生数量的迅速增长并不一定影响本地学生获得的国内知名地位产品的价值,前提是这两类毕业生在很大程度上要相互区隔。同时,对于毕业后返回泰国或塔吉克斯坦的留学生,所有享有盛誉的国外学位都会产生位置价值。

**(二)全球的国家等级分层**

没有价值的不平等,就不存在地位市场。就像国际流动的不均衡性,全球

等级分层对于竞争也是不可缺少的。全球等级分层的形成主要有三个因素。

第一,科研能力的分布——它加强了专业培养的质量,特别是在以科学为基础的领域——在各国高等教育系统之间。

第二,英语的全球优势。全球化由英美文化和经济所控制。英语国家的大学发挥着特殊的影响力,表现在文化殖民以及在教育和研究中英语对其他语言和其所支撑的知识传统的替代。

第三,美国高等教育的全球主导地位。这类似电影和电视节目的单向流动。美国只有极小部分时间播放外国电影或电视剧,但是美国却占据了其他国家的影视市场。高等教育的情形也与此类似。

……

随着差异促进了科研等级分层,美国科研能力的全球主导地位正日益突显,同时一些英语国家、斯堪的纳维亚半岛国家、地位较低的国家和德国的影响力日益减弱。排名前500名研究型大学的全球分布不平衡,但却呈现多元化。2004年,排名共涉及37个国家,65所大学来自亚洲,235所来自北美和英国,166所来自欧洲和以色列。共有34%来自美国。但是,在100所世界一流大学中,美国占了52所,英国11所,加拿大4所,澳大利亚2所。三分之二都来自英语国家。这是一种令人不安的集中现象。另外位居100强的大学,24所来自西欧,1所来自以色列,1所来自俄国,5所来自日本。令人惊叹的是,在排名前20名的大学中,17所来自美国。其他两所是剑桥和牛津。名列14位的东京大学是非英语国家大学中排名最高的。

……

**三、国内与全球市场**

在美国,全球竞争对国内高等教育竞争影响甚微。在其鼎盛时期,全球竞争本质上就是美国式竞争,反之亦然。全球地位市场是由美国地位市场塑造而成。但在国外,却形成了一幅全新的全球机会分布图。它运用两种截然相反的方法,重新制定了国内竞争的运行协议以及规划了每所国内知名研究型大学的战略地位。

首先,位置等级分层经历了根本性的改革。每所大学的全球参与互不相同,但是全球知名度的影响并非如此。因为,科研能力对于研究型大学的地位是不可或缺的,同时它以不可逆转的趋势已发展成全球性的。本质上讲,现在所有的大学都要经过两种有效系统的评价,即国内的和全球的评价。一所大学越渴望达到竞争的顶峰,全球知名度对其就越为重要。如今在各国国内等级之外,美国博士培养院校和一流英国大学所产生的威胁日渐紧迫。很少有人了解其他国家的高等教育系统,但是全球地位的顶峰却随处可见。虽然国内与全球等级的整合并不理想,它们却为吸引更多本科生及其父母创造了唯一的可能性

(长期以来,教师和很多毕业生都这样认为)。除美国、英国之外,这给每个国家的一流大学带来了直接而负面的影响。它们曾经都在各自的领域处于不可战胜的领导位置。但是现在,国家不再是它们的唯一领域。地位再生产过程中存在漏洞:很多重要顾客都跨境并脱离了它们。一旦获得了全球知名度,其科研表现便越来越没有价值,但却越来越具有影响力。忽然间,曾经享有盛誉的大学丧失了吸引力,变得越发虚弱。这影响了一些国家的一流大学的地位,如澳大利亚。在当地,它们至少可以凭自己的实力,成为全球玩家。同时,在很多国家,如地缘战略力量不足的新兴国家,一流大学和教育院校常常因缺乏科研能力和信息技术而没有为进入全球时代做好准备。

其次,全球竞争为所有院校提供全新的战略选择、身份认同和发展方向。它们可以创造国际研究合作伙伴、双证学位、ICT联系、商业性国外教育及全球课程。现在,借助于多个领域的运作,它们可以利用一个领域的战略成果——资源、网络、声誉——投资另一个领域。在国内投资和全球投资的选择之间,它们也面临新的紧张局势。一些非名牌大学被国内系统的精英部分拒之门外,便将自身定位为向外来学生提供高价地位产品的供给者。国内知名的精英地位有利于全球运行,但并非是必需的,除第一类大学之外。同时,国内也施加种种限制。……

全球竞争的新特点将导致高等教育中不断变化的政治分配方式(OECD, 2004a)。这将很难监控国家教育系统中公民的机会是否公平的问题。而这将为国外教育供给者提供可乘之机,使国内非公民数量增加。如何在竞争国内大学稀有位置(例如医学或法学专业的学习)的学生与通过国外此类项目"插队"的学生之间建立全国性的公平?国外和本地学生在相同高要求课程和院校的公正性平衡是什么?还有关于流动学生人口的社会、文化和性别组成的种种问题。例如,父母收入和社会地位在获得资助项目以及全费的国外位置的有效途径上起什么作用?在新兴国家的社会建构过程中,学生获得国外教育机会的不均等带来的长期影响将是什么?

美国大学主导着各国院校间的联系。这形成了全球竞争的交流场域,并促进其充分发展。世界上不同地区的大学都和其他不同地区存在一定程度的联系,但却总和美国的大学存在联系,而美国是全球通信和商业中心(Castells, 2001)。但是,这些相同的美国大学却很少关心全球领域。在优秀学生、一流学术人员和研究声誉方面,它们相互展开激烈的国内竞争;但是全球竞争并没有带来相同的活力。美国在高等教育中的全球"例外"不只是霸权,还有冷漠和偏执。……

美国的全球霸权并不依靠企业营销,而是依靠其经济、科技、文化和军事力量。美国大学无须调整课程或者文化氛围来吸引国际支持。它们也不销售国际化课程,但却为自己制定了国际标准。留学生像迪士尼乐园的游客一样涌入美国大学。所以,全球转变只是单向的。流动学生在美国经验的影响下,经历了转变。混合型国外大学也被美国式模板重新塑造,并在美国主导的科研竞争中重新获得一席之地。但是,除了少数专业的国际课程外,美国大学本身很少受到影响。高等教育全球化是美国之于世界,而不是世界之于美国。

## 四、结论

全球高等教育在世界大学等级结构中产生并且被消费。在这个结构中,研究型大学之间、国与国之间的不公平以及与此相关的人口、资本和知识的单向流动对于全球竞争都是不可或缺的。出口国从新兴国家高等教育能力的缺失及其高等教育地位的贬值中获益。英语国家则依靠英语的统治地位获益。从西欧沉重的学生交流负担可以看出,这种全球等级对于科研合作或非商业性学生交流并不是必要的。但是,如果没有这种全球等级,就不存在地位优势,也就没有高等教育中世界范围的社会竞争。

但是,新兴国家的高等教育能力,特别是科研能力的发展能够改变某种类型的全球不平衡以及单向转变,并能削弱英语国家特别是美国的统治力量。当国内基础设施强大时,教育进口将为国家能力发展作出最大的贡献,因此国家系统可以最大限度地实现"人才回流",有效使用具有国外教育经历的公民,从而成为吸引国外投资的一块磁石。高等教育的全球等级结构并非是固定不变的,而是处于不断地变化和流动之中。在工业化国家,它似乎比国内地位等级更加不稳定、更加多变——虽然在国内地位竞争中,精英部门比其他更加稳定。然而,从短期来看,美国高等教育的霸权地位还是无法动摇的;从长远来看,考虑到西欧各国的科研能力,欧洲的合作或许会改变竞争原则;新加坡的经验已经表明,一个充满活力的新兴国家能够使人才流失逆转,从而改变本国在全球教育和科研中的角色。中国大陆已承诺创建一流研究型大学,中国香港和中国台湾的科研能力也在稳步提升。

本文主要关注点是目前处于研究型大学范围之外的国家。高等教育和科研是国家发展的一部分,也是促进国家在全球背景下获得一席之地的现代化战略措施。然而,商业市场的全球发展和高等教育外国援助的降低存在关联,特别是来自主要的出口国家,如英国和澳大利亚的援助(OECD,2004a)。发展中国家已逐渐摆脱援助,而更多地依赖市场。但是,在较贫困的发展中国家,竞争和市场机制将无法发挥作用,而将高等教育作为公共产品进行投资是至关重要的。所以,全球竞争的整体结果是英语国家的一流大学已经独立于地位产品推动下的全球竞争的强力之外,中层新兴国家的富裕学生(尽管并非所有学生)通过全费地位获得更多的机会,同时较贫困发展中国家的能力发展受到阻碍。除非采用各国协商的政策行动进行协调,否则高等教育的国内与全球竞争将会带来全球等级分层。

(李梅　卜令朵　译)

# 高等教育市场[①]

希拉·斯劳特　加里·罗兹

## 作者简介

希拉·斯劳特(Sheila Slaughter),女,美国佐治亚大学教授,此前任亚利桑那大学教授。斯劳特主要关注知识与权力的关系问题,研究兴趣包括知识产权、科技商业化、高等教育市场机制,代表作有专著《高深知识与高科技:高等教育政策形成的动力学》(The Higher Learning and Higher Technology: Dynamics of Higher Education Policy Formation,1990)和合著《学术资本主义:政治、政策与企业化大学:政治、政策与企业化大学》(Academic Capitalism: Politic, Policies, and the Entrepreneurial University,1997)、《学术资本主义与新经济:市场、政府与高等教育》(Academic Capitalism and the New Economy: Markets, State, and Higher Education,2004)等。斯劳特曾任美国高等教育研究学会(ASHE)主席,获美国教育研究学会、高等教育研究学会的奖励。

加里·罗兹(Gary Rhoades),2009年起任美国大学教授协会(AAUP)秘书长,曾任亚利桑那大学高等教育研究中心主任、教授。罗兹关注的主要研究问题为院校重建、学术职业、科技政策、比较高等教育,近年的代表性著作包括《被管理的学术人员》(Managed Professionals,1998)和2004年与斯劳特合著的《学术资本主义与新经济:市场、政府与高等教育》等。

## 选文简介、点评

市场是影响高等教育的一种重要力量,市场机制是高等教育的基本调节机制之一。由于知识背景、关注问题和研究视角的差别,不同研究者对高等教育市场的理解存在很大的分歧。有的研究者将其理解为以市场的方式配置高等教育资源,有的研究者将其理解为高等教育领域的自由交易,有的研究者将其理解为高等教育领域的选择和竞争机制。早在20世纪80年代,斯劳特就开始

---

① 本文副标题为:70年代的学生,80年代的专利,90年代的版权。赵晓闻,译。文献来源:[美]菲利普·G.阿特巴赫,罗伯特·O.波达尔,等.21世纪的美国高等教育:社会、政治、经济的挑战[M].第2版.施晓光,蒋凯,主译.青岛:中国海洋大学出版社,2007:379-403. Altabch, Philip G., Berdahahl, Robert O. & Gumport, Patracia J. American Higher Education in Twenty-First Century: Social, Political, and Economical Challenges (2$^{nd}$). Baltimore: The Johns Hopkins University Press,2005:486-516.

研究高等教育、科技与经济的关系。1997年,她和莱斯利出版《学术资本主义:政治、政策与企业化大学》一书,系统地考察了高校科技成果商业化行为。2004年,斯劳特和罗兹在《学术资本主义与新经济:市场、政府与高等教育》一书中明确提出学术资本主义理论(theory of academic capitalism),对高校融入新经济(知识经济)的过程进行了解释,认为高校正在从公共产品知识/学习体制向资本主义知识/学习体制转变,目前仍处于两种体制并存的阶段。2005年,斯劳特和罗兹在合作的书籍章节中对1980—2000年间美国学术资本主义知识/学习体制的发展进行了论述,指出学术资本主义知识/学习体制的特征是不断推进高校商业化,这一过程也就是高等教育市场化的过程。他们指出,20世纪70年代美国高等教育市场化的主要内容是政府改变学生财政资助政策,激励高校之间针对学生进行准市场模式的竞争,并要求学生支付更多费用,学生成为消费者;80年代高等教育市场化的主要内容是在政府鼓励和高校主动参与下,高校积极开展有偿技术转让,传统的非营利高校正式进行营利活动,高校及其教师紧密参与到市场之中,形成丰富多样的市场活动,高校的商业活动得以制度化;80年代后期和90年代,许多高校开始制定版权政策,进一步将传统上作为公共产品的知识私有化,希望从中获取利润,同时高校的其他营利行为继续发展,高校自身趋于公司化。高等教育市场化包括多种形式,他们只是选取三个年代中的标志性进展进行了分析。斯劳特和罗兹认为,美国高等教育市场的发展与新自由主义国家政策紧密相关,新自由主义国家强调经济竞争力和私有化、商业化,削弱社会福利和公共产品。他们对高等教育市场持温和的批判态度,认为高等教育市场并没有增进高校的教学科研能力,来自弱势群体的学生的权益受到了威胁,它仅仅是提升了高校与新经济之间相互作用的能力和愿望。斯劳特及其合作者关于高等教育市场的研究跨越了二十余年,说明高等教育理论发展是一个持续不断的过程,理论需要不断的修正和更新。

## 选文正文

学术资本主义知识/学习体制的特征是不断增进高等院校商业化。在教育管理方面,商业气氛弥漫于许多办公和服务机构,从向学生消费者"推销"院校的学生个人服务注册办公室,到负责管理教师版权的知识产权部门,比比皆是。在学术方面,商业化倾向也在不同领域中蔓延,从专利申请和研究成果转让频繁的自然科学和工程学科领域,到销售课程软件和其他教学材料的其他学科。诸如此类的企业行为并没有使学生均等地受益,也没有给所有院校带来巨大的校外收入,尽管有时候它们会让一些院校花掉大量资金。院校商业化的趋势是由许多院校内外行动者来掌控的。这些行动者试图利用新自由主义国家创造商业机会。

联邦和州有三种主要的措施为我们所说的"学术资本主义知识/学习体制"提供政策框架。学术资本主义知识/学习体制的发展阶段大致为1980~2000年。这些措施是：实施直接把资金给学生而不是院校（把学生当成消费者）的联邦学生财政资助政策，执行将自然科学和工程科学知识市场化的专利法和政策，实施为高等院校课程市场化提供机会的版权法和相关政策以及其他有关信息技术的法律和政策。

本文介绍联邦和州支持学术资本主义的措施，然后考察院校融合这些措施的方式，选择一些代表学术资本主义知识/学习体制的例子来阐述相关的政策和法律，并通过一系列数据组对每部分进行概括总结。这些数据使我们能够利用财务指标（学费、专利收入及远程教育的收入）来追踪变化。

虽然开始考察的是联邦政府，但是我们并不认为联邦政府是有关学术资本主义知识/学习体制的政策法律制定的唯一推动力量。诸多联邦、州以及院校的法律政策错综复杂地相互作用产生了学术资本主义知识/学习体制。各州出台一系列措施，促进经济发展，许多措施范围涉及培养所需要的人力资源储备和巩固州经济基础的工业建设，这些都是院校参与当地经济建设的特写。实际上，一些州政府经常在联邦政府之前采取一些革新的方法来解决一些紧迫的国家问题。高等院校不仅是被"法律化"，而是将"法人化"。院校内部有很多参与者通过网络和与校外行动者合作的方式参与到学术资本主义知识/学习体制中来。管理部门和专业教师共同塑造了"政客—法律"氛围。这种氛围培养了学术资本主义知识/学习体制。教师和行政人员满怀热情，积极地参与到院校商业化的过程中。他们的行为受到联邦、州的司法判决和行政法律、行政命令、科层程序以及院校政策的强化。

因为本文主要集中于政策，我们想阐明能够实际反映我们工作状态的理论。我们可以看到学术资本主义知识/学习体制以及我们所关注的与新自由主义国家发展相联系的三组政策。新自由主义国家不是将公民作为一个整体来关注公民的社会福利，而是作为有能力的个人和公司——在美国他们被认为是合法的经济法人的公司和个人。新自由主义国家将资金集中投入到对经济增长有贡献的国家机构上，比如说给予公司和高等院校的研究拨款。新自由主义国家致力于构筑"新"经济，即知识经济或信息经济。新自由主义国家尝试将国家经济同全球经济联系在一起。这种国家常常为提供重塑经济的资金而采取放松管制（deregulation）、商业化和私有化过程，重新制定规则，以造就一个不再给国民提供诸如福利方面的"权利"或者是重新建构或者消减诸如医疗和社会保障之类的州公共服务体系的国家。新自由主义国家的分配与福利国家的情况在某些方面是不同的。新自由主义国家不是针对全体公民的，相反，它经常遇到不同群体提出的不均衡要求。这些群体包括那些与新经济紧密联系的中上阶层及富人。因为高等教育既作为国家的福利职能同时又是国家经济增长的贡献者,政策过程常常是在以一种具有讽刺性的、自相矛盾的或者说是有些非意图方式下进行的。下面我们来对此进行阐述。

## 学生财政资助

尽管学生被冠以能够获得充分信息、在美国诸多院校中进行择校的消费者的称号,但联邦学生资助立法却将高等教育的学生市场划分成若干部分,针对不同学生提供各种不同类型的资助。① 一些项目和拨款模式用来鼓励来自中上层阶层以及一些来自其他社会阶层有知识有才华的学生进入一些(不断增多的)学费昂贵的私立精英院校,另外一些项目和拨款模式用于鼓励大多数成年学生通过学习两年或四年制课程掌握一些新经济时代所需的技能,有时这种学习通过远程教育和营利高等教育来完成。

20世纪70年代初期,联邦立法部门开始从院校资助转向学生资助,使学生成为消费者。经济发展委员会以及一些基金会,特别是卡内基基金会共同致力于高等教育市场化过程。学生手中持有的联邦财政资助是市场化的具体体现。当学生们能够在自己选择的院校中花费经费补助时,那些可能是第一个教育券项目的倡导者就声称,是他们将市场准则引入到了高等院校中,是他们迫使高等院校以价廉质优的服务吸引学生。经济发展委员会(Committee for Economic Development)和卡内基基金会也极力促使所有中学后院校的学生,无论是注册在公立还是私立院校,支付1/3或者一半的学费接受教育。这种做法在一个所谓低学费时代并不是不切实际的愿望。

然而,在这种背景下,学生更愿意到私立院校就读,因为在私立非营利性院校就读得到的公共补助要比去公立院校的多。换言之,学生接受政府的资助去学费更昂贵的私立院校读书,而那些在公立院校就读的学生每年却不得不支付1/3至一半甚至更多的教育成本。高等教育市场模式鼓励竞争,但是并没有降低教育成本。这种现象与新自由主义国家哲学相吻合,即试图减少针对所有公民的项目,并向受教育者转移成本。当然,学费不断增加导致学生总是按照商业纳税利益的形式分担更多的公立高等教育成本,减少州所应承担的教育费用。在20世纪80至90年代,高等教育的公共或社会产品的属性削弱了,更多地表现出个人或私人产品的属性。这些都验证了"使用者付费"的政策。

在追求更低成本、更高效率的前提下,联邦政府支持院校之间针对学生进行准市场模式的竞争。具有讽刺性的是,虽然市场模式巩固了,但费用却上升了。尽管成本上涨发生在所有的市场部门,但也给教育市场发展带来生机,致使一小部分(属于上层和中上阶层)的学生在全国范围竞争进入那些费用比以

---

① 一般来说,那些拥有许多学生资助项目的州也会增加优秀生奖学金。这些奖学金惠及富裕家庭学生。换言之,州政策在很大程度上追随联邦政策。

前更贵、数量相对较少的(精英)院校名额。联邦贷款项目使得上层和中上阶层的学生,特别是那些进入学费昂贵的私立(精英)院校学习的学生能够满足支付学费的需要。联邦贷款对于学生市场的资助实际上就是给那些选择高收费院校学习的学生提供费用补贴。①

……

学生资助立法有助于市场分割。来自中产和中上阶层的学生成为备受青睐的消费者,而来自低收入阶层的学生和在职成年人则进入两年制社区学院、四年制学院中的远程教育课程以及营利性院校。假定许多人连两年制学院的学业都没有完成,那么他们只能接受一点"现学现卖"的教育,这种教育使他们直接获得进入新经济的最低级岗位所需要的入门技能。……

联邦学生财政资助立法是第一个明确采用市场话语的联邦立法。某些方面的市场修饰语是对部分私有化的比喻,因为实施新自由主义的州主张提高学费,降低资助地位。在另外一方面,打着市场这个旗号也为州政府带上了一个州作出持续不断的更多贡献的面具。尽管联邦财政资助已经从补助拨款转向了贷款,但是可以获得的拨款补助总额(尽管不是每一个人所得到的数量的总和)还是比以前增加了,并且贷款也公开补贴经费。在州的层面,以不变美元计算,1980—1998年州政府对高等教育投入提高了13%,但是学费上涨更快。换言之,不论是营利性还是非营利性院校主要的补贴经费都来自州和联邦。

联邦和州的学生财政资助政策紧跟着新自由主义政策而发生变化,现在已经不再把公共利益作为全体公民的社会产品,而是开始转向使用者更多付费。公共经费转而发挥其生产功能,帮助在职人员为了适应新经济所要求的职业进行再培训。富裕的使用者比其他人花(相对)更少的钱,也反映了新经济时代和新自由主义国家发展趋势的特征。

## 专　　利

在1980年《贝耶-多尔法》(*Bayh-Dole Act*)颁布以前,联邦政策将由联邦拨款经费所取得的科研成果都归于公共领域。大学可以对依靠联邦资金资助做出的研究申请专利保护,但需要经过漫长而且繁琐的申请过程后,政府才能给予特别的批准。在1980年以前,仅仅很少一部分大学热衷于申请专利。《贝耶-多尔法》的颁布标志着大学进行了营利活动。法案允许大学和小企业保留利用联邦研发经费所做发明的权利。国会的表述如下:"这是国会的政策和目标……旨在促进商业机构和非营利组织(包括大学在内)之间的合作。"《贝耶-多尔法》"明确承认技术向私人部门的转移是联邦财政资助科研的理想结果,并且

---

① 1978年《中等收入家庭资助法》(*The Middle Income Assistant Act*)规定向更多的中等收入家庭学生拨款资助,生均突破25000美元的学生保证贷款的限额。该法的颁布实施标志着从学生财政自主运动转向更加依赖贷款。到20世纪80年代,该法被证明给新自由主义国家提供了广泛的福利好处。

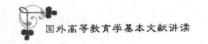

签署了法令,即公共资助技术的专有性执照有时候是达到这一目标所必需的"。

《贝耶-多尔法》从几个重要方面改变了大学管理者与教师之间的关系。例如,潜在的专利持有者、大学董事和行政管理人员可能会把所有的由教师做出的研究当成是相对比较容易保护的知识产权。教师最好把他们的研究发现解释为:产品或者流程是私人的、有价的、特许的,而不是必须作为学者共同体共享的知识。《贝耶-多尔法》赋予"知识商品化"(commodification of knowledge)这个词语以新的具体含义,使得大学参与市场的程度更高了。

《贝耶-多尔法》的主要目的是支持小企业的发展,这些企业早在里根执政时期被看做是经济增长的发动机。然而,1983 年,里根通过行政命令将《拜杜法》的适用范围扩大到了大公司。此后,任何从事联邦研发项目的实体都可以获得专利,并且它们自己在研究过程中的发现也可如此。这种变化有助于所有领域的研究者(包括大公司研究人员)的研究成果私有化和商业化。

……

在 20 世纪 80 年代,许多小规模高等院校获得了专利;100 所规模最大的大学仅获得 82% 的专利。然而,在 90 年代这种趋势改变了,这 100 所大学收到了 90% 以上的专利许可。专利获得收入也主要集中到这前 100 所顶尖级大学了。

专利发展的趋势明显地说明了学术资本主义知识/学习体制的成长。专利、专利许可以及专利权税的运行、公司的开办以及大学持有基于教师专利公司的股权等等,都不是类似市场的行为:它们只是将非营利院校牵扯进营利活动的市场行为。尽管如此,高等院校不是市场实体,因为它们被赋予的地位不同于公司,不能够支付利润给股权持有人。相反,从外部获得的资金收入必须要返还到院校。在某些方面,院校的专利活动能够跨越传统的公立与私立的界限,是最佳的满足院校获取外部收入需要的可操作方式。如果专利费用太高,没有人愿意为使用专利付费,州就要为公立院校承担研究费用。类似地,由大学创办的公司在许多方面是一种州资助知识资本的形式,尽管很少有针对运营不善的惩罚。只要利润又被返还到大学,即使利润是被指定作为技术转让发展的专款,专利权税和专利许可费都是免税的。公立大学尝试着通过运用宪法第十一修正案去保护其专利。尽管专利和技术转让总体上被描绘为一种双赢行为,但只有相对一小部分规模较大的研究型大学能够创造出大量的外部收入。对许多小规模院校而言,维持一个技术转让办公室的成本超出了所获得的收益。

## 版　　权

20 世纪 80 年代,许多大学开始卷入专利活动。80 年代后期和 90 年代,许多大学开始制定版权政策。在 90 年代,随着数字技术和电信的快速增长,新的版权立法得以实施。新的法律强调保护各种数字形式的创造性表现形式,包括新的知识产权形式,如课件、多媒体、电子数据库以及远程沉浸(一种特殊的网络化虚拟现实环境)。自然科学和生命科学是学术资本主义的专利涉及的主要领域。版权法的变化为上述两个领域之外的其他领域实现学术资本主义提供了机会。所有领域的教师都遇到版权问题,因为版权应用到学生的教学资料中,使得学术资本主义不但成为一个知识体制的问题,而且成为一个知识/学习体制的问题。

1996年的《电信法》(The Telecommunication Act)极大地改变了行业管理框架。在1996年以前,1934年的《电信法》通过联邦电信委员会来实施并授权广播、电报、有线、无线电和卫星拥有单独的专营权。1996年法案废除了对上述各种行业的垄断,创造出一种竞争环境,使之有助于互联网、万维网、电子商务的发展,所有这些都以新的模式利用了过去独立垄断的电信媒体。电信业放松管制为学术资本主义知识/学习体制制造了巨大的可能性,范围涉及软件业和远程教育领域等。

1998年的《数字千禧年著作权法》(The Digital Millenium Copyright Act,简称 DMCA)通过禁止任何没有得到授权的、对作品的获取和复制行为来保护数字知识产权。该法案内容广泛,覆盖一系列技术,包括网页内容、超级链接、在线指南、搜索引擎以及利用这些技术获得的资料内容。不仅公民(和学生)会因为不正当获取未授权的作品而受到处罚,那些逃避版权的设备和服务也是被禁止的。法律有意地通过加强对各种数字产权的保护,进一步探索发展电子商务以及相关的技术的道路。不过,对于法律实施和智力最广泛的存在有些例外。当然,这些例外范围是相对狭窄的。

1998年的《数字千禧年著作权法》有一个专门针对远程教育的部分。总的来说,该法案似乎持有这种观点,即远程教育者购买或者注册使用数字资料应该支付一定的费用,正如使用软件和硬件一样。目前,可免费使用数字产品的教学情况有两种:一是由非营利教育机构或政府机构举办的提供系统培训的传统课堂,二是那些无法进入这类课堂的学生。换言之,对那些与传统教学不相关联的远程教育是不免费的。恰当、合理的使用可以使应用于远程教育的情况免费,但是迄今为止也没有一起判例法说明这将如何操作。此外,如果一个美国教育机构传授课程给其他国家的学生,法律没有明确是适用美国法律还是适用教育输入国的法律。

按照目前的情况,《数字千禧年著作权法》提供传统高等院校发展远程教育的有利条件。因为现实课堂的需要,高等院校目前是最有能力利用这类教育免费条件的。目前它们获得好处,还因为营利性远程教育组织还不能使其学生得到联邦财政资助(然而,教育部已经同意临时在这些法规上做出调整,使接受营利性远程教育课程的学生可得到联邦财政资助)。传统高等院校应该在营利性竞争白热化之前去占有远程教育较大的市场份额。

《技术、教育和著作权协调法》(Technology, Education and Copyright

Harmonization Act)于2002年通过。《技术、教育和著作权协调法》尝试修改《数字千禧年著作权法》限制远程教育的一些条款。在涉及受著作权保护的资料方面,《技术、教育和著作权协调法》给教育者提供了比《数字千禧年著作权法》更大的自由。例如,新法律允许展示和演示大多数作品,不像《数字千禧年著作权法》那样限制很广泛级别的作品,特别是那些娱乐性和教学价值兼备的作品。《数字千禧年著作权法》限制著作权作品在课堂上免费使用,而《技术、教育和著作权协调法》允许院校通过远程教育对任何地方的学生进行授课并允许学生短期保留材料。此外,《技术、教育和著作权协调法》允许类似数字化的著作,但是只有当这个著作数字形式无法获得的时候才能如此。

……

总的来说,我们的观点是,高等院校已经开始积极寻求对建立在教学和课程基础上的外部收入,许多教师也愿意合作,参与到教学资料商业化的过程之中。州系统和院校版权政策往往都是在专利政策之后引入的,并且它们自己的法律和产品轨迹很大程度上不同于专利政策。我们坚持认为,公共领域的知识越来越被看做是原材料,可以被转化成为高等院校获得(潜在)私人利润或产生外部收入的可出售产品。很长时间以来,还没有出现任何政策所涉及的智力产品可以不受版权限制。相反,人们发现最近大多数政策涉及的范围都越来越广,从而提供了许多院校要求扩大作品版权的证据。

……

马里兰大学大学学院分校(UMUC)的远程教育演绎了一个从学术资本主义中获取利润的神话。尽管马里兰大学大学学院分校是由私人投资的营利性组织,它却成功地从马里兰州与联邦、军队的合同中获得了州政府的资金。该机构已经获得了数千万美元拨款——1999年和2000年大约分别获得1000万美元,2001年是1500万美元,2002年是2000万美元。最大的成功就是它获得了给在全世界各地服役的不同性别的美国军人提供教育服务的国防资金。最近,美国军方给予了马里兰大学大学学院分校一个三方服务教育合同——为期10年、总额达35亿美元的合同。根据马里兰大学大学学院分校的估算,2002年注册学生数为87000人,其中军人学生约47000人。

马里兰大学大学学院分校最初成立的期望是成为马里兰大学的一个营利中心,希望通过这个中心为整个系统服务,通过扩大招生人数、规模效益和使用数字化资料而不是教师现场授课来尽量降低教学成本,节约资金。或许因为鼠标点击要比砖块和水泥便宜,在成本保持很高的情况下,马里兰州就会增加资金投入。然而,最大的外部收入来自联邦政府,即来自为军队提供教育服务所获得的国防资金。正如我们已经在其他的几个例子中看到的一样,在几个州和联邦政府的层面上,州提供较大份额的外部收入来源,教育市场份额用来敲开私人外部收入来源的系统。

与学术资本主义纠缠在一起的网络是相当复杂的。在探索商业—高等教育联系的过程中,大多数学者重点研究了研究活动和大学本身。然而,教育商品化要比专利问题牵扯到更多的高等院校和活动。版权问题不仅仅出现在自然科学和工程科学领域,其实在高等教育的其他领域也常常出现,并且也会为新的高等教育资源和形式的产生提供可能。

## 结　　论

在过去 25 年里,学术资本主义知识/学习体制已经可以在高等教育领域中找到相应的发展实例了。这并不是单独的一个知识/学习体制。它们之间共存发展并不容易,如与军队/工业/学术知识体制和自由教育学习体制的共存。尽管学术资本主义知识/学习体制不能取代其他的体制,但在院校内部已经形成了相当大的发展空间。

学术资本主义知识/学习体制不是仅仅通过外部力量强加在大学身上的。高等院校里的各个角色在新经济的发展中相互影响、相互促进。比如说,各州已经创造了一系列新机会。在已经过去五年间(1997—2002 年),大约一半的州已经调整法律,解决各种利益法律之间的冲突,以至于当它们的公司同大学有生意来往的时候,上文中提到的行政管理人员、教师、发明者和建议者也能够在院校里拥有股权。这些法律不是强加在被动的院校身上的。大学经常游说它们州的立法机关改变某些法律条款,确保解决利益间的冲突,例如,得州农工大学(Texas A&M)即如此。在一种不确定的资源环境下,政治—法律环境为高校教师和行政人员提供了新的机会。

联邦和州政策使得高等院校将学生当成消费者对待,激励国内的技术政策,创造和(重新)制定电信架构和产品发展的规则。仅仅 1972 年高等教育法修正案就提出了后来那个著名的针对中学后教育阶段学生的"佩尔拨款"计划。其他立法的动机主要是促进工业经济向信息经济转型,并且使国家经济与全球市场成为一个整体。虽然如此,各种角色和中学后教育各个部门,从研究型大学到社区学院,都在致力于将它们的院系、项目、办公室同新经济融合在一起。它们的研究、教育产品、过程和项目从整体上没有对于所在院校的福利作出贡献,但是提升了各种角色和院校各部门与新经济之间相互影响作用的能力和愿望。结果,高等院校的一些部门——如为学生服务的招生管理办公室,申请生命科学和科学工程领域专利的项目,与远程教育动议相关的管理著作权的学校部门和项目——都显现出良好的发展前景,而其他的许多部门则不尽然。大量在校生的或者已在系、学院或院校注册的学生与中学后教育机构各个部门的经营好坏是没有必然联系的。

(赵晓闻　译)

# 专题拓展阅读文献

1. [美]菲利普·G. 阿特巴赫,罗伯特·O. 波达尔,帕崔凯·J. 甘波特. 21世纪的美国高等教育：社会、政治、经济的挑战[M]. 第2版. 施晓光,蒋凯,主译. 青岛：中国海洋大学出版社,2007.
2. [美]亨利·埃茨科维兹. 三螺旋：大学·产业·政府三元一体的创新战略[M]. 周春彦,译. 北京：东方出版社,2005.
3. [美]亨利·艾兹科维茨. 麻省理工学院与创业科学的兴起[M]. 王孙禺,袁本涛,等译. 杭州：浙江教育出版社,2007.
4. [美]埃里克·古尔德. 公司文化中的大学[M]. 吕博,张鹿,译. 北京：北京大学出版社,2005.
5. [英]玛丽·亨克尔,布瑞达·里特. 国家、高等教育与市场[M]. 谷贤林,等译. 北京：北京师范大学出版社,2005.
6. [日]金子元久. 高等教育市场化：趋势、问题与前景[J]. 刘文君,钟周,译. 清华大学教育研究,2006,27(3).
7. [美]大卫·科伯. 高等教育市场化的底线[M]. 晓征,译. 北京：北京大学出版社,2008.
8. [美]希拉·斯劳特,拉里·莱斯利. 学术资本主义：政治、政策和创业型大学[M]. 梁骁,黎丽,译. 北京：北京大学出版社,2008.
9. [葡]佩德罗·泰克希拉,[荷]本·琼布罗德,等. 理想还是现实——高等教育中的市场[M]. 胡咏梅,高玲,等译. 北京：北京师范大学出版社,2008.
10. Bok, Derek. Universities in the Marketplace: The Commercialization of Higher Education[M]. Princeton: Princeton University Press, 2006.
11. Bray, Mark. Control of Education: Issues and Tensions in Centralization and Decentralization[A]. In Robert F. Arnove & Carlos A. Torres (eds.). Comparative Education: The Dialectic of the Global and the Local [M]. Lanham, MD: Rowman & Littlefiled, 2003.
12. Dill, D. David. Higher Education Markets and Public Policy[J]. Higher Education Policy, 1997, 10(3/4).
13. Hook, S., Kurtz, P. & Todorovich, M. (eds.). The University and the State: What Role for Government in Higher Education? [M]. Buffalo, NY: Prometheus, 1978.
14. Marginson, Simon. Markets in Education[M]. NSW, AU: Allen & Unwin, 1997. ([澳]西蒙·马金森. 教育市场论[M]. 金楠,高莹,等译. 杭州：浙江大学出版社,2008.)
15. Marginson, Simon & Gray, Rhoades. Beyond National States, Markets, and Systems of Higher Education: A Glonacal Heuristic[J]. Higher Education, 2002(43).
16. Neave, Guy & van Aught, Frans (eds.). Prometheus Bound: The Changing Relationship between Government and Higher Education in Western Europe[M]. Oxford: Perga-

mon,1991.

17. Neave, Guy & van Aught, Frans (eds.). Government and Higher Education Relationships across Three Continents: The Winds of Change[M]. Oxford: Pergamon,1994.
18. Rhoads, Robert A. & Torres, Carlos Alberto (eds.). The University, State and Market: The Political Economy of Globalization in the Americas[M]. Stanford, CA: Stanford University Press,2006.
19. Schugurensky, Daniel. Higher Education Restructuring in the Era of Globalization: Toward a Heteronomous Model[A]. In Arnove, Robert F. & Torres, Carlos A. (eds) Comparative Education: The Dialectic of the Global and the Local (2nd). Lanham: Rowman & Littlefield,2003.
20. Slaughter, Sheila & Rhoades, Gary. The Theory of Academic Capitalism[A]. In Sheila Slaughter & Gary Rhoades. Academic Capitalism and the New Economy: Markets, State and the Higher Education[M]. Baltimore and London: The Johns Hopkins University Press,2004.

# 北京大学出版社
## 教育出版中心 精品图书

### 大学之道丛书
美国高等教育史（第二版） [美]约翰·塞林 著 69元
哈佛：谁说了算 [美]理查德·布瑞德利 著 48元
麻省理工学院如何追求卓越 [美]查尔斯·维斯特 著 35元
理性捍卫大学 眭依凡 著 49元
大学与市场的悖论 [美]罗杰·盖格 著 48元
现代大学及其图新 [美]谢尔顿·罗斯布莱特 著 60元
美国文理学院的兴衰——凯尼恩学院纪实 [美]P.F.克鲁格 著 42元
教育的终结：大学何以放弃了对人生意义的追求 [美]安东尼·T.克龙曼 著 35元
大学的逻辑（第三版） 张维迎 著 38元
我的科大十年（续集） 孔宪铎 著 35元
高等教育理念 [英]罗纳德·巴尼特 著 45元
美国现代大学的崛起 [美]劳伦斯·维赛 著 66元
美国大学时代的学术自由 [美]沃特·梅兹格 著 39元
美国高等教育通史 [美]亚瑟·科恩 著 59元
哈佛通识教育红皮书 哈佛委员会撰 38元
高等教育何以为"高"——牛津导师制教学反思 [英]大卫·帕尔菲曼 著 39元
印度理工学院的精英们 [印度]桑迪潘·德布 著 39元
知识社会中的大学 [英]杰勒德·德兰迪 著 32元
高等教育的未来：浮言、现实与市场风险 [美]弗兰克·纽曼 等著 39元
后现代大学来临？ [英]安东尼·史密斯等 主编 32元
美国大学之魂 [美]乔治·M.马斯登 著 58元
大学理念重审：与纽曼对话 [美]乔治·M.马斯登 著 58元
学术部落及其领地——知识探索与学科文化 [英]托尼·比彻 保罗·特罗勒尔 著 33元
德国古典大学观及其对中国大学的影响 陈洪捷 著 22元
大学校长遴选：理念与实务 黄俊杰 主编 28元
转变中的大学：传统、议题与前景 郭为藩 著 23元
学术资本主义：政治、政策和创业型大学 [美]希拉·斯劳特 拉里·莱斯利 著 36元
什么是世界一流大学 丁学良 著 23元
21世纪的大学 [美]詹姆斯·杜德斯达 著 38元

公司文化中的大学 [美]埃里克·古尔德 著 23元
美国公立大学的未来 [美]詹姆斯·杜德斯达 弗瑞斯·沃马克 著 30元
高等教育公司：营利性大学的崛起 [美]理查德·鲁克 著 24元
东西象牙塔 孔宪铎 著 32元

### 西方心理学名著译丛
拓扑心理学原理 [德]库尔德·勒温 32元
系统心理学：绪论 [美]爱德华·铁钦纳 30元
社会心理学导论 [美]威廉·麦独孤 36元
思维与语言 [俄]列夫·维果茨基 30元
人类的学习 [美]爱德华·桑代克 30元
基础与应用心理学 [德]雨果·闵斯特伯格 36元
格式塔心理学原理 [美]库尔特·考夫卡 75元
动物和人的目的性行为 [美]爱德华·托尔曼 44元
西方心理学史大纲 唐钺 42元

### 21世纪引进版精品教材·研究方法系列
教育研究方法：实用指南 [美]乔伊斯·高尔 等著 78元
高等教育研究：进展与方法 [英]马尔科姆·泰特 著 25元
社会研究：问题方法与过程（第三版） [英]迪姆·梅 著 32元
比较教育中的话语形成 [德]于尔根·施瑞尔 著 58元
比较教育研究：路经与方法 贝磊·鲍勃·梅森 50元

### 大学教师通识教育读本（教学之道丛书）
如何成为卓越的大学教师 肯·贝恩 著 24元
给大学新教员的建议 罗伯特·博伊斯 著 28元
理解教与学：高校教学策略 [英]迈克尔·普洛瑟 等著 26元
规则与潜规则：学术界的生存智慧 [美]约翰·达利 等主编 28元
给研究生导师的建议（第2版） [英]萨拉·德拉蒙特 等著 30元
教师的道与德 爱德华·希尔斯 著 30元